2025 대한민국
미래 교육
트렌드

{ 37명의 현장 교육전문가들이 제시하는 }
미래 교육의 전망과 해법

2025 대한민국 미래 교육 트렌드

미래 교육 집필팀

뜨인돌

추천사

모든 이들에게 희망이 되는 교육을 향해

임태희 경기도교육감

우리는 급변하는 세계 속에서 대한민국 교육의 새로운 장을 열어가고 있다. 2023년은 우리 교육계에 많은 도전과 변화를 안겨준 해였다. 그 어느 때보다 뜨겁고 아팠던 한 해를 지나며, 2024년 우리는 교육의 본질과 미래에 대해 깊이 성찰하게 되었다. 이 책은 그 성찰의 결과물이다. 대한민국의 교육자들이 모여 고민하고 연구한 미래 교육의 비전을 이 책에 담았다. 현재의 문제해결을 넘어 미래 세대를 위한 교육의 청사진을 그리고자 했다는 데 이 책의 의미가 크다.

급변하는 시대에 맞춰 교육도 변화해야 한다. 이 책에서는 미래 교육의 방향성과 그 실현을 위한 다양한 아이디어를 제시한다. 기술 발전, 사회 변화, 그리고 미래 인재에게 요구되는 역량 등을 고려하여, 우리 교육이 나아가야 할 길을 모색한다. 교육은 단순히 지식을 전달하는 것을 넘어, 학생들이 자신의 잠재력을 최대한 발휘할 수 있도록 돕는 과정이라고 믿는다. 이 책은 그 과정을 보다 구체화하며, 학생 한 사람 한 사람이 자신의 재능을 키우고 꿈을 실현할 수 있는 교육 시스템을 구축하는 데 기여할 것이다. 동시에 교육의 형평성과 포용성도 중요하게 다루어, 어떤 학생도 소외되지 않도록 노력하고 있다. 또한 이 책은 교육의 주체인 학생, 교사, 학부모, 그리고 지역사회가 어떻게 협력하여 더 나은 교육 환경을 만들어갈 수 있는지에 대한 비전도 제시한다. 교육은 학교 안에서만 이루어지는 것이 아니라 사회 전체가 함께 만들어가는 것이라는 인식하에, 각 주체의 역할과 협력 방안을 탐구한다.

이 책에 담긴 내용이 우리 교육의 미래를 그리는 데 영감을 주고 "어떻게 가르쳐야 하는가?"에 대한 해답을 찾는 데 도움이 되기를 바란다. 우리가 함께 그려나갈 미래 교육의 청사진이 이 책을 통해 여러분의 마음에 새겨지기를, 또한 교육의 미래를 고민하며 앞으로 나아갈 방향을 찾는 모든 이들에게 작은 용기와 희망이 되기를 바란다. 함께하는 모든 이들의 여정에 따뜻한 응원을 보낸다.

미래를 여는 교육의 나침반

정성국 국회의원

우리는 역사상 가장 빠르게 변화하는 시대를 살아가고 있다. AI, 빅데이터, 사물인터넷 등 첨단기술이 우리의 일상을 바꾸고 있다. 이런 격변의 시대에 우리 아이들에게 정말로 필요한 교육은 무엇일까? 어떻게 해야 그들이 미래 사회의 주역으로 성장할 수 있을까?

2023년, 우리는 교육 현장에 울려 퍼진 간절한 목소리를 들었다. 교사, 학부모, 학생들이 함께 외쳤던 그 목소리는 단순한 불만 표출이 아니었다. 그것은 더 나은 교육을 향한 열망이자, 대한민국의 미래를 걱정하는 애국심의 표현이었다. 이 책은 그 열망에 대한 응답이다. 각 분야의 교육전문가들이 모여 미래 교육의 핵심 키워드와 실천 방안을 제시하고, AI와 에듀테크가 가져올 변화, 기초학력의 중요성, 자기주도 학습의 힘 등 미래 교육의 다양한 측면을 살펴보았다. 단순히 미래를 예측하는 데 그치지 않고, 교육 현장에서 바로 적용할 수 있는 구체적인 방법들을 제시했다는 데 이 책의 미덕이 있다. 막연한 불안감을 떨치고, 새로운 시대에 걸맞은 교육의 방향을 찾고자 하는 모든 분들께 이 책이 든든한 나침반이 되기를 희망한다.

교육은 지식 전달을 넘어 미래를 살아갈 인재를 길러내는 일이다. 이 책을 통해 우리 교육이 한 걸음 더 나아가고 미래를 준비할 수 있기를 바란다. 교사, 학부모, 그리고 교육에 관심 있는 모든 분들이 이 책을 읽고 함께 고민하며, 대한민국 교육의 밝은 미래를 만들어가는 여정에 동참해주시기를 바란다.

교육의 본질을 지키기 위한 변화의 방향을 찾아서

하요상 공주교육대학교 교수, 한국초등상담교육학회 회장

교육은 백년지대계(百年之大計)라고 한다. 백년의 큰 계획이라는 이 말과 이 책의 제목에 쓰인 '트렌드'라는 말은 어쩌면 서로 어울리지 않게 느껴질 수도 있다. 백년을 바라보는 큰 계획과 시대의 흐름을 나타내는 유행과 경향성은, 신념을 오랫동안 우직하게 지키고 사는 사람과 유행을 타며 변화하는 사람만큼 확연한 차이를 상상하게 만들기 때문이다. 그러나 이 차이를 조금만 들여다보면 곧 깨달음을 얻게 된다. 교육은 백년지대계이자 트렌드를 반영해야 한다는 사실이다. 개개인의 잠재력을 밖으로 이끌어낸다는 뜻을 가진 교육(education)의 어원은 백년이 지나고 천년이 지나도 변하지 않는 교육의 본질을 담고 있다. 그러나 본질에 다다르기 위한 형식은 변화되어야 한다. 개개인의 성향과 인류가 처한 상황, 시대의 흐름에 맞게 형식은 바꿀 수 있어야 한다.

『2025 대한민국 미래 교육 트렌드』는 대한민국의 교육 실태를 점검하고 더 나은 미래 교육을 위해 다양한 준비를 하고자 각 분야의 전문가가 쓴 책이다. 교육의 본질을 놓치지 않으면서도 어떻게 거기에 다다를 수 있을지에 관한 의견을 다각적으로 제시했다. 아래의 질문을 던지며 이 책을 읽어본다면 교육의 본질과 형식을 놓치지 않으면서도, 교육을 통해 더 나은 미래를 얻게 될 것이라고 확신한다.

나는 누구인가? 우리는 어떤 시대를 살아가고 있는가? 우리는 무엇을 준비하고 있는가? 이 시대에 중요한 교육은 무엇인가? 미래 교육의 새로운 대안은 무엇인가?

추천사 모든 이들에게 희망이 되는 교육을 향해 ◆ 임태희   004

미래를 여는 교육의 나침반 ◆ 정성국   006

교육의 본질을 지키기 위한 변화의 방향을 찾아서 ◆ 하요상   007

여는 글 '교권5법' 시행 1년, 미래 교육을 향한 우리의 여정 ◆ 이준권   010

1부 대한민국 교육 정책의 현장

01 학교폭력예방법의 전면 개정이 필요한 시점 ◆ 김태훈   024
02 의대 증원의 나비효과 ◆ 하유정   035
03 저체력학생 증가, 초등 체육교육의 방향은? ◆ 이선재   047
04 2022 개정 교육과정과 고교 유형의 다양화 ◆ 이승우   058
05 유치원교사가 들여다본 유보통합 ◆ 오은진   068
06 고교학점제는 개혁의 시작이 될 수 있을까 ◆ 송수연   082
07 IB, 의미 있는 평가를 향한 힘겨운 발걸음 ◆ 이은아   100
08 AI디지털교과서와 다양한 에듀테크 기술 ◆ 김수호   116

2부 미래를 준비하는 교사들

01 퍼스널 브랜딩으로 미래 교육을 선도하다 ◆ 조민희   128
02 교사의 소진, 어떻게 해결하면 좋을까? ◆ 류성창   138
03 교육의 변화를 주도하는 전문적 학습공동체 ◆ 김차명   151
04 교사를 위한, 교사에 의한, 자발적 연수 ◆ 손지선   160
05 학생-교사, 교사-교사의 협력적 주도성 ◆ 최선경   170
06 교실 오케스트레이션으로 미래 교육의 방향성 찾기 ◆ 김유리   185

3부 개별 교육의 미래

01 학교체육으로 변하는 학생의 뇌와 마음 ♦ 임성철 196

02 2022 개정 교육과정은 미래 역사교육의 해답이 될 것인가? ♦ 이정환 204

03 영어캠프로 바라본 영어교육의 실제 ♦ 허준석 214

04 미래 사회, 경제를 가르치고 배워야 하는 이유 ♦ 조희정 222

05 AI 시대 예술교육의 고민과 방향성 ♦ 조안나 235

06 대한민국 체육교육, 지금이 기회다 ♦ 이도영 242

07 AI 혁명? 스피킹 혁명이 먼저다! ♦ 윤수영 253

4부 AI 디지털 교육의 미래

01 필요가 아닌 필수, 미디어 리터러시 교육 ♦ 정지훈 268

02 AI 시대, 질문을 질문하라! ♦ 정예슬 279

03 국내외의 쌍방향 소통툴 도입과 한국의 디지털 교육이 나아갈 방향 ♦ 손민지 290

04 Google Workspace EDU+와 Gemini를 활용한 교실혁명 ♦ 강경욱 298

05 AI디지털교과서를 위한 변명 ♦ 조재범 307

06 확장현실과 AI의 만남, 미래 교육의 새 지평을 열다 ♦ 김수현 316

07 디지털 시대의 생활지도 방향 ♦ 손덕제 324

5부 대한민국 미래 교육의 새로운 대안

01 2028 대입, 초중고 학습자는 어떻게 대비할까 ♦ 박은선 338

02 대입을 위한 생기부 전략 ♦ 배혜림 348

03 대입 논술 부활, 어떻게 준비해야 할까 ♦ 윤지선 363

04 지방소멸, 학령인구 감소를 극복하기 위한 특별자치도의 역할 ♦ 오준영 372

05 소통 기반의 교육 정책을 열어가는 함께학교 ♦ 권기정 381

06 세계의 미래 학교 ♦ 박찬영 396

07 AI 시대, 자연친화적인 맨발놀이 교육이 필요한 이유 ♦ 권택환 408

08 미래의 교육, 미래의 노조, 디지털 속에 숨은 교육을 찾아서 ♦ 윤미숙 417

닫는 글   우리 모두의 2025년을 위해 ♦ 윤지선 430

'교권5법' 시행 1년, 미래 교육을 향한 우리의 여정

이준권
(사)교사크리에이터협회 회장, 충청남도교원단체총연합회 회장

항공기 기내 안내방송에는 이런 내용이 있다. "비상시 산소마스크가 내려오면, 자신이 먼저 마스크를 착용한 후 다른 사람을 도와주세요." 이기적으로 들릴 수도 있는 이 말에는, 내가 안전해야 다른 사람을 도울 수 있다는 당연한 세상의 이치가 담겨 있다. 나의 안전이 확보되지 않았는데 어찌 다른 사람을 위해 도움의 손길을 내밀 수 있으랴. 교육 현장 역시 이와 다르지 않다. 학교에서 교사가 안전하게 보호받을 때, 비로소 교사는 학생들의 교육에 헌신하고 전념하며 학생들의 성장을 도울 수 있다.

그러나 현재 우리 교육 현장의 모습은 어떠한가. 교직에 대한 이상과 소명을 품고 교단에 선 많은 선생님들이 감당할 수 없는 현실의 무게에 참담함을 느끼며 절망하고 있고, 지난해에는 서이초 선생님을 비롯한 여러 선생님들이 우리 곁을 떠났다. 고인을 벼랑 끝으로 몰아세운 것은 스스로 어떤 해결책도 찾을 수 없

다는 무력감과 절망감이 아니었을까. 그렇기에 우리는 미래 교육을 논하기에 앞서, 교권 보호와 학교 교육의 정상화라는 근본적인 문제에 주목해야 한다. 교권을 실질적으로 보호할 방안을 모색해야만 열정적으로 교육활동에 전념하는 교사들도, 학생들의 온전한 학습권도 지킬 수 있기 때문이다.

서이초 사건 이후 이러한 비극의 재발을 막아야 한다는 선생님들의 눈물겨운 호소는 마침내 요지부동의 국회를 움직이기에 이르러 교권5법이 시행되었다. 그러나 이것은 단지 변화의 시작일 뿐, 교권 보호를 위한 법적 장치 마련과 보호 체계 정비는 현재진행형이다. 교육 관련 법안의 진전 상황을 예의 주시해야만 실질적인 교육 현장의 변화를 이룩하고, 미래 교육을 향한 여정의 첫걸음을 내디딜 수 있다.

📀 교권5법 입법의 의미와 영향

교권 보호 관련 법안을 지칭할 때 '교권4법' '교권5법'이라는 표현이 혼용되어 간혹 혼란을 야기하는데, 두 가지 모두 맞는 표현이다. 이 두 용어는 맥락에 따라 적절히 사용될 수 있으며, 다음과 같이 명확하게 구별할 수도 있다.

교권4법, 즉 교권 보호 4법은 2023년 9월 27일 개정된 네 개의 법률을 지칭한다.

교권 4법	교육부 소관	• 교육기본법	• 초·중등교육법	교권 5법
		• 유아교육법	• 교원의 지위 향상 및 교육활동 보호를 위한 특별법(교원지위법)	
	법무부 소관	• 아동학대범죄의 처벌 등에 관한 특례법(아동학대처벌법)		

이 법들은 교원의 교육활동 및 교권 보호 관련 조항을 담고 있으며, 모두 교

육부 소관이다.

　　교권5법은 위의 4개 법률에 2023년 12월 26일 개정된 '아동학대범죄의 처벌 등에 관한 특례법(아동학대처벌법)'을 더한 것으로, 법무부 소관이며 초·중등교육법과 방향을 함께하기 위해 조금 늦게 개정되었다. 결론적으로 교권5법은 교권 보호를 위해 개정된 교육부 소관의 4개 법과 법무부 소관의 1개 법을 아우르는 표현이다.

　　각 법의 주요 내용과 입법 의미를 살펴보면 다음과 같다.

1. 교육기본법

> ▶제13조(보호자)
> ③ 부모 등 보호자는 교원과 학교가 전문적인 판단으로 학생을 교육·지도할 수 있도록 협조하고 존중하여야 한다.

　　개정 이전에는 보호자의 전반적인 권리와 책임, 자녀 또는 아동의 교육에 관하여 학교에 의견을 제시할 수 있는 권리만 명시했으나, 교육기본법 제13조 제3항의 신설로 보호자에게 학교 교육에 대한 권리뿐만 아니라 의무도 있음을 명확히 규정했다. 이는 보호자가 단순히 자녀 교육에 대한 의견을 제시하는 것을 넘어, 전체 학생을 대상으로 한 학교의 교육활동과 생활지도에도 협조해야 함을 의미한다. 이로써 부모의 역할이 자녀의 보호자에서 교육공동체의 일원으로 확장되어 재정립되었다고 볼 수 있다.

2. 초·중등교육법

> ▶제18조의5(보호자의 의무 등)
> ③ 보호자는 ~ 교육활동이 원활히 이루어질 수 있도록 적극 협력하여야 한다.
> ▶제20조(교직원의 임무)
> ① 교장은 교무를 총괄하고 민원처리를 책임지며~
> ▶제20조의2(학교의 장 및 교원의 학생생활지도)
> ① 학교의 장과 교원은 ~ 법령과 학칙으로 정하는 바에 따라 학생을 지도할 수 있다.
> ② 제1항에 따른 교원의 정당한 학생생활지도에 대해서는 「아동복지법」 ~ 금지행위 위반으로 보지 아니한다.
> ▶제20조의3(교원 개인정보의 보호)
> 학교와 학교의 장은 교원의 전화번호, 주민등록번호 등 개인정보가 ~ 보호될 수 있도록 필요한 조치를 하여야 한다.

이 법은 교육기본법의 개정 취지를 반영하여 보호자의 의무를 구체화하고, 교원의 권리를 보호하는 데 중점을 두고 있다. 이에 발맞추어 현재 교육부 조직에 '교원학부모지원관'과 '학부모정책과'가 설치되어 학부모의 인식 개선과 지원을 전담하고 있기도 하다. 또 그동안 교권 침해의 근본 원인 중 하나로 꾸준히 지적되었던 학부모 등의 악성민원으로부터 교사를 보호하기 위해, 학교 내 민원처리 책임이 학교장에게 있음을 명시하고 학교장의 책무를 강화했다. 한편 제20조의2에 근거한 교원의 학생생활지도에 관한 고시 제정으로 수업 방해 또는 문제행동 학생에 대한 다양한 방법의 생활지도와 분리조치가 가능해진 것은 상당히 고무적인 일이긴 하나, 강제 분리 시 신체접촉 및 학습권 보장 등에 관한 분쟁 소지는 여전히 남아 있어 개선 방안 모색이 필요하다.

3. 유아교육법

초·중등교육법의 개정 사항을 유아교육 현장에 적용하되, '학생'을 '유아'로, '교장'을 '원장'으로 대체하여 유아교육기관의 특성을 반영했다. 이를 통해 유아교육 현장에서도 교원의 권리 보호와 보호자의 책임이 강화되었으며, 유아의 특성을 고려한 교육 환경 조성의 법적 기반이 마련되었다.

4. 교원의 지위 향상 및 교육활동 보호를 위한 특별법(교원지위법)

▶제6조(교원의 신분보장 등)
③ ~아동학대범죄로 신고된 경우 임용권자는 정당한 사유 없이 직위해제 처분을 하여서는 아니 된다.
▶제14조(교원의 교육활동 보호에 관한 종합계획의 수립·시행 등)
▶제17조(아동학대 사안에 대한 교육감의 의견 제출)
① 교육감은 ~ 교원에 대한 조사 또는 수사가 진행되는 경우에는 ~ 의견을 신속히 제출하여야 한다.
▶제18조(교권보호위원회의 설치·운영)
3. ② ~ 지역교권보호위원회(이하 "지역교권보호위원회"라 한다)를 둔다.
▶제19조(교육활동 침해행위)
1. 가. 「형법」 제2편 제8장(공무방해에 관한 죄), 제11장(무고의 죄)
2. 가. 목적이 정당하지 아니한 민원을 반복적으로 제기하는 행위
2. 나. 교원의 법적 의무가 아닌 일을 지속적으로 강요하는 행위
▶제20조(피해교원에 대한 보호조치 등)
3. ② ~ 교육활동 침해행위 사실을 알게 된 경우 교원의 반대의사 등 특별한 사유가 없으면 즉시 가해자와 피해교원을 분리(이하 "분리조치"라 한다)하여야 한다.

학부모 등의 무분별한 아동학대 신고로부터 교육활동 및 교권을 보호하기 위해 개정된 법 조항의 영향으로 2023학년도 대비 2024학년도 교육활동 침해 보호자 등에 대한 조치 비율이 33%에서 79.1%로 크게 증가했다. 그러나 고소·고발 건수 역시 동일하게 증가하는 추세다. 또 교원이 아동학대범죄로 신고당할 경우, 교육활동의 정당성을 면밀히 고려한 후 사안을 처리하도록 하는 등 교원의 직위해제 처분 결정이 신중해졌다는 점에서도 큰 의미가 있다. 실제로 2023년 9월부터 2024년 4월까지 교원 대상 아동학대 신고 385건 중 281건(73%)에 교육감이 '정당한 생활지도'라는 의견을 제출했으며, 수사가 완료된 110건 중 95건(86.3%)은 불기소 또는 불입건 등으로 종결되었다. 이는 교육감의 의견 제출권이 교원 대상 아동학대 사안 처리에 상당한 영향을 미치고 있음을 보여준다.

학교 현장에서 여전히 문제점으로 지적되고 있는 민원대응팀 구성과 민원 처리 방식에 대한 문제, 민원처리 실무를 여전히 교사가 담당하는 문제도 조속히 해결하여 개선·보완해나가야 할 것이다.

5. 아동학대범죄의 처벌 등에 관한 특례법(아동학대처벌법)

▶제2조(정의)
3. ~ 「유아교육법」과 「초·중등교육법」에 따른 교원의 정당한 교육활동과 학생생활지도는 아동학대로 보지 아니한다.
▶제11조의2(조사)
② ~ 교육감이 의견을 제출하는 경우 이를 「아동복지법」 제22조 제3항 제3호에 따른 아동학대 사례의 판단에 참고하여야 한다.

아동학대처벌법 역시 교권을 보호해야 한다는 사회적 요구에 절실히 공감하며 개정의 방향을 가다듬었고, 이는 무분별한 아동학대 고소·고발로부터 교원을 보호할 수 있는 법적 근거가 되었다. 교원의 정당한 교육활동과 학생 생활지도가 아동학대로 오인되는 것을 방지하고, 교육 현장의 특수성을 고려한 사안처리가 가능해진 것 역시 아동학대처벌법 개정의 영향이다. 아동학대 사례 판단 시 교육감, 즉 교실 상황과 교육적 맥락을 고려한 교육전문가의 의견이 반영되어 보다 균형 잡힌 판단이 이루어질 것으로 기대된다.

● 교권5법 시행 1년, 현장에서 체감하는 변화를 이루어내려면

교권5법의 시행으로 학교 교육 정상화를 위한 기반은 마련되었지만, 현실과의 간극은 여전히 크다는 것이 현장의 목소리다. 학생의 온전한 학습권 보장과 교권 보호를 위해 다음과 같은 방향으로 교권5법의 빈틈이 메워지길 바란다.

첫째, 문제행동 학생에 대한 분리 지도 방법의 구체화다. 학생 분리의 목적은 '고립'이 아니라 문제행동 개선과 교육적 지원에 있다. 그러나 현재 교육부 고시에 따라 분리만 가능할 뿐, 교육적 지도 효과는 얻지 못하고 있다. 대부분의 학교에서는 교감, 생활부 담당교사, 상담교사, 수업이 없는 교사, 또는 관리자가 지정한 교사 등이 학교 상황에 따라 분리 지도를 담당하고 있다. 다시 말해 분리된 학생을 지도할 명확한 책임자를 지정하기 어려운 것이다. 체계적인 분리교육 프로그램도 마련되어 있지 않아 일관성 있고 효과적인 학생 지도와 지원마저 어렵다. 이를 개선하기 위해서는 정식 담당자가 책임감을 갖고 관리자와 협력하여 분리된 학생을 상담하고, 사전에 계획된 프로그램을 통해 학생의 변화를 이끌어내야 한다. 초·중등교육법의 일부 개정을 통해 학생 분리지도에 대해 구체적으로 법제화하고, 적절한 예산 및 인력 지원이 뒷받침되어야 할 것이다.

둘째, 교원의 본질적인 업무에 대한 법제화다. 이는 비본질적 행정업무를 폐지함으로써 교육의 질을 높이는 데 중요한 역할을 한다. 현재 초·중등교육법 제20조 제4항은 교사의 직무를 "법령에서 정하는 바에 따라 학생을 교육한다"라고 규정하고 있다. 하지만 '교육'의 구체적 내용이 명시되어 있지 않아 다양한 행정업무가 교사들에게 부과되고 있다. 이는 교사들이 수업과 생활지도에 집중하는 것을 방해하며, 결과적으로 교육활동의 질을 저하시킨다. 교육부도 문제의 심각성을 인식하고 학교 행정업무 경감을 위한 대책을 발표하며 여러 방안을 추진 중이다. 온라인 출결관리 시스템 도입, 각종 위원회 통폐합, 교육지원청과 학교지원 전담기구를 통한 행정업무 부담 완화 등이 그 예다. 그러나 가장 확실한 해결책은 교사의 본질적 업무를 명확히 규정하는 것이다. 수업, 수업 준비, 학교(급) 교육과정 운영, 학생 생활지도, 학생 상담 등을 교사의 핵심 업무로 법제화함으로써, 교원의 행정업무를 실질적으로 경감시키고 교육의 질을 크게 향상시킬 수 있다. 이는 교사들이 본연의 교육활동에 전념할 수 있는 환경을 조성하여, 궁극적으로는 학생들에게 더 나은 교육을 제공하는 데 기여할 것이다.

셋째, 모호한 '정서학대' 기준을 명확하게 규정하는 아동복지법 개정이다. 아동복지법은 아동학대처벌법의 모법으로, 여전히 개정되지 않고 있어 법률 간 충돌 우려가 잔존한다. 한국교총이 서이초 교사 순직 1주기를 앞두고 약 4,200명의 교원을 대상으로 실시한 설문조사 결과, 교원의 교육활동 보호를 위해 가장 시급히 개선해야 할 사항으로 '모호한 정서학대 기준을 명확히 규정하는 아동복지법 개정'이 45.2%로 압도적 지지를 받기도 했다.

2024년 3월에는 전북 군산의 한 중학교 교사가 '사과를 강요했다'는 이유로 아동학대 신고를 당하고 경찰은 이를 검찰에 송치한 사건이 논란이 된 바 있다. 서로 다툰 학생에게 사과를 요구한 것이 아동학대로 간주된다면, 과연 무엇이 '정당한 생활지도'인지 의문스럽다. 정서학대의 정의와 범위가 모호한 법조문으로 인하여 담당경찰, 검사, 판사마다 다른 판단을 내리고 그때마다 교원의 생활지도는 정당함과 학대 사이의 위태로운 외줄 타기를 하고 있다. 정서학대의 기준은 어디까지인지(이를테면 폭언, 욕설, 심각한 모욕 등) 명시하거나, 혹은 악의적인 아동학대 신고에 대한 제재 조항을 신설할 필요가 있다. 경미한 사안부터 중대한 사안까지 단계별로 구분하는 조항을 추가하는 등 법을 개정해나가야 할 것이다.

넷째, 학교안전법 개정을 통한 현장체험학습 시 교사의 책임 문제 해결이다. 강원도의 한 초등학생이 현장체험학습 중 안타까운 사고로 사망하자 교사가 기소된 사례에서 볼 수 있듯이, 학교 교육활동 중 발생하는 안전사고로 말미암아 교사가 겪는 법적 책임 문제가 심각한 수준이다. 현재 학교 안전사고 발생 시 민사상 책임일 경우, 시도별 학교안전공제회 교원보호공제 사업을 통해 일부 지원을 받을 수 있다. 그러나 형사상 책임에 대해서는 교사 개인이 부담해야 한다. 어떤 교사가 안전을 보장받지 못한 채 학생을 외부로 인솔하고 싶을까? 따라서 학교안전사고 예방 및 보상에 관한 법률(학교안전법)의 제10조에 "고의 또는 중대과실로 인한 사항이 아니면 형사책임을 면제한다"라는 조항 추가가 반드시 필요하다.

마지막으로 정서행동 위기학생(가칭)을 위한 지원법 제정이다. 정서행동 위기학생이란 심리적 원인이나 정신건강 문제, 학교 부적응 등으로 인해 정상적인 학교생활이 어려운 위험 요인을 가진 학생을 말한다. 교사노조가 초·중·고 교사 1,992명을 대상으로 실시한 '심리·정서·행동 위기학생에 대한 학교 현장 실태조사' 설문 결과에 따르면 93.5%의 교사가 "정서위기학생으로 인해 수업 진행이 불가능할 정도의 방해를 받은 경험이 있다"라고 답했다.

　　매년 초1, 4학년, 중1학년, 고1학년을 대상으로 실시하는 학생정서·행동특성검사에서 검사 학생 약 4.5%가 관심군으로 분류된다. 그러나 학교는 권고 이상의 개입을 할 수 없기에 치료 여부가 전적으로 보호자의 판단에 달려 있고, 그 결과 관심군 학생 5명 중 1명은 전문기관의 상담·치료를 받지 않는 것으로 확인됐다. 2024년 6월, 초등학생이 교감의 뺨을 때려 논란이 된 사건을 되짚어보면, 해당 학생은 2021년 입학 이후 교육청과 학교로부터 지속적으로 상담·치료를 권유받았으나 학부모가 거부한 것으로 알려졌다. 학부모의 동의가 없어도 정서행동 위기학생에 대한 진단, 상담, 치료 등에 보다 적극적으로 개입할 수 있는 법적 근거 마련이 요구되는 이유다.

● 미래 교육의 패러다임이 바뀌기 시작하는 2025년

　　2025년, 대한민국 교육계는 혁신적인 변화를 맞이한다. AI디지털교과서, 2022 개정 교육과정, 고교학점제, 성취평가제 등 다양한 교육 정책이 학교의 교육적 토양을 새롭게 다져나갈 예정이기 때문이다. 이러한 시대적 변혁은 교사들에게도 변화된 교사상을 요구하고 있다. 이제 교사는 단순히 교육과정을 이해하는 전달자 역할을 넘어서 주도적 수업 설계자의 자질을 갖추어야 한다. 디지털 대전환 시대를 살아갈 학생들에게 '무엇을' '어떻게' 가르칠 것인가를 넘어, '왜' 가르쳐야 하는지에 대한 근본적인 고민을 요구받고 있기도 하다. 이는 새로운 정책과 교육의 방향에 대한 깊이 있는 이해가 바탕이 되어야 가능하다.

　　변화의 중심에는 AI디지털교과서(이하 'AIDT')가 있다. 2025년 3월, 세계 최초로 초등학교 3, 4학년, 중학교 1학년, 고등학교 1학년의 수학, 영어, 정보 과목에 AIDT가 도입된다. AIDT는 단순한 교과서의 디지털화를 넘어서 교수·학습 과정과 결과를 포괄적으로 디지털화하여 데이터 기반의 맞춤형 피드백을 제공하고, 이는 곧 학생의 개별화 학습 실현, 미래 사회에 필요한 핵심 역량 함양에 중요한 역할을 할 것이다. 디지털 기기 의존도 증가와 교사의 역할 축소 등 우려의 목소리도 있기는 하나, 교사의 역할이 지식 전달자에서 학습 조력자로 재정립될 것이라는 전망도 있다.

디지털 전환 시대의 흐름에 맞춰 '주도성(agency)' 역시 강조된다. 2022 개정 교육과정의 비전은 '포용성과 창의성을 갖춘 주도적인 사람'이며, 인간상과 핵심 역량에서도 주도성을 지속적으로 강조할 만큼 중요한 화두로 삼았다. 학생이 자신의 삶과 학습을 주도적으로 설계할 수 있게 하려면 자발적인 선택의 기회를 학생과 교사에게 지속적으로 제공해야 한다. 학생 주도성과 교사 주도성이 만날 때, 더불어 학교도 성장하며 시너지 효과를 낼 수 있기 때문이다.

'미디어 리터러시' 교육도 강화된다. 2022 개정 교육과정은 미디어 리터러시 교육을 정규 교육과정에 포함하여, 초등학교부터 고등학교까지 다양한 과목에서 다루고 있다. 초·중학교에서는 '매체' 영역을, 고등학교 선택 교육과정에서는 '문학과 영상' '매체 의사소통' 등의 과목을 신설했다. 현대 사회에서 필수적으로 갖춰야 미디어 리터러시를 체계적으로 교육하려는 국가적 차원의 노력이 엿보인다.

'교실 오케스트레이션(Classroom Orchestration)' 역시 중요한 키워드다. 이는 교실 속 학생 개인, 모둠 및 학급 전체의 활동을 아우르는 교육학적 시나리오를 관리하는 복잡성을 지칭하는 개념이다. 교사는 에듀테크와 AI 서비스를 적절히 활용하여 학습자들의 상호작용을 이끌어내고, 학습 목표 달성을 위한 탐구 과정을 촉진하는 종합적인 관리자 역할을 수행해야 한다. 마치 오케스트라 지휘자가 다양한 악기의 조화를 이끌어내는 것처럼 교사의 전문성과 리더십이 더욱 중요해짐을 의미한다.

2025년 전면 시행을 앞둔 '고교학점제'도 화두다. 대학의 학점제와 유사한

이 제도는 '학생이 기초 소양과 기본 학력을 바탕으로 자신의 진로와 적성에 맞춰 다양한 과목을 선택하고, 일정한 학점을 이수하면 졸업할 수 있는 제도'라고 정의할 수 있다. 이에 맞춰 수능 및 내신 평가 방식도 대폭 개선된다. 2028년 수능부터 선택과목을 폐지하고 통합형·융합형 수능 과목 체계로 개편되며, 고교 내신은 기존 9등급제에서 5등급제로 변경되고 절대평가(A~E)와 상대평가(1~5등급)를 병기한다.

코로나 장기화로 인한 '저체력학생' 증가에 대응하기 위해 체육교육의 방향도 대폭 전환한다. 초등학교 1, 2학년의 「즐거운생활」을 기존 80시간에서 144시간으로 확대하고, 표현, 놀이 및 신체활동 중심 수업으로 개정한다. 또한 학생 건강체력평가(PAPS)를 초등학교 전 학년으로 확대하기 위해 '학교 건강검사 규칙' 개정이 추진된다. 중학교에서는 학교스포츠클럽 활동 시간을 33% 확대하는 방안이 제시되었으며, 고등학교에서는 고교학점제 도입과 함께 체육이 필수 이수 학점(10학점)으로 지정된다. 한편 국가교육위원회는 초등학교 1, 2학년 체육 교과 별도 운영을 2024년 4월 의결하였으나, 현장 교원의 반대와 대대적 개정에 따른 기초 연구로 인해 학교급으로 오기까지는 시간이 소요될 것으로 보인다.

2024년을 뜨겁게 달군 키워드는 '의대 증원'이다. 2025학년도부터 전국 39개 의과대학의 정원이 기존 3,058명에서 4,610명으로 대폭 증가한다. 의대는 대학입시의 최정점에 있는 만큼 대입 경쟁 구도와 진로 지도 방식에도 큰 영향을 미칠 것이다.

'유보통합'은 유치원과 어린이집의 체계를 일원화하는 정책으로, 2024년 6월에 제4차 실행 계획안이 발표되었다. 그러나 교육기관과 복지기관의 통합이라는 점, 유치원교사와 보육교사는 교사 자격, 양성체계 등에 차이가 있다는 점에서 많은 논란을 불러일으키고 있으며, 학교의 복지시설화라는 쟁점을 야기하고 있다. 특히 아동권리협약에 의한 '아동 최선의 이익'은 고려되지 않은 채 '양육자의 필요 또는 저출생 극복이라는 국가 시책'에 의해 추진되고 있음이 매우 우려스럽다.

이렇게 급변하는 교육 환경 속에서 교사의 '퍼스널 브랜딩'이 더욱 중요해지고 있다. 퍼스널 브랜딩은 교사가 자신의 교육적 가치와 전문성을 명확히 하고 효과적으로 알리는 과정이다. 이는 교사로 하여금 자신의 강점과 약점을 인식하게 하고, 교육 철학, 교수 방법, 전문 분야를 탐색하며 강화해나가는 과정을 통해 교육 전문성과 개인적인 성장을 동시에 이루게 한다. 교사의 퍼스널 브랜딩은 궁극적으로 교육의 질을 향상시키는 선순환 구조를 만들어내고 있다.

급변하는 2025년, 학생들을 잘 가르치고 싶은 선생님들이 한마음으로 고민하고 연구한 결실이 이 책에 담겨 있다. 특히 이번 책은 전국의 교육자들을 대상으로 2025년 미래 교육 트렌드에 관한 원고를 공모하여 만들어졌다는 점에서 더욱 뜻깊다. 100편이 넘는 귀한 원고 중에서 주제를 선정하고 내용을 엄선하는 데만 한 달여의 시간이 소요될 만큼 열기 또한 뜨거웠다.

흔히 '변화'라고 하면 불확실성과 저항을 떠올리기 마련이지만, 그 이면에는 성장과 발전, 그리고 수용이라는 긍정적인 측면이 촘촘히 얽혀 있다. 이 책을 통해 현재 추진되고 있는 교육 정책을 현장의 시각에서 면밀히 살펴보고 진단하며 미래 교육의 방향성을 모색하고자 한다. 나아가 미래 교육의 변화를 어떻게 수용하고 발전시켜나갈지 구체적인 대안을 제시하고자 노력했다.

교육 현실에 대한 고민과 아쉬움을 넘어, 교육의 본질 찾기를 소망하는 모든 이에게, 희망과 비전으로 학생들의 미래를 밝히고자 하는 모든 교육자들에게 이 책이 작은 등불이 되길 바란다.

Part 01

대한민국

교육 정책의 현장 ·······>

1 학교폭력예방법의 전면 개정이 필요한 시점

2 의대 증원의 나비효과

3 저체력학생들의 증가, 초등 체육교육의 방향은?

4 2022 개정 교육과정과 고교 유형의 다양화

5 유치원교사가 들여다본 유보통합

6 고교학점제는 개혁의 시작이 될 수 있을까

7 IB. 의미 있는 평가를 향한 힘겨운 발걸음

8 AI디지털교과서와 다양한 에듀테크 기술

학교폭력예방법의
전면 개정이 필요한 시점

김태훈
강원특별자치도교육청 소속 중등교사, 『학생 생활지도와 학부모 상담』 저자,
유튜브 채널 '날아라후니쌤TV' 운영

지난해 학생을 지도하던 교사가 학교에서 사망하는 안타까운 사건이 발생했다. 이를 기점으로 전국의 교사가 길거리에 나와 생존권을 외치며 투쟁을 시작했다. 이후 교권4법을 비롯해 교육활동에 관한 법률과 시행령 등의 개정이 진행되었다. 교원의 학생생활지도에 관한 고시가 발표되면서 전국의 모든 초중고등학교의 학칙 또는 학칙에 위임된 학교 생활규정의 개정이 진행되기도 했다.

2024학년도가 시작되며 학교폭력 사안 처리에도 변화가 생겼다. 우선 초기 조사를 담당하는 '학교폭력 조사관제도'가 도입되었다. 퇴직 경찰이나 퇴직 교원, 관련 업무를 담당한 분들로 구성된 학교폭력 조사관은 학교폭력 사안이 접수되면 사안을 확인하는 역할을 한다. 이는 교육 현장의 고충을 덜어줄 수 있는 대안으로 제시되었다.

학교폭력예방법 개정은 매년 이루어져왔다. 학교폭력 사안이 접수되면 학교에서 사안을 확인하고 학교폭력대책자치위원회를 통해 처리하던 때도 있었다. 2020학년도부터 학교폭력 사안은 지역별 교육지원청으로 이관되어 학교폭력대책심의위원회(이하 '학폭위')를 열어 처리하고 있다. 학폭위는 학교에서의 조사 과정은 그대로 둔 채 학교폭력 여부를 판단하고 피해학생의 보호 조치와 가해학생의 선도 조치를 결정하는 역할을 담당한다. 이 과정에서 대두되는 문제점은 한두 가지가 아니다. 가장 큰 문제점은 절차가 복잡하고 많은 시간이 소요된다는 점이다. 2024학년도부터 진행되는 학교폭력 조사관제도로 인하여 절차는 더 복잡해졌다. 학교폭력 조사관이 초기 조사를 할 때 소요되는 시간과 담당교사의 동석 여부도 문제점으로 부각되었다.

학교에 근무하고 있는 교사는 수사권과 사법권이 없다. 심지어 학폭위가 열릴 때까지는 학교폭력인지 아닌지조차 판단하지 못한다. 그럼에도 학교폭력 사안을 확인하고 조사한다. 이 과정에서 각종 민원에 시달리는 것은 물론이고, 업무량 또한 증가한다. 학폭위는 학교에서 조사한 내용을 바탕으로 개최되기 때문이다.

본 고에서는 학교폭력 사안 처리 절차의 변경에 초점을 맞추어 학교폭력의 정의와 처리 주체 변경의 필요성, 학교폭력 처리 절차의 변화 과정, 학교폭력 조사관제도 도입으로 처리 과정이 복잡해지고 기간이 길어진 이유를 파악해보고, 학교폭력예방법이 전면 개정되어야 하는 이유를 살펴보고자 한다.

● 학교폭력, 왜 용어가 중요한가

학교폭력이라는 용어부터 변경할 필요가 있다. 학교는 교육기관이지 교정기관이 아니다. 학교폭력은 폭력이라는 부정적인 단어와 학교라는 공간을 연결하여 학생들이 일으키는 폭력 사안은 학교의 책임이자 교사의 책임이라는 프레임을 형성했다. 학생들의 비행행동을 처리하는 주체의 변화가 필요하다.

우리나라는 학교폭력의 정의가 지나치게 광범위하다. 학생이 정신적, 신체적 피해를 주장하면 대부분 학교폭력이다. 단적인 예로 학생이 보호자와 함께 해외여행을 갔다고 치자. 현지인과 다툼이 있더라도 학교폭력 사안으로 접수해서 처리해야 한다. 이 때문에 체험학습으로 가족여행을 떠났던 보호자가 "우리 애 맞을 때 학교에서 뭐 했어?"라는 민원을 접수했다는 기사도 있다.

학교폭력 사안은 교육활동이 이루어지는 상황에 발생한 경우로 한정해야 한다. 학교 밖, 혹은 SNS 등 사이버상에서 사고가 발생한 경우를 살펴보자. 해당 사안은 경찰에서 수사해야 한다. 사실 확인을 하려면 수사를 해야 하고, 법을 집행하려면 사법권이 필요하기 때문이다. 앞서 말했듯 교사는 사안을 조사하고 수사할 수 있는 수사권과 사법권이 없다. 교사는 교육활동과 수업에 전념할 수 있도록 학교폭력의 정의를 축소할 필요가 있다.

🌑 다른 나라의 학교폭력 처리 방법

미국에서는 학교폭력을 지칭하는 용어로 불링(Bullying)이라는 단어를 사용한다. 의무적으로 따돌림 방지 교육을 진행하고 신고된 사안은 학교에서 조사하지 않는다. 경찰에서 직접 선도 프로그램을 진행하거나 다른 기관에서 위탁교육을 실시한다. 영국은 학생 지도와 단속을 경찰과 학부모가 공동으로 하도록 법령으로 규정하고 있다. 청소년의 야간통행금지를 실시하고, 범법 행위의 심각성 등을 고려하여 형사처벌까지 가능하다. 학교폭력 가해학생의 경우 맞춤형 프로그램을 진행하는 등 적극적으로 처리하고 있다. 핀란드는 학교폭력 예방과 근절에 '키바 코울루'라는 프로그램 등 다양한 프로그램을 적극적으로 활용함으로써 학교폭력을 줄이는 노력을 한다. 노르웨이는 'Zero 프로그램'을 운영한다. 이는 학교폭력 예방을 위한 프로그램으로 따돌림을 근절하고 예방하기 위해 학생과 보호자, 교사, 학교, 사회를 연결하여 관계 형성에 초점을 맞추어 지도한다.

🌑 학교폭력 처리 주체가 바뀌어야

2023년 10월, 윤석열 대통령과 현장 교원과의 대화가 진행되었다. 이 자리에서 학교폭력 제도의 개선과 학교폭력예방법의 개정을 논의했고, 심각한 학교폭력 사안은 경찰에서 조사해야 한다는 공감대가 형성되었다. 교사들에게는 수사권과 사법권이 없어서 학생의 비행행동에 관한 정확한 조사와 확인이 어렵기 때문이다. 교사의 본연의 업무는 학생 지도와 지식 전달이다. 수업을 준비하고 적극적으로 교육활동을 할 수 있어야 한다. 각종 행정업무를 비롯하여 생활지도 업무에도 많은 고충이 있다. 그러므로 학교폭력 관련 업무는 경찰로 이관되어야 한다.

교사들의 교육적 지도가 가능한 사안과 경찰이 주도적으로 확인하고 진행할 수 있는 사안의 구분은 쉽지 않다. 그래서 학교 안에서 발생했느냐 학교 밖에서 발생했느냐에 따라 주체를 달리 하자는 검토도 있었다. 학교폭력 사안이 발생하는 원인과 양상이 매우 다양해서 이를 구분하기 어렵다는 의견이 우세했다. 학교폭력 조사관제도가 도입된 이유 중 하나이기도 하다.

● 학교폭력, 어떻게 처리하는가 ― 2019년까지

2011년 12월 대구 중학생의 학교폭력 사안이 세상에 알려졌다. 이후 학교폭력은 학교만의 문제가 아니라 사회적 문제로 인식되기 시작했다. 정부에서 마련한 가해학생 조치는 처벌 위주여서 학교폭력을 근본적으로 해결할 수 있는 방안을 제시하지 못했다. 이후 회복적 정의를 중심으로 한 회복적 생활교육, 관계 중심 생활교육, 관계회복 프로그램 등 다양한 접근을 통해 학생들의 관계를 회복하는 면에도 초점을 맞추고 있다.

학교폭력 사안은 2019학년도까지 학교에서 학교폭력대책자치위원회를 열어서 처리하다가 2020학년도부터 현행 체제를 이루었다. 학교의 담당 교육지원청에서 학폭위를 구성하고 사안이 발생하면 소위원회를 개최하여 처리한다. 공정성과 객관성을 확보하려는 조치다. 이 때문에 학교에서 학폭위를 진행하면서 겪는 다양한 민원이 일부 감소한 긍정적인 효과도 있었다.

2019학년도까지 2~3주에 진행되던 학폭위 처리 기간은 현재 7주까지 늘어났다. 2024학년도부터 진행되는 학교폭력 조사관제도로 인해 조사 기간이 추가로 필요한 상황이다. 사안마다 조사관을 배정하기에 생기는 문제점도 있다. 조사관과 학생 사이에 평소 라포가 형성되어 있지 않아 학생이 진술을 거부하거나 적극 협조하지 않는 것이다. 조사관이 잘 알지 못하는 학생을 대상으로 사안을 파악하다 오해가 발생하기도 한다. 이러한 문제점을 해결할 방안이 제시되어야 한다.

2019학년도까지 학교폭력 사안을 처리하던 학교폭력대책자치위원회는 위원 과반을 학부모로 구성하다 보니 문제점도 있었다. 비슷한 사안이라도 학교마다 처리 방식이 다르기도 했고 가해학생과 피해학생의 처분 내용이 대조될 정도로 다르기도 했다. 학부모위원의 역량도 중요하지만, 학교폭력 사안 처리 방법을 잘 알고 있는 담당교원이 있는지 없는지도 객관성에 문제제기를 하는 원인이 되었다. 교육적 처리나 학교의 방침을 비롯한 학교에서의 교육적 지도가 불가능한 면도 있었다.

당시에는 학교폭력 사안이 접수되면 24시간 이내에 교육청에 접수했다. 2주 이내에 학교폭력대책자치위원회를 개최하고 결과를 통지해야 했다. 학사일정 등을 고려하여 1주 연장이 가능했지만 사안이 많은 학교에서는 많은 고충이 있었다. 학교폭력이 며칠 사이에 연달아 접수되는 경우도 있었기 때문이다. 책임교사나 학생부장은 학교폭력대책자치위원회의 원활한 개최를 위해 지속적인 노력을 해야 했다. 학교폭력 전담기구의 구성은 지금과는 달랐다. 학교폭력 전담기구는 교감, 학교폭력 책임교사, 보건교사, 상담교사 등 교원으로만 구성되어 있었다. 이들은 학교폭력대책자치위원회가 개최되기 전 사안 조사와 예방교육, 학교폭력 생활기록부 삭제 등을 담당했다.

2019학년도 9월부터는 학교장 자체해결제가 도입되었다. 학교폭력 사안이 접수되더라도 학교폭력 전담기구의 조사 결과 경미한 사안으로 확인되는 경우에 가능하다. 구체적인 요건은 2주 이상의 신체적·정신적 치료를 요하는 진단서를 발급받지 않은 경우, 재산상 피해가 없거나 즉각 복구된 경우, 학교폭력이 지속적이지 않은 경우, 학교폭력에 대한 신고, 진술, 자료 제공 등에 대한 보복 행위가 아닌 경우다. 그러나 2019학년도 하반기에는 제도의 도입 취지가 무색하게도 자체적으로 종결 처리를 하면 사안을 은폐하거나 축소하는 것으로 오인해서 민원을 넣는 상황이 증가했다. 그래서 많은 사안을 학교폭력대책자치위원회에 상정하여 처리하는 방향으로 진행하기도 했다.

2020년부터 달라진 학교폭력 사안 처리

2020학년도부터 학교폭력 사안 처리는 교육지원청에서 이루어지고 있다. 처분의 객관성과 공정성을 확보하기 위함이다. 학교폭력 전담기구는 정확한 조사를 위해 학부모를 위촉하는 방식으로 운영되고 있다. 기존에 운영되던 교원위원(교감, 학교폭력 책임교사, 보건교사, 상담교사) 외에도 학교폭력 전담기구 구성원의 3분의 1 이상을 학부모로 위촉한다.

학교에서 학교폭력 사안을 인지하면 48시간 이내에 교육지원청에 접수한다. 학교에서는 전담기구에서 학교장 자체 해결이 가능한지 여부를 2주 이내에 판단하여 교육청에 보고한다. 필요한 경우 1주 이내에 연장이 가능하다. 학교장 자체 해결이 가능한 사안으로 판단하더라도 피해학생과 보호자의 동의를 받아야 한다. 피해학생과 보호자가 동의하지 않거나 자체 해결 요건에 해당하지 않는 경우 교육지원청에 학폭위 개최를 요청해야 한다. '조건부 기재유보' 제도도 시행되었다. 학폭위를 개최한 후, 학교폭력 가해학생 선도조치 중 1호 서면사과, 2호 접촉금지 및 보복금지 조치, 3호 학교에서의 봉사 처분을 받은 학생은 학교생활기록부 기재를 유보하는 제도다. 동일한 학교급의 재학 중 1회에 한하여 적용된다. 이행 기간 내에 처분을 이행하지 않거나 학교폭력이 재발한 경우 이전 사안도 확인하여 학교생활기록부에 기록한다.

교육지원청에서는 학폭위 개최를 요청받은 이후 원칙적으로는 3주 이내에 처리해야 한다. 관내의 초중고등학교 학교폭력 사안을 모두 처리하다 보면 3주 이내에 처리가 불가능한 경우도 있다. 이때에는 1주 연장이 가능하다. 결과적으로 학교에서 3주, 교육지원청에서 4주가 소요될 수 있다. 총 7주에 이른다. 시간이 더 필요한 경우도 있다. 현재 수사 중이거나 성희롱, 성폭력 등과 관련한 사안이 접수된다면 학폭위가 개최되더라도 경찰의 조사 결과가 나올 때까지 잠정적으로 보류한다. 결과적으로 7주의 시간으로는 어림없다.

🌓 학교폭력 조사관제도 도입

학교폭력 책임교사는 각종 민원에 시달린다. 이를 효율적으로 방지하기 위한 방법으로 2024학년도부터 학교폭력 조사관제도를 도입했다. 학교폭력 책임교사가 감당해야 할 민원과 업무량을 줄이기 위한 조치다. 이전과 같이 학교에서는 학교폭력 사안이 인지나 감지될 경우 접수를 한다. 목격한 학생의 신고로 접수를 진행하기도 한다. 변한 것은 교육지원청에 접수된 학교폭력 사안을 조사하는 주체다. 기존에는 교사가 했다면 2024년 3월부터는 학교폭력 조사관이 개입한다. 조사관은 학교에서 접수한 사안을 정확히 확인하고 조사하는 역할을 담당한다.

학교폭력 조사관은 교육지원청에 설치된 학교폭력제로센터 소속이다. 조사관은 학생확인서, 학부모확인서 등의 자료와 상담한 내용으로 문서를 작성한다. '사안 조사보고서'를 작성해서 학교폭력 전담기구로 전달하면 이 내용을 바탕으로 학교장 종결 여부를 결정한다. 교육지원청의 학교폭력 사례회의도 추가되었다. 학교폭력 사례회의에는 학교폭력 조사관, 학교전담경찰관(SPO), 변호사 등이 참석한다. 심의위원회 개최를 요청하는 사안에 학교폭력 사례회의가 추가되면서 시간이 더 필요한 상황이 발생하고 있다.

학교폭력 조사관은 대개 퇴직 경찰이나 교원으로 수사나 조사 경험이 많다. 조사관은 학교의 담당자와 유기적인 관계를 바탕으로 사안을 확인해야 한다. 우려되는 것은 일부 조사관이 변호사 사무실의 사무장 역할을 하기도 한다는 점이다. 행정적 업무를 대행하는 행정사 자격을 가진 분들도 있다. 학교 현장이 더 사법화되고 있는 것은 아닌지 의문이다.

● 처분은 교육적이어야

학교폭력 사안을 처리하는 이유는 무엇일까? 학생들이 이전으로 되돌아가 학교생활을 잘할 수 있도록 도움을 주는 데 목적이 있다. 그런데 피해학생은 피해학생대로 고통스러운 시간을 보내고, 가해학생은 가해학생대로 억울함을 표출한다. 이 과정에서 학교폭력 사안 처리와 관련한 민원은 고스란히 담당교사의 몫이다. 가해학생의 선도 처분과 징계도 당연히 필요하다. 그러나 선도 처분은 교육적 처분이어야 한다. 징계를 위한 징계가 아니라 가해학생의 반성과 생활습관 개선에 필요한 처분이어야 한다는 것이다. 그런데 학폭위에서의 징계가 가해학생에게 또 다른 가해로 작용하는 것은 아닌지도 의문이다. 가해학생에게 징계를 주고 이를 바탕으로 학교생활기록부에 기록하는 것으로 해결하려고 하는 경향이 짙다.

2024학년도부터는 가해학생의 학교생활기록부 기록과 삭제 요건이 강화되었다. 초중고등학교 1학년 학생부터는 학교생활기록부의 학교폭력 기재란이 하나로 통합되었다. 졸업생의 학교생활기록부 삭제는 사안에 따라 졸업 4년 후로 변경되었다. 학교폭력 사안을 사법주의로 해결하는 것은 아닌지 되돌아보아야 한다. 학교폭력 사안의 처리는 피해학생과 가해학생의 치유를 위한 과정으로 변해야 한다.

학폭위는 교육지원청에서 담당한다. 교육지원청은 관내 초중고등학교의 모든 사안을 다루므로 학교급별 차이와 학교별 특성은 고려하지 않는 경향이 있다. 학생들의 성장이나 생활습관을 반영하지 않고, 비슷한 사안은 유사한 결과로 통지하면 곤란하다. 실제로 가해학생 선도 처분을 살펴보면 하향 평준화되는 경향이 있다.

● 학교폭력 담당교사의 소진

한국교총에서 학교폭력 조사관제 시행 100일을 맞아 설문조사를 진행했다. 교원의 업무가 줄었냐는 문항에 53.2%가 줄지 않았다고 응답했다. 오히려 교육지원청에서 학교폭력 조사관을 배정하자 업무량이 증가했다.

학교폭력 사안에도 여러 유형이 있다. 초기에 학생과 보호자 사이에 서로 입장이 잘 전달되면 잘 풀어갈 수 있는 경우도 많다. 이럴 때 학교폭력 조사관이 적극 개입하여 처리해야 한다. 학교폭력 조사관들이 학생들 간의 관계를 회복하는 방법에 관심을 가져야 한다. 사법의 형태가 아니라 교육적으로 풀어가고 피해학생의 회복을 위한 지원에 초점을 맞추어야 한다. 가해학생의 처벌과 반성, 재발 방지를 위한 약속도 필요하다. 피해 관련 학생과 가해 관련 학생 사이에 있을 수 있는 의견 충돌에 관한 조율도 필요하다.

조사관제도는 학교폭력을 담당하는 교사의 업무 경감과 민원 감소가 주된 목적이다. 학교폭력 조사관은 조사보고서를 꾸리며 필요한 상담을 진행하고 서류를 확인한다. 이때 어떻게 교육적으로 접근할 것인가에 관한 고민이 필요하다. 학교폭력 사안의 조사 과정에서 책임교사의 동석도 문제가 되었다. '학교장 재량 하에 동석할 수 있다'라는 표현이 문제였다. 학교폭력 조사관으로 위촉된 퇴직 교원의 경우 학교 관리자와 친분이 있는 경우가 많다. 학교폭력 조사관과 책임교사가 동석한다면 결국 책임교사의 업무만 늘어나는 꼴이 된다. 도입 취지와는 다른 방식으로 운영되는 결과를 가지고 올 수 있다.

● 관계를 회복시킬 수 있는 골든타임이 있다

응급처치를 할 때는 4분 안에 심폐소생술을 실시하면 생존률이 높아진다고 한다. 학생들 간의 관계에도 골든타임이 있다. 매년 학교폭력 처리 방식을 개선하기 위한 대책을 마련한다. 학교폭력예방법은 그대로 두고 절차를 보완하다 보니 점점 시간이 오래 소요되고 복잡해진다. 이제는 학교폭력예방법 전면 개정이 이루어져야 한다. 학교폭력의 정의를 축소하고 절차는 간소화하고 빠르게 처리해야 한다.

학교폭력 사안 처리의 근본적인 목적은 학생들 간의 관계회복임을 기억해야 한다. 가해학생 처벌을 위한 처리가 되어서는 안 된다. 학생들의 정서행동을 안정화하기 위한 다양한 접근이 필요하다. 자신과 다른 친구들의 생각이 다를 수 있고, 다양한 의견이 있을 수 있음을 적극적으로 알려주어야 한다.

02

의대 증원의
나비효과

+ **하유정**
경상남도교육청 소속 초등교사, 유튜브 채널 '어디든학교' 운영

2024년을 가장 뜨겁게 달군 키워드는 단연 '의대 증원'이다. 27년 동안 굳게 걸어 잠가두었던 의과대학 빗장이 풀려 의료 분야를 넘어 대한민국 입시 판도까지 뒤흔들었다. 전국 39개 의과대학 정원은 기존 3,058명에서 50% 가까이 증원되어, 2025학년도 모집 정원이 4,610명으로 확정되었다. 여기에 의학전문대학원인 차의과대가 선발하는 85명을 더하면 총 4,695명이다. 특정 모집 단위 증원으로는 사상 최대 규모다. 정부가 던진 의대 증원 이슈에 수많은 이들의 관심이 집중되었다. 사교육업체의 의대 입시 설명회 현장에는 수백 명에서 수천 명의 인파가 몰리며, 광풍을 이어가고 있다.

후끈한 학원가 분위기와는 달리, 정작 의대 상황은 전쟁터다. 의대 증원 발표 이후, 현재 휴학계를 낸 의대생은 98.73%에 달한다. 서울 '빅5'(서울대·세브란스·삼성서울·서울아산·서울성모병원) 전공의 전원을 비롯하여 전국 대형병원 전공의들도 파업을 선언했다. 의대생들은 "의대 증원으로 인한 의학교육의 부실화는 실력 없는 의사와 의과학자를 양성할 것"이라고 주장한다. 하지만 재판부는 증원 배정 집행이 정지되면 국민 보건에 막대한 지장을 초래할 우려가 있는 점, 수험생들에게 혼란을 일으킬 수 있는 점 등을 이유로 집행 정지 신청을 받아들이지 않았다. 이유와 과정이 어찌 되었든, 의대 증원은 결정되었고 나비효과는 시작되었다. 당장 올해 진행되는 2025 입시부터 대한민국 교육 분위기까지, 의대 증원이 불러온 변화에 주목해보자.

● 밀려드는 N수생

의대 빗장이 풀림과 동시에 N수생 폭증은 확실해졌다. 2022학년도에 약대 신입생 1,700명을 전문대학원에서 학부 선발로 전환했을 때도 N수생이 증가했다.[1] 이번 의대 증원은 이보다 더 큰 파급효과를 가져올 것이다. 수시모집 지원

규모 등을 고려할 때, 2024학년도 기준 9,543명이었던 의대 준비생 수가 2025학년도에는 15,851명으로 5,000명 이상 늘었다.[2] 2024년 6월 모의고사 평가는 2011년 이후 가장 많은 N수생이 응시했다. 2025년 대입은 의대 정원 확대로 입결이 하락할 것을 기대한 수험생까지 합류하면서 역대 최대 N수생을 또 한 번 경신할 것으로 예상된다. N수생이 늘어나면 변별력 확보를 위해 고난도 문제를 출제할 가능성도 높다. 우려스러운 점은 교육부의 N수생 쏠림 대책은 전무하다는 사실이다.

의대 증원은 N수생뿐 아니라 직장인들까지도 들썩이게 한다. 온라인 익명 커뮤니티에는 경찰, 공무원, 연구원 등 다양한 직종의 직장인들이 "의대 도전하겠다"라는 글을 올리고 있으며, 학원가에서는 직장인 특별반까지 개설했다.

● 무너지는 이공계

지난해 수시모집에서 서울대에 최초 합격한 수험생 2,181명 중 10.5%인 228명이 등록하지 않았다. 열 명 중 한 명꼴이다. 미등록 학생의 87%는 자연계열 학생들이었다. 많은 입시 전문가들은 의대를 택한 결과로 보고 있다. 의대 쏠림 현상은 'SKY'에서도 휴학, 자퇴 등 중도 탈락자를 다수 발생시켰다. 카이스트도 예외는 아니어서 올해만 해도 자퇴와 미복학 등으로 중도 탈락한 학생이 130명에 달했다. 인기 있는 채용조건형 계약학과도 상황은 비슷하다. 고려대, 서강대, 연세대, 한양대 반도체 계약학과에 합격한 후 등록을 포기한 응시생은 모집인원의 1.5배를 넘었다. (삼성전자와 연계된 연세대 시스템반도체공학과는 합격자 전원이 등록하지 않았다.) 이는 의대에 재도전하는 학생들이 늘어난 결과로 추정된다. 이렇다 보니 의약계열 신입생 중 상당수가 '늦깎이 신입생'이다. 한국교육개발원의 교육통계에 따르면, 2023년 의약계열 신입생 중 만 25세 이상은 796명으로,

8년 전 219명보다 4배 가까이 증가했다.[3]

　　의대가 최상위 인재를 블랙홀처럼 빨아들이는 상황은 '의대망국병'이라 할 정도로 심각하다. R&D 예산 삭감 등으로 이공계가 어려움을 겪고 있는데 여기에 의대 열풍까지 더해지니, 이공계의 인기가 떨어질까 걱정하는 목소리가 여기저기서 들린다. 이공계 학생들이 의대로 빠져나가는 현상은 의대 증원 때문만은 아니다. 세계 최고 수준이라는 우리나라 이공계 인재들은 해외로 유출되고, 반대로 동남아 이공계 인력이 유입되고 있는 현실이다. 최근 10년간 해외로 빠져나간 이공계 인재가 34만 명에 달한다. 그야말로 인재 적자 상태다. 이공계 문제를 해결하기 위해 의사 수를 조절하는 방법이 최선인지는 확신할 수 없다. 의대 증원의 효과는 10년 뒤에나 가늠할 수 있겠지만, 현재로서는 혼선이 커 사회적 비용을 치르게 될 것이다. 무엇보다 절실한 건 대한민국 인재들이 이공계를 선호하도록 제반 여건을 개선하는 것이라고 본다.

● 지방 의대 바늘구멍 뚫기

　　'탈대치(탈출+대치동)'라는 말이 있다. 이는 학생들이 대치동의 치열한 경쟁 시스템에서 벗어나려는 현상을 말한다. 경쟁이 덜한 지역으로 이동하여 내신 등급을 올리려는 의도다. '지역인재전형' 선발 규모가 60% 이상 대폭 확대되면서 의대 입학 정원이 비수도권에 집중된 것도 한몫했다. 의대 진학에 유리한 비수도권으로 일찌감치 이주하는 '지방 유학'이 새로운 입시 트렌드로 떠오른 것이다. 초중등생마저 지방 유학을 택하는 이유는 2028년부터 바뀌는 지역인재전형 조건 때문이다. 2027학년도까지는 고등학교만 해당 지역에서 나오면 되지만, 2028학년도부터는 중학교도 수도권 이외의 지역에서 나와야 지역인재전형에 지원할 수 있다. 이러한 조건 때문에 초등 자녀를 둔 학부모들은 초등학교 졸업 전후를 지방 유학의 골든타임으로 보고 있다.

지역인재전형은 대학 간 수직적 서열 구조와 지역 간 불균형 문제를 해소하기 위해 도입되었다. 수도권 학생들이 지원할 수 없다 보니 지방 의대의 지역인재전형 경쟁률은 수도권보다 훨씬 낮다. 2024학년도 입시에서 서울권 9개 의대의 수시 평균 경쟁률은 47.5대 1, 경인권 3개 의대는 132.8대 1을 기록한 반면에 지방권 27개 의대의 수시전형 중 지역인재전형 경쟁률은 10.5대 1에 그쳤다.[4]

지역인재전형은 경쟁률이 낮은 만큼 합격선도 낮다. 지방권 27개 의대의 2023학년도 수시모집 최종 합격생 백분위 70% 컷을 보면, 지역인재전형 최저 합격선은 학생부교과전형 기준으로 1.51등급이었다. 이는 서울권의 1.18등급보다 낮은 수준이다. (강원도의 한 의대에는 학생부종합 지역인재전형에서 내신 4.16등급인 학생이 합격하기도 했다.)

2025학년도 입시에서는 의대 정원이 대폭 늘어나면서 지역인재 선발 의무가 있는 전국 26개 대학의 지역인재전형 비율이 전년 50%에서 59.7%로 상승했다. 경상국립대, 전남대 등 일부 대학은 지역인재전형 비율이 70%를 넘기도 한다. 이 수치가 의미하는 것은 무엇일까? 기존에는 수시전형으로 의대에 진학하려면 8과목 중 6과목 이상에서 1등급을 받고, 나머지 두 과목도 2등급 아래로 내려가지 않아야 했다. 그야말로 최상위권 학생들만을 위한 바늘구멍이었다. 그러나 의대 정원 증가와 지역인재전형 비율 확대로 문턱이 약간 낮아졌다. 8과목 중 절반만 1등급을 받아도 지방 의대 합격선을 넘을 수 있을 것으로 예상되기 때문이다. 약간 넓어진 바늘구멍이지만 나고 자란 곳을 떠나 지역인재전형 비율이 높은 지역으로 유학을 가는 것이 현명한 선택이라고 단정하기는 어렵다. 낯선 지역에서 대입을 준비하는 학생의 정서적 안정은 누구의 몫이 되어야 할까? 원하는 결과를 얻지 못했을 때의 차선책도 미리 고민할 필요가 있다.

지방 의대 정원 확대로 일부 학부모들은 경쟁이 덜한 지역으로 이사할 계획을 세우고 있다고 한다. 당장 집값이 오르는 등 가시적인 변화가 눈에 띄는 건 아니지만 이러한 수요가 부동산 시장에 영향을 미칠 수 있다는 전망이다. 부동산 시장마저 반응할 만큼 지방 의대 증원이 '서울 쏠림' 현상까지 해결해줄지는 미지수다. 비수도권 의대를 졸업한 학생들이 다시 서울로 돌아올 가능성도 높기 때문이다. 특히 연고 없이 의대 입학만을 위해 서울을 떠난 학생일수록 이 경향은 더 두드러질 수 있다.

● 고교 자퇴생이 증가한다

지방 의대가 주로 수시 학생부종합전형과 교과전형으로 지역인재를 선발해온 점을 감안하면, 고교 내신 경쟁이 더욱 치열해질 수 있다. 고교 초반에 내신 경쟁에서 뒤처진 학생들이 자퇴 후 검정고시를 선택하는 등 중도 이탈자가 늘어날 가능성도 높다. 빠르게 자퇴하고 수능에 올인하는 전략을 선택할 수 있기 때문이다. 실제로 「2023 교육통계 분석자료집」에 따르면 2022학년도 고교생의 학업 중단율은 1.9%로, 전년 대비 0.4% 상승했다. 고등 저학년 때 내신이 좋지 않다면, 검정고시를 통해 사교육으로 정시 준비를 하는 것이 더 효과적이라고 판단하는 것이다. 과학고나 영재학교 학생들이 일반고로 전학하거나 검정고시를 보고 대학입시를 준비하는 비율이 높아지는 이유도 같은 맥락이다. 검정고시 합격 비율이 증가하는 배경에도 이러한 요인이 작용하고 있다.

학령인구 감소로 인해 공교육이 위축되고 있는 상황에서 이러한 추세는 공교육에 더욱 큰 타격을 줄 수 있다. 특히 2028 대입 개편 이후 내신의 영향력이 강화되면 검정고시를 선택하는 학생들이 더욱 폭증할 것으로 전망된다. 내신 경쟁 심화와 학업 중단율 증가는 공교육에 심각한 문제로 대두될 것이다. 이는 교육 정책 재검토와 새로운 대안 마련이 시급하다는 것을 시사한다.

● 지방 의대 합격선은 떨어질까?

　　교육계는 의대 정원이 확대됨에 따라 지방 의대를 중심으로 합격선에 큰 변화가 있을 것으로 예측하고 있다. 실제로 정량평가 전형인 교과전형과 수능전형은 성적으로 줄을 세우는 방식이기 때문에, 지원자 수나 성적대에 따라 입결도 크게 달라진다. 대학별 공시에 따르면 2024학년도 전국 의대 합격선은 수능 백분위 70% 컷 기준으로 97점 이상이다. 의대 증원으로 2025학년도 합격선은 1점 이상 하락할 것으로 예상된다. 현재 의대 합격선인 97점대의 학과는 SKY 26개, 서성한 3개 학과다. 의대 정원이 50% 증가하면 60여 개 학과가 의대 합격선 안으로 들어오게 된다. 그만큼 하위 학과 학생들도 의대 지원이 가능해진다는 의미다.

　　반면 서울의 상위권 대학 공대들은 지방 의대 증원에 긴장하고 있다. 의대 지역 할당제로 인해 합격선이 낮아지면서, 지방에 있는 내신 1등급 초반대의 우수한 학생들이 서울 소재 공대 대신 지역 의대로 쏠릴 것으로 예상되기 때문이다. 이는 서울 학생들에게는 내신의 불리함을 극복할 기회가, 지방 학생들에게는 의대 진학 기회가 많아짐을 의미한다. 이러한 변화는 대입 경쟁 구도를 크게 변화시킬 것이다. 지방 의대 합격선이 낮아지면서 서울대 공대를 비롯한 상위권 대학의 입결에도 영향이 미칠 것으로 보인다. 지방 의대의 증원과 합격선 하락이 불러올 대입 시장의 변화는 앞으로도 주의 깊게 지켜봐야 할 사안이다.

● SKY 위에 새로 생긴 대학, 의대

　　'SKY 위에 새로운 대학 하나가 생겼다'라는 우스갯소리가 있다. 바로 의대다. 늘어난 의대 정원(1,637명)은 서울대 의약학계열을 제외한 자연계열 입학생 수

(1,775명)에 근접하고, 치대·한의대·서울 주요 약대 입학 정원을 합친 수준이다.

현재의 대입 구도는 좁게는 '의대 쏠림', 넓게는 '이과 쏠림' 현상을 심화시키고 있다. 많은 수험생들이 의대 진학을 목표로 하면서, 자연스럽게 상위권 대학 자연계열 및 인문계열 지원이 줄고 있다. 2022 개정 교육과정에 따라 공식적으로는 문·이과 구분이 사라졌지만, 각 대학은 인문사회계열과 이공계열의 반영 선택과목을 달리하는 방식으로 과거 체제를 유지하고 있다. 의대는 그 대표적인 학과다. 문·이과 학생이 함께 경쟁하는 무전공 입시에서도 이과생이 유리할 것이라는 관측이 있어 이과 쏠림은 한동안 지속될 것으로 보인다. 여기서 안타까운 점은 과목과 진로 선택의 교육적 의미가 퇴색된다는 것이다. 개인의 적성과 흥미보다는 의대 입학 가능성에 따라 선택 기준이 달라지는 게 입시 현실이다.

의대 증원으로 지방의 주요 대학 이공계 학생들은 서울 소재 대학으로 옮겨가는 도미노 현상이 나타날 거라는 우려도 있다. 최상위권 학생은 증원된 의대로, 상위권 이공계는 중상위권 학생이, 중위권 이공계는 중하위권 학생이 채우는 등 연쇄적으로 학생들이 이동하면서 지방대는 공동화 현상이 더욱 뚜렷해질 수 있다. 지방 의대 정원 확대는 수도권과 지방 간의 교육 자원 불균형을 줄이려는 의도였으나, 실제로는 학교와 학과별 연쇄 이동을 유발하여 지방 우수 인재를 유출하는 결과를 초래할 수 있다.

● 수도권과 지방 의대의 양극화

결국 사교육 중심의 교육특구에서는 빅5 의대를 목표로 하는 N수생까지 폭증할 것이며 경쟁률과 입결이 상대적으로 낮은 지역인재전형을 노리고 지방으로 이주하는 학생도 증가할 것이다. 수도권과 지방 의대의 양극화는 의대 내 서열을 더욱 공고히 할 가능성이 크다. 학생들의 수요가 높은 수도권 의대는 입결이 탄탄하게 유지되겠지만, 지방 의대 입결은 낮아질 수 있다. 물론 N수생과 직장인 등 의대 입시에 도전하는 지원자가 늘어난다면 의대 내 서열화에 큰 영향을 미치지 않을 수도 있다. 그러나 수험생 증가는 전체적인 입시 경쟁을 더욱 가열시킬 것이다.

양극화 현상은 의대 내 서열로 이어지고, 이는 곧 학벌주의 폐단으로 이어질 수 있다. 의사 면허 유무보다 수도권 의대 출신이냐, 비수도권 의대 출신이냐를 따지게 된다는 것이다. 예전에는 '의대면 땅끝도 괜찮다'라는 인식이 있었지만, 이제는 지방대 의대보다는 수도권 치대나 한의대를 선호하는 분위기가 형성되고 있다. 수도권 의대 학생들마저 의대 증원을 계기로 다시 빅5 의대에 진학하려는 움직임을 보이고 있으니 말이다.[5] 이러한 변화는 의대 입시의 양극화를 심화시킬 뿐만 아니라, 학벌주의를 공고히 하여 교육 불평등을 심화시키고, 결과적으로 사회적 불평등을 확대하여 신계급사회를 형성할 거라는 우려가 크다. 이는 교육과 사회의 전반적인 구조에 심각한 영향을 미칠 수 있다.

🌑 불안하게 달리는 사교육 시장

의대뿐만 아니라 첨단학과, 무전공 등 미래 사회에 대비한 학과들이 신설되면서 학부모들은 자녀의 안정된 삶을 위해 어떤 선택을 해야 할지 막막하다. 교육 당국의 불확실한 입시 정책이 불안을 더하면서 사교육 시장으로 눈을 돌리는 부모들도 늘어나고 있다. 사교육 시장에는 반수생을 위한 의대 특별반이 추가로 개설되고, 지역인재를 겨냥한 지방 의대 전문반도 등장했다. 심지어 유치원생을 대상으로 한 의대반까지 있다고 한다. 의대 증원이 불러온 나비효과 중 하나다. 3,000명대든 4,000명대든 그 안에 들어가기 위한 치열한 경쟁이 학부모의 불안을 자극한다.

의대 쏠림은 이미 초등학교 사교육 현장에도 깊이 뿌리내렸다. 초등 의대반에 입성하려면 학원의 자체 입학시험을 통과해야 하고, 이를 위한 특별 과외도 이루어진다. 지방 학생들 중에는 대치동의 원룸 생활까지 감수하며 학원에 다니는 경우도 종종 있다. 이렇듯 경쟁은 여전히 치열하지만 바늘구멍이 조금 넓어졌다고 하니 학부모들은 '내 아이도 의사 가운을 입을 수 있을까?'라는 기대를 품고 서두르고 있다.

의대 입성을 위해 달릴 생각이라면 잠시 멈춰보자. 개인적인 교육관에 훈수를 두려는 것은 아니다. 다만 공부의 주체인 아이들의 요구와 학습 속도를 함께 고려해주었으면 한다. 진로와 관련된 탐색 활동도 충분히 이루어졌으면 한다. 지역인재전형이 확대되었다고 해도 너무 의대에만 목매지 않았으면 한다. 아이들이 자신의 속도에 맞춰 공부할 수 있도록 배려해주기를 바랄 뿐이다.

● 의대 열풍의 배경

1970~80년대에는 공업, 제조업 등이 발달하면서 일명 '전화기(전자공학·화학공학·기계공학)' 학과들이 인기를 끌었다. 1973년에 신설된 서울대 기계설계학과 입학시험은 최고 경쟁률을 기록했고, 과학 인재를 육성하기 위한 정부 정책에 따라 물리학과는 전국 수재들의 집합소가 되었다. 1990년대에는 IT기술이 발전하면서 컴퓨터공학과가 부상하였다. 서울대 컴퓨터공학과는 '제2의 빌 게이츠'를 꿈꾸는 학생들로 인해 배치표에서 2위에 오를 정도로 높은 인기를 누렸다. 1997년 외환위기 이전까지 대한민국 최상위권 학생들 다수가 공대와 자연대에 진학했고, 이들은 대한민국을 선진국 반열에 오르게 한 제조업의 주역이 되었다.

그러다 외환위기를 계기로 의대가 급부상했다. 이 시점부터 지방대 의대가 서울대 공대와 자연대를 앞지르기 시작했다. 대기업에 다니던 '월급쟁이'들이 직장을 잃자 평생직장 개념이 사라졌고, 자격증을 가진 전문직이 주목받기 시작했다. 소득보다 명예와 브랜드를 중요시하던 인식이 외환위기를 계기로 변화하게 된 것이다.

평생직업이라는 안정성뿐만 아니라 높은 소득도 의대의 인기를 끌어올리는 큰 요인이다. 외환위기 이후 대한민국은 상위 소수가 전체 소득의 대부분을 차지하는 승자독식 사회로 변모했다. 상위 10%의 소득 비율은 1995년 이전 35%에서 2000년 이후 45%를 넘었다. 상위 0.1% 최상위 고소득자는 대기업 임원, 의사, 금융업 고위 종사자들이며, 이 중 정해진 은퇴 연령이 없는 의사만이 오랫동안 안정적으로 고소득을 유지할 수 있다. 이것이 의대 광풍의 핵심이다. 국세청에 따르면 의료업 종사자(의사·한의사·치과의사)의 연평균 소득은 2021년 기준 2억 6,900만 원으로, 2014년 1억 7,300만 원에서 7년 사이 9,600만 원(55.5%) 증가했다. 의사 1명의 연 소득이 매년 1,370만 원씩 오른 셈이다.[6] 이들의 소득은 국내 근로자 평균임금의 7배 수준이다. 이러한 현실 속에서 의사가 되는 것은 높은 소득과 사회적 존경을 동시에 얻을 수 있는 길로 인식되고 있다.

● 대한민국 교육에 던져진 과제

의대 증원은 N수생 증가, 이공계 학과의 인기 하락, 지방 유학 증가 등 교육계 전반에 변화를 초래하고 있다. 이러한 변화는 사교육 시장 과열, 교육특구와 지방 간의 양극화, 그리고 학벌주의 심화를 더욱 부추기고 있다. 특히 의대 입시 경쟁이 치열해지면서 학생들이 무리한 선행교육으로 부담을 겪고 있는 것이 현실이다. 의대 증원은 단순히 의료계와 교육계만의 문제가 아니라, 한국 사회의 여러 측면을 함축하고 있다. 고물가·고금리, 불평등한 사회구조, 불안정한 일자리, 만족스럽지 못한 월급 등 사회적 요인들이 맞물려 있다. 이러한 맥락에서 의

대 증원에 관한 찬반 논란이 계속되고 있지만 대한민국 교육에서 진정으로 공론
화해야 할 것은 다른 데 있다. 학생들이 경제적 안정과 사회적 지위를 넘어, 자신
이 좋아하고 잘할 수 있는 직업을 선택할 수 있도록 돕는 것이다.

　　의대 증원에 대한 논쟁보다는, 다양한 학문 분야에서 우수한 교육 환경을
조성하기 위해 대학별 특성화 전략을 강화하고 교육 인프라를 확충하기 위한 지
속적인 지원이 필요하다. 또한 다양한 학문과 직업이 존중받을 수 있도록 사회적
인식이 변화되어야 한다. 무엇보다 학생들이 대한민국의 의대 쏠림 현상에서 벗
어나 다양한 분야에서 잠재력을 발휘할 수 있는 교육 환경이 마련되기를 바란다.

1 ──── "부활한 약대입시 관심↑··· 성대 약대 '666.4대 1' 최고 경쟁률", 〈메디파나뉴스〉, 2021.9.14

2 ──── "2025학년도에 의대 1천 명 증원시 의대 준비생 3100여 명 증가", 〈노컷뉴스〉, 2023.11. 22

3 ──── 「교육통계 분석자료집」, 교육부·한국교육개발원, 2023

4 ──── "의대, 지역인재전형 경쟁률 전국 단위 비교 '3배 차이'", 〈메디칼타임즈〉, 2024.2.5

5 ──── "新학군지 떠오른 대전·세종··· 초2 엄마도 '지방유학' 문 두드린다", 〈시사저널〉, 2024.6.10

6 ──── 「2021년 국세통계연보」, 국세청, 2021

03

저체력학생 증가,
초등 체육교육의 방향은?

이선재
인천시교육청 소속 초등교사, (사)교사크리에이터협회 놀이개발 부팀장,
인천교육연구회 1분에듀 운영

● 저체력학생이 늘고 있다

매년 학기 초 4~6월에 학교체육진흥법에 근거하여[1] 초등 5학년부터 고등 3학년을 대상으로 학생건강체력평가, 즉 PAPS(Physical Activity Promotion System)를 실시한다. 필수평가 항목으로 심폐지구력, 근력, 근지구력, 유연성, 순발력, 체지방 수치 측정을 의무화하고 있다.[2] 각 종목별 기록에 따라 1~5등급으로 나누고, 통합점수로 판단한 4·5등급 학생의 경우 저체력학생으로 분류하여 관리 후 11월에 재측정하도록 되어 있다.[3] 교육부의 통계[4]에 따르면 저체력학생 비율은 2022년 16.6%, 2023년 15.9%로 코로나 이전인 2019년 12.2%보다 높아진 채로 변화를 보이고 있지 않다. (2020, 2021년도는 코로나로 평가가 없었다.) 코로나 시기에 온라인 수업으로 체육활동 기회가 줄어들고, 사회적 거리 두기로 체육시설 사용이 제한되었던 결과로 보인다. 하지만 엔데믹 이후에도 저체력학생 비율의 변화가 미미한 이유는 무엇일까?

국민생활체육조사에 따르면 체육활동에 참여하지 않는 이유로 첫째, 체육활동 가능 시간 부족(57.5%), 이어서 체육활동 관심 부족(46.8%)을 뽑았다.[5] 학업에 대한 부담 증가로 초등학교 저학년부터 학교 수업이 끝나면 사교육을 전전하다 보니 친구들과 어울릴 시간이 없고, 신체활동을 하지 않다 보니 운동에 대한 관심이 줄어 굳이 체육활동을 하지 않는다. 대신 야외활동에 비해 시공간의 제약이 덜하고 체력소모가 덜한 디지털 활동으로 여가 대부분을 채우게 되었다. 학생들의 체육활동 감소 원인은 비단 학생들만의 문제가 아니다. 가정에서의 야외활동 감소 또한 영향을 끼치고 있다. 지난 1년 동안 가장 많이 참여한 여가활동을 조사한 결과, 산책 및 걷기, 헬스라고 응답한 비율은 10.8%에 불과하며 TV, OTT, 모바일콘텐츠, 인터넷, 영화, 게임 등으로 대부분 여가 시간을 보내는 것으로 드러났다.[6] 학교 운동장만 보아도 코로나 전후의 변화를 확실하게 느낄 수 있다. 이른 아침부터 아이들로 북적대던 운동장은, 가장 많은 학생이 몰리는 점심시간이 돼도 비어 있으며 운동장 벤치 등지에서 휴대전화를 만지거나 대화를 나누는 학생들이 대다수다.

　부모의 생활방식에 크게 영향을 받는 아이들에게는 가정에서 함께 신체적 활동을 하는 시간이 부족해지는 것도 큰 원인이 된다. 여가 시간을 함께 보내는 가족구성원들이 신체활동에 참여하지 않으면 아이들 역시 움직일 기회를 잃는다. 이런 상황이 계속된다면 저체력으로 인해 신체적·정신적 영역 및 학업에서 문제를 보이는 학생 수가 줄어들기는 힘들어 보인다.

⬤ 저체력학생은 어떤 문제를 겪을까

　체육활동은 건강한 정신과 신체발달을 일으킬 수 있으며, 타인과의 교류를 통해 사회성을 기르고 도덕적 능력을 개발할 수 있다. 체육활동 기회 감소는 이러한 발달 기회를 놓치는 것과 다름없다. 더 구체적으로는 다음과 같이 신체적·정신적·사회적·학업 성취에서 문제를 겪을 수 있다.

　첫째, 신체적인 문제를 일으킬 수 있다. 적절한 신체활동을 통한 신체발달 기회를 잃으면 학생은 과체중 또는 비만 상태가 될 수 있다. 비만은 만성질환, 근골격계 질환, 성조숙증 등을 일으킬 수 있다. 실제로 교육부·질병관리청에서 발표한 「학생 건강검사·청소년건강 행태조사」에서 과체중·비만 학생의 비율은 2019년 25.8%에서 2022년 30.5%, 2023년 29.6%로 4~5% 증가했다. 코로나 시기의 저체력학생 비율 변화와 추이가 유사하다.

　둘째, 정신적인 문제를 일으킬 수 있다. 저체력으로 또래와의 활동에서 뒤처지면 자존감이 떨어져 우울과 불안을 겪을 수 있다. 그리고 체육활동이 주는 스트레스 감소 기회를 놓치게 된다. 서울시교육청교육연구정보원에 따르면[7] 코로나 이후 학생들의 우울감이 증가했으며, 이는 원격수업 등 학교생활의 변화와 관련이 있다. 특히 대인관계의 부정적 변화가 우울감과 스트레스 증가에 영향을 미쳤다. 조사 결과, 학생들의 11%가 우울과 불안으로 인해 상담을 요청한 경험이 있다고 응답했다. 신체활동과 같은 스트레스 해소의 기회 없이 우울과 불안을 경험한 학생은 우울증에 이를 확률이 높다. 코로나 전후로 우울증을 경험한 학생들의 비율 역시 증가했다.

셋째, 사회적인 문제를 일으킬 수 있다. 체력이 부족한 학생들은 체육활동에 참여하기 어려워 또래 친구들과의 소통 기회가 줄어들고 신체활동의 성취도가 낮아지는데, 이는 자존감 하락으로 이어질 수 있다. 체육활동에 대한 기피가 계속되면 비만으로 발전할 가능성이 높으며, 또래들로부터 따돌림이나 괴롭힘을 당할 수 있으므로 학생의 사회적 고립을 야기할 수 있다.

넷째, 학업 성취 문제를 일으킬 수 있다. 체육활동은 뇌의 신경가소성을 증가시켜 해마영역의 세포생성을 촉진하여 기억력과 학습 능력을 향상시킨다. 또한 뇌의 도파민 등 호르몬 수치 조절에 도움을 주어 주의력과 집중력을 높이는 데 영향을 끼친다.[8] 체육활동이 포함된 학교 프로그램이 학생들의 성적 향상에 긍정적인 영향을 미친다는 연구 결과가 있다.

● 학교체육 정책이 변하고 있다

국가 차원에서도 코로나 장기화로 떨어진 학생의 건강체력 회복을 위해 학교체육교육과 스포츠 활동을 강화하려는 노력을 펼치고 있다. 저체력학생 수가 늘어나는 것을 큰 문제로 생각하고, 해결 방안으로 체육시수 확대, 건강체력측정평가 대상 및 관리 의무 확대, 스포츠클럽 활성화, 그리고 지역사회 연계를 강조한 정책들을 추진하고 있다.[9]

먼저 2024학년도부터 적용된 2022 개정 교육과정을 보면 초등학교 1~2학년군에 「슬기로운 생활」 「바른 생활」 「즐거운 생활」, 통칭 통합교과에서 신체놀이를 강화했다. 기존에 80시간이던 「즐거운 생활」을 144시간으로 확대하고, 내용 자체를 표현, 놀이 및 신체활동 중심 수업으로 개정했다. 교과수업 놀이가 아닌 체육을 기반으로 한 신체활동 놀이를 추가하여 수업에서 반드시 진행하도록 했다. 더 나아가 저학년 체육교과의 분리가 거론되고 있다. 2022 개정 교육과정에서 강화된 신체활동을 「즐거운 생활」 교과에서 분리시켜 「체육」이라는 교과로 만들고자 검토 중에 있다. 하지만 이제 막 시작한 개정 교육과정에 적응 중인 데다 현장 교사들의 의견이 반영되지 않아 언제, 어떻게 진행될지는 미지수다.

　문화체육부와 교육부가 발표한 학교체육진흥기본계획에 따르면 앞으로 학교스포츠클럽을 더욱 확대할 것으로 보인다.[10] 근 10년간 학교체육의 가장 큰 변화는 엘리트 체육을 지양하고 더 많은 학생들이 생활체육에 정착할 수 있도록 하는 스포츠클럽 운영을 꼽을 수 있다. 학생과 학부모가 희망하는 종목을 개설할 수 있으며 희망하는 학생은 누구든지 참여할 수 있고 학급 단위로 클럽을 구성할 수 있다. 다만 지도교사나 담당교사가 희망해야 하므로 관리하거나 운영하는 방법 등은 학교에 따라 다르다. 종목형 스포츠클럽은 각 교육지원청—교육청—전국 단위로 대회도 열린다. 코로나 이후 참여 학교 수가 줄어들다가 2024년도부터 다시 활성화되고 있다. 중학교에서도 스포츠클럽 운영 시간을 34시간 확대(102→136시간)하였으며 2025학년도부터 학교가 스포츠클럽을 교육과정에 편성·운영할 수 있도록 국가교육과정 변경을 추진하고 있다.

　다음으로는 학생건강체력평가 대상 학년의 확대를 추진하고 있다. 기존에는 초등 5학년~고등학교 3학년이었다가, 2024년엔 희망학교를 대상으로 4학년을 추가 대상으로 시범 실시하고 있다. 2025년에는 전 학교 4학년을 의무 실시하며 2026년에는 초등학교 3학년까지 확대하는 것을 목표로 하고 있다. 국가 차원에서 관리하는 대상 학생을 늘려서 누적되는 저체력학생들을 줄이고자 하는 것이다. 또한 측정 결과 저체력으로 분류된 학생들을 대상으로 건강체력교실을 필수적으로 운영하도록 하고 있다.

마지막으로 최근 교육청에서 추진하는 공모사업들을 살펴보면 교내에서 운영하는 체육활동들을 마을연계 사업으로 확장하는 모습이 보인다. 그 예로 광주광역시교육청은 '광주마을공동체 사업'을 통해 마을과 연계한 체육활동을 포함한 다양한 교육 프로그램을 운영하고 있다. 인천시교육청에서는 '마을지역단위스포츠클럽운영' 공모사업을 통해 학교와 마을 공동체가 함께하는 협력형 스포츠클럽 및 지역 운동회 운영을 목표로 하고 있다. 부산은 교육청이 아닌 북구청에서 '마을과 함께, 학교에서 짓다' 공모사업을 하여 학교와 지역사회가 체육활동, 문화예술활동 등을 운영하고 있다. 지역사회의 인프라 이용, 지역 체육단체와 연계한 체육강사 초청, 인근 학교와 함께 스포츠클럽을 운영하는 등 앞으로는 학교 안에서의 수업을 넘어서 지역사회와 함께하는 교육을 확대할 것으로 보인다.

● 저체력학생 개선을 위한 정책 방향

저체력학생의 수를 줄이기 위해서 체육시간을 늘리고 대상·관리주체를 확대하는 정책도 필요하지만, 저체력학생의 측정·관리를 위한 프로그램과 장비 지원 등 내실을 위한 정책도 필요해 보인다. 매년 측정 종목을 내려주고 학교에서 알아서 측정·관리하는 방식은 지양하고 국가 차원에서 정형화된 측정 프로그램을 개발해야 한다. 2009년부터 체력측정 프로그램을 실시하였음에도 큰 틀이나 장비의 변화가 없이 정체되어 측정자의 숙련도, 학교 환경에 따라 결과가 다르게 나오는 등 문제가 있다. 학교마다 주어진 환경이 다르기에 정해진 PAPS 규정에 맞추기 어려운 경우도 있으며, 초등학교에선 체육교사가 아닌 담임교사가 직접 실시하기에 측정에 어려움을 겪기 마련이다. 직접 측정하는 교사들의 부담을 줄여야 유의미한 결과값을 얻을 수 있기 때문에 분명 변화가 필요하다. 그리고 측정 대상을 확대할 경우 학령에 맞는 프로그램을 구성할 필요도 있다.

학교 현장에서 10여 년 동안 체육업무를 담당하고 학생들을 지도해보니, 저체력학생으로 분류되어도 체력관리 프로그램 참가는 의무사항이 아니므로 대상 학생 중 절반도 되지 않는 학생들만 참여하고 관리된다. 다른 학생들과 따로 운동을 한다는 사실 자체를 부끄럽게 생각할 뿐, 체력을 기를 필요성과 중요성을 느끼지 못하는 학생들과 학부모들에게는 더 강한 동기가 필요하다. 수업 전 아침 시간에 저체력학생이 의무참여하는 식으로 참여율을 높일 방안을 구상할 필요가 있다.

디지털 디바이스를 도입하여 일일 활동량, 심박수 등을 기록하고 분석하여 체육활동 효과를 객관적으로 평가하고 현재 상태에 맞는 활동을 제시하는 것도 필요하다. 인천시교육청에서 운영 중인 '읽걷쓰' 사업의 일환으로 사제동행 걷기부를 운영하며, 학생들에게 디지털 디바이스를 나눠주고 달리기 애플리케이션을 설치해서 함께 기록 도전을 한 적이 있다. 운동량, 칼로리 소모가 한눈에 들어오고, 목표를 정해놓고 도전하는 과정에서 학생들은 성취감과 즐거움을 느끼고, 변화 추이를 확인할 수 있었다. 이러한 목표 설정과 경쟁 요소를 배치함으로써 학생의 동기를 유발할 수 있다.

저체력학생들은 신체활동에 흥미를 갖지 못한 경우가 대부분이다. 그러므로 신체기능을 끌어올리는 데 초점을 맞추기보다는 몸을 움직이는 즐거움을 느끼게 하는 게 첫 번째 과제다. 하지만 단위 학교에서 지도하는 경우에는 온전히 담당교사의 재량에 따라 프로그램을 정하고 실시하는 게 보편적이다. 교사마다 흥미와 능력이 다르므로 결국 교사에게 맞춰질 수밖에 없고, 교사와 학생의 생각이 맞지 않는 경우 학생들은 프로그램 참여를 원치 않게 될 수 있다. 이를 해결하기 위해선 개인마다 측정된 체력을 기초로 흥미와 경험을 조사하여 추천 콘텐츠를 제공하고, 활동 시간과 공간에 제약받지 않는 가정과 연계한 프로그램을 운영하는 방법, 또는 교육청 중심으로 지역 단위 프로그램을 운영하여 희망하는 학교가 참여하도록 하는 방법 등을 고려할 수 있다. 모든 활동은 정기적으로 평가하고 개선 방법을 제시하여 맞춤형 피드백을 제공해야 한다. 이런 방식으로 개선된다면 저체력학생의 활동 참여율을 높이는 효과가 있을 것이다.

지역사회와 가정에서 체육활동이 보다 많이 이루어지기 위해서는 다음 사항이 고려되어야 한다. 교육청별로 차이는 있겠지만, 대부분의 지역에선 스포츠클럽 운영, 사제동행 걷기, 365+체육활동 등 다양한 체육 프로그램을 운영하고 있다. 2023년까지는 신청한 학교만 운영하다가 금년부터는 의무로 실시하도록 예산을 배부하고 있으며 능력 있는 교사들이 직접 지도하거나 전문강사와 계약하여 운영하고 있다. 그러나 참가비도 들지 않고 학생들이 체육활동을 접할 수 있는 좋은 기회임에도 참가를 희망하는 학생이나 학부모들이 많지 않다. 운동학원에 보내거나 방과 후 프로그램은 신청하면서도 학교활동의 참여율이 저조한 이유는 무엇일까. 이는 공교육에 대한 신뢰와 홍보의 부족이 가장 큰 원인이라는 생각이 든다. 단위 학교의 역할도 중요하지만 교육청이나 교육부에서 정책을 수립하고 대대적인 홍보와 지원을 할 필요가 있다고 생각한다. 앞으로 정부 주도의 학교체육 프로그램 개발과 지원을 더 늘리고 확충하면서 참여율을 높일 수 있는 방법도 함께 생각해야 할 것이다.

● 저체력학생을 위한 방안

체육수업의 활성화를 통한 저체력학생 수를 줄이기 위해서는 다음과 같은 고려가 필요하다. 첫째, 현장 교사들의 가장 큰 고충은 체육활동 장소 부족이다. 비가 오거나 미세먼지 수치가 높거나, 학교 행사 등으로 운동장이나 강당을 사용하지 못하는 경우에는 스포츠 위주의 체육교과서 내용을 따르기 곤란하다. 그나마 학급 수가 적은 학교는 주에 1~2회 체육시설 사용 시간이 확보되지만, 그렇지 않은 학교들은 하루를 확보하기도 힘들다. 유휴교실을 체육공간으로 변경해도 천장 높이나 교실 크기가 정해져 있기 때문에 할 수 있는 활동들이 한정된다. 이를 해결할 방법으로 가상현실, 증강현실 기반 스마트 체육실 구성 및 보급을 고려할 만하다. 에듀테크의 발전으로 교과수업의 방식과 매체가 변화되고 있으나, 체육은 여전히 전통적인 방법에 머물러 있다. 개정 교육과정 교과에 제시된 내용들을 보면 클라이밍, 스키, 레프팅 등 이전에는 다루지 않던 체육활동들이 있다. 현대에 맞게 변화한 것은 맞지만 학교 현장에서 진행하기에는 불가능한 활동들이다. 수영 역시 꾸준히 교과에서 다루지만 교내에 수영장이 있는 몇 안되는 학교를 빼고는 생존수영 정도만 겨우 해보는 수준이다. 이를 대체할 경험을 제공해주는 것이 스마트 체육시설이다.

두 번째로는 대체활동 개발과 홍보다. 꼭 정해진 교구, 공간, 규칙에 따라야만 교과에서 요구하는 기능이나 가치를 학습할 수 있는 게 아니다. 공간에 제약이 있다면 교실에서 할 수 있는 활동들을 개발하고 제시하면 된다. 뉴스포츠, 체육 놀이, 교실 놀이를 연구하고 있는 교사들이 있다. 활동의 특성상 직접 모여서 해보며 규칙을 익히고 발생할 수 있는 상황을 경험하는 것이 중요한데, 이를 나누고 알릴 기회가 부족하다. 교과서에 대체활동을 제시하거나 교육청 주관으로 연수를 구성한다면 또 하나의 해결 방안이 될 것이다.

셋째로 교과 내용을 재구성해야 한다. 현재 교과서는 학년이 올라가면서 몇몇 종목을 심화 학습하는 방식으로 구성돼 있다. 특정 종목에 흥미가 없거나 기능적으로 부족했던 학생들은 흥미가 떨어지고 활동에 열심히 참여하지도 않는다. 수업이란 새로운 지식과 경험을 제공해야 한다. 초등체육은 기능 위주의 수업이 아니라 경험 중심이 돼야 한다. 전문 체육인을 육성하는 게 추구하는 바가 아니므로 평생체육인이 될 수 있도록 학습자의 흥미와 재능을 찾을 수 있는 교과 내용을 구성해야 한다. 또한 평범한 사람이라면 누구나 배울 수 있는 체육수업이 필요하다. 학생들마다 활동에 대한 관심과 이해, 전년도 수업을 기억하는 정도, 신체능력이 다르기 때문에 교과서에 제시된 활동을 가지고 같은 수준에서 수업하기는 어렵다. 뜀틀을 처음 넘는다면 누군가는 1, 2단도 어려울 수 있고, 누군가는 5단까지 넘을 수 있다. 그러므로 1~5단까지 각 단계별로 뛸 수 있는 뜀틀 5개가 제시되어야 한다. 체육에서 수준별 학습을 하기 위해서는 교구 확충과 교사의 활동에 대한 이해, 수준별 구성을 위한 노력이 필요하다.

넷째로 체육교과서의 역할에 대한 재고가 필요하다. 체육수업을 하면서 교과서나 지도서를 펴보는 일이 얼마나 있을까. 움직임을 보여주는 교과인 만큼 활자로는 이해되지 않아서 유튜브를 찾아보거나 출판사 사이트에 접속해서 도움 영상을 찾아보는 경우가 잦다. 특히 여교사 성비가 높은 초등 교육 현장에서 어릴 적부터 축구를 하거나 농구를 해본 교사들은 얼마 없다. 어느 정도 경험과 이해가 있다는 전제하에 제시된 지도서가 아닌 손가락 모양, 발의 위치, 시선 처리 같은 면에서 세세하고, 수준별 활동 방법과 교실에서 할 수 있는 대체활동들이 제시된 지도서라면 수업마다 펴보게 될 것이다.

앞으로 교육 현장에 AI를 비롯한 하이테크 기술들은 필수적으로 적용이 될 것이다. 관련 지식을 쌓고 역량을 키우는 것 또한 변화하는 시대를 살아가는 미래의 인재로서 반드시 갖추어야 할 요소다. 하지만 인간으로서의 기본인 몸을 움직이는 능력과 힘, 이를 통해 얻게 되는 정신적 안정감, 함께 공동체를 이루고 어울려 살아가는 감성은 절대로 간과해서는 안 된다.

하이테크와 함께하는 하이터치, 이를 위해서 초등 체육교육 현장에 필요한 기술과 프로그램들이 도입되어 우리 교육과정이 풍성해지기를 바란다.

1 —— 학교체육진흥법 제8조(학생건강체력평가 실시계획의 수립 및 실시) ① 국가는 학생의 건강체력 상태를 측정하기 위하여 매년 3월 31일까지 학생건강체력평가 실시계획을 수립하고 학교의 장은 실시계획에 따라 학생건강체력평가를 실시하여야 한다.

2 —— 학교보건법 제7조에 따른 학교건강검사규칙

3 —— 교육부령 학교건강검사규칙 제8조(신체의 능력등급)

4 —— "2023년 학생 건강검사 표본통계 및 청소년 건강행태 조사 결과 발표", 교육부 보도자료

5 —— "국민생활체육조사 주요 결과", 문화체육관광부 보도자료

6 —— 「2023 국민여가활동조사」, 문화체육관광부

7 —— 〈이슈페이퍼〉 제3호, 서울특별시교육청교육연구정보원, 2021

8 —— 『Exercise and the Brain: Why Physical Exercise is Essential to Peak Cognitive Health』, Robert W. Baloh, Springer, 2022

9 —— 「2022년 학교체육 활성화 추진 기본계획」, 교육부, 2022.3.3

10 ·—— 「학교체육진흥기본계획」, 문화체육관광부·교육부, 2023.12.26

04

2022 개정 교육과정과 고교 유형의 **다양화**

자사고, 국제외고, 자율고 2.0을 중심으로

이승우

포항제철고등학교 국어교사, 교육부 학생평가 중앙지원단,
2022 개정 교육과정 검인정 도서 심의위원

사회의 어떤 분야에 대해 자신의 생각을 확신 있게 이야기하는 사람은 드물다. 하지만 교육에 대해서는 배경지식을 바탕으로 정책을 지적하며 자신의 생각이 옳다고 주장하는 사람들이 많다. 그만큼 교육이 오랜 세월 동안 많은 사람들의 관심 분야였던 것이다. 교육에 대한 관심은 역사가 길다. 우리나라 사교육의 시초는 고구려 시대까지 거슬러 올라간다. 고구려에는 거리마다 큰 집을 지어 '경당'이라고 부르며 책 읽기와 활쏘기를 익히도록 했다. 고려시대와 조선시대에는 과거시험 합격을 위한 사교육이 있었다. 보릿고개가 남아 있던 근현대에도 먹을 것을 아껴가며 억척스럽게 공부를 시킨 이야기를 수없이 찾아볼 수 있다.

교육과정과 입시 정책은 그동안 여러 차례 변화가 있었지만 2025년 대한민국 교육은 그야말로 대전환을 맞이한다. 우리나라의 고등학교는 일반고등학교, 특수목적고등학교, 특성화고등학교, 자율고등학교로 구분할 수 있는데 여기에서는 대학입시를 준비하는 일부 고등학교와 입시 제도의 개편을 중심으로 다루기로 한다.

2022 개정 교육과정이 도입되는 첫해, 2025년

2022 개정 교육과정 적용 일정

2025	초등학교 1~4학년, 중학교 1학년, 고등학교 1학년
2026	초등학교 1~6학년, 중학교 1~2학년, 고등학교 1~2학년
2027	초등학교 1학년~고등학교 전학년
2028	대수능(2027년 11월 실시) 2022 개정 교육과정 적용

2025년에는 초등학교 늘봄학교가 확대되고 3~4학년을 대상으로 AI디지털교과서가 도입된다. 중학교에서는 중1을 대상으로 AI디지털교과서를 도입하고,

정보 교과와 학교자율시간을 활용한 정보교육을 실시한다.

　　고등학교는 2022 개정 교육과정 적용과 관련하여 고교학점제, 대입 개편 안이 변화의 핵심이라 할 수 있다. 고교 수업량의 기준인 단위를 학점으로 전환하고, 204단위에서 192학점으로 변경한다. 192학점은 교과 174학점, 창체 18학점으로 구성되는데 이는 수업량 적정화를 추구한 것이라 할 수 있다. 과목별 기본 학점을 5단위에서 4학점으로 축소하면서 이수 학점 증감 폭을 조정했다. 이로써 다양한 선택과목을 개설할 수 있도록 유도하여 교육과정 편성의 유연성을 확보한 것이 특징이다. 과목을 학기 단위로 이수하도록 편성하고 운영하기 때문에 공통과목도 학기 단위 과목으로 분화된다.

공통과목	일반 선택과목	진로 선택과목	융합 선택과목
기초 소양 및 기본학력 함양, 학문의 기본 이해 내용 과목	교과별 학문 영역 내의 주요 학습 내용 이해 및 탐구를 위한 과목	교과별 심화 학습 및 진로 관련 과목	교과 내·교과 간 주제 융합 과목, 실생활 체험 및 응용을 위한 과목

　　수업 횟수가 줄어들면 학습량 부족에 대한 우려가 생길 수 있다. 그러나 초·중등교육법시행령 제45조에 명시된 '수업일수 190일 이상'은 그대로 유지하기 때문에 등교일은 변함이 없고, 학교가 보다 자율적으로 프로그램을 운영할 수 있는 것이다. 지금도 이루어지고 있는 학교 간 공동교육과정 등이 일과 시간 중에 이루어질 수 있게 되어 학생과 교사의 부담이 다소 줄어들 것으로 예상된다. 그간 주로 방과 후나 주말에 편성된 공동교육과정이 정규 시간 내로 편성·확대되고, 학교 정규 수업과 동일한 시기에 공동교육과정도 시작할 수 있게 되었기 때문이다. 또한 최소학업성취수준보장 지도와 미이수제가 적용된다. 최소학업성취수준보장 지도는 학점 이수 기준인 학업성취율 40%를 기준으로 미도달 예방 지도, 미도달 학생 보충 과정을 운영하는 일련의 과정이고 이는 책임 교육의 실현이라 할 수 있다. 또한 고등학교 1학년을 대상으로 수학·영어·정보 교과에 AI

디지털교과서가 도입된다. 주요 교과의 변화는 다음과 같다.

○ 국어: 비판적 사고 역량과 서술·논술 능력을 갖출 수 있도록 '주제 탐구 독서' '독서 토론과 글쓰기' 등 독서·작문 연계 활동을 강화하는 과목 신설
○ 수학: 학생의 적성과 진로 등에 따른 '실용 통계' '수학과 문화' '직무 수학' 등 다양한 선택과목 신설
○ 영어: 학생의 진로를 고려한 '직무 영어' '영어 발표와 토론' 등 진로 선택과목과 실생활에서 영어를 응용할 수 있는 '실생활 영어 회화' '미디어 영어' '세계 문화와 영어' 융합 선택과목을 신설
○ 사회: 학생의 진로와 적성에 따른 교육이 가능하도록 '정치와 법'을 '정치' '법과 사회'로 분리하고, '세계시민과 지리' '도시의 미래 탐구' '금융과 경제생활' '기후변화와 지속가능한 세계' 등 선택과목을 다양하게 신설

2028 대입 개편안에서 내신과 수능의 변화

2025학년도 고1 학생들은 2022 개정 교육과정에 따라 기존 9등급제에서 5등급제로 바뀐 내신을 받게 된다. 상대적으로 세분화된 9등급제에서는 아무래도 과잉 경쟁이 나타날 수 있어 5등급제로 완화하는 것이다. 학령인구 감소의 상황을 고려하고, 해외 주요국이 5등급제를 실시하고 있다는 점을 참고했다. 학년이나 과목에 관계없이 일관되게 절대평가(A, B, C, D, E)와 상대평가(1~5등급) 성적을 함께 기재한다. 다만, 융합 선택과목 중 사회·과학 교과 9개 과목은 상대평가 석차등급을 기재하지 않고, 예체능 과목과 교양 과목도 절대평가만 실시하기로 했다. 대입 안정성을 확보하면서도 교과 융합 및 실생활과 연계한 탐구 및 문제해결 중심 수업을 내실화할 수 있으리라는 기대가 반영된 것이다.

학생들이 미래 사회에 필요한 사고력과 문제해결력을 기를 수 있도록 내신 시험에서 서·논술형 평가를 강화한다. 교육부가 제시한 "미래 사회를 대비하는 2028 대학입시제도 개편 확정안"이라는 자료에 따르면 지식 암기 위주의 평가(오지선다형)는 가급적 지양하고, 사고력·문제해결력을 평가할 수 있는 서·논술형 평가 확대를 언급하고 있다. 모든 고교 교사를 대상으로 평가 전문성 향상 연수를 계획하고 있어 고등학교의 평가에서도 점진적인 변화가 예상된다.

내신 5등급제로의 완화가 무조건 긍정적이지만은 않을 것이라는 우려 또한 참고해야 한다. 학생들은 내신을 잘 받기 위해 석차등급에 유리한 과목이나 등급을 산출하지 않는 과목을 선택하거나 자신이 듣고 싶은 과목 사이에서 고민할 것이다. 또한 상위권 대학 입시에서 내신 성적의 변별력 감소는 불가피하기 때문에 결국 학생부종합전형을 확대하거나 수능 최저학력 기준을 강화할 가능성이 높다. 그렇다면 지금처럼 문제풀이 수업이 지속될 가능성이 높은 것 또한 사실이다.

구 분		절대평가		상대평가	통계정보		
		점수	성취도	석차등급	성취도별 분포비율	과목평균	수강자 수
보통교과		○	A·B·C·D·E	5등급	○	○	○
	사회·과학 융합선택	○	A·B·C·D·E	-	○	○	○
	체육·예술/과학탐구실험	-	A·B·C	-	-	-	-
	교양	-	P	-	-	-	-
전문교과		○	A·B·C·D·E	5등급	○	○	○

○ 상대평가 석차등급을 기재하지 않는 9개 과목:
여행지리, 역사로 탐구하는 현대 세계, 사회문제 탐구, 금융과 경제생활, 윤리문제 탐구, 기후변화와 지속가능한 세계, 과학의 역사와 문화, 기후변화와 환경생태, 융합과학 탐구

2027년 11월에 실시되는 2028학년도 수능에서는 새로운 체계의 수능을 치르게 된다. 2028 대입 수능은 통합형·융합형 체계로 개편하여 선택과목에 따

른 유불리가 발생하지 않도록 한 것이 특징이다. 국어, 수학, 사회·과학탐구, 직업탐구 영역의 선택과목을 폐지하고 동일한 기준과 내용으로 평가한다. 특히 사회·과학탐구 영역은 모든 응시자가 선택 없이 사회와 과학을 응시한다는 점에서 과목 선택에 따른 유불리 없이 공정성을 확보했지만, 고등학교 1학년에 배우는 과목이 수능 응시 과목이라는 점에서는 구조적인 한계를 지적할 수 있다.

영역		현행 (~2027 수능)	개편안 (2028 수능~)
국어		공통 + 2과목 중 택 1 • 공통 : 독서, 문학 • 선택 : 화법과 작문, 언어와 매체	공통 (화법과 언어, 독서와 작문, 문학)
수학		공통 + 3과목 중 택 1 • 공통 : 수학 I , 수학 II • 선택 : 확률과 통계, 미적분, 기하	공통 (대수, 미적분 I , 확률과 통계)
영어		공통 (영어 I , 영어 II)	공통 (영어 I , 영어 II)
한국사		공통 (한국사)	공통 (한국사)
탐구	사회·과학	17과목 중 최대 택 2 • 사회 : 9과목 한국지리, 세계지리, 세계사, 동아시아사, 경제, 정치와 법, 사회·문화, 생활과 윤리, 윤리와 사상 • 과학 : 8과목 물리학 I , 화학 I , 생명과학 I , 지구과학 I , 물리학 II, 화학 II, 생명과학 II, 지구과학 II	• 사회 : 공통 (통합사회) • 과학 : 공통 (통합과학)
	직업	1과목 : 5과목 중 택 1 2과목 : 공통 + [1과목] • 공통 : 성공적인 직업생활 • 선택 : 농업 기초 기술, 공업 일반, 상업 경제, 수산·해운 산업 기초, 인간 발달	• 직업 : 공통 (성공적인 직업생활)
제2외국어/한문		9과목 중 택 1 • 제2외국어/한문 : 9과목 독일어 I , 프랑스어 I , 스페인어 I , 중국어 I , 일본어 I , 러시아어 I , 아랍어 I , 베트남어 I , 한문 I	9과목 중 택 1 • 제2외국어/한문 : 9과목 독일어, 프랑스어, 스페인어, 중국어, 일본어, 러시아어, 아랍어, 베트남어, 한문

※ 음영 표기는 절대평가 적용 영역

● 자율형 사립고의 부활

자율형 사립고는 자율형 공립고(자공고), 특수목적고인 국제고, 외고와 함께 2025년 폐지되어 일반고로 전환될 예정이었으나 2024년 초·중등교육법 시행령 일부 개정령안 발표를 통해 존치가 확정되었다. 현재 자사고는 전국에 34개교가 있고, 이 중에서 전국에서 신입생을 뽑을 수 있는 전국 단위 자사고(전사고)는 10개 학교다. 정부는 학생과 학부모의 교육 선택권을 보장하고 공교육 내에서 다양한 교육이 이루어지도록 하기 위하여 자사고를 유지하면서, 고교 서열화와 사교육 과열을 예방하기 위한 조치로 자기주도학습전형을 지속해서 운영하기로 했다. 1단계에서는 내신 성적으로 선발하고 2단계에서는 교과 지식 평가를 금지하고 인성 면접을 보는 방식이다. (단, 서울 자사고는 1단계에서 추첨으로 선발한다.) 또한 사회통합전형을 내실 있게 운영하고 지역인재를 20% 이상 선발하도록 학생 선발 제도를 보완했다. 사회통합전형은 자율형 사립고, 외국어고 및 과학고에서 모집하며, 그간 기초생활수급자와 차상위계층, 보훈 대상자 등을 위한 별도의 전형으로 운영해왔다. 하지만 2024학년도 고입 전형에선 미달된 정원이 약 51%에 이를 정도로 문제가 심각했다. 정부는 2025년부터 사회통합전형으로 충원하지 못한 인원을 50% 이내에서 일반전형으로 선발할 수 있도록 규정을 변경했다. 자사고를 지원하려는 학생 입장에서는 지역인재를 20% 이상 선발하도록 했기 때문에 자격이 된다면 지역인재로 지원하는 것이 유리할 수 있다. 또한 학교마다 사회통합전형 인원 확대에 따라 사회통합전형 지원 자격을 수정, 확대하고 있다. 사회통합전형은 미달 가능성이 높기 때문에 지원 자격에 해당한다면 적극 지원하는 것이 좋겠다.

2019년 정부는 대입제도 공정성 강화 방안을 발표했다. 핵심은 서울 소재 16개 대학에 수능 위주 전형을 40% 이상 확대하고, 논술 위주 전형 폐지를 적극 유도한다는 것이었다. 현재 수능 위주 전형 40% 이상은 유지되고 있고, 폐지되었던 논술전형은 다시 부활하고 있다. 자사고가 수시 학생부종합전형 이외에도 정시와 논술을 준비하는 데에 강점이 있음을 주목할 수 있겠다.

● 외국어·국제 계열 고등학교의 탄생

외고와 국제고가 법령상 근거 조항을 '외국어·국제 계열의 고등학교'로 합치게 되었다. 2024년을 기준으로 외고는 28개교, 국제고는 8개교가 운영 중인데 일부는 '국제외국어고'로 합쳐질 수 있다. 기존 외국어고와 국제고의 전문교과를 통합 운영할 수 있기 때문에 전환을 추진할 가능성이 높으며 현재 울산외고가 국제외고로 전환을 추진하고 있다. 외고와 국제고, 합쳐진 국제외고에서도 사회통합전형 선발 비율이 20%로 증가하기 때문에 사회통합전형에 해당한다면 지원하는 것을 고려할 수 있겠다. 예를 들어 3자녀 이상 다자녀가족의 자녀라면 자기주도학습전형보다 사회통합전형으로 지원하는 것이 유리할 수 있다.

사회통합전형 유형

기회 균등	국민기초생활수급(권)자 또는 그 자녀 / 법정차상위계층 또는 그 자녀 / 한부모가족지원대상자 / 국가보훈대상자 또는 그 자녀 / 기준 중위소득 50% 이하인 가구의 자녀 / 기준 중위소득 60% 이하인 가구의 자녀 / 가정형편이 어려운 학생 중 학교장이 추천한 자
사회 다양성	다문화가족 자녀 / 북한이탈주민 또는 그 자녀 / 특수교육 대상자 / 도서·벽지 중학교 졸업(예정)자 / 소년·소녀가장 / 조손가족의 자녀 / 장애 정도가 심한 장애인의 자녀 / 순직 군경·소방관·교원·공무원 자녀 / 다자녀가족(3자녀 이상) 자녀 / 한부모가족 자녀 / 군인 자녀 / 경찰(해양경찰) 자녀 / 소방공무원의 자녀 / 환경미화원 자녀

※ 학교마다 지원 자격에 차이가 있으므로 해당 학교의 신입생 모집요강을 최종적으로 확인

● 자율형공립고 2.0 추진

　　2024년부터 추진, 확대되는 자율형공립고 2.0은 기존의 자율형공립고와 달리 학교가 지방자치단체, 대학, 기업 등 여러 주체와 협약을 맺고, 협약 기관이 보유한 인적 자원과 물적 자원을 활용해 특성화 프로그램을 운영하거나 심화 프로그램을 운영하게 된다. 2024년 2월 전국에서 40개 학교가 지정되었고, 추가 공모 지원을 통해 총 100개교를 지정할 예정이다.

　　지정된 학교는 5년간 매년 2억 원을 지원받고 협약기관의 추가 재정지원을 적극 유도하기로 되어 있으므로 적극적인 시설 투자를 할 수 있다. 또한 무학년제, 조기입학과 졸업, 교과서 도서 활용 예외 등 특례를 적용한다. 특목고·자사고 수준의 교육과정 자율성을 부여하고 학교별 과목 신설과 운영을 허용하여 공교육 혁신을 선도하는 모델이 될 수 있을 것이다. 따라서 학부모와 학생들의 관심과 지원 또한 계속 증가할 것으로 예상된다.

　　학생 선발은 학교가 소재한 광역지자체 단위로 하되, 필요시 학교 소재 기초지자체(시·군·구) 단위로 우선 선발이 가능하기 때문에 소속 광역지자체 학교 협약기관의 운영 계획을 꼼꼼하게 살펴보는 것이 중요하다.

구분	자율형공립고 2.0 (2024~)
운영방식	• 지자체 및 대학·기업·법인 등과 협약 체결·운영 • 협약 이행을 위한 '협약·운영위원회' 구성(학운위 대체 가능)
교육과정	• 자사고·특목고 수준의 자율성 부여
교장임용	• 개방형 교장공모제 적용(예정)
교사배치	• 정원의 100%를 초빙 임용 가능 • 교원 추가 배정 및 산학겸임교사 임용 지원 가능
재정지원	• 기존 학교운영비 + 특별교부금 및 교육청 대응 투자(2억 원) • 협약 기관 및 지자체 추가 재정지원 가능

● 미래 교육을 위한 제언

　　최근 대입 제도 공정성 강화 방안, 2022 개정 교육과정 도입, 2028 대입 개편안 등 고등학교 교육과 대학 입시를 둘러싼 변화가 많아 교육의 과도기적 단계라고 말하는 사람들이 많다. 2022 개정 교육과정, 2028 대입 개편안이 적용된다면 결론적으로 내신의 변별력은 지금보다 약화될 것이다. 이를 보완하면서 학생의 실제적 역량을 기르고 평가하기 위해서는 서·논술형 평가가 확대되는 등 자신의 생각을 말과 글로 표현할 수 있도록 평가 방식이 변화될 가능성이 높다. 자사고와 국제외국어고 부활이 학생과 학부모의 교육 선택권을 보장하고 다양한 교육을 하기 위한 결정이기도 하지만, 고입 경쟁과 고교 서열화를 부추긴다는 우려 또한 사실이다.

　　학교 유형과 학교 개설 과목의 다양화, 학생의 선택권 확대 등 2025년은 학교 교육과 입시에서 미래지향적 변화의 시기라 할 수 있다. 다양화된 학교와 과목들이 학생들의 사고를 확장하고 학교의 본래적 기능을 회복하는 등 긍정적인 발전을 추진하는 계기가 되길 바란다. 언급한 자사고, 국제외고, 자공고 2.0이 공교육에서 수준 높은 교육을 선도하고 공교육의 상향 평준화를 이루는 데에 큰 역할을 할 수 있을 것이라 기대한다.

05

유치원교사가 들여다본
유보통합

오은진
경상북도교육청 소속 유치원교사, (사)교사크리에이터협회 유아교육팀장

● 유보통합의 추진 배경

2024년 6월 27일, 제4차 유보통합 관련 실행 계획안이 발표되었다. 유보통합은 유치원과 어린이집의 체계를 일원화하는 것을 말하는데 이는 통일보다 더 어렵다는 말이 있을 정도다. 비슷한 듯 보이는 두 기관은 설립 목적, 대상 연령, 행정, 교사 자격, 양성체계 등에서 다른 성격과 과정을 가지고 있으며, 교육 현장에서는 반대의 목소리가 높기 때문이다. 교육부가 브리핑한 "세계 최고 영유아교육·보육을 위한 유보통합 실행 계획(안)"을 들여다보며, 어떠한 방향으로 계획하고 있는지, 우려되는 지점은 없는지 함께 살펴보자.

추진 배경이자 중점 과제는 '학부모'가 '원하는 시기'에 자녀를 믿고 맡길 수 있는, 질 높은 교육·보육 환경 조성이다. 전체 문서를 보았을 때 이 문장의 초점은 '원하는 시기'임을 알 수 있다. 쉽게 말하면 언제든 편하게 맡길 공간으로의 전이라고 해석할 수 있다. 이는 유아 발달 시기의 적합성과 교육 내용보다는 보호자들의 긴급한 양육 문제 해결, 돌봄 문제에 초점이 있다. 유아가 아닌 학부모가 '주어'가 된 유보통합 계획안의 첫 문장에서부터 현 정책의 주요 목적을 분명하게 알 수 있다. 이러한 목적은 해당 계획안 내의 "저출생 위기, 양육환경, 돌봄, 서비스, 이용 시간"과 같은 용어들을 통해서도 드러난다. 이는 영유아 '학교'의 '교육' 정책이라기보다는 돌봄의 목적을 위한 사회복지서비스의 느낌이 강하다.

● 삶과 문화를 만드는 학교

학교의 복지시설화에 대한 논쟁은 초등학교 늘봄사업과 유보통합으로 인해 수면 위로 드러났다. 교육기관인 유치원과 복지기관인 어린이집의 통합은 교육부를 주체로 이루어지고 있다. 그러나 계획안을 보면 학교와 교육이라는 공간의 정체성은 뒤로하고 학교를 사회복지서비스 기관으로 보는 것에 대해 현장의 교사들이 우려하고 있다.

처음 유치원에서 방과 후 과정(교육과정이 끝난 후 교육 및 돌봄활동을 하는 시간)을 시행한 목적은 맞벌이 등으로 인해 양육에 어려움이 있는 가정을 돕는 것이었다. 그러나 시대가 흘러 맞벌이 가정이 많아졌을 뿐 아니라, 그 여부와 관계없이 거의 모든 유아들이 방과 후 과정에 참여하고 있다. 최근 교육 현장에서는 방과 후 과정 이후 저녁 돌봄사업 확대를 통해 맞벌이 가정 등의 자녀를 위한 프로그램을 운영하고 있음에도, 유보통합을 통해 '필요'에 의해서가 아니라 '희망'하는 모든 영유아를 대상으로 기관별 아침·저녁 돌봄 운영 계획을 발표했다. 뿐만 아니라 토요일, 휴일 돌봄 운영까지 계획하고 있다. 기본 8시간 운영에 아침·저녁 4시간을 더해 총 12시간 체계를 확립하겠다는 것이다. 이러한 제도는 오히려 일과 가정의 양립이라는 가치로부터 멀어지게 할 수 있어 우려가 된다.

처음 '놀토(토요일 휴무)'가 생길 무렵 뉴스에서는 엄청난 일이 벌어질 것처럼 보도했다. 세월이 흘러 (모두 그런 것은 아니지만) 토요일 휴무는 일상이 되었고, 주말에 쉬는 문화가 정착되었다. 프랑스 유·초 종합학교를 예로 들어보자. 프랑스에는 수요일에 휴무를 하는 학교가 많다. 아이들은 수요일에 지역사회의 다양한 기관에서 승마, 미술, 외국어 등 자신이 원하는 체험을 할 수 있다. 물론 집에서 쉬어도 좋다. 학교 체제가 이러하니 수요일에 양육자가 휴가를 당연히 쓸 수 있다. 그리고 성탄절 방학, 부활절 방학, 스키 방학 등 각종 방학으로 아동뿐 아니라 성인들도 함께 자연스러운 여가 문화를 즐긴다. 우리도 프랑스처럼 방학을 늘리고 수요 휴교를 해야 한다고 주장하는 게 아니다. 놀토가 토요일의 쉼이라는 문화를 가져왔듯이, 프랑스의 학교 체제는 국가의 문화와 연결되어 있다. 이 문화는 학교와 영향을 주고받는다. 학교 체제는 한 국가의 문화를 만들기 때문에 유보통합은 양육, 가족, 학교에 대한 가치관을 새롭게 세우는 일과도 같다고 볼 수 있다. 돌봄에 대한 전적인 책임을 국가에서 지는 학교 체제 정비는 학교 기관의 정체성 변화라는 중대한 사안일 뿐 아니라 자녀 돌봄의 중요성과 가치를 존중하지 않는 현상으로 이어질 수 있다.

● 양육과 돌봄의 가치

우리나라에 있는 특이한 현상 중에 '노키즈존'이 있다. 노키즈존은 카페나 식당 같은 곳에서 아이가 다칠 우려가 있으므로 안전과 보호를 위해 출입을 제한하는 구역이다. 그러나 이면에는 아이들의 소음이나 행동으로 다른 이용자가 겪을 불편함을 방지하겠다는 이유가 크다. 양육자가 아이를 잘 돌보지 못했기 때문에 불편함을 겪는다고 생각하는 것이다. 이렇듯 어린이와 양육자에 대한 너그럽지 못한 시선은 영유아를 고립시키는 사회 현상이라고 볼 수 있다. 영유아의 건강한 발달을 위해서는 가정과 사회가 함께 영유아를 교육하고 돌보아야 한다. 한 아이를 키우려면 온 마을이 나서야 하는데, 그 역할을 한 사람, 한 기관에만 미루려고 하고 있다. 유보통합이라는 이름으로 진행될 국가책임 돌봄 문화는 가족구성원이 함께하는 시간보다 각자 사회생활을 하는 것이 자연스러운 개인주의 문화로 이어질 우려가 있다. '유치원은 토요일도, 저녁에도, 아침에도 돌봐줘요. 그러니 아이 낳으세요'라고 한다. 그런다고 부모들이 출산을 결심할지도 의문이며, 이 제도에 영유아는 없다. 또한 유아 학교의 정체성과 주 역할이 돌봄인 것처럼 느껴지기도 한다.

유치원(학교)에서 돌봄을 꺼린다는 이야기가 아니다. 이미 학교는 교육과 돌봄을 하고 있다. 돌봄이라는 이름으로 긴 시간 동안 학교에 머물며 성인 위주로 보내는 영유아기, 가족의 가치 상실에 대한 우려를 말하는 것이다. 영유아기 돌봄은 발달과 가치관 형성에 큰 영향을 미친다. 그러므로 성인의 필요에 의해서가 아니라 영유아를 중심으로 사회가 움직여야 한다. 현재의 흐름을 보면 열악한 환경 속에서 최소한의 교육과 돌봄을 위해 운영했던 탁아소로 돌아가려는 게 아닌가 하는 생각마저 든다. 세계 최고의 탁아소를 지향하는 것이 아니라면 현장 시범 사업들을 잠시 멈추고 재계획하는 과정이 필요하다.

● 가장 약한 곳에서 '동등'하게 시작되는 '평등'

유보통합 계획(안)에서 다음으로 살펴볼 내용은 "생애 초기 건강한 성장과 발달" "모든 영유아에 대한 동등한 교육적 지원"이라는 목적이다. 현재 유치원과 어린이집의 교육, 보육이 동등하지 않다고 보고 있기 때문에 통합을 추진한다고 해석할 수 있다. 생애 초기부터 모든 영유아에 대한 동등한 교육적 지원을 강조하며, 근거 문서로 제시한 것은 유엔아동권리협약이다. 이를 통해 동등한 교육을 위해 가장 시급한 것이 무엇인지 살펴보자.

유엔아동권리협약의 첫 번째 기본 원리는 '비차별'이다. 모든 아동은 부모, 인종, 종교, 장애 여부 등에 관계없이 동등한 권리를 누려야 한다. 이에 따르면 영유아 교육·보육에서 가장 시급한 것은 차별받고 있는 유아들에 대한 지원이다. 그렇다면 한정된 예산 안에서 비차별의 원리에 따라 가장 먼저 실행해야 할 것은 장애영유아교육이다. 유아기에는 정서 및 행동장애 판정을 쉽게 내리지 않는다. 의료적으로나 정서적으로 발달의 가소성이 있는 시기여서이기도 하지만, 보호자가 잘 수용하지 않기 때문이기도 하다. 장애 조기 발견 및 지원은 매우 중요하며, 변화 가능성 또한 높다. 이 시기를 놓치면 격차는 엄청나게 벌어진다. 어린이집에 다니는 유아와 유치원을 다니는 유아의 격차보다 장애영유아와 비장애영유아 간의 격차 해소를 위한 정책 지원이 동등한 교육의 출발점이다. 그러나 현장의 지속적인 요구에도 불구하고 여전히 제도적 지원이 미흡한 실정이다.

나는 10년 이상의 교직생활에서 많은 느린 학습자와 장애유아를 담당한 경험이 있다. 지역 내의 다른 장애 아동에 비해 조금 덜 중증이라는 이유로, 부모님이 장애를 인정하지 않는다는 이유로, 과밀 상황에서 통합학급을 구성할 인력이나 공간이 없다는 이유로, 느린 학습자와 장애유아를 혼자서 또는 최소한의 인력 지원으로 담당한 적이 많다. 지원받은 인력도 특수교육에 대한 이해가 전혀 없는 공익근무요원, 자원봉사자들인 경우가 대부분이었다. 이러한 상황에 유아들은 특수실무사와 같은 전문 인력 또는 특수교사의 상시적 교육 지원 없이 순회교육만 받기도 한다. 현장 지원 상황은 너무 다양해서 일반화할 수 없다. 그만큼 열악하고 상황에 따라 변하는 것이 유아특수교육 지원 현장이다. 세계 최고의 영유아 교육·보육기관이 되려면, 가장 약한 곳부터 먼저 동등한 교육을 받게 해야 한다. 그러나 언제나 약자의 목소리에는 힘이 없다.

작년 서이초 사건을 시작점으로 전국의 교사들이 쌓아온 울분을 터뜨렸다. 각종 민원을 들여다보면 문제행동을 하는 아이를 지도할 수 없고, 아이의 교육적이고 치료적인 지원을 부모에게 요청했을 때 받아들이지 않는 경우가 많았다. 지원이 시급한 아이라도 부모의 동의 없이는 할 수 있는 것이 없다. 유치원에서 문제행동을 하던 아이가 초등학교에 입학하면 전화가 오기도 한다. "OO이 유치원 다닐 때 어땠나요? 학교에서 문제행동을 많이 해서 유치원 때는 어땠는지 여쮜보려 전화했어요." 그러나 과거를 돌아보아도 해결점을 찾기가 어렵다. 교사들은 무기력함을 느낀다. 부모의 판단과 수용이라는 기준을 넘어 정확한 진단과 지원 시스템을 구축하여 영유아 시기에 조기 지원을 하는 것이야말로 비차별, 동등한 교육의 출발점이다.

유보통합(안)에도 다음과 같이 특별한 영유아에 대한 지원, 특수교육 대상자 지원이 기술되어 있다. 우선 어려움을 겪는 유아를 위한 정서·심리, 발달 지원 체계 구축을 계획하고 있다. 전문가 내원과 순회 검진을 지원하여 연 1회 이상 교육기관을 방문하도록 한 것이 그 예다. 최소한의 기준이 연 1회다. 새로운 정책과 사업이 내려오면 현장에서는 이 기준을 대부분 따르게 된다. 예산이 그에 걸맞게 내려오기 때문이다. 그러나 현장에는 특수교육 대상 아이들보다 그렇지 않은 아이들, 즉 경계선에 있는 느린 학습자, 정서·심리 지원이 필요한 유아들이 더 많다. 비차별의 원리에 따라 정서·심리적인 어려움을 겪는 아동들을 지원하려면 연 1회 이상이라는 보여주기식 제도로는 실질적인 도움을 주지 못할 가능성이 높다. 필요한 교실에 집중적인 지원이 필요하다. 그리고 정서·심리 지원을 위해 영유아 보호자가 위탁기관에 상시 내원할 수 있게 한다는 내용은 현 유보통합(안)에서 돌봄을 기관이 책임진다는 목표와도 상반된다.

이어서 특수교육 대상자 지원 계획을 살펴보자. 장애영유아의 평등한 출발선 보장을 위해 교육청 중심으로 선정하고 지원하는 체계 일원화를 목표로 한다. 현재 유치원에 소속된 특수학급 또는 통학학급 특수교육 대상자에 대한 지원도 미흡한 실정이라 구체적인 계획과 예산을 명확히 할 필요가 있다. 또 특수교육 관련 서비스를 점진적으로 확대한다고 했는데, 현행 특수지원 서비스를 예로 들어보자면 통학비, 치료비, 문화예술비 지원 등이 그 대상이다. 이는 대부분 부모의 역할 이행을 위한 지원비다. 특수학급을 매년 80학급 확충하겠다는 계획도 전국 17개 시·도로 나누었을 때 하나의 시 또는 도에 4.7개 수준이고 이는 아주 소수의 인프라라고 볼 수 있다.

지원이 필요한 영유아와 학부모들은 유보통합 정책에서 동등하다고 볼 수 있을까. 이들은 생업을 포기해야 하는 경우도 많다. 치료센터, 병원 등의 일정으로 빼곡한 부모의 일정표를 볼 때면 마음이 아프다. 이러는 동안 유아들은 학교 밖 치료·교육을 위해 유치원 교육을 동등하게 받지 못할 때가 많다. 유아학교에는 교사 이외에 다양한 역할을 하는 전문가가 필요하다. 의사, 심리치료 전문가, 치료 인력 등의 협력이 필요하다. 정서·심리적인 어려움을 겪는 아동들과 특수교육 대상 아동들이 학교 밖으로 내몰리지 않도록 하는 정책이 조기 개입과 동등한 교육의 출발점이다. 한 공간에 하루 종일 같이 있는 시·공간적 완전 통합이 아니라, 학교 내에서 특수교육 대상 아동이 적절한 교육과 치료를 받을 수 있는 통합이 필요하다. 특수교육의 고질적인 문제를 해결하기 위한 대대적인 지원을 하려면 유보통합 이상으로 예산이 들지도 모른다. 특수교육 대상 유아 대 전문인력 일대일 시스템 구축, 3학급 이상 유아 특수교사 필수 배치 등 '영유아 특수교육'에 대한 구체적인 방안과 예산 확보가 '희망유아 대상 12시간 돌봄 확대 정책'보다 우선해야 한다. 우리 사회가 약한 곳, 힘이 없는 곳을 먼저 비추는 정책을 펼칠 때 문화도 바뀐다고 믿는다.

● 저녁노을이 들어오는 교실 속 영유아들

아동권리협약의 두 번째 기본 원리는 '아동 최선의 이익'이다. 아동에게 영향을 미치는 모든 일을 결정할 때는 아동 최선의 이익을 우선으로 고려해야 한다. 그러나 앞서 살펴보았듯이 유보통합 계획은 양육자의 일정과 저출생 극복이라는 국가 시책이 중요한 목적이다. 쉽게 바꾸기 힘든 사회구조적인 문제, 당장 시급한 양육 문제 해결, 저출생 극복을 위한 노력은 모두 중요하다. 그러나 유아교육에서 최우선은 '유아'와 '교육'이어야 한다. 교육기관에서 사회복지의 일을 모두 감당할 수는 없다. 또 유아들이 아침부터 저녁까지 유치원에 머무르길 희망하는지도 고려할 필요가 있다. 현재 많은 유치원에서 아침과 저녁 돌봄을 하고 있다. 그러나 여기에 머무는 유아는 소수다. 모두 하원하고 조용해진 교실에 남아 있는 아이들을 바라보며, 부모를 기다리는 마음이 들까 봐, 허전하고 두려운 마음이 들까 봐 항상 염려된다. (더 염려되는 것은 가정이 아닌 유치원에서의 저녁이 익숙해진 아이의 마음이기도 하다.) 가정에서 따뜻한 밥 한 끼 함께하지 못하고, 일괄적으로 제공되는 식사를 먹고 자라는 아이들의 감성을 고려해야 한다. 부모가 아이와 함께 시간을 보내지 못하는 사회구조도 함께 다루어 나가야 한다.

아동권리협약의 세 번째 기본 원리는 '생존과 발달의 권리'다. 유아가 생존하고 발달하기 위해선 다양한 보호와 지원을 받아야 한다. 앞서 말했듯이 영유아의 이익을 최우선으로 하고 생존과 발달의 권리를 위해 '희망하는 모든 영유아를 대상으로 하는' 12시간 돌봄을 반대한다. 물론 돌봄이 꼭 필요한 유아들에게는 최선의 교육과 보육을 할 수 있도록 전담교사 배치, 예산, 운영 방침 등을 명확히 제시할 필요가 있다. 가정에서 채워주지 못한 편안한 환경, 양질의 간식 등이 최소한 준비되어야 한다. 이는 교육기관, 교사가 전부 담당하는 것이 아니라 지역사회와 연계해야 한다. 교육기관의 주 역할은 교육이고 교육 시간 외의 돌봄은 부수적인 사회 역할이기 때문이다. 모 교육지원청은 초등학교 저학년까지 단설유치원에서 돌봄을 담당하라는, 발달 특성에 적합하지 않은 운영 방침을 제시했다. 12시간 돌봄은 양육 사각지대의 아이들을 보호하기 위한 최후의 보루다. 영유아 발달에 적합한 것은 긴 시간 기관에 머무르는 게 아닐뿐더러, 여러 연령대의 아이들이 모여 있기만 하는 공간은 더욱 아니다.

돌봄뿐 아니라 학교 구성 체계에도 0~2세와 3~5세 분리가 필요하다. 연령이 어릴수록 월령 차이가 크다. 그러므로 0~2세 영아에게 필요한 돌봄과 환경, 3~5세에게 필요한 교육과 환경은 다르다. 0~5세를 하나로 묶는 계획은 영유아 발달을 고려하지 않은 것이며 교육 환경 구성이나 교원 배치 등에 막대한 예산이 소요될 것이다. 영아와 유아학교의 분리가 필요하다.

● 영유아에게 물어봅시다

아동권리협약의 네 번째 기본 원리는 '아동 의견 존중의 원리'다. 개정 누리과정은 유아 중심, 놀이 중심 교육과정을 더욱 강조하고 있다. 이전 교육과정에서도 지향점은 같았으나, 현장에서 지도서 위주의 지식 중심 교육으로만 적용하는 것의 한계점을 제고하기 위해 개정되었다고 볼 수 있다. 그러므로 우리는 현재 어린이집과 유치원의 운영 방식을 살펴볼 필요가 있다. 유아가 권리를 행사할 수 있는지, 아니면 성인의 선호도에 맞게 운영되고 있는지 살펴보아야 한다.

유아모집 기간이 되면 유치원, 어린이집마다 홍보에 열심을 다한다. 줄어드는 유아 수에 폐원 및 휴원하는 기관도 쉽게 볼 수 있다. 교육기관이 서비스업이 되어가는 데에는 유아모집을 위한 기관 간 경쟁도 한몫했을 것이다. 모집 기간에 많이 받는 질문이 몇 개 있다. "몇 시까지 돌봐줘요?" "방학은 며칠인가요?" "소풍 때 도시락을 준비해주시나요?" "영어 프로그램이나 특성화 프로그램이 있나요?" "한글 가르쳐주시나요?" "배변처리를 스스로 할 수 있어야 하나요?" 질문에서 알 수 있듯이 방학이 최대한 짧고, 긴 시간 운영하며, 소풍 때는 도시락을 제공하고, 영어부터 각종 예체능 프로그램을 운영하며, 놀이도 하되 공부도 시켜주는 유치원은 인기가 있을 가능성이 매우 높다. (물론 모든 학부모님과 유치원이 그렇다는 것은 아니다.) 이러한 질문을 보면 유보통합 계획(안)은 요구사항을 아주 잘 반영했다. 그러나 주인공인 아동의 의견은 있는가 묻고 싶다. 아동의 선택권은 있는가? 아동은 어떠한 교육을 받길 원하는가? 이것이 아동의 발달에 적절한 교육인가?

● 교육과정의 회복

현재의 개정 누리과정은 미래 교육의 목적인 창의·융합적 사고력, 협력적 문제해결 능력, 시민의식 함양 등을 지향하는 유연한 교육과정이다. 그러나 교육과정의 우수성과는 별개로 현장에는 어떻게 적용되고 있는지 살펴볼 필요가 있다. 우선 숲 유치원, 몬테소리 유치원 등 각 유치원의 기반 철학을 존중할 필요성이 있다. 동시에 국가 수준 교육과정을 기반으로 하는 유아교육기관 내 프로그램이 다양하면 유아의 특성에 맞는 유치원을 선택할 수 있다는 장점이 있다. 그러나 기준 이상의 특성화 프로그램 운영으로 유아의 쉼과 놀이 시간을 보장하지 못하는 기관, 획일적 지식 중심 교육을 하는 기관, 영어 전담교사 상주로 영어학원처럼 운영하는 유치원도 있다. 이는 높은 원비에도 인기다. 같은 교육과정(개정 누리과정)이라도 놀이를 바라보고 지원하는 교사의 역량에 따른 격차가 크다. 현재 각 기관의 교육과정 운영에서 유아 발달의 권리와 교육격차를 정책적으로 다룰 필요가 있다. 자율성을 앞세워 발달에 적합하지 않은 교육을 하는 곳도 많기 때문이다. 유치원 인가를 받고 영어학원처럼 운영하는 곳, 과밀학급 구성을 한 뒤 감사 때만 학급을 재편성하는 곳, 불투명한 재정운용과 인력채용 등 비리 경영을 하는 곳 등 현장의 문제들을 고칠 시기가 왔다. 영유아학교에서의 교육과정, 행정시스템 적용을 점검하고 제대로 세울 때 생애 첫 교육기관에서의 배움을 동등하게 시작할 수 있을 것이다.

홍길동이 아버지를 아버지라 부르지 못했듯이, 유치원에서는 교육과정을 교육과정이라 부르지 못하고 누리과정(교육+보육 통합과정)이라고 불러왔다. 이름에는 정체성이 담겨 있다. 이제는 누리과정이라는 모호한 별칭을 벗어버리고 '영아·유아학교'로서 '교육과정'을 다시 세우려 하고 있다. 명칭 수정과 함께 반드시 이뤄져야 할 것은 발달에 적합한 하지 않은 교육운영을 하는 일부 기관과 경쟁하듯이 유아모집을 하는 생태계의 변화다. 따라서 유아의 발달 적합성을 중심으로 교육과정을 운영하는 것의 중요성에 대한 교사 및 기관운영자, 보호자 교육과 제도가 필요하다.

● 열정페이는 이제 그만

보육교사와 유치원교사의 근무여건도 문제다. 심각한 영유아교사의 복지 수준을 향상시킬 필요가 있다. 영유아교사들은 차량 운행, 행정, 청소, 행사 등

수업 외의 다양한 역할들을 떠맡으면서도 최저시급에 못 미치는 대우를 받기도 한다. 돌봄 시간을 늘려가며 교육기관에서 긴 시간을 도맡겠다고 호언장담할 거라면, 교사들이 최고의 교육과 보육을 할 수 있는 환경을 먼저 만들어야 하지 않겠는가. 토요 돌봄을 많은 유치원에서 시행한다고 가정해보자. 아침·저녁 돌봄 사업이 그렇듯이, 늘봄학교가 그랬듯이, 우리는 인력난을 겪을 것이다. 그 업무는 결국 교사의 몫으로 정착할 가능성이 있다. 다만 초등학교에는 늘봄 전담인력이 배치되어 교육과 돌봄의 분리를 비교적 명확히 하고 있다.

영유아기 특성상 교육과 돌봄은 완전히 분리되기 어렵다. 교육과정 시간 내에도, 방과 후 과정 시간에도, 교육과 보육은 함께 이루어지고 있으며 돌봄은 영유아기에 꼭 필요한 요소다. 그러나 이것이 돌봄 시간 연장으로 이어져 교육이라는 주 목적보다 돌봄 위주가 되어가는 것은 경계해야 한다. 교육과정 내에 보육과 교육이 골고루 이루어져야지, 돌봄 시간 추가가 보육을 보장하는 것은 아니다. 이미 아침·저녁 돌봄 사업에서 인력난으로 인해 교사들이 윤번제로 근무하는 곳이 많다. 아침에 2시간 근무했다가 저녁에 2시간 근무하러 오는 인력을 구하기란 하늘의 별 따기이며, 아침 또는 저녁 돌봄 중 하나에만 인력을 구하고 남은 시간은 교사의 몫이 되기도 한다. 이때 교사들에게 강요된 초과근무도 문제지만 더 중요한 것은 매일 인력이 달라져 혼란을 겪을 유아들이다. 양질의 돌봄, 보육기관과 유아교육기관의 열악한 환경 개선이라는 목적을 내세운다면, 유보통합에 꼭 다루어야 하는 것이 있다. 바로 교육과정 시간, 방과 후 과정·연장 시간, 돌봄 시간에 대한 별도의 교사 배치다.

먼저 유아교사의 업무를 일부 살펴보자. 유아를 관찰하여 발달을 지원하고 수업을 준비하는 본연의 업무는 당연히 잘 해내야 하고, 차량승차 보조원으로서 안전책임자, 청소 및 위생관리, 환경미화, 예쁜 사진을 남기고 공유하는 사진사, 상담가, 행사 준비를 위한 레크리에이션 업체, 행정업무 처리까지 맡겨진 역할이 무수하다. 이런 교사들이 언제 수업과 유아를 연구하고 양질의 교육 계획을 할 수 있겠는가. 교사에게 주어진 수업 외 업무들이 너무 많다. 아마도 대부분의 교사들은 야근을 하거나 휴일에 밀린 업무와 수업 연구를 하고 있을 것이다.

유보통합 계획안에서 이야기하는 교사 대 영유아 비율 조정과 보조교사 지원은 이미 과거에 시행되었어야 할 제도다. '교육'이라는 교사의 역할을 할 수 있도록, 교사들이 연구할 수 있는 환경을 조성해야 한다. 개정 누리과정은 4~5시간 이내로 운영하도록 되어 있다. 앞으로 유아학교에서는 교사들이 4~5시간 이내로 양질의 교육을 담당하고, 한 교사가 교육과정 시간, 방과 후·연장 시간, 돌봄 시간 중 두 과정 이상 담당하는 일이 없도록 해야 한다. 예를 들어, 공립유치원에 교육과정반 담임교사와 방과 후 과정 담임교사가 있듯이 교육과정반 담임교사, 방과 후·연장반 담임교사, 돌봄전담 인력과 같이 전문성 있고 책임 있는 교사 및 인력 배치가 필요하다.

또한 유아 '학교'로서 각종 보직교사 제도의 시행이 필요하다. 수업과 업무를 병행하는 부장교사들은 퇴근이 어렵다. 수업 중에 긴급공문을 보내달라는 전화를 받기도 한다. 유치원의 특성상 수업 외에 현장체험학습, 참여수업 등 행사들이 매우 많다. 그러므로 초등학교처럼 교무부장, 연구부장 같은 비담임 전담제도가 필요한데 지역별 격차가 크다. 또한 수석교사, 특활활동 전담교사 등을 배치하여 유아들이 긴 시간 학교에 머무를 동안 다양하고 풍성한 교육을 받도록 해야 한다.

'교직 탈출은 지능순'이라는 말이 유행하는 현시점에서, 교직이라는 직업, 특히 생애 초기 교육을 담당하는 영아·유아교사라는 직업의 전문성 강화를 위한 양성체계 개편, 근무 환경 개선은 교원의 복지뿐만 아니라 교육·보육의 질적 측면에서 매우 중요한 문제다.

● 가르침과 배움의 공간, 학교

유치원은 교육기본법, 유아교육법에 의거한 '학교'다. '유치원'이라는 일제 잔재의 이름을 벗어버리자고 오랜 세월을 주장해왔다. 드디어 유치원이라는 이름을 벗어버릴 수 있다는 희망도 들지만, 교육적 정체성도 함께 잃어버리게 될까 두려운 마음도 든다. 유보통합을 통해 계획하고 있는 영유아학교는 유아들이 배우고 자라는 공간임을 잊지 말아야 한다. 가르침이라는 단어가 어색해져가는 학교 문화 속에서 보육과 돌봄, 양육의 따뜻함을 가지되 이곳의 정체성은 배우는 공간, 가르치는 공간, 교육을 하는 학교임을 잊어서는 안 된다. 아이들은 이곳에서의 갈등, 변화, 도전을 통해 배우고, 교사들은 가르친다. 세계 최고는 아니더라도, 한 명의 유아도 포기하지 않는 유아학교로 나아가기 위해서 먼저 약한 곳부터 들여다보고, 유아들의 권리를 최우선으로 두어야 한다. 앞으로 변화할 영유아 교육 현장에 다양한 현장의 소리들을 반영하여 사회 시스템의 미흡함을 채우는 기관이 아닌 '영유아가 행복한 학교'가 되길 바란다.

06

고교학점제는
개혁의 시작이 될 수 있을까

송수연
경기도교육청 소속 중등교사, 역사교육실천연구회 부회장, 『사이다 수업』 외 저자

교육 정책에는 대부분 기대와 우려가 함께한다. 혁신이라는 설렘에는 혼란과 불안이 뒤따르기 마련이다. 2025년 전면적으로 시행되는 고교학점제 역시 그렇다. 학생이 영역, 교과를 막론하고 듣고 싶은 과목을 선택하여 이수하고, 이를 누적해 졸업하는 고교학점제는, 우리나라 교육과정 개정 역사상 가장 급진적이라는 평가를 받는다. 학생이 스스로 진로와 적성에 맞춘 맞춤형 교육과정을 구성할 수 있도록 지원함으로써 학생의 목소리에 귀를 기울이는 것을 넘어, 그들이 직접 소리 낼 수 있는 시스템을 구축한 것이기 때문이다.

반면 준비가 부족한 채 도입되어 학교 현장에 혼란을 가중시킬 것이라는 목소리도 만만치 않다. 고교학점제를 경험한 연구학교와 준비학교(2023년부터 선도학교에서 명칭 변경)의 선례에 따르면, 과목 선택의 폭이 과도하게 넓어 학생들이 혼란과 학업 부담을 겪고, 과목 간에 양적·질적 차이와 그로 인한 이해관계가 발생하며, 다양한 주체 간 지속적인 갈등, 지난한 조율 과정, 그리고 이 모든 것들과 연계되는 교사의 업무 과중 등 여러 문제가 꾸준히 지적되고 있다. 교육부는 지속적으로 점검하며 보완해나가고 있다. 하지만 전면 도입을 코앞에 둔 학교 현장에서는 여전히 해결되지 않은 문제가 많다고 느낀다. 과연 학생의 선택과 자율의 확대가 교육의 질적 제고를 이끌어 낼 수 있는가, 고교 교육은 기본 소양 교육에 충실해야 하는 것이 아닌가. 이런 원론적인 문제 제기도 이어진다.

낙관과 염려가 공존하는 상황 속에서, 고교학점제는 결국 시행된다. 제도가 함의한 학생의 자율성과 선택권이 학교 교육의 주체 범위를 실질적으로 확대시키는 것이라는 교육 민주화 담론과 연계되어 있기에 퇴보하지는 않으리라 여겨진다. 이런 상황에서 무엇보다 시급한 것은 현장의 경험과 반응에 기민하게 대처하면서 직면한 과제를 명확히 하고, 구체적인 해결 방안을 마련하는 것이다. 이에 여러 현장 연구에서 제기된 고교학점제의 중요 쟁점 세 가지를 살피고, 현실적인 해결 방안을 모색해보고자 한다.

● 쟁점 하나, 과목 선택권의 확대
학생들은 진로와 적성에 적합한 과목을 선택할 수 있는가?

고등학교 1학년이 된 지수와 유진이는 내년에 공부할 선택과목을 입학한 지 2달이 지난 5월쯤 결정해야 한다는 이야기를 들었다. 아직 진로를 정하지 못한 지수는 한참을 갈등하다 우선은 평소 좋아하던 역사 계열 과목을 선택하기로 마음먹었다. 그러나 같은 학원에 다니는 친구와 선배들은 "역사는 덕후들이 많아서 내신등급이 잘 나오지 않아"라며 만류했다. 결국 지수는 내신 경쟁이 덜하고 등급이 잘 나온다는 사회과 과목을 선택하게 되었다. 한편 유진이는 국문학과에 가서 작가가 되고 싶다. 그런데 아무리 봐도 희망 진로에 도움이 되는 과목이 무엇인지 알기가 어려웠다. 부모님은 이공계열로 가라며 과학 과목을 추천해주셨지만, 유진이는 자신이 없다. 과연 어떻게 과목을 선택해야 할지 혼란스럽기만 하다.

고교학점제는 학생들에게 자신의 흥미와 적성에 맞는 과목을 선택할 기회를 제공하는 제도다. 보통 상반기 수요 조사 시기에 학생들은 내년에 수강할 과목을 정해서 학교에 제출한다. 학교에서는 수요와 교원 수급 상황 등을 고려해 보통 하반기 이후 최대한 다양한 과목을 개설하고 수강 신청을 받기 시작한다. 여러 차례 조정 끝에 최종 시간표가 확정되면 학생들은 본인이 수강 신청한 과목을 이수하고 학점을 취득할 수 있다. 이를 통해 학생들은 흥미를 느끼고 배우고 싶은 분야를 깊게 탐구할 수 있으며, 학생 주도성 같은 역량을 함양할 기회를 갖는다. 실제로 자신이 좋아하는 분야, 본인의 적성과 흥미에 적합한 과목을 선택함으로써 학습에 대한 동기 및 수업 참여도, 만족도가 높아졌다는 연구 결과도 있다.

학생 수요를 적극적으로 반영한 개설 과목 및 교육과정, 학생이 수강을 신청하고 학점을 이수하는 시스템, 취득한 학점이 일정 이상 누적되어야 졸업할 수 있는 책임교육 체제로 구성된 고교학점제의 핵심은 결국 '학생의 선택'이라 할 수 있다. 그러나 한국의 고등학교 현장은 학생의 선택 기회만 확대된다 하여 그들이 원하는 공부를 할 수 있는 그리 단순한 곳이 아니다. 현실적으로 학생들은 대학입시와 경쟁에서 벗어나기 어렵다. 앞서 살펴본 지수의 이야기처럼 학생들은 진로나 흥미를 고려하다가도, 내신 성적 산출에 불리한 과목 수강은 주저하는 경향이 강하다. 수강 신청 후에도 만약 해당 과목을 선택한 학생 수가 적은 소인수 학급 과목이 되거나,[1] 성적이 우수한 학생들이 몰린 것을 확인하게 되면 현실적인 이유를 들어 과목 변경을 요청하곤 한다. 교사들 역시 학생들의 막연한 적성과 변할 수 있는 흥미만을 고려해서 진학 지도를 하기에는 어려움이 많다.

이에 교육부는 평가 제도로 인한 과목 선택 왜곡 방지와 고교학점제 취지 구현을 위해, 고등학교의 모든 선택과목 평가를 성취평가제로 시행하겠다고 발표한 바 있다. 그러나 2023년 12월 발표한 '미래 사회를 대비하는 2028 대학입시제도 개편 확정안'은 절대평가화하기로 했던 기존의 내신제도 혁신안을 폐기하고, 5등급 상대평가제로 운영하도록 결의했다. 완화되었다고는 하지만 다시 원점으로 돌아온 셈이다. 그렇다면 현재의 대학입시 체제와 고등학교 성적 산정 현실에서 학생들이 진로와 적성에 적합한 과목을 제대로 선택하게 하려면 어떤 노력이 필요할까?

실질적인 진로 코칭 활성화

우선 학생들의 과목 선택 역량을 키워주는 것이 무엇보다 중요하겠다. 이를 위해 학생 개개인에 맞춘 실질적인 진로 코칭이 활성화되어야 한다. 미국의 고등학생들은 자신에게 적합한 과목을 선택하기 위해 진로상담교사의 코칭을 받는다. 입학 초기 진로상담교사가 모든 학생에게 배치되어 학업 계획을 함께 세우고, 졸업할 때까지 대체로 같은 교사로부터 상담받는 것을 원칙으로 한다. 반면 우리나라 고등학교의 경우, 진로상담교사가 학교당 1명꼴로 배치되어 개별 학생을 전담하기 어렵고, 진로상담교사의 활용도 취지대로 이루어지지 않는 경우가 많다. 이에 교육부는 학생의 교육과정 설계 및 이수 관리를 전담하는 '교육과정 이수 지도팀' 구성을 제안했다. 경남의 한 고교학점제 연구학교에서는 담임교사, 교육과정부, 진로진학 상담교사를 주축으로 진로·학업 설계 전문가 그룹을 구성하고, 학생들에게 적극적인 컨설팅을 진행했다. 이를 통해 과목 선택, 대입 전형, 진로 지도를 체계적으로 시행하고 학생의 과목 선택 역량을 신장시킬 수 있었다. 진로상담교사 혹은 담임교사가 떠맡던 일을 전문팀을 구성하여 나누어 맡도록 하는 것은 꽤 훌륭한 방안이라 할 수 있다. 현재 진로 및 과목 선택 상담은 담임 교사의 몫으로만 국한되는 경향이 있는데, 담임교사에게 가해지는 부담도 과중하거니와 고1부터 대입까지 진로 트랙을 안정적으로 점검하기 어렵다.[2] 그보다는 학생 개인의 진로·학업 설계를 전담하는 '개별 학생 진로 전문 코치팀'이 3년간 안정적으로 운영될 수 있도록 해야 한다.

사회·경제적 배경을 고려한 맞춤형 상담 프로그램 운영도 중요하다. 저소득 가정일수록 사교육을 통해 얻는 정보가 부족하고, 학교에서 제공하는 상담 및 지도를 충분하게 받을 수가 없기 때문이다. 학교는 학생의 입학 당시부터 상대적으로 정보 습득에 취약한 학생들을 파악하고, 해당 학생들에게 유의미한 진로 코칭을 제공하는 프로그램을 운영할 수 있어야 하겠다. 이를 위해서는 학생 개개인을 지원하는 프로그램, 특히 진로상담 전문가(팀)와 학생 간의 관계가 고교 3년 동안 연계, 안정적으로 운영할 구체적인 방안이 필요하다. 현재로서는 학교의 교원 수급 상황에 큰 영향을 받을 수밖에 없으므로 교육(지원)청 차원에서 지속성을 고려하여 인력을 지원하는 것이 좋겠다.

진로 적합 과목 선택 지원 방안 마련

학생들에게 과목 선택 정보를 충분하게 제공하는 것도 중요하다. 이를 위해 교육부 혹은 교육청이 주도하여 관련 시스템을 마련해야 한다. 양질의 외부 자료를 활용하거나 교육청이 직접 연구, 조사한 내용을 바탕으로 학생 개개인에게 맞춤형 안내 자료를 제공하고, 온라인·오프라인으로 과목별 설명회를 개최하여 학생들이 충분한 정보를 얻을 수 있도록 하는 것이다. 과목 선택에 대한 정보에 쉽게 접근할 수 있도록 온라인 플랫폼을 활용한 시스템 구축도 필요하다.

학교는 '과목 선택 박람회' 등을 개최하여 학생에게 해당 교과 교사와 직접 상담할 수 있는 기회를 제공해야 한다. 경기도의 한 고교학점제 준비학교는 학생들이 과목을 선택하는 시기에 하루를 통으로 비워 '과목 박람회'를 개최한다. 이 학교는 선배 학생들이 직접 박람회 부스를 기획하고 운영하는 방식을 취하고 있다. 본인의 학습 경험을 바탕으로 실질적이고 생생한 정보를 제공해서 후배들이 과목을 선택하는 데 큰 도움을 얻는다고 한다. 선배들은 부스를 운영하며 기획력과 책임감 등을 함양할 수 있다는 장점도 있으며, 과목 및 수업과 학생 간의 친밀감을 높이는 기회가 되기도 한다. 박람회는 학생들이 과목 선택과 정보 부족으로 겪는 스트레스를 완화할 것이다.

특정한 과목이 마치 진학과 학업에 필수 코스인 것마냥 여기는 사회적 분위기도 경계할 필요가 있다. 이러한 편견은 학생들이 흥미와 적성에 적합한 과목을 선택하는 것을 방해하고, 유연한 사고를 가진 인재로 성장하는 데 큰 걸림돌이 된다. 다양한 진로에 필요한 역량들은 특정 과목에만 국한되지 않는다. 융합적 사고를 통해 새로운 가치를 창출하는 능력은 외려 다양한 과목들을 다채롭게 경험하면서 얻을 수 있다.

학생 평가 인식의 실제적 개선

마지막으로 내신 경쟁을 완화하기 위한 평가 체제에 대해 지속적으로 논의할 필요가 있다. 2028 개편안 발표로 인해 전 과목에 일관되게 5등급 절대평가

(A~E)와 상대평가(1~5등급) 결과가 병기되는 평가 체제가 도입된다. 체육·예술·교양 교과(군), 과학탐구실험 과목 및 사회·과학 교과의 융합선택과목은 상대평가 석차등급을 기재하지 않고 절대평가 성취도만 기재한다.

내신 경쟁에 의해 과목 선택이 왜곡되는 것을 방지하려면 등급이나 서열보다는 학생의 성취 자체에 집중하는 분위기를 형성하는 것이 중요하다. 또한 학생 개개인의 학습 과정과 성장을 고려한 교사별 평가 결과를 중시해야 한다. 평가 방식에서도 프로젝트와 과제 기반 평가처럼 창의성과 문제해결 능력 등을 반영하는 평가 비중을 높여야 한다. 학생들이 비교를 통해 자신의 상대적 위치를 이해하기보다는 스스로의 성취도를 명확하게 인식하고 개선 방안을 찾아나갈 수 있도록 해야 한다. 이를 위해 여러 평가 방식을 경험하게 하고 다각도의 피드백을 제공할 수 있어야 한다. 교사의 평가 전문성을 강화하는 것도 중요하겠다. 교육청 차원에서 관련 연수와 전문성 개발 기회를 지속적으로 제공하고, 실제적이고도 유의미한 피드백과 일관성 있는 평가가 이루어질 수 있도록 도와야 한다.

한편 상대평가 체제가 '평가의 공정성'이라는 미명하에 고등학교 전 교육과정을 옭아매는 현상 자체는 몇 번이고 재고해야 한다. 고등학생들의 평가 체제에 관한 인식 조사 결과에 따르면, 서열화된 등급이 매겨지는 상대평가는 성적을 막론하고 모든 학생에게 심리적으로 부정적인 경험을 남긴다. 내신등급이 자신을 규정하는 데에 늘 불안함을 느끼며 부족한 자신을 자책하게 되고 결과적으로 학교 교육에 실망하게 되는 것이다.

학생들이 진정한 학습 성취를 이루고 삶을 긍정적으로 설계할 수 있도록 고교학점제를 지원하고자 했다면 전 과목 성취평가제로 운영되어야 했다. 교육부의 발표대로 '성적 부풀리기'라는 부작용 완화를 위해 어쩔 수 없이 상대평가 등급이 병기되어야 했다면, 학생이 직접 선택하지 않은 공통과목에만 상대평가를 적용하고 선택과목은 성취평가를 적용하는 본래 안을 유지하는 게 나았다. 공정한 성적 내기 때문에 학생의 실질적인 과목 선택을 방해하는 것은 온당한가? 우리는 학생을 왜 평가하는가? 학생의 성취도를 확인하고 성장하게 하려는데 있는가, 아니면 '정확한 숫자'를 매겨 학생의 수준을 가늠하려는 것인가?

● 쟁점 둘, 교육 자원의 불균형 문제
고교학점제는 지방 학교 죽이기?

강원도의 한 고등학교. 형수는 「인문학과 윤리」 과목을 듣고 싶어 수요 조사에 응했는데 교내에 가르칠 교사가 없으니 다른 과목을 선택하거나 그래도 듣고자 한다면 온라인으로 수강하라는 말을 들었다. 기훈이도 상황이 비슷했다. 기훈이는 듣고 싶은 과목이 학교에 개설되지 않아 주변 다른 학교로 통학해야 했다. 무려 편도 1시간 거리다. 담임선생님은 온라인 공동교육과정이 운영될 테니 일단 기다려보라 했지만, 형수와 기훈이의 생각은 달랐다. 학교에서 선생님의 직접적인 도움을 받으며 공부하는 것과, 온라인 강의를 수강하여 공부하는 것은 분명 집중력과 수업의 질에 큰 차이가 있을 것 같기 때문이다. 결국 형수와 기훈이는 교내에서 교과 선생님들이 수업해주는 과목들을 선택했다.

고교학점제는 학생들에게 다양한 과목 선택의 기회를 제공하여 여러 학문 분야를 고등학교 때부터 접할 수 있게 하는 제도다. 사회적 불평등과 양극화 현상이 심화되어 교육 격차가 커지는 상황에서, 모든 학생들의 최소 학업성취와 동일한 교육 출발선을 보장해주고, 그들의 성장을 돕는 포용적 고교 교육 실현을 목표로 하고 있다.

고교학점제는 모든 학생들에 대한 책임교육과 동등한 기회를 강조한다. 국제고등학교나 특수한 고등학교에서 볼 수 있었던, 진로와 연계된 흥미로운 과목들이 전국의 일반 고등학교에서도 개설될 수 있으며, 학생들은 자신의 교육과정을 직접 구성할 수 있다. 이는 교육 자원의 균형 있는 분배를 촉진하는 기회로 작용한다.

　물론 우려도 있다. 총괄적으로는 학생들에게 과목 선택의 자유를 제공하지만, 형수와 기훈이가 다니는 학교처럼 일부, 특히 지방의 학교들은 다양한 과목을 개설할 자원과 인프라가 부족하여 과목 편제가 어려운 상황이다. 학생들이 원하는 과목을 선택하려고 해도, 개설되는 과목 수가 적어 선택의 폭이 제한되는 것이다. 교육 도구와 시설, 학습 자료의 접근 가능성에 따라 제공되는 학습 경험의 질적 차이도 발생한다. 교육 기회가 불균형하게 제공됨으로써 교육 격차를 더욱 심화시키는 결과를 초래하는 셈이다.

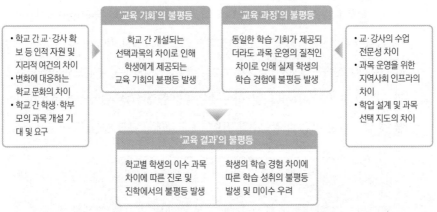

출처_「고교학점제의 시행으로 발생하는 교육 불평등」, 이주연·김수진, 2023

　선택과목을 담당하는 교사의 전문성과 지원 수준도 학습 경험에 영향을 미친다. 일반 공립학교는 과목별 전문교사를 배치하기 어려울 뿐만 아니라 교사의 전문성 강화를 위한 지원도 부족하다. 특히 인구가 적은 지방 소규모학교들은 당연히 도시 대규모학교에 비해 재직 교원의 수가 적다. 한 학기에 여러 과목을 가르쳐야 하는 부담이 상대적으로 클 수밖에 없는데 이는 교사의 전문성을 저해하고 교육의 질도 떨어뜨릴 수 있다. 이처럼 교육 자원 불균형 문제는 사회적 불평등을 심화시키고, 학생들에게 부정적인 결과를 초래할 수 있다.

가정 배경에 따라 교육 기회와 학업 성취도에 차이가 발생한다는 연구 결과도 등장하고 있다. 고교학점제에서는 학생과 학부모의 요구가 교육과정 편성에 큰 영향을 미친다. 그런데 가정 형편이 어렵거나, 학업에 대한 의지가 낮은 학생들, 교육에 관심이 적은 학부모가 많은 학교에서는 선택과목 개설 요구부터 현저히 적다. 과목 개설에 관심이 많은 학교와 출발점에서부터 차이가 있는 셈이다. 교육 불평등 문제는 반드시 국가 차원에서 심각하게 대응해야 한다. 격차가 지속되면 사회적 갈등이 심화되고 공정한 기회 제공이 어려워진다. 이러한 문제를 해소하기 위해서는 다음과 같은 내용을 고려해야 한다.

정책적 지원 강화를 통한 교육 자원의 균형 있는 배분

다양한 선택과목 운영에 필요한 자원부터 동등하게 지원해야 한다. 교육부와 교육청은 지방 학교부터 우선적으로 예산을 투입하여 교육 시설을 개선하고 최신 교육 장비와 자료를 제공함으로써 학생들이 다양한 경험을 쌓을 수 있도록 해야 한다. 이 과정에서 분배 기준을 명확히 하고, 지속적으로 모니터링할 필요가 있다. 또한 지역 특성상 발령 교사 수가 적고 강사를 구하는 데도 제약이 있는 학교의 경우, 교육청에서 인력풀을 구축하여 적극적으로 지원해야 한다. 전담팀을 구성하여 관내 학교에 개설될 과목을 가르칠 강사를 직접 모집하는 것이 좋겠다. 교통비 등의 여비 지출이 생각 이상으로 강사 모집과 운영에 큰 장해 요인이기 때문에, 강사료를 현실화하는 것이 매우 중요하다. 강사비도 교육청이 직접 지급하거나 학교가 어렵지 않게 요청할 수 있도록 현실적인 시스템을 마련해야 한다. 또한 교육청은 정기적인 강사 연수를 통해 강사들의 교육 역량을 강화하고 강사의 질을 관리하는 역할도 담당해야 한다. 교육 자원을 균형 있게 배분하고, 교육청 차원에서 양질의 강사를 적극적으로 지원해준다면, 학교 간 차이를 크게 줄일 수 있을 것이다.

대안적 교육 플랫폼의 활성화

교내의 교원과 학교 시설만으로는 학생 선택을 최대한 보장하기가 쉽지 않다. 온라인 공동교육과정과 같은 대안을 적극적으로 활용하되, 체계적으로 교육 콘텐츠를 제공해야 한다. 공동교육과정이란 단위 학교에서 개설이 어려운 과목들을 여러 고등학교가 공동으로 개설하여 운영하는 교육과정을 말한다. 소인수 과목 및 심화과목 등 학교가 단독으로 개설하기 어려운 과목이 있다면 학교 간 협력을 통해 공동교육과정을 개설, 운영해야 한다. 인근 학교와의 연합이 어렵다면 온라인 공동교육과정, 온라인 학교 등을 통해 과목 이수를 지원하도록 하고 있다. 벽지 학교가 많은 어느 교육청은 온라인 공동교육과정을 운영할 수 있는 공간과 장비 등을 갖춘 스튜디오를 마련하여 학생들에게 양질의 교육과정을 제공하도록 노력하고 있다. 지역사회의 자원을 활용하여 학교 교육을 지원하는 방안도 있다. 지역 대학, 지역 내 연구기관 등과의 협력을 통해 교육과정이나 교사 연수 프로그램 등을 운영할 수 있겠다.

중요한 것은 교육과정의 질에 대한 관리다. 대안적인 교육과정을 성공적으로 운영하기 위해서는, 단순히 과목 개설을 넘어 교육의 질을 체계적으로 관리하고 평가하는 메커니즘이 마련되어야 한다. 그러자면 교육청 차원에서 정기적으로 공동교육과정의 내용과 학습 성과를 검토하고 조정해야 한다. 또한 교사 전문성 강화를 위한 지속적인 연수와 워크숍을 제공함으로써 교사의 역량을 키워야 한다. 온라인 교육 운영 시에는 학생들이 직접적인 상호작용과 피드백을 충분히 받을 수 있도록 플랫폼의 기술적 측면을 강화하고 시스템을 수시로 점검할 수 있어야 한다. 교육청 차원에서 '상호작용 교사' 혹은 '피드백 도움교사'와 같은 인력을 제공하여 수업교사 지원 팀티칭 시스템을 도입하는 것도 고려할 필요가 있다.

도움교사의 경우 학생의 집중력과 몰입도를 제고하는 역할을 맡도록 한다. 이러한 노력은 대안적인 교육과정이 지역적 한계를 극복하는 것을 넘어 질적으로 우수한 교육을 제공하는 효과적인 수단으로 자리 잡도록 만들 것이다.

학생 맞춤형 교육 프로그램 제공

교육 기회와 학업성취도에서 가정 배경에 따른 차이가 발생하는 것은 교육의 가치를 훼손하는, 보다 본질적이고 중요한 문제다. 이를 해결하기 위해 교육과정 편성부터 공정하게 요구를 반영하는 시스템을 구축해야 한다. 예를 들어 다양한 배경을 가진 학생, 학부모, 교사, 외부 교육전문가 등으로 위원회를 구성하고 이들의 요구를 균형 있게 반영하는 것이다. 교육청은 원활한 시스템 운영을 위해 교육과정 편성과 조정에 필요한 지원을 제공하여, 모든 학생이 공평한 교육 기회를 가지도록 한다.

무엇보다 중요한 것은 맞춤형 교육 프로그램이다. 가정 형편이 어렵거나 학업 의지가 높지 않은 학생들을 대상으로 맞춤형 학습 지원 프로그램을 제공한다. 방과 후 프로그램, 주말학교, 온라인 학습 지원 등 다양한 프로그램을 통해 학생 간 학습 격차를 해소할 수 있도록 돕는 것이다. 대학생, 지역사회의 전문가 등을 멘토로 활용하여 학생들이 진로와 학업 목표를 설정하고 그에 도달할 수 있도록 지속적인 지도와 격려를 제공할 수도 있겠다.

교육에 관심이 적은 학부모를 대상으로 가정 연계 프로그램을 운영하는 것도 방법이다. 학부모 교육 프로그램, 자녀 학습 지원 방법 안내 등 다양한 프로그램을 통해 학부모들의 교육 참여를 유도하는 것이다. 이를 위해서는 교육부 등이 가정 환경 및 지역 환경을 고려해 특별 예산을 배정하는 등 재정 지원을 강화하는 것이 필요하다.

● 쟁점 셋, 교사의 업무 과중
이것도 저것도 다 교사의 일?

인천의 한 고등학교 중국어 교사로 10년째 근무 중인 김 선생님은 최근 고교학점제 도입으로 인해 새로운 도전에 직면했다. 중국어 교육에 열정을 가지고 있지만 더는 가르칠 수 없게 된 것이다. 올해 초, 학교는 다양한 선택과목을 개설해야 한다는 교육청의 지침에 따라 심리학을 개설하였다. 그러고는 중국어 수업이 개설되지 않았다는 이유로 김 선생님에게 심리학 과목을 맡겼다. 김 선생님은 전문성을 발휘할 기회를 잃고, 낯선 분야를 새로 공부해야 하는 상황에 처했다. 게다가 담임을 맡은 학생들의 진로 및 학업 설계, 그리고 미이수 학생들의 성취 수준 보장과 같은 업무가 어깨를 더욱 무겁게 했다.

고교학점제가 교사들에게 다양한 과목을 가르칠 기회를 제공하여 전문성을 신장시킨다는 입장이 있다. 다양한 과목을 가르치면서 지식과 경험을 확장할 수 있고, 이는 궁극적으로 학생들에게 폭넓은 교육을 제공하는 데 기여한다는 것이다. 예시 속 김 선생님은 중국어뿐만 아니라 심리학을 가르치면서 새로운 지식을 습득하고, 이를 통해 학생들에게 더 깊이 있는 교육을 제공하게 될 수도 있다.

고교학점제는 교육과정 대강화를 통해 교사에게 자율성을 보장하고 있다. 교사는 자신의 전문성과 관심사를 반영해 교사 교육과정을 주체적으로 설계할 수 있다. 이는 학생들에게 개별화된 맞춤형 교육을 제공하는 데에도 도움이 된다. 반면 교사들에게 과중한 업무 부담을 지운다는 비판도 상당하다. 특히 교사들이 다교과를 무리하게 지도해야 하는 상황은 교사의 수업 부담을 증가시키고, 교과 전문성을 크게 훼손한다. 무엇보다 전공하지도 않은 과목을 가르쳐야 하는 압박감과 부담에 자존감이 저하되고 혼란을 겪는다. 이는 결국 교육의 질적 저하를 초래할 수 있다.

또한 고교학점제 도입으로 인해 진로 및 학업 설계 지도, 미이수 학생의 성취 수준 보장 같은 기존에 없던 일이 새로 생겼다. 이는 고스란히 업무 부담이 되고 교사가 본래의 교육활동에 집중하기 어렵게 만든다. 특히 학생들의 개별적인 학습 요구를 충족시키기 위해 더 많은 시간과 노력을 들여야 하므로 정신적 스트레스가 증가한다. 실제 고교학점제 시행을 앞둔 교사들은 "고교학점제 때문에 교사들이 죽어나가고 있다"라며 중학교로의 전근을 심각하게 고려하고 있다.

교사의 수업 시수 현실화

그러므로 무엇보다 다교과 지도를 감안하여 수업 시수를 현실화하는 방안이 긴요한 실정이다. 양질의 수업을 준비하기 위한 노력도 수업 시수로 인정해야 한다. 다양한 교수법 활용과 비전공 과목에 대한 부담, 학생들에게 '선택'받기 위한 불가피한 경쟁 등 교사 전문성 밖의 노력과 희생도 인정되어야 한다. 이를 개선하기 위해 한 교사가 여러 과목을 지도할 경우, 주당 최대 수업 시수를 10~12시간으로 줄이고, 나머지 시간을 수업 준비와 교과 연구에 사용할 것을 제안하고 싶다. 이는 교사들이 과중한 업무 부담에서 벗어나, 자신이 가르치는 과목에 더 집중할 수 있도록 하는 최소한의 장치라 생각한다. 특히 다교과의 경우 교사들에게 충분한 연찬 시간을 보장할 수 있어야 한다. 약 3개월 동안 행정업무에서 자유롭게 해주고 집중적으로 연수받을 기회를 제공하는 것도 방법이다. 이는 장기적으로 보았을 때 교육 현장을 안정적으로 운영할 수 있는 방안이 될 것이다.

교사의 교과 전문성을 인정하고 자율성을 보장하기

교사가 지닌 교과 전문성을 인정하고 이를 발휘할 수 있는 환경을 제공해야 한다. 현재 교육부는 교사가 신장해야 할 역량 중 '다교과 역량'을 고교학점제 성공의 전제조건으로 내세우고 있다. 그러면서 이를 위한 방안으로 학기 중에 단

몇십 시간의 형식적인 연수를 제안한다. 이는 4년간의 고등교육 기간과 학교 현장에서 지속적으로 함양되는 교과 교육의 전문성을 경시하는 태도다. 교사의 다교과 역량이 학생에게 양질의 교육을 제공할 수 있다는 근거 역시 불충분하다.

이와 관련하여 미국 캘리포니아주 어느 학교의 학점제 기반 교육과정이 참고할 만하다. 이 학교는 영어 교과군의 공통 이수 학점을 40학점으로 설정했다. 영어 교과군 내 과목은 담당교사들이 교과서와 교재들을 참조하여 개발·개설한다. 학생들은 교과군 내 개설된 과목들을 직접 선택하여 다양한 경로로 40학점을 이수하게 된다. 이처럼 학교나 교사 수준에서 자유롭게 과목을 개발하고 제공하게 한다면 교육과정을 보다 더 유연하게 운영할 수 있을 것이다.

교사들의 정신적·신체적 스트레스 완화를 위한 지원

교사들의 정신적 스트레스를 줄이기 위한 지원 방안도 고민해보자. 이를 위해 학교 내 위클래스에 교원전문상담사를 배치하여 정기적인 심리 상담을 받을 수 있도록 해야 한다. 프로그램은 개별 상담뿐만 아니라 그룹 상담, 스트레스 관리 워크숍, 마음챙김 프로그램 등 다양한 형태로 제공될 수 있겠다.

교사들은 과중한 업무와 수업 준비로 인해 신체 건강을 돌볼 시간도 부족한 경우가 많다. 이는 교사들의 건강을 해치고, 장기적으로 교육의 질을 저하시키는 원인이 된다. 따라서 교사들이 학교 근처 피트니스 센터를 이용할 수 있도록 지원하거나, 학교 내 체육시설에 쉽게 접근할 수 있도록 프로그램을 개설하는 것도 좋겠다. 동료 교사와 함께 힐링할 수 있는 구체적인 방안도 모색해야 한다. 갑자기 다른 과목을 가르치게 된 다교과 지도교사들이 서로 소통하고 지원할 수 있는 모임을 교육청 차원에서 구축해주는 것도 방법이다. 모임에서 교사들은 경험을 공유하고, 교육 자료와 아이디어를 교환하며, 서로를 격려하고 지지할 수 있을 것이다. 그 어느 때보다 교사의 정신적, 신체적 스트레스 해소와 교육에 대한 열정 유지를 돕는 것이 중요한 시점이다. 무조건적인 지지와 응원이 절실하다. 이를 통해 교사들은 건강하고 행복하게 교육활동에 전념할 수 있을 것이며, 이는 결국 교육을 바로 혁신하는 데 있어 가장 핵심적인 방법이라 할 수 있다.

● 교육 맛집을 만들기 위해서는 교사를 지원하라

어떤 종합음식점은 참치 김밥은 참 맛있는데 순두부찌개는 짠 편이라 손이 가질 않는다. 너무 많은 종류의 음식을 단 몇 명에서 요리하다 보니 음식 맛이 들쑥날쑥이다. 마치 수많은 선택지로 가득 찬 음식점이 모든 메뉴에 있어 동일한 만족감을 주지는 못하는 것처럼, 고교학점제도 비슷한 딜레마를 안고 있다. 학생들에게 다양한 과목 선택 기회를 제공한다는 점에서 장점이 있지만, 한편 각 과목의 질적 저하, 나아가 학교 교육 전반에 문제를 초래할 수 있다. 이처럼 양적으로 많은 선택지가 학생의 자율성과 주체성을 존중하는 유일한 방향은 아니다. 오히려 학생이 진로에 맞추어 유의미하고 내실 있는 선택을 할 수 있도록 유도하는 교육이 되어야 한다.

맛집의 조건은 다양하겠지만 궁극적으로는 요리의 맛에 달려 있다. 미슐랭이 선정한 레스토랑에서는 요리사에 대한 대우와 복지를 중시하여 요리사들에게 지속적인 교육과 경력 개발 기회, 업계 평균 이상의 급여 및 유급 휴가 등을 제공한다. 자율성을 충분히 부여함으로써 질이 높으면서도 독창적인 요리를 만들어낼 수 있도록 하고, 특히 요리사의 워라밸(Work Life Balance)을 중요하게 여겨 과도한 업무에 노출되지 않도록 신경 쓴다. 무엇보다 그들의 공헌을 인정하고 이를 공개적으로 칭찬하고 보상을 아끼지 않는다. 요리사가 자부심을 느끼게 함으로써 '맛집'을 유지하는 것이다.

학교는 이런 전략을 벤치마킹해야 한다. 우선 교사의 전문성과 수업 및 평가 역량 개선을 위한 기회를 지속적으로 제공해야 한다. 정기적인 연수와 워크숍을 통해 효과적인 교수법을 익힐 수 있도록 지원하고, 교사들이 자기 분야에서 최고의 전문가로 성장할 수 있는 환경을 조성해야 한다. 교육전문가로서 자기계발을 하고 교육과정을 기획 및 설계하는 시간도 업무의 일부로 인식하고 주당 일정 시간을 역량 향상 '시수'로 인정하는 방안이 있다.

또한 교사들에게 자율성과 전문성을 발현할 공간을 충분하게 보장함으로써 자신만의 교육 철학과 스타일을 반영한 수업을 '안전하게' 진행할 수 있도록 독려해야 한다. 공정한 급여와 복지 혜택을 제공하여 직업 만족도를 높이고, 장기적으로 안정된 근무 환경을 만들어야 한다. 무리한 민원으로부터 교사를 지키고, 교사의 소진을 불러일으키는 불필요한 업무들은 쳐내야 한다. 특히 고교학점제로 인한 다교과 현장으로부터 몸과 마음이 지치지 않도록 교사별 수업 시수를 현실화하는 작업은 반드시 이루어져야 한다.

무엇보다 교사들의 노력과 성과를 인정하고 공개적으로 그들을 칭찬하며, 적절한 보상을 제공하는 사회적 차원의 노력이 필요하다. 2024년 5월 한 단체의 주도로 이루어진 전국 교원 인식 설문조사에 따르면, 현재 교직 생활에 만족하는 교사는 불과 22.7%였다. 최근 1년간 퇴직을 고려한 적이 있는지에 대한 질문에는 63.2%가 그렇다고 대답했다. 가슴 아픈 것은 무려 71.3%의 교사들이 자신의 직업이 더 좋은 사회를 만드는 데 기여하고 있다는 사명감을 갖고 있었지만, 사회로부터 존중받는다고 느끼는 교사들은 극히 소수(4.5%)였다는 점이다.

교육개혁을 성공적으로 전개한 핀란드는 교사를 개혁의 대상이 아닌 주체로 보았다. 핀란드 교육과정의 기초로 마련한 종합학교교육과정위원회는 정부 관료와 교사들의 협력으로 운영되었다. 핀란드는 교원의 업무량을 줄여야 교육 불평등을 해소할 수 있다는 연구 결과를 강조하면서, 교육개혁을 계획하고 개정하고 실행하는 모든 단계에 교사들이 깊숙하게 개입하도록 하였다. 이는 우리에게 많은 것을 시사한다. 고교학점제가 성공적으로 기록될 여부는 교사의 목소리에 얼마나 귀 기울이냐에 달려 있다 해도 과언이 아니다. 교사들이 전문성을 발휘하고 자부심을 느끼며 일할 수 있는 환경을 조성하는 것이야말로, 진정한 교육개혁의 시작이며 완성이다.

참고자료 ────

「고교학점제 종합 추진계획」, 교육부·한국교육과정평가원, 2023

『에르끼 아호의 핀란드 교육개혁 보고서』, 에르끼 아호 외, 김선희 옮김, 한울림, 2010

「고교학점제 연구학교의 교육과정 편성 시 과목 선택에 관한 학생들의 인식과 요구」, 이상은·백선희 (2019), 『교육과정연구』, 37(3).

「고교학점제 학생 선택형 교육과정에 대한 교사와 학생의 경험 탐색」, 허예지·김영은 (2023), 『교육과정평가연구』, 26(3).

「고교학점제의 안정적 도입을 위한 선행 과제 탐색」, 박균열·주영효 (2021), 『교육정치학연구』, 28(4).

「고교학점제에 따른 학생 선택형 교육과정 편성 운영 실태 분석 및 개선 방안: 지역 및 학교 간 격차 해소를 중심으로」, 임유나 (2023), 『교육방법연구』, 35(1).

「고교학점제의 학생 선택형 교육과정으로 인한 교육 불평등 문제 탐색」, 이주연·김수진 (2023), 『교육과정평가연구』, 26(2).

「캘리포니아주 고등학교의 학점제 기반 교과목 이수 체제 고찰」, 이광우 (2018), 『비교교육연구』, 28(4).

"[그래픽] 2028 대학입시 '고교 내신 평가제'", 〈연합뉴스〉, 2023.12.27

"교사노동조합연맹, 2024 스승의 날 기념 전국 교원 인식 설문조사 결과 발표", 〈교사노동조합연맹〉, 2024.5.9

1 ──── 상대평가일 경우 다인수 과목에 비해 등급 산출이 매우 어렵다. 20명이 한 과목을 선택했는데 9등급 평가 체제가 적용된다면 1등급은 단 한 명밖에 나오지 않는 데 반해, 120명이 한 과목을 선택하면 5명이 1등급을 받을 수 있다.

2 ──── 어문 계열 담임교사가 공대를 희망하는 학생의 진로·학업 설계를 지원하기 위해서는 상당한 준비와 노력이 필요한데, 학급당 학생 수가 많고 업무량도 상당하다 보니 시간이 매우 부족하고, 학생 역시 진학 지도가 분절되어 불안정하다. 1학년 때 진학 지도하던 담임교사와 다른 교사가 3학년이 되어 진학 지도를 하면 자료를 충분히 확보하기 어려워 지도에 애를 먹는다.

07

IB, 의미 있는 평가를 향한 힘겨운 발걸음

 이은아
경기도교육청 소속 중등교사, 2024 한동대학교 IBEC, 『사교육 대신 제주살이』 저자

● 과도한 경쟁을 부추기는 객관식 정답 찾기

　　과도한 입시 경쟁은 청소년뿐 아니라 사회 전체를 불행하게 만든다. 과장 광고로 경쟁을 조장하는 사교육 카르텔은 우선 부모를 불안의 늪에 빠뜨린다. 수학 선행이 필수인 시대, 초등학교 4학년 아이가 미분과 적분을 배우고, 수학학원을 2~3개씩 다니는 경우가 다반사다. 아이들은 뛰어놀 자유를 박탈당한 채 밤 늦게까지 학원 차량을 오르내린다. 여성가족부의 「2023 청소년 통계」에 따르면, 2021년 우리나라 청소년 사망 원인 1위는 '고의적 자해(자살)'였다. 자살이 11년째 청소년 사망 원인 1위를 차지할 만큼 한국 청소년은 우울하다. 우울감은 중독으로 이어져 청소년 3명 중 1명이 스마트폰 중독 증상을 보인다고 한다. 대학에 들어간다고 해결될까? 한창 성장할 시기, 아이들에겐 운동과 놀이, 수면 시간이 충분해야 한다. 그렇지 않으면 신체와 정신 건강이 무너진다. 한국의 초저출산과 자살 공화국이라는 오명은 한 줄 세우기식 경쟁 입시와 결코 무관하지 않다.

　　최신 정보와 화려한 콘텐츠에 익숙한 잘파세대(Z세대와 알파세대를 합친 말)에게 학교는 어떤 곳일까? 아이들은 질문 없이 교사의 말을 교과서에 받아 적기 바쁘다. 수행평가를 대비하기 위해 고조선 8조법을 통으로 암기한다. 김소월의 '진달래꽃'에서 반어가, 채만식의 『태평천하』에 역설이 사용된 구절을 객관식 선택지에서 찾는다. 아이들도 안다. 이런 지식이 시험 말고는 큰 의미가 없다는 것을. 학년이 올라갈수록 협동 수업이나 질문하고 생각하는 일이 귀찮아진다. 교사가 족집게 강사처럼 핵심만 쏙쏙 뽑아 설명해주길 바란다. 이렇게 교사와 학생은 가르치고 배우는 기쁨을 잃고 문제 푸는 기계로 전락하고 만다. 대입 제도와 평가가 변하지 않는 한 개정 교육과정의 인재상인 '포용성과 창의성을 갖춘 주도적인 사람'은 공문서상의 좋은 말일 뿐이다.

　　교육활동의 두 축은 수업과 평가다. 학생들은 평가의 대상을 배운다. 수업이 아무리 학생 중심, 탐구 중심으로 변해도 평가 내용이 지식이고 방법이 정답 찾기라면 결국은 무용지물이다. 창의성과 사고력을 중시해 남다른 교육을 했던 부모라도 자녀의 학년이 높아지면 딜레마에 빠진다. 학교 내신과 수능 시험은 결국 지식을 평가하기 때문에 학원과 문제집을 더 이상 외면할 수가 없다.

2024년 4월, MBC 다큐멘터리 〈교실이데아〉는 수능 시험의 타당성을 꼬집었다. 각 분야별 전문가인 명문대 교수, 유명 작가, 해외 명문대생 등에게 수능 문제를 풀게 했는데 결과는 충격적이었다. 100점 만점에 국어와 수학은 평균 50점대, 영어만 평균 80점대였다. 이들은 한목소리로 말했다. 수능은 기계적으로 문제를 빨리 푸는 기술을 기를 뿐, 사회에서 필요한 능력을 기르는 시험이 아니라고 말이다. 4차 산업혁명 시대에 중요한 것은 창의성이라는데, 30년 역사를 지닌 수능시험에는 자기 생각을 단 한 문장도 쓸 수 없다. 객관식 정답을 찾는 이 시험으로 한국은 과연 어떤 인재를 기르고 있는가?

● 의미 있는 교육을 위한 강력한 롤 모델, IB

챗GPT가 등장하자 곳곳에서 지식 교육에 대한 반성과 각성이 일어났다. 그래서일까? IB(International Baccalaureate) 돌풍이 세계적으로 거세다. 10년 만에 IB를 도입한 학교가 47개에서, 162개국 5,700여 개 학교로 증가했다. 세계가 인정하는 강력하고 혁신적인 교육법이 된 것이다. 한국 역시 2024년 5월 기준으로 전체 17개 중 11개 시도교육청이 IB 본부와 협약을 맺었다. 특히 경기도에서는 지난해에 관심 학교가 30개교였으나 2024년 5월엔 145개교가 됐을 정도로 큰 확산세를 보이고 있다. IB, 즉 국제 바칼로레아는 스위스 제네바에 본부를 둔 교육과정이자 55년 역사를 지닌 국제 공통 대학입학 자격시험이다. IB는 전 세계 학생들이 적극적이고 공감할 줄 알며, 서로 다름을 이해하고 존중하는 평생 학습자가 되도록 돕는다.(IBO, 2017) 특히 IB 교육은 각 나라의 문화와 지역

색을 존중하고, 모국어 교육을 중시한다. 고등과정(DP, Diploma)은 교육 내용과 평가가 정해졌지만, 초중등과정(PYP와 MYP)은 교육과정 운영이 유연하다. IB식 수업과 평가 가이드라인을 따른다면 나라별 교과서와 교육과정을 활용하여 얼마든지 모국어로 탐구식 수업과 논술형 평가를 할 수 있다.

대입에 필요한 것은 IB DP(Diploma) 과정이다. 언어와 문학(한국어), 언어습득(외국어), 개인과 사회, 과학, 수학, 예술이라는 6개 과목군이 있고, 학생은 자신의 수준과 진로에 맞게 표준 수준(SL, 150시간 이상 이수)과 고급 수준(HL, 240시간 이상 이수)을 각각 3개씩, 혹은 표준 수준 2개, 고급 수준 4개를 선택해서 2년간 공부한다. 한국 교육이 넓고 얕은 공부를 지향한다면 IB는 좁고 깊게 공부한다. 화학교과 표준 수준의 학습은 한국의 공통화학과 화학I, 화학II 내용을 포함한 수준이다. 고급 수준은 대학교 기초 수준과 난이도가 비슷하다. 그래서 많은 해외 대학이 IB DP 이수자에게 기본 과목 수강을 면제하고 학점을 인정해준다. 6개 과목 외에도 세 가지 핵심 과정이 있다. 비판적 사고력을 기르는 지식론(TOK, Theory of Knowledge), 연구 능력을 기르는 4,000단어의 소논문(EE, Extended Essay), 실천력을 기르는 창의·활동·봉사(CAS, Creativity, Action, Service)가 필수 과정이다. DP 성적은 6개 과목이 각 7점 만점, 핵심 요소가 총 3점으로 합계 45점이 만점이다.

이제 IB 교육의 특징을 DP 과정 중심으로 수업과 평가, 전인 교육 측면에서 살펴보겠다.

● 첫째, 생각하는 교실, 질문하고 표현하는 학생

IB를 꺼내는 교육이라고 말한다. 학생 중심의 탐구형 수업이기 때문이다. 교사는 한 학기에 2~3개 정도의 유닛 플랜(Unit Plan, 대단원 계획안)을 작성한다. 유닛 플랜은 탐구, 행동, 성찰의 3단계로 이루어지는데 IB 학습자상과 ATL(Approaches to Learning, 학습 접근법), 핵심 개념과 연관 개념을 삶의 맥락과 관련 지은 탐구 진술문, 사실적·개념적·논쟁적 질문을 명시적으로 기록한다. 이 유닛 플랜은 IB 프로그램의 철학과 목표를 교실 속에 구현하는 강력한 장치다. 또 IB는 '개념' 탐구를 중시한다. 여기서 개념은 '시공간과 교과를 초월해서 활용 가능한 보편적인 관념'이다. 핵심 개념은 IB 본부가 제시한다.

수업은 교과 간 융합으로 이뤄진다. 교사들이 모여 1년간 가르칠 핵심 개념을 뽑는다. 교과 핵심 내용에 따라 연관 개념은 다르다. 예를 들어 IB 국어 교사는 '의사소통'이라는 핵심 개념 아래 '공감, 관용구, 주장'을 연관 개념으로 정해 수업을 디자인한다. 물론 IB 국어에서도 품사와 수사법 등 문법을 가르친다. 하지만 문법은 다양한 작품을 분석하고 비평하기 위한 기술로 활용할 뿐 시험을 보진 않는다. IB는 학생의 다양한 생각을 존중한다. 윤동주의 '서시'를 읽고 화자의 낮은 자존감을 문제 삼아도 괜찮다. 학생들은 다양한 자료를 찾아 읽으며 논점을 세우고 생각을 글과 말로 표현하며 정답이 아닌 해답을 찾아간다.

모든 IB 수업에서는 ATL, 즉 학습 접근법을 강조한다. ATL은 학생들을 적극적이고 서로를 격려할 줄 아는 평생 학습자로 양성하고자 하는 IB의 교육 목표에 매우 중요한 역할을 한다. 또 ATL은 평생 활용할 수 있는 학습 도구이므로 수업을 통해 반드시 익혀야 한다. 교사는 수업을 통해 학생이 다섯 가지 학습 도구를 익히도록 돕는다. 학습지도안은 물론 학생 활동지와 교실 칠판에 ATL은 늘 명시돼 있다.

IB DP에는 우리에겐 낯선 TOK 과목이 있다. TOK는 지식 자체를 탐구한다. 12가지 주제인 '근거, 확실성, 진실, 해석, 권력, 정당성, 설명, 객관성, 관점, 문화, 가치, 책임감'을 통해 지식의 본질과 출처, 습득 과정 등에 의문을 던진다. 모든 교사는 TOK 가이드를 참조하여 TOK식 질문을 던지고 토론을 진행한다. 이를 통해 학생은 당연하게 생각할 수 있는 현상도 비판적으로 생각하는 기술을 익힌다. TOK 수업 평가는 전시회와 1,600자 에세이로 한다. 다음은 TOK식 질문이다.

만약 전 세계가 공통 언어를 사용한다면 어떤 장단점이 있을까요?
중력의 법칙, 광합성의 법칙이 진실이라는 근거는 무엇일까요?
생명이 존엄하다는 말은 진실일까요? 권력과 존엄성은 어떤 관련이 있을까요?
환경오염이 심각하다는 것을 어떻게 알 수 있을까요? 어떻게 증명할 수 있을까요?

학생들은 탐구와 토론, 글쓰기와 발표를 반복하며 사고력을 키우고 학습하는 법을 익힌다. 또한 무엇을 아는 데서 그치는 게 아니라 아는 것을 설명할 수 있고 지식을 활용하여 무언가를 해낼 줄 아는 미래형 인재로 자란다.

● 둘째, 타당하고 공정한 논술형 평가

한국 대입은 내부 평가인 내신과 외부 평가인 수능으로 나뉘는데 두 시험은 성격이 달라서 학생들에게 큰 부담이다. IB 평가 역시 내부 평가와 외부 평가로 나뉘고 과목당 7점 만점인 IB 점수가 부여된다. 내부 평가는 과목마다 다르지만 연구 과제(생물학, 화학), 개별 구술 평가(언어와 문학, 외국어), 개인별 탐구 조사 및 보고서(지리, 수학) 등으로 진행되며, 교사는 IB 본부에서 제시한 평가 루브릭(Rubric, 평가기준표)에 따라 모의 평가를 한다. 내부 평가 점수는 2년간 업그레이드가 가능하고 IB 본부에서 점수를 최종적으로 조정한다. IB 교사는 학생을 비교하여 잘잘못을 평가하지 않는다. 학생은 개인별 피드백에 따라 자신의 위치를 파악하고 부족한 부분을 보완해 성장한다.

외부 평가는 IB DP 2년 과정을 마치고 IB 본부가 주관하여 치르는 최종 총괄 평가(final exam)다. 평가 문제는 과목과 수준에 따라 차이가 있지만 한 과목당 두 개 이상 에세이를 작성하며, 보통 3~4시간 소요된다. 평가 방식은 대부분 논술형이지만, 사지선다형 객관식 평가 문항도 있다. 학생들은 교사가 만든 모의고사 문제를 풀면서 최종 평가에 대비한다. '언어와 문학'은 국어 과목이다. IB 본부에서 실시한 '언어와 문학' SL 과정의 평가 개요는 다음과 같다.

외부 평가	시험1 (35%)	제시된 방향에 따른 텍스트 분석 (1시간 15분)	두 개의 비문학 지문 중 하나를 선택하여 분석 에세이 작성
	시험2 (35%)	비교 에세이(1시간 45분)	네 개 중 하나의 질문을 선택하여, 공부한 두 개의 문학작품을 비교하는 에세이 작성
내부 평가	개별 구술 평가(녹음) (30%)	비문학과 문학작품을 분석하여 발표한 후 질의응답(15분)	세계적 이슈가 작품의 형식과 내용에 어떤 방법으로 제시됐는지 파악하기

'언어와 문학' HL 과정에는 1,500단어 이내의 에세이를 추가로 제출해야 한다. 문학 혹은 비문학작품을 스스로 선택한 주제에 따라 분석하는 에세이다.

HL 과정의 평가는 이렇게 시험1(35%), 시험2(25%), HL 에세이(20%), 개별 구술 평가(20%)로 이뤄진다. 다음은 '언어와 문학' SL 과목의 최종 총괄 평가 기출 문항이다.

〈언어와 문학 최종 총괄 평가 예시〉
1. 2023 Korean A, 시험1
문제. 다음 텍스트 중 하나를 골라 주어진 질문을 참고하여 분석하시오.
발췌문 중 하나는 2021년 〈한겨레〉 신문에 실린 정병호의 오피니언 칼럼인 '비빔밥과 다문화'임.
질문. 글쓴이가 한국식 다문화 비빔밥에 대한 아이디어를 드러내기 위해 사용한 표현 기법에 대해 논하시오.
2. 2023년 Korean A, 시험2
문제. 공부한 두 작품을 비교 및 대조하여 다음 질문들 중 하나를 골라 답하세요.
1) "문학작품들은 사회적 통념에 도전하거나 반박하는 경우가 종종 있다"라는 진술에 대해 공부한 작품들 중에서 두 작품을 골라 논해보세요.
2) 공부한 두 작품을 참조해서 작가들이 얼마나 효과적으로 공간을 활용하는지에 대해 비교해보세요.
3) 공부한 두 작품에서 편견이 어떻게 제시되어 있는지 논의해보세요.
4) 공부한 두 작품에 나타난 윤리 도덕의 개념에 대해 논의해보세요.

그렇다면 IB의 평가는 공정한가? DP 평가의 특징 중 하나가 교차채점제다. 담당교사가 채점한 내부 평가 자료는 지역 본부로 가서 외부 채점관의 검토를 거친다. 자료 중 일부는 국제 본부에서 최종 검토한다. 본부에서 내부 평가의 질을 관리하는 것이다. 과목별로 3~5시간 정도 치르는 외부 평가는 1차와 2차 채점관이 별도로 있어 객관적인 시스템을 갖추고 있다. 지난 55년간 IB가 전 세계 대학으로부터 신뢰를 얻은 까닭은 이 촘촘하고 공정한 평가 시스템 덕분이다.

● 셋째, 수업을 하면 할수록 착해지는 학생들

교사들은 IB 수업을 하면 할수록 학생들이 착해진다고 말한다. 호기심을 갖고 주도적으로 하는 공부는 학생을 전인적으로 성장시킨다. 학기 초에는 철없이 엇나가던 아이가 시간이 갈수록 의젓해진다. 역할 분담을 통해 주도성을 회복하면 책임감이 자라기 때문이다.

 2022년 개정 교육과정이 추구하는 인간상은 '주도적인 사람, 창의적인 사람, 교양 있는 사람, 더불어 사는 사람'이다. 하지만 IB는 한국 교육과정보다 세계 시민성을 더 강조한다. 또 수업 장면에서 구체적으로 확인할 수 있는 '열 가지 학습자상'을 제시한다. IB 학습자상은 모든 수업의 학습 목표다. 교사와 학생은 교실 전면에 붙은 학습자상을 수시로 읽고, 수업 후에는 어떤 학습자상을 길렀는지 함께 확인한다. 모든 교사가 같은 목소리로 이를 반복 강조하므로, 학생들은 세뇌당하듯 학습자상에 닮아간다.

IB 학습자상 10가지

- 탐구하는 사람(Inquirers) : 호기심과 주체성을 가지고 학습에 임하는 사람
- 지식이 풍부한 사람(Knowledgeable) : 다양한 분야에 대한 폭넓은 지식을 가진 사람
- 사고하는 사람(Thinkers) : 비판적이고 창의적으로 사고하는 사람
- 의사소통을 잘하는 사람(Communicators) : 다양한 언어와 방식으로 소통 잘하는 사람
- 원칙을 지키는 사람(Principled) : 정직성과 공정성을 가지고 행동하는 사람
- 열린 마음을 가진 사람(Open-minded) : 다양한 관점과 문화를 존중하고 이해하는 사람
- 배려하는 사람(Caring) : 타인과 세계에 대한 공감과 배려심을 가진 사람
- 도전하는 사람(Risk-takers) : 새로운 상황에 도전하고 미지의 것을 탐험하는 사람
- 균형 있는 사람(Balanced) : 신체적, 지적, 정서적, 사회적 측면에서 균형을 이루는 사람
- 성찰하는 사람(Reflective) : 자신의 학습과 경험을 성찰하고 개선하려는 사람   출처_ibo.org

---

 또한 IB 학생들은 협력한다. 고교 내신이 절대평가이기 때문이다. 한국 고등학교는 사회·경제적 지위를 얻기 위한 전쟁터와 흡사하다. 친구는 결국 싸워야 할 적군이 된다. 하지만 IB 고등학교에서 친구는 머리를 맞대고 최선의 해결책을 찾기 위한 동료다. 아이들은 생각을 주고받고 토론하면서 다양한 생각이 모일 때, 문제해결의 시너지가 생긴다는 것을 안다. 또 문제를 해결하는 방법은 한 가지가 아닌 여러 가지임을 체득한다. 이는 교사도 마찬가지다. 수업을 공동으로 준비하고 같은 개념을 가르치면서 교육적 효과를 실감한다. 결국 IB에서 배움과 성장이란 혼자가 아닌 동료와 함께 나아가는, 고되지만 즐거운 길이다.

● IB 정착의 최대 변수, 대학입시

한국 교육이 변하고 있다. 탐구와 학생 중심 수업을 강조한다. 생각을 표현하는 논술형 평가 비중이 늘어났다. 하지만 문제는 전부 객관식 문항으로 정답 찾기만 강요하는 대학수학능력시험이다. 수능은 IB 학생에게도 난제다. 우선 11월에 치르는 IB DP의 총괄 평가 기간과 수능 날이 겹친다. 또 IB 학생들은 정답 찾기에 익숙하지 않아 수능 문제를 어려워한다. 결국 IB 학생은 수능 점수로 합격하는 정시를 포기하고, 수능 최저 기준이 없는 학생부종합전형에 집중해야 한다. 이런 불리한 상황에서도 경북사대부고와 제주 표선고 IB DP 학생들의 2024년 입시 결과는 성공적이었다. 두 학교 모두 DP 참여자 전원이 전체 디플로마 또는 과목별 이수증을 취득했다. 경북사대부고는 해외 명문대학 진학이 가능한 고득점자가 5명이나 나왔다. IB DP 38점 이상이면 홍콩과학기술대학교 장학생 또는 미국 아이비 리그 진학, 43점 이상은 옥스퍼드대학 진학이 가능하다. 서울권 주요 대학 합격자도 다수 배출됐다. 일본 및 미국 대학에 합격하기도 했고, 영재고 학생들이 주로 진학하는 과학기술원에도 여럿 합격했다. 최고 득점자는 42점으로 캐나다 토론토대학 4년 장학생으로 입학했다. IB 교육의 가치를 세계 대학은 물론, 국내 대학과 과학특성화 대학에서 인정하고 있음을 보여줬다. 결과는 IB가 공교육에 정착할 수 있다는 가능성을 보여주기에 무척 큰 의미가 있다.

IB 정착의 최대 변수는 역시 대입이다. 2025학년도 대학 수시모집은 전체 모집 인원의 79.6%인 271,481명, 정시는 20.4%인 69,453명을 선발한다. 2022년 대구교육위원 회의록에 따르면, 상위 16개 대학 입시 전형의 33.8%가 학생부종합전형이라고 했다. 또 2018년 교육부 주관으로 실시한 IB 보고서에는 수능 최저기준이 없는 전형은 서울 주요 대학은 평균 50%에 가깝고, 전국 국립대 등을 포함하면 40% 이상이라는 결과가 나왔다. 2024년 서울 주요 15개 대학은 수시종합전형으로 1만 5,000여 명을 선발했다. 즉, 교과전형과 종합전형을 합하면 수시로 2만 명을 선발해, 1만 8,000여 명을 선발하는 정시전형과 차이가 크지 않았다. 2025학년도 수능 최저 기준이 없는 학생부종합전형 선발 인원은 고려대 493명, 서울대 1,489명, 서울시립대 369명, 성균관대 1,004명, 중앙대(서울) 779명, 한국외대(서울) 448명, 한양대 788명으로 작년과 비슷하다.

대학은 IB를 어떻게 바라보고 있을까? 서울대는 2005년부터 IB를 연구했고 지금까지 IB DP 졸업생을 수능 최저 기준이 없는 수시전형으로 입학시켰다. 서울대 오세정 총장은 국회 회의장에서 "공교육 문제의 대안은 IB다"라고 간명하게 말해 화제가 됐다. 카이스트 측은 "IB는 우수한 프로그램이며 대학 공부를 위한 학문적 준비 과정으로서 바람직하다"라고 했고, 2017년과 2018년 IB글로벌 컨퍼런스에 참가해 전 세계 IB 학생들에게 카이스트에 입학할 것을 권유했다. 이 밖에도 서울대, 연세대, 고려대 등 국내 15개 대학 입학처들은 2018년 IB 협회에서 실시한 '한국어판 IB 도입 타당성 검토' 작업 중 '한국 대학들의 IB 인식 조사'에 참여했다. 이들은 IB에 대해 잘 알고 있었고, 한국어판 IB로 지원하는 학생이 있으면 기존의 학종 학생들보다 더 경쟁력이 있을 것이라고 응답했다. 그 이유는 학종 전형보다 IB 평가를 더 신뢰할 수 있기 때문이라고 밝혔다.

● 여전한 비판의 목소리

공교육에 IB 도입을 비판하는 목소리도 만만찮다. 현장 교사들에게 공교육의 질을 올리기 위해 시급한 것은 '학급 당 인원 수 감축'이다. 교육부는 노력하고 있다지만, 여전히 30명이 훌쩍 넘는 과밀학급이 많다. 신도시 내 대부분의 중고등학교에는 한 교실에 33명이 빽빽하게 차 있다. IB식 수업이 아무리 좋은 교육과정이라도 과밀학급에서는 실효성을 거두기 힘들다. 또 교육활동 침해에 대한 강력한 대응책도 필요하다. 수업 방해 학생을 교실에서 분리해 지도하는 고시안이 시행됐지만, 분리 학생을 지도할 교사와 공간 문제, 행정문서 등이 복잡해서 적극 활용되지 않는다. 의미 있는 교육과 평가를 준비하고 개별 피드백을 하려면 행정업무와 잡무가 줄어야 가능하다. 정신없이 바쁜 교사들에게 IB 교육과정을 도입하자는 것은 장애물은 그대로 둔 채 이상적인 수업과 평가 방식만을 강요하는 셈이 될 수 있다.

IB를 비판하는 또 다른 이유는 비용이다. IB 학교로 승인받기까지 학교당 매년 1,300만 원을 납부해야 한다. IB 학교가 되면 연회비로 매년 1,000만 원을 낸다. 고3 학생들이 IB 시험에 응시하려면 일인당 120만 원의 응시료가 필요하다. 교원 연수비도 일인당 100만 원 정도가 든다. 때문에 외국 민간기업인 IBO에 공교육을 외주화한다는 목소리가 높다. 비용 부담이 크긴 크다. IB가 귀족 교육이라는 비판도 있다. IB 교육은 지금까지 특목고나 국제고에 도입돼왔기 때문에 귀족 교육이라는 인식이 강하다. 더구나 HL 과목은 학습량도 많고 지식의 깊이도 깊다. 게다가 두 과목은 영어로 수강해야 하는데 말하기 위주의 영어 수업이다. 만약 IB가 학교 단위로 도입된다면 일반고의 하위권 학생들이 따라갈 수 있을까?

마지막으로 IB를 제대로 지도하고 평가할 수 있는 교사 수급도 문제다. IB 수업의 질은 교사의 수업 구성력과 평가 능력에 달려 있다. 행정업무와 잡무, 학생 지도로 지친 교사들이 HL 수준의 수업을 준비하고 개별 피드백까지 할 수 있을까? 행정과 문서 중심인 공교육이 수업 중심 체계로 바뀌어야 가능하다는 목소리가 높다.

● 의미 있는 평가를 위한 제언

지금과 같은 평가 방식으로는 '포용성과 창의성을 갖춘 주도적인 사람'을 기를 수 없다는 것은 너무나 자명하다. 의미 있는 평가를 지향하는 IB 프로그램의 정착을 위해 다음을 제언하고자 한다.

첫째, IB는 지금 당장 벤치마킹할 수 있는 최선의 대안이다. 2022년 개정 교육과정도 학습자 중심 탐구 수업을 지향한다. 단편적 지식 암기가 아닌 교과목의 핵심 개념을 중심으로 학습을 깊이 있게 설계하고, 이를 삶의 맥락에 적용하는 기회를 제공하라고 말한다. IB 교육과 같다. 하지만 이런 설명을 보고 드는 첫 생각은 '이걸 실제 수업에서 어떻게 실행하지?'였다. 지금의 기성세대는 주입식 교육을 주로 받았다. 때문에 창의성을 기르는 수업이 낯설다. 질문하는 기술이 부족하고, 틀에 박힌 창의성을 기르고 있는 것 같아 막막한 순간이 많다.

하지만 IB는 불가능해 보이는 '탐구식 수업과 논술형 평가, 협력적인 분위기'에 대한 체계적이고 촘촘한 가이드 라인을 제공한다. IB를 경험한 교사들은 비슷한 성찰과 소감을 말한다. '학생들이 깊이 생각할 수 있는 수업 환경을 제공하지 못했다는 반성이 들었다.' '학생이 평생 학습자로 살아갈 수 있는 역량보다 학습 목표와 평가 자체를 더 강조해왔다.' '혼자는 힘들지만 동료 교사들과 함께라면 가능하겠다는 희망이 보였다.' '교사들이 같은 목소리를 냈더니, 정말 학생들이 거짓말처럼 조금씩 변하고 있다.'

모든 창조는 모방에서 시작한다. 신이 아닌 이상, 무(無)에서 유(有)를 창조할 순 없다. IB는 현재 75개국, 2,000개가 넘는 대학이 권위를 인정하는 국제적인 교육과정 및 평가 체제다. 2024년 5월 29일, 11개 시도교육청이 IB를 안정적으로 도입하기 위한 업무 협약을 맺고 공동 대응 체계를 구축했다. 전국에 300여 개 학교가 IB 도입을 위한 기초를 쌓고 있다. 이는 교육공동체 모두가 교육 혁신을 간절히 바라기에 가능한 일이다. 주사위는 이미 던져졌다.

둘째, 모든 학생에게 IB가 해답이 아님을 인정해야 한다. IB는 확실히 탐구와 글쓰기를 좋아하는 학생에게 유리한 프로그램이다. 전국의 모든 학교가 IB 인증학교일 필요도 없다. 하지만 적어도 관심 있는 과목을 집중해 공부하면서, 사고력과 탐구심, 협업 능력을 기르고 싶은 학생에게는 기회를 줘야 한다. 한국 입시가 어쩔 수 없으니 이 4차 산업혁명 시대에 지식을 암기하고, 문제집을 쌓아놓고 풀라고 더 이상 강요하면 안 된다. 사회에 대한 반감과 스스로에 대한 무력감이 증가한다. 또 IB는 해외 대학 진학을 꿈꾸는 학생들에게 특별한 기회다. 과거에는 특권층만 누릴 수 있었지만 이제 누구나 IB DP를 이수하면 글로벌 인재가 될 수 있다. 그러니 지역마다 초중고가 연계되는 IB 벨트가 하나씩이라도 조성되면 좋겠다.

셋째, IB 본부에 많은 비용을 내는 것이 사실이다. 하지만 다른 곳의 예산을 줄이더라도 배울 수 있으면 배우고 봐야 한다. IB 프로그램이 지금처럼 자리를 잡기까지 걸린 시간은 약 55년이다. 그 노하우를 배우기 위해 매년 1,000만 원에서 1,300만 원을 지불한다고 생각하면 어떨까? 게다가 IB 지원 예산은 IB 자료 번역 작업, 교원 연수비, 한국인 채점관 양성, 학교 컨설팅, 학교 시설 보완 등으로 사용된다. 이런 투자는 장기적으로 한국 교육에 이롭다. 더구나 IB 연수를 통해 한국 교사들은 세계적 기준으로 토론과 논술 수업을 하고, 평가와 채점까지 할 수 있는 전문가로 성장할 수 있다.

학교는 수업이나 평가뿐 아니라 건물 관리에도 큰돈을 쏟는다. 일 년에 한 번 교내 바닥을 청소하는 데 드는 비용은 대규모 학교의 경우 약 2,000만 원이다. 멀쩡한 유리창을 깨서 자외선이 덜 들어오는 창호로 바꾸는 데 8억이 금방 사라진다. 효용성은 있지만 이런 공사를 했다고 공교육에 대한 신뢰가 회복되는 것은 아니다. 다이애나 루먼스의 시 '만일 내가 다시 아이를 키운다면'에는 이런 시구가 있다. "만일 내가 다시 아이를 키운다면, 먼저 아이의 자존심을 세워주고 집은 나중에 세우리라" 좋은 집에 살면 편리하다. 하지만 '수업과 평가'라는 교육적 본질에 대한 투자는 교육 전반에 녹아 학생 성장의 밑거름이 된다. 과거 시도교육청은 혁신학교에 1억 원을 투자했고, 연구 시범학교에는 교당 2~3억 원을 투자했다. 현재 IB에 투자하는 예산은 그와 비교했을 때 결코 과하지 않다. 전문가들은 IB가 한국에 정착하기까지 10년 이상 걸릴 것이라고 전망한다. 배워서 교육적 본질을 회복할 수만 있다면 의미 있는 투자가 아닐까?

넷째, IB 교육 정착의 성패는 대입에 달려 있다. 현재까지는 특목고 등 상위권 학생들이 IB를 주로 이수했기에 대학 진학이 수월했던 면이 있다. 하지만 국공립 학교가 IB를 운영하면 수험생이 늘어난다. 제한된 수시전형 인원으로는 대입에서 불리하다. 그러니 교육청과 교육부는 국내 대학과 긴밀하게 협력해야 한다. IB가 국내 대학입시에 실질적으로 도움이 되도록 수능 최저등급을 반영하지 않고, 학생부종합전형 혹은 IB 성적으로 들어가는 대학이 늘어나야 한다. 대학은 전인 교육을 받은 IB 학생의 가치를 인정하고, 정시를 대체할 IB 전형을 만들어야 한다. 제주대는 간판 학과인 약대와 수의대의 지역균형 선발 인원 가운데 3명씩을 2026학년도부터 수능 최저 없는 학생부종합전형으로 선발하고 일반학과로 확대할 계획이라고 말했다. 반가운 소식이다. 이제는 미래를 위해 대학이 고민해야 한다. IB 정착의 성패는 대입 전형에 달려 있다.

다섯째, 각 교육청은 교사들과 소통하며 장애물을 제거하기 위해 노력해야 한다. 교사들이 공교육 정상화를 위해 간절히 외치는 '학급당 인원 수 감축, 교권 회복, 행정업무 경감'의 목소리를 적극 수용하여 신뢰를 회복해야 한다. 현재 IB 교육은 교사들의 열정페이로 진행되고 있다. 이들은 지푸라기라도 잡는 심정으로 밤늦게까지 연수받고, IB식 수업을 준비한다. 후보학교 교사들은 인증을 받기 위해 두 개의 수업과 평가 루브릭 등 각종 서류를 마련한다. 과밀교실에서도 활동 수업을 하고, 개별 피드백을 주려고 애쓴다. 평소 업무 강도보다 2.5배 이상 힘들다고 말하는 그들이 더 이상 소진되지 않도록 실제적인 대책을 마련해야 한다.

마지막으로 대입 시험의 타당성을 회복해야 한다. 공정성이 강조되는 것은 단층적인 대학 서열화, 학벌주의와 관련 깊다. 한국은 학벌을 곧 개인의 능력으로 인식한다. 하지만 요즘 학벌은 부모의 재력과 정보에 따라 크게 달라진다. 태어난 환경에 따라 자극의 양과 질이 다르다. 고가의 대입 컨설팅을 받고, 사교육으로 내신과 수능을 밀착 관리한다. 학벌에 대한 보상이 과하지 않고, 성공을 향한 다양한 경로가 마련돼야 한다. 한국은 대학 서열화가 SKY를 중심으로 뾰족하게 이루어져 경쟁이 치열하지만, 미국은 학과마다 명문대학이 다르기에 경쟁이 분산된다. 지역별 거점 국립대를 살려 서열화를 완화시켜야 비로소 공정성의 감옥에서 벗어날 수 있다.

지식 암기와 객관식 정답 찾기로 얼룩진 기계식 학습, 존중과 배려 대신 경쟁을 배우는 교실 풍경은 하루빨리 바뀌어야 한다. 생명이 경각에 달한 상황이라면, 낯선 사람의 피라도 수혈받아야 한다. 그래야 우선 산다. IB 교육을 받은 학생과 학부모는 '의미 있는 성장' 측면에서 만족감이 높다. 대학에 가서도 공부를 즐겁게 이어간다. 입소문을 통해 IB식 수업과 평가가 정착되도록 장기적인 안목으로 뚝심 있게 나아가야 한다. 사회 고위층 부모는 어린 자녀들을 해외로 유학 보내고, '평등'에 짓눌린 한국 교육은 여전히 성적으로 한 줄 세우기를 고수하고 있다. 내 자녀만 아니면 괜찮다는 생각에서 벗어나 아이들이 모두 양질의 교육을 받을 수 있도록 진짜 '평가'를 개선해야 할 때다.

참고자료 ———

IB 공식 홈페이지 www.ibo.org

「고교 단계 IB AP 교육과정 적용방안 연구」, 교육부, 2018

"서울대 연세대 카이스트, IB 학생들 입학문 이미 활짝 열어놓았다", 〈인터뷰365〉, 2019.2.1

"한국 입시경쟁, 냉전시대 끝없는 '군비 경쟁' 같아", 〈주간동아〉, 2019.2.10

"강은희의 신념 'IB교육' 탁월한 성과", 〈대구신문〉, 2024.1.4

"'IB와 대학입시' 10가지 Q&A", 〈교육희망〉, 2022.11.4

"IB 공교육 도입 문제, 팩트체크", 〈교육희망〉, 2022.11.4

"30개교에서 1년 만 145개교로 경기도형 IB교육의 힘", 〈마인풀뉴스〉, 2024.5.9

08

AI디지털교과서와
다양한 에듀테크 기술

김수호
서울사대부설초등학교 교사, 2022 개정 교육과정 교과서 현장적합성검토 연구교사,
유네스코 세계교육포럼 자문단

2024년에는 교육계에 많은 바람이 불었다. 챗GPT로 대표되는 대화형 AI, 가상현실(VR), 증강현실(AR), 메타버스, 교실혁명 선도교사 운영, 디지털 새싹 프로그램, AI디지털교과서 관련 공모사업 등 엄청난 예산과 다양한 연수, 강의, 교구, 교재들이 몰려오고 있다. 그렇다면 2025년 교실의 모습은 어떻게 변할까?

● 2022 개정 교육과정이 반영된 AI디지털교과서

2024년에는 초등학교 1, 2학년 학생에만 2022 개정 교육과정을 적용한 교과서가 배부되었다. 2025년에는 초등학교 3, 4학년, 중학교 1학년, 고등학교 1학년에 2022 개정 교육과정이 반영된 서책형 교과서가 배부된다. 개정 교육과정이 반영된 서책형 교과서가 초중고 모든 학교급에 적용되는 것이다.

올해는 무엇이 다른가 하고 물을 수도 있겠다. 결론부터 이야기하자면 매우 많이, 아주 크게 달라진다. 2025년에는 AI디지털교과서가 따라오기 때문이다. 초등학교 1, 2학년은 기존과 동일하게 서책형 교과서(국어, 수학, 통합교과)만 주어지지만, 초등학교 3, 4학년에게는 서책형 교과서와 함께 AI디지털교과서(수학, 영어, 정보)가 제공된다. 중학교 1학년과 고등학교 1학년에게도 서책형 교과서와 AI디지털교과서(수학, 영어, 정보)가 제공된다. 2025년부터 2028년까지 3년 동안은 둘을 사용하지만 이후 운영 성과와 현장의 의견을 반영하여 AI디지털교과서로 전면 전환도 검토 중이라고 한다.

그뿐만이 아니다. AI디지털교과서를 사용할 수 있는 디벗(디지털 벗, 서울 기준)도 함께 제공되고, 1인 1기기와 이를 기술적으로 뒷받침할 무선인터넷 환경(1Gbps급 이상 속도), 75인치 이상의 전자칠판까지 구축할 예산과 계획이 마련되어 있다. 2025년은 그야말로 메가톤급 교육 혁신과 교실혁명이 일어날 시점이다.

학교급 \ 적용 연도	구분	2025년	2026년	2027년	2028년
초등학교	특수교육 기본교육과정	국어	국어, 수학	수학	—
	공통교육과정	수학, 영어, 정보	수학, 영어, 정보	—	—
		—	국어, 사회, 과학	국어, 사회, 과학	—
중학교	특수교육 기본교육과정			생활영어	정보통신활용
	공통교육과정	수학, 영어, 정보	수학, 영어, 정보	수학, 영어, 정보	—
		—	국어, 과학	국어, 과학	국어, 과학
		—	기술·가정	사회, 역사	—
고등학교	특수교육 기본교육과정		—	생활영어	정보통신활용
	공통교육과정	공통수학, 공통영어, 정보			공통국어, 통합사회, 한국사, 통합과학

출처_「AI디지털교과서 추진 방안」, 교육부, 2024

● 우리 교실의 준비와 변화

우리나라 디지털교과서의 변화를 살펴보자. 교과서 디지털화의 최초 시도는 e-교과서였다. 많은 예산과 기술이 투입되었지만 교사, 학생, 학부모의 반응은 모두 싸늘했고, 한마디로 처참하게 망했다. 나 역시 e-교과서 집필위원(수학과)으로서 가능성보다 한계점을 많이 보았다. 하지만 그때는 그럴 수밖에 없었다. 교실 인터넷망도 부실했고, 태블릿은커녕 스마트폰 보급도 막 시작되던 시점이었다. 디지털 구현도 초기 기술인 데다 표준화도 안 된 상태였다. 종이교과서를 그대로 디지털화한 것 외에는 큰 변화가 없기에 굳이 이걸 왜 써야 하나 하는 생각이 앞섰다. 하지만 e-교과서는 디지털교과서의 출발점이자 앞으로 디지털교과서가 어떠한 방향으로 가야 할지 알려주는 훌륭한 첫 단추가 되었다.

다음은 디지털교과서다. e-교과서의 문제점이었던 '종이책의 디지털화'를 보완했다. 가상현실, 증강현실 기술도 적용되고, 학생이 문제를 풀 수 있는 평가 부분이 개선되었으며, 디지털북 변환 기술 자체도 훨씬 수준이 높아졌다. epub 표준화도 어느 정도 이루어졌다. 물론 디지털교과서 프로그램 자체가 무거운 건 어쩔 수 없지만, 그동안 많은 기술의 진보가 있었다. 무엇보다 이 기간 동안 물리적인 환경 변화도 있었다. 학교당 최소 1학급 이상은 1인 1기기가 갖추어졌고, 무선인터넷 환경도 제법 안정적으로 변했다. 이런 변화가 이루어졌던 것은 기술의 진보도 있었지만, 코로나 사태가 큰 계기가 되었다. 학교에 등교할 수 없게 되자 디지털과 온라인 교육이 필수 요소가 되어, 교육부 차원에서 적극적으로 지원하지 않으면 안 되었다. 교사, 학생, 학부모 모두가 디지털기술을 교육에 받아들여야만 하는 시대로 진입하게 된 것이다.

e-교과서와 코로나 시대를 거쳐서 완성된 디지털교과서의 시대가 저물고, 이제 AI디지털교과서의 시대를 앞두고 있다. AI디지털교과서는 줄여서 AIDT라고 한다.

AIDT의 실체는 무엇일까? 결론을 미리 이야기하자면 "아직 말해줄 수 없다." 무슨 뚱딴지같은 소리일까? 아직 AIDT가 정식으로 출시되지 않았기 때문이다. 현재는 테스트 버전 격인 AIDT 프로토타입만 존재한다. 다행히도 나는 교육부 소속 연구학교와 교실혁명 선도교사로서 조금 미리 볼 수 있는 정도다. 출판사별로 AIDT를 제작하여 심의를 앞두고 있는데 기업마다 노하우, 기술 유출을 우려하여 큰 가이드라인을 제외하고는 공개를 꺼리고 있다.

AIDT가 내세우는 장점

AIDT의 장점에 대해 알아보자. 교육부는 AIDT를 "학생들의 자기주도적 학습을 돕고, 선생님이 수업을 진행하기 편하게 도와주는 디지털 도구"라고 정의하고 있다. 더 세밀하게 접근하면 AI에 의한 학습 진단과 분석, 학생들의 개인별 학습 수준과 속도를 반영한 맞춤형 학습 지원(AI튜터), 학생의 관점에서 설계된 코스웨어, 학생 수업 장면 모니터링 등이 엿보인다. 현존하는 교육 관련 IT 기술을 모두 담은 집약체라고 볼 수 있다.

첫째, AIDT의 가장 기본은 축적된 데이터를 통한 맞춤형 학습이다. 문제 풀이식 학습이라는 비판도 있지만, 데이터를 가장 쉽게 추출할 수 있는 방법이 바로 다양한 문제 풀이다. 문제풀이에서 나온 데이터를 단순히 축적하기만 하는 것이 아니라, 이를 바탕으로 수준을 진단하고, 학습 패턴을 분석하여 개개인의 약점과 강점을 분석하고 개개인에 적합한 맞춤형 학습을 제공해줄 수 있다.

둘째, 즉각적인 피드백과 AI튜터 기능이다. AIDT는 학생들이 문제를 푸는 즉시 실시간 피드백을 제공하여 잘못된 개념을 바로 수정할 수 있게 도와준다. 학생이 궁금한 점이 있을 때는 대화형 AI인 AI튜터를 이용하여 언제 어디에서라도 묻고 답을 찾을 수 있다는 점에서 주도적인 학습을 이끌어낼 수 있다.

셋째, 다양한 언어 분석과 인터랙티브한 학습 경험을 준다. AIDT는 음성인식 기능을 이용하여 학생들의 음성을 분석한다. 그렇게 발음과 내용을 점검하여 피드백을 줄 수 있다. 번역 기능을 통해 다문화 학생들도 원활하게 교과 내용을 학습할 수 있도록 지원한다. 또한 AI 기술을 이용하여 게임화된 학습 콘텐츠, 시뮬레이션, 가상현실 등으로 학생들의 흥미와 참여를 유도한다.

넷째, 교사와 학부모에게 학생의 학습 데이터를 제공하여 학습 실태를 파악할 수 있게 도와준다. 교사에게 대시보드를 통해 학생들의 실시간 학습 데이터와 강점 및 약점을 제시하여 촉진자 역할을 할 수 있게 해준다. 그리고 학생들

의 수업 모습을 모니터링할 수 있으며, 전체적인 관리와 개별화 지도를 가능하게
한다.

● 교사 주도의 하이터치 하이테크 교육

하이터치 하이테크 교육(High Touch High Tech Education)은 인간의 감정
적·사회적 상호작용과 기술적 요소를 결합하는 교육 방식을 의미한다. 이는 학
생들이 기술을 활용하는 동시에 교사가 인간의 감성과 상호작용을 통해 더 깊이
있는 학습 경험을 할 수 있게 하는 것을 목표로 한다.

하이터치(High Touch)는 감정적 상호작용으로 교사와 학생, 학생과 학생 간
의 정서적 연대를 중요하게 여긴다. 이는 학습 동기 부여와 학습 성과에 긍정적인
영향을 미친다. 그리고 학생 개개인의 요구와 특성에 맞춘 개별 맞춤형 교육을
제공하여 학생들의 경험을 강화시키는 것을 목표로 한다. 하이테크(High Tech)
는 첨단기술을 활용하여 학습에 도움을 주는 다양한 자료를 제공한다. 예를 들
면 가상현실, 증강현실, AI 에듀테크 기술을 활용하여 몰입감 있는 환경을 조성
한다. 또한 온라인 학습 플랫폼, 교육용 소프트웨어, 전자책 등을 활용하여 학습
자료를 효율적으로 제공한다.

하이터치 하이테크 교육은 혁신적인 접근 방법으로, 교사 주도로 학생들의
감성과 기술의 균형을 맞추어 학생들에게 보다 풍부한 학습 경험을 제공하고자
하는 시도다. 그 속에서 AIDT가 하이테크의 핵심적인 역할을 하는데, 이것이 최
대한 효과를 거두기 위해서는 교사가 주도적으로 학생들의 동기 유발과 감성을
이끌어내야 한다. 즉 하이터치 하이테크 교육은 교사의 역량에 크게 좌우된다.

● 교육부와 학교 현장의 속도 맞추기

엘리베이터에서 배달기사와 인사를 하며 이런 대화를 나누었다.

"요즘 비가 많이 와서 미끄러워 위험하시죠?"

"아니요. 오히려 비가 많이 오면 다들 천천히 가기 때문에 사고가 덜 나요. 비가 부슬부슬 조금 오면 오토바이는 천천히 가지만 자동차는 속도를 줄이지 않고 빠르게 가니 사고가 나기 더 쉬워요."

하이터치 하이테크 교육을 내세우며 빠르게 AIDT를 추진하는 교육부, 아직은 준비가 덜 된 학교. 여기에도 속도 차이가 있다. AIDT는 개인이나 학교가 아니라 국가 단위에서 수많은 전문가의 협의와 예산의 뒷받침이 되어야 진행할 수 있는 사업이다. 이 정도의 사업을 이렇게 빠르게 진행할 수 있는 국가는 그리 많지 않다. 그만큼 우리나라의 경제력, IT기술, 교육 수준, 인프라가 잘 갖추어져 있다는 뜻이다. 하지만 너무 빠른 추진 속도로 인해 교육의 주체인 교사, 학생, 학부모가 따라가기 버거운 것도 사실이다. 이 간극은 어떻게 줄일 수 있을까?

첫째, 교사 교육 및 연수 프로그램 강화다. 교사들에게 효과적인 활용 방법을 교육하는 연수 프로그램을 제공해야 한다. 기술적인 이해뿐만 아니라 실제 수업 사례를 공유해야 실질적인 도움을 받을 수 있다. 일회성이 아니라 정기적으로 업데이트된 내용을 반영하여, 교사들이 최신 정보를 습득할 수 있게 해야 한다. 기술적인 문제가 생겼을 때 지원을 받을 수 있는 시스템도 필요하다.

둘째, 점진적인 도입과 파일럿 프로그램이 필요하다. AIDT를 전국에 도입하기 전에 파일럿 프로그램을 통해 일부 학교에서 시범운영을 실시한다. 이 과정을 통해 문제점과 개선 사항을 파악하고, 점진적으로 도입 범위를 확장함으로써 교사들이 적응할 시간을 가질 수 있도록 해야 한다. 그래야 교육부의 정책과 현장 간의 정보 격차를 줄일 수 있다.

셋째, 협력 및 피드백 시스템이 중요하다. 교육부와 교사 간의 협력 체계를 구축하여 정기적으로 소통하고 피드백을 수집하는 시스템을 마련해야 한다. 교사들이 직접 경험한 문제점과 개선 사항을 반영하여 정책을 수정하고 보완함으로써 현장에 적합한 운영 방안을 마련할 수 있다. 경험 공유와 협력을 촉진하는 온라인 커뮤니티를 활성화하여 서로의 노하우를 나눌 수 있는 공간도 필요하다.

넷째, 학생 및 학부모 교육이 이루어져야 한다. 학생들이 AIDT를 효과적으로 활용할 수 있도록 교육하고, 스스로 공부할 수 있는 능력을 키워줘야 한다. 그리고 기술을 교육에 도입함에 있어 윤리적인 문제와 지켜야 할 규칙에 대해서 가이드라인을 충분히 제시해야 한다. 학부모 설명회를 통해 AIDT의 장점과 사용법을 충분히 홍보하여 가정에서도 학습을 지원할 수 있도록 해야 한다.

● AIDT의 한계, 다양한 에듀테크 도구로 보완

AIDT가 교육 현장의 모든 문제점을 해결할 수 있을까? 이건 우리 모두가 말할 수 있다. 아니다. AIDT도 기존의 서책형 교과서처럼 교사, 학생을 도와주는 '도구'라는 점을 명심해야 한다. AIDT가 가지는 장점도 있지만 분명 한계점이 있다. AIDT는 학습에 초점이 맞춰져 있다. 학교 현장에는 분명 학급경영, 관리와 학급생활을 도와주는 '에듀테크 도구'도 필요하다.

AIDT에 모든 기능이 들어가면 안 될까? 그럴 수도 없고, 그래서도 안 된다. AIDT에 모든 기능이 들어가고 모든 학교가 같은 도구로 수업을 한다면 교육은 어떻게 될까? 결국 다양성이 사라져 우리나라의 교육 경쟁력은 오히려 후퇴할 것이다. 하이터치 하이테크 교육에서는 첨단기술과 인간적인 접촉을 결합한 교육 방식을 강조한다. AIDT는 첨단기술 중 하나이며, 교사가 학생들과 상호작용을 하기 위해 추가적인 기술이 필요하다면 얼마든지 사용할 수 있다는 말이기도 하다. IT교육 강국인 우리나라에서는 디지털교과서가 등장하기 전부터 교육

(Education)과 기술(Technology)을 결합한 에듀테크(Edutech) 도구가 현장의 교육을 지원해왔다. 학급경영을 도와주는 에듀테크 도구는 다양하다. 학급관리시스템(LMS)은 구글 클래스룸, 클래스팅, 다했니, 우리반T셀파, 하이클래스, 밴드 등이 있다. 학급보상시스템(퀴즈·평가·피드백)으로는 다했어요, Class123, 퀴즈앤, 카훗, 띵커벨 등이 있다. 이처럼 다양한 에듀테크 도구를 함께 써서 AIDT를 보완할 수 있다.

● 디지털원주민인 우리 아이들이 거쳐야 할 필연적인 과정

해럴드 벤저민(Harold Benjamin)이 펴낸 『검치호랑이 교육과정(The Saber-Tooth Curriculum)』에서는 변화하는 환경을 반영하지 못하는 교육 시스템의 문제를 풍자하고 있다. 원시인들은 물고기 잡기, 사냥하기, 검치호랑이로부터 자신을 보호하는 방법 찾기 등을 위해 교육과정을 개발했다. 당시에는 실용적인 기술이었다. 하지만 더 이상 사냥을 하지 않고 검치호랑이도 멸종했는데 여전히 구식 기술들을 가르치고 있다는 이야기를 우화로 담았다. 우리도 새로운 기술과 환경 변화에 맞춘 교육이 필요하다. 불을 처음 발견했을 때, 칼이 처음 등장했을 때, 이것이 위험하다고 다루는 방법을 가르치지 않았다면 이 사회가 어떻게 되었을까? 전화, TV, 컴퓨터, 태블릿, 스마트폰 등에는 양날의 검처럼 유익한 점과 유해한 점이 존재한다. 그러나 유해한 점을 지나치게 걱정한 나머지 다루어보지도 않는다면, 우리는 점점 퇴보할 것이다.

AIDT는 시기와 방법이 문제일 뿐이지 언젠가는 우리에게 다가올 시대적 문제다. 정보의 홍수 속에서 아이들이 허우적거리기보다는 AI 기술의 효율성과 유용성을 알고 적극적으로 헤엄쳐나가며 삶의 주인공으로 성장하도록 돕는 것이 바로 우리 어른들과 교육자가 할 일이다.

참고자료 ──

『교사가 이끄는 교실혁명: AI 디지털교과서 100% 활용하기』, 정제영·박준호·강주원, 박영스토리, 2024

『생성 AI 시대 최고의 교수법』, 박남기, 천재교육, 2024

「교실혁명 선도교사 양성연수」, 교육부, 2024

『챗GPT 교사 마스터 플랜』, 한민철, 책바세, 2023

『AI×인간지능의 시대』, 김상균, 베가북스, 2024

『초등 기적의 AI 공부법』, 조이스 박·한준구·김용욱, 더샘, 2024

Part 02

미래를

준비하는 교사들

1   퍼스널 브랜딩으로 미래 교육을 선도하다

2   교사의 소진, 어떻게 해결하면 좋을까?

3   교육의 변화를 주도하는 전문적 학습공동체

4   교사를 위한, 교사에 의한, 자발적 연수

5   학생-교사, 교사-교사의 협력적 주도성

6   교실 오케스트레이션으로 미래 교육의 방향성 찾기

퍼스널 브랜딩으로
미래 교육을 선도하다

조민희
 전북특별자치도교육청 소속 초등교사, 유튜브 '픽미쌤TV' 운영,
초등미술콘텐츠연구회 '픽미토피아' 대표

현재 대한민국 교실은 2022 개정 교육과정의 탄탄한 뼈대 세우기와 미래 교육을 실현하기 위해 다각도로 빠르게 변모하고 있다. 이런 상황 속에서 미래 교육전문가로서 퍼스널 브랜딩은 교사의 전문성을 강화하고, 교육의 질을 향상시키며, 학생들과의 관계를 개선하는 데 중요한 도구가 될 수 있다.

● 왜 퍼스널 브랜딩인가

퍼스널 브랜딩(personal branding)은 개인이 자신의 고유한 가치를 명확히 정의하고, 이를 통해 자신을 다른 사람들에게 차별화된 존재로 인식시키는 과정이다. 개인의 성격, 기술, 경험, 가치관 등을 기반으로 한 종합적인 자기표현이며, 일종의 개인적인 브랜드를 구축하는 것이다. 자신의 강점을 강조하고, 자신이 추구하는 목표와 일치하는 이미지와 메시지를 지속적으로 전달함으로써, 타인에게 기억되고 인식되는 방식이라고도 할 수 있다.

교사로서 퍼스널 브랜딩은 자신의 교육적 가치를 명확하게 정의하고, 이를 효과적으로 알리는 과정이다. 교사가 퍼스널 브랜딩을 통해 자신의 고유한 이미지를 구축하고 강점을 부각시키며 전문성을 알리면, 교육 커뮤니티 내에서 신뢰받는 존재로 자리매김할 수 있다. 이는 궁극적으로 학생들의 학습 경험을 향상시키고 교육적 영향력을 확대하는 데 기여한다.

교사는 교육 철학, 교수 방법, 전문 분야를 탐색하며 강화해나가는 과정을 통해 교육 전문성과 개인적인 성장을 동시에 이룰 수 있다. 자신의 교육 목표와 가치를 명확히 하고 일련의 활동들을 공유하며, 자신의 가치를 다른 사람들에게 인정받고 교육활동에서 성취감을 느끼면 교사로서 직업 만족도가 상승하고 동기 부여도 얻는다. 이는 궁극적으로 학생들에게도 긍정적인 영향을 미쳐 교육의 질을 높인다.

강화된 퍼스널 브랜드를 가진 교사는 다양한 네트워크에 접근할 수 있는 기회를 얻게 된다. 다른 교육전문가들과의 협업, 프로젝트나 연구 참여, 교육자료 공유 등의 기회가 확대된다. 퍼스널 브랜딩을 통해 구축한 자신의 전문성을 바탕으로 출판, 강연, 네트워킹 등을 경험함으로써 미래 교육을 선도해나가는 것 또한 가능하지 않겠는가.

무엇보다 미래 교육의 구심점인 디지털 환경에서 영향력을 강화할 수 있다는 측면에서 퍼스널 브랜딩을 추천한다. 디지털 시대에 교사의 온라인 존재감은 매우 중요하다. 교사는 소셜 미디어, 블로그, 유튜브 등을 통해 교육 콘텐츠를 공유하고 온라인 커뮤니티와 소통하며 디지털 역량을 강화할 수 있다. 학생들의 삶과 밀접한 디지털 환경에서의 활동을 교사가 이끈다면 학생들과의 소통에 긍정적인 영향을 미쳐 교육 효과를 극대화할 수 있다.

● 내가 한 일이 퍼스널 브랜딩이었다니

어떻게 퍼스널 브랜딩을 할 것인가를 말하기에 앞서 나의 사례를 소개하고자 한다. 나도 사실은 그렇게 마음을 먹고 시작한 것은 아니었다. 그래서 당연히 많은 시행착오를 했다. 현재는 유튜브 채널 '픽미쌤TV', 네이버 블로그 '픽미쌤', 인스타그램 등을 통해 활발하게 자료를 공유하고 전국의 교사들과 소통하고 있는 쌤플루언서라고 거창하게 명명해보지만, 처음은 그렇지 않았다. 시작은 수업 자료 나눔이었다. 초등교사들의 자발적 커뮤니티에서 활발하게 이루어지던 수업 자료 나눔을 통해 나 역시 큰 도움을 받았고, 그것을 돌려주고자 자료를 커뮤니티에 올리기 시작한 것이 작은 씨앗이라고 할 수 있겠다.

시대의 흐름을 타고 알파세대 아이들을 만나게 되면서 영상 자료가 학생 지도에 주는 긍정적인 효과를 체감한 계기가 있었다. 그로 인해 영상을 직접 제작하고, 영상을 업로드하고 공유하기에 최적화된 유튜브라는 플랫폼을 활용하면서 커뮤니티 밖의 세상으로 나오게 되었다. 당시만 해도 유튜브라는 플랫폼을 직접 활용하기보다는 내려받은 영상을 교실 수업에 활용하는 것이 보편적이었다. 그러나 코로나 사태를 겪으며 교육 현장은 급변화의 물살을 타게 된다. 유튜브가 보편화된 것이다. 유튜브가 수업 자료를 개발하고 나누며 전문성을 강화하는 효과적인 수단으로 자리매김하면서 교사가 유튜브를 한다는 것에 대한 부정적인 인식이 많이 사라졌다. 나아가 유튜브뿐 아니라 다른 소셜 미디어를 활용하여 수업 콘텐츠를 개발하고 공유하며, 교실 생활 및 수업 활동을 기록하고 나누는 것이 자연스럽게 받아들여졌다.

이러한 흐름 속에서 내가 개발하고 공유한 미술 수업 콘텐츠가 전국의 선생님들에게 쉽게 닿을 수 있게 되었고, 그들과 소통하고 피드백을 받으며 지속적으로 콘텐츠 개발을 할 수 있는 원동력을 얻었다. 현재까지도 미술 콘텐츠 개발을 이어오고 있으며, 이를 기반으로 역량이 허락하는 내에서 활동 범위를 넓힐 수 있었다. 교과 통합 만들기 콘텐츠 제작, 교육 상품 개발, 강의, 직무 연수 런칭, 디지털드로잉, 집필 등 지금도 조금씩 분야를 넓히며 교사로서의 전문성을 강화하고 있다. 돌이켜보면 퍼스널 브랜딩을 하기 위해 시작한 활동은 아니었지만 모든 활동이 사실은 퍼스널 브랜딩이었던 것이다. 퍼스널 브랜딩이라고 이름을 붙이니 그럴듯해 보이면서도 낯설고 어렵게 느껴질 수 있다. 그러나 지금 모든 교사들이 하듯이 교실에서 하고 있는 활동들을 기록으로 남기는 데서부터 출발하는 것이다. 교실 일기여도 좋고, 수업 자료 나눔이어도 좋고, 사소한 팁이어도 좋다. 그리고 이왕이면 디지털 플랫폼을 활용하는 것이다.

초등교사는 고립된 섬이라고도 불린다. 다른 교실에서 어떻게 수업을 진행하고 학생들을 지도하는지 궁금해도 직접 볼 기회가 없다. 물론 동 학년 내에서 공유하고 교사 커뮤니티를 통해 배우는 방법도 있지만, 오픈된 디지털 플랫폼에서는 훨씬 다양한 교실을 편하게 들여다볼 수 있고, 공유하고 소통하기에도 간

편하다. 따라서 디지털 플랫폼을 효과적으로 활용하는 것이 퍼스널 브랜딩의 기초라 할 수 있다. 단 교육 네트워킹에 뛰어들 때 한 가지 꼭 명심할 점이 있다. SNS에서 보이는 모습이 다가 아니라는 것이다. 이를 잊으면 비교 지옥에 빠져 퍼스널 브랜딩은 온데간데없이 한없이 초라해지는 자신의 모습에 갈 길을 잃어버리고 만다. 퍼스널 브랜딩은 나를 브랜딩하고 나만의 강점을 강화해나가는 일이다. 그러니 당연히 남들에게 좋아 보일 만한 내용, 공유 가치가 있는 것을 올리지 않겠는가. 그 이면에는 교사라면 누구나 겪는 힘듦과 아픔이 있기 마련이고, 누구 한 사람만 겪는 일이 아니라는 것을 꼭 기억해두길 당부한다.

● 무엇이 퍼스널 브랜딩을 어렵게 하는가

퍼스널 브랜딩에 뜻이 있다고 해도 선뜻 시작하지 못하는 이유도 많다. 교사들은 이미 교육 계획, 수업 준비, 학생 평가, 생활지도, 상담, 그 외 업무 등으로 바쁜 일정을 소화하고 있다. 그것만으로도 시간과 에너지 자원이 부족한 경우가 대부분이기 때문에 블로그 운영, 소셜 미디어 관리, 네트워킹 등에 시간을 투자하는 데에 어려움을 느낀다. 또 다른 문제는 기술적인 한계다. 퍼스널 브랜딩에는 디지털 기술의 활용이 중요한데, 모든 교사가 이러한 기술에 익숙한 것은 아니다. 여기에는 학습과 연습이 필요하기 때문이다.

다른 문제는 홍보다. 교사는 자기 홍보를 하는 것에 두려움을 느끼거나 부정적인 감정을 가지고 있는 경우가 있다. 겸손과 협력을 중시하는 교육 문화에서 개인의 브랜드를 구축하려는 시도가 자칫 그런 문화를 깨뜨리는 것처럼 느껴지거나 교사 개인적 이익을 추구하는 것으로 오해를 받을 수 있으리란 우려가 부담으로 작용하는 것이다. 그 밖에도 자신의 교육 방법이나 자료 등을 공유했을 때 부정적이거나 공격적인 피드백이 올 수 있다는 두려움, 퍼스널 브랜딩을 위한 명확한 목표 설정의 어려움, 지속적으로 콘텐츠를 생산하고 소셜 미디어와 네트워킹을 유지 관리하는 어려움 등이 장애물이다. 처음부터 잘하려고 하기보다는 일주일에 1개, 또는 한 달에 2~3개 정도 기록을 남기거나 콘텐츠를 만들어보겠다는 작은 계획을 수립하는 것을 추천한다. 요즘에는 유튜브만 조금 살펴보더라도 자세하게 설명해주는 콘텐츠가 많고, 쉽게 영상을 제작할 수 있도록 도와주는 앱도 많아서 수준에 맞춰 천천히 시작할 수 있다.

이미 퍼스널 브랜딩을 하고 있는 교사들이 많고 교육 네트워킹이 활발해져서 개인적 홍보나 이익을 취한다는 인식도 지금은 많이 긍정적으로 변했다. 아무리 좋은 콘텐츠가 많다고 한들 알리지 않는다면 혼자만 알고 쓰는 것으로 끝나지 않겠는가. 많은 사람과 공유하고 콘텐츠에 대한 가치를 인정받을 때 느끼는 기쁨과 성취감은 자신을 더욱 성장시킨다. 그러니 자신감을 가지고 홍보해보자.

● 어떻게 퍼스널 브랜딩할 것인가

퍼스널 브랜딩을 해보겠다는 결심이 선다면 다음과 같이 천천히 시작해보자. 제일 먼저 할 일은 주제 정하기다. 교사로서 전문성을 키워나갈 분야를 정하는 것이다. 내가 가진 역량을 파악하고 무엇을 좋아하는지 생각해보자. 아이들과 수업을 할 때 어떤 교과목 수업이 가장 부담이 없으면서도 즐거웠는지, 다른 교과보다 좀 더 잘 가르칠 수 있었던 과목이 무엇이었는지를 곰곰이 떠올려보는 것이 도움이 된다. 나의 경우에는 미술 수업이었다. 뛰어나게 잘한다고 할 수는 없지만, 미술 활동을 할 때 즐겁고 지치지 않았기 때문이다.

주제를 정했다면 어떤 콘텐츠를 제작할지 고민해본다. 남들이 하니까 나도 영상 제작을 해야겠다 하는 마음으로 무턱대고 뛰어든다면 금방 지쳐 떨어질지 모른다. 글, 그림, 영상, 사진, 음악 등 내가 다가가기 쉬운 콘텐츠 종류를 파악해보자. 그리고 조금씩 넓혀나가는 것이다. 나는 영상과 그림 자료들을 만들어 공유했다. 원래부터 해오던 것들은 아니었으나 수업 자료들을 만들던 경험이 축적되어 조금 쉽게 진입할 수 있었다. 영상 제작도 전문적인 프로그램을 사용했다면 금방 포기했을지 모른다. 내 역량으로 가능한 범위 안에서 시도하는 것이 포기를 방지한다. 프로그래밍이 잘된, 초보자도 쓰기에 좋은 애플리케이션을 이용하면 누구나 쉽게 영상을 만들 수 있는 좋은 시대에 살고 있으니 활용하자. 이처럼 진입장벽을 낮춰서 포기하지 않고 계속할 수 있는 나만의 콘텐츠를 제작해보자. 콘텐츠 종류에 따라 이용할 플랫폼도 달라진다. 영상 위주의 콘텐츠라면 유튜브, 글과 사진 자료 위주의 콘텐츠라면 블로그나 인스타그램 같은 소셜 미디어 등을 활용할 수 있다.

　　주제와 콘텐츠 종류를 정했다면 퍼스널 브랜딩의 성격이 어느 정도 정해졌다고 볼 수 있다. 이제는 주제와 나를 잘 드러낼 수 있는 네이밍을 할 차례다. 플랫폼에서 쓸 채널명도 같이 생각해보면 좋다. 나의 활동명은 '픽미쌤'이다. 나를 찍어달라는 '픽 미(Pick me)'를 미술을 찍어준다는 의미로 바꿔서 한자의 아름다울 미 자로 대체했다. 그래서 'PICK美SSEM', 미술 찍어주는 선생님이 탄생했다.

　　네이밍까지 되었다면 로고를 만들어보자. 네이밍을 시각화하는 과정으로 브랜드를 잘 나타내는 이미지를 제작하면 된다. 익숙한 프로그램을 활용하면 되는데 파워포인트, 일러스트레이터, 포토샵, 드로잉 앱 등 어떤 것이든 좋다. 아이

콘처럼 단순하고 간단하게 표현하거나 캐릭터로 표현하거나 글자만 활용해 레터링 디자인으로 표현할 수 있다. 한 가지만 만들어도 좋고, 아이콘과 캐릭터 일러스트 형태로 만들어 상황에 따라 골라 써도 좋다. 이 기본 요건들을 갖추는 데도 꽤 많은 고민의 시간이 필요하다. 처음부터 완벽하게 하려고 하지 말고 일단 첫발을 떼어보면 어떨까?

기본적인 요건들이 어느 정도 갖춰졌다면, 다양한 활동을 발전시켜 퍼스널 브랜딩을 더욱 강화해나갈 수 있다.

첫째, 교육 관련 블로그를 운영하면서 교육 철학, 수업 사례, 학습 자료 등을 공유하고, 같은 관심사를 가진 교육자들과의 네트워크를 구축하고, 자신의 전문성을 알릴 수 있다. 둘째, 트위터, 인스타그램, 페이스북, 스레드 등 소셜 미디어를 활용해 교육 현장의 이야기를 공유하고, 학생들과의 소통을 강화할 수 있다. 셋째, 유튜브를 활용해 교육자료 영상이나 교육 방법 영상을 제작하고 업로드하여 자신의 포트폴리오를 쌓고 전문성을 강화해나갈 수 있다. 넷째, 플랫폼에 쌓인 자료들을 기반으로 서적이나 학습 교구 등을 기획하고 출간할 수 있다. 이는 교육 커뮤니티에 기여하며, 전문성을 인정받고, 교육자로서의 신뢰도를 높일 수 있다. 다섯째, 축적된 포트폴리오와 퍼스널 브랜딩으로 강화한 교육적 가치를 활용하여 교육 관련 강연이나 워크숍에 참여하여 지식과 경험을 나누고, 다른 교육자들과 교류할 수 있다.

● 퍼스널 브랜딩을 할 때 주의할 점

첫째, 겸직 신청 대상인지 파악한다. 「사교육 카르텔 근절을 위한 교원 겸직 허가 가이드라인」 및 「국가공무원법 제64조(영리업무 및 겸직금지)」 「국가공무원 복무규정 제25조(영리업무 금지) 및 제26조(겸직허가)」 「국가공무원 복무·징계 관련 예규 제9장(영리업무 금지 및 겸직허가)」을 참고하여 겸직 신청의 대상이 될 경우에는 1년에 한 번 소속기관의 장에게 겸직 허가를 받아야 한다.

겸직 허가 대상은 복무규정 제25조 금지요건에 해당하지 않는 영리 업무(계속적으로 재산상 이익을 취하는 행위) 및 계속성 있는 비영리 업무다. 계속성이 명백히 없는 행위가 아니면 겸직 허가를 신청해야 하고, 계속성이 없는 행위는 겸직 허가의 대상은 아니나 복무상 의무(품위유지 등)에 따라 규율한다. 겸직 허가 대상인 업무에 종사함으로써 복무규정 제25조에 따른 금지요건에 해당하지 않는 경우 겸직 허가를 받을 수 있으며, 절차는 아래와 같다. 지침과 절차를 주의 깊게 살펴서 이로 인한 불이익을 당하는 일이 없어야겠다.

둘째, 저작권을 준수한다. 사진, 그림, 영상, 활동지, 음악, 폰트, 효과음, 영상 소스 등 공유하는 모든 자료는 저작권을 침해하지 않아야 한다. 사용하고자 하는 자료들의 라이선스를 확인하는 습관부터 가지는 것이 좋으며, 전하고 싶은 내용에 제약을 받더라도 저작권이 허락되지 않은 자료들은 쓰지 않아야 한다. 요즘은 상업적인 범위까지 허용하고 있는 자료들도 많으니 꼭 알아보고 사용하자.

셋째, 소위 말하는 '멘탈' 관리다. 디지털 플랫폼을 운영하다 보면 가끔 무례하거나 상처가 되는 댓글이 달리곤 한다. 건설적인 피드백은 나의 전문성을 강화하는 데 도움이 되겠지만, 날 선 댓글이나 무례하고 상처가 되는 글들은 한 귀로도 듣지 말자.

교사, 퍼스널 브랜딩으로 미래 교육을 선도하다

교사로서 퍼스널 브랜딩은 자신의 교육 방법, 교육 철학, 교육자료 등을 효과적으로 알리고, 교육 현장에서의 영향력을 확대하는 중요한 과정이다. 이를 통해 학생들에게 더 나은 교육을 제공하고, 디지털 역량을 강화하여 미래 교육을 선도할 수 있으며, 자신의 교육적 가치를 실현할 수 있다. 하지만 이 모든 거창한 이유들이 아니더라도 내가 하고 있는 활동들이 공유되고 인정받고 지지를 받는 일은 나 자신의 내적 만족감을 키운다.

교사가 행복해야 학생이 행복하다는 불변의 진리가 있지 않은가? 나의 퍼스널 브랜딩은 나를 행복하게 만들고, 답답하고 팍팍한 교사로서의 삶을 지탱해주는 빛이 되었다. 퍼스널 브랜딩을 통해 좋아하는 일을 더욱 꾸준히 할 수 있게 되었고, 학생들과 소통할 수 있는 창구를 마련했으며, 교실에서 좀 더 자신감을 얻게 되었다. 교사로서 내적 만족감을 채우며 학생들과 의미 있게 소통하고 교실에서 내가 교사로서 행복할 때, 미래 교육을 선도하는 것 역시 더는 남의 일은 아닐 것이다. 퍼스널 브랜딩이 효과적인 수단이 되어줄 것이다.

처음은 미약해도 좋다. '나도 해보고 싶다' 하는 작은 마음이면 된다. 그 끝이 내가 기대한 성공이 아니면 어떤가? 아직 끝이 아닌 것이다. 여전히 퍼스널 브랜딩 중인 선생님들을 응원하고 싶다.

02

교사의 소진,
어떻게 **해결**하면 좋을까?

류성창
한국교원대학교 종합교육연수원 소속 연구사, (사)교사크리에이터협회 이사,
『세상에 밀리지 않는 심리기술』 외 저자

'교사가 행복해야 아이들이 행복하다'라고들 한다. 이는 교사의 심리적 상태가 아이들의 학교 만족도 및 적응에 미치는 영향력을 보여준다. 그렇다면 현재 대한민국 교사는 행복할까? 사실 대한민국 사회에서 교사는 선호되며 존경받는 직군이었다. 오죽하면 '스승의 그림자도 밟지 말라'라는 말이 있을까. 2023년 진로 교육 현황 조사에 따르면 청소년의 직업 선호도 1위가 교사이며, 자녀에게 물려주고 싶은 직업군 순위에서도 3위다. 이처럼 교사는 선호하는 직업으로 당연히 교사의 행복도도 높다고 생각한다. 하지만 실상은 그렇지 않다. 한국교원단체총연합회에서 2024년 스승의 날을 맞이해 전국 교원 1만 1,320명을 대상으로 실시한 설문조사에 따르면 '현재 교직 생활에 만족하고 행복하십니까?'라는 질문에 긍정적으로 응답한 비율은 21.4%밖에 되지 않았다. 2006년 첫 조사 때 70% 가까이 나온 것과 비교하면 엄청난 차이다. '다시 태어나도 교직을 선택하시겠습니까?'라는 질문에 '그렇다'라고 응답한 비율은 19.7%에 그쳤는데 이 답변이 20% 아래로 떨어진 것은 이번이 처음이라고 한다.

교육 현장에서는 이러한 문제의식을 바탕으로 심리적 소진인 '교사의 소진'을 조사하고 연구하였는데, 원인으로 교권 침해와 과도한 행정업무 등이 꼽히고 있다. 또한 이러한 교사의 소진은 학생들에게 부정적인 영향을 초래할 수 있다고 경고했다. 국내에서는 1985년 교사의 소진에 관한 연구가 시작되었고, 연구는 계속 늘고 있다. 특히 2023년 7월 서이초 교사 사건 이후 그동안 묻혀왔던 교권 침해 사례들이 소개되면서 교직 생활에 대한 어려움이 드러나고 교육 현장에서 교사의 소진이 심각한 문제로 등장하고 있다.

● 교사의 소진, 그 원인은?

소진은 번아웃(burnout)의 번역어로 '아주 사라져 다 없어짐'이란 뜻이다.

1974년 심리학자 허버트 프로이덴버거(Herbert Freudenberger)에 의해 처음 연구되었는데 그는 소진을 연구하면서 누군가의 지적 성장과 정서적 발달 영역을 지도하는 직업군에서 소진이 많이 일어날 수 있다고 경고했다. 이후 교육 분야에서 교사의 소진을 탐색하는 연구가 꾸준하게 이루어졌다. 교사의 소진은 '학생을 가르치면서 경험하는 직무 스트레스를 극복하지 못해서 나타나는 부정적인 정서적 반응'으로 정의한다. 교사의 소진은 교사 자신뿐만 아니라 교직 사회 전반에 부정적인 영향을 끼치기 때문에 원인을 밝히고 예방과 대책을 마련하는 일이 매우 중요하다.

교사는 학생, 학부모, 동료 교직원 등 학교 내·외 교육공동체와 지속적인 상호작용을 요구받으며, 교과 및 생활지도는 물론이고 행정업무 등 많은 역할을 한다. 그런데 이러한 일을 기계적으로만 수행하는 것이 아니라 소명의식을 갖고 있어 지속적인 스트레스를 받는다. 오죽하면 교직의 본질과 성격을 바라보는 관점인 교직관을 전문직관, 노동직관뿐만 아니라 성직관으로 바라보고 있을까? 다른 직업과 다르게 교사에게는 노동과 전문성뿐만 아니라 성직자와 같은 윤리적인 측면도 강조한다. 여기에는 교사를 바라보는 사회적인 분위기도 반영되어 있으며 그런 이유로 교직에 대한 피로도는 더욱 높아져만 간다. 한편 교사에게 주어지는 권한은 점점 줄어드는데 책무성에 대한 요구는 높아지고 있다. 학부모의 압력과 지역사회에서 학교의 역할은 점점 늘어나고 있으며 교육뿐만 아니라 보육까지 담당하는 실정이다. 결국 교사들의 종착역은 소진이다.

초기에 시작된 교사의 소진 연구는 원인 규명에 초점을 두었으나, 이후 심리적 소진에 영향을 미치는 변인 탐색 연구가 진행되었다. 그 결과 교사의 소진이 교사의 개인적 요인과 학교 조직적 요인, 교사와 학생의 상호작용 등과 같은 다양한 요인에 영향을 받는다는 것이 밝혀졌다. 그리고 교사의 심리적 소진을 파악하기 위해 사회·문화 및 정책 변화 등 거시적인 맥락 연구의 필요성도 제기되었다.

연구를 살펴보면 교사의 소진을 일으키는 요인은 크게 교사 개인 차원과 조직 및 환경 차원으로 구분할 수 있다. 개인 차원의 원인은 성별, 직위, 결혼 여부 등 인구학적 배경과 교사효능감, 교직관, 감정노동 등이 있다. 소진을 일으키는 조직 및 환경 차원의 원인은 학교 위치나 규모 등 배경적인 요인과 학교 조직문화, 업무량, 역할 갈등 등이 있다.

	배경 요인	과정 요인
개인 차원	성별, 직위, 결혼 여부 등	교사효능감, 교직관, 감정노동 등
조직·환경 차원	학교 위치, 학교 규모 등	학교 조직문화, 역할 갈등, 업무량 등

교사 소진의 원인이 되는 개인 차원의 배경 요인은 연구에 따른 결과가 다양하다. 남교사보다 여교사의 소진이 높다는 연구 결과도 있고 그 반대도 있으며, 성별에 따른 소진 차이는 없다는 결과도 있다. 이는 결혼 여부 및 직위에서도 비슷하게 나타난다. 학교 위치나 규모 등 조직·환경 차원의 배경 요인도 마찬가지다. 학교 위치에 따른 교사의 소진 정도가 도심 지역에서 높다는 결과도 있으나 농어촌 지역 학교에 근무하는 교사의 소진 수준이 높다는 결과도 나타난다.

교사 소진의 원인이 되는 과정 요인 또한 연구 결과가 다양하다. 학생생활지도 및 학부모 민원 등 감정노동이 높을수록 소진이 크다는 결과도 있고, 과중한 행정업무와 잡무 등 업무량이 높을수록 소진이 높다는 결과도 있다. 또한 학교 구성원 간 갈등 등 학교 조직문화에 따라 소진이 높아지기도 하고, 성취감과 같은 교사효능감에 따라 소진 정도를 보여주는 결과도 있다.

● 교사의 소진, 해결 방안은?

앞서 살펴보았듯이 교사의 소진에 영향을 주는 원인은 다양하다. 그러므로 이를 해결하기 위해서는 학교 내·외적으로 다각적인 접근을 해야 한다. 단순히 한두 가지 정책으로 문제를 풀 수 없다는 얘기다. 이해관계가 얽혀 있는 다양한 구성원과 협의가 필요하고, 법적인 문제해결을 위해 관련 기관과 오랜 시간 협의가 필요할 수 있다. 최근 교사의 업무 부담을 줄이기 위해 교육부 및 시도교육청에서 행정업무 경감 대책을 마련했으나 실효성이 있을지는 의문이다. 해가 갈수록 이러한 대책과 반비례해서 새로운 업무가 더 늘어나기 때문이다. 결국 교사들은 업무가 적거나 학생 지도 부담이 적은 학교로 이동하거나, 아예 교직을 그만두는 극단적인 방법으로 문제를 해결한다. 그렇다면 소진을 해결하는 방법은 없을까? 정책적인 방법과 개인적인 방법을 제시해보고자 한다.

정책적인 방법으로는 첫째, 교사효능감을 높이는 방안이 필요하다. 연구 결과에 따르면 교사효능감은 직접적으로 심리적 소진을 낮추는 역할을 할 뿐만 아니라, 근무 조건과 교사의 심리적 소진의 관계를 차단할 수 있는 요인으로 나타났다. 그 방안으로서 교사학습공동체의 실질적인 지원이 있다. 교사학습공동체는 교사 집단의 자질과 전문성을 제고하는 데 효과적이며 협력적 문화를 갖게 한다. 또한 교사학습공동체는 자발적으로 학교의 집단적 가치, 비전을 세우고 수평적 협력을 통해 교육 문제를 함께 해결하며 교사효능감에 유의한 영향을 주는 것으로 밝혀지고 있다. 학교 안팎의 교사학습공동체 운영을 장려하여 다각도로 운영될 수 있도록 지원해야 하며, 자율성을 높일 수 있도록 교사학습공동체의 행정적 절차를 간소화할 필요가 있다.

둘째, 학교 환경과 구성원의 특성을 고려하여 민주적으로 학교 행정이 이루어져야 한다. 관리자가 민주적으로 학교 운영을 해야 하며, 연수 기관에서는 학교장 리더십 아카데미와 같은 리더십 역량강화 프로그램을 마련해야 한다. 2~3차시의 짧은 프로그램이 아닌 4학점(60차시) 이상의 장기간 프로그램을 통해 리더십 진단 및 변화 과정을 체계적으로 운영할 필요가 있다. 또한 평교사와 함께 하는 토크콘서트, 연소자나 후배 쪽에서 멘토 역할을 하는 리버스 멘토링 등을 운영하여 직급 및 세대 간 소통 공간을 마련하고 조직원 융화를 위한 대안을 제시해야 한다. 학교장이 합리적이고 민주적인 학교 운영을 한다면 교사는 전문직으로서 자긍심과 만족감, 보람 등 직무 만족을 느낄 수 있을 것이다.

셋째, 교육부, 시도교육청 등 교육행정기관 차원에서 실질적인 업무 경감을 위한 대책을 마련해야 한다. 각 시도교육청에서 매년 발표하는 학교업무 경감 및 효율화 추진 계획에 따르면 학교 교무업무 전담팀 활용, 외부 기관 협조 행사 자제, 전시행정 축소, 공문서 감축 등 다양한 대책을 마련했다. 교무행정업무를 줄여 교사 본연의 업무인 교육활동에 집중하도록 노력해왔으나, 학교 현장에서 교사는 각 학교의 특성, 유형과 규모에 따라 다르게 체감하고 있다. 교사의 행정업무 부담은 매년 증가했으나 수업 준비에 필요한 시간은 상대적으로 줄어든 것으로 나타났다. 그러므로 학교 현장에 대한 이해를 바탕으로 교원업무 경감 정책의 방향 전환을 시도해야 할 필요성이 제기된다.

최근 교육부는 교원이 학생 교육과 생활지도 등 교육활동에 전념할 수 있는 여건을 조성하기 위해 '학교 행정업무 경감 및 효율화 방안(안)'을 발표했다. 주요 내용으로는 교내 업무 경감, 학교 업무의 행정기관 이관, 행정업무 효율적 지원 체계 강화 등이 있는데, 이러한 내용이 지켜지려면 과감한 예산 투입과 인력 충원이 필요하다. 또한 업무 부담을 줄이기 위해 학교 조직 내에서 교사가 업무 절차, 분배, 상호작용에 있어 공정하다고 느끼도록 하여 교사의 책무성과 전문성을 신장할 필요가 있으며, 학교통합지원센터를 지역교육청별로 마련하여 각 학교의 특성을 파악한 맞춤형 지원을 실천해야 한다.

넷째, 체계적인 학부모 교육이 필요하다. 교사의 소진 중 큰 부분은 학생과 학부모에게서 온다. 그리고 학생들의 행동은 원인과 대처 모두 학부모의 태도에 달려 있다. 아무리 뛰어난 교사라도 학부모의 협조가 없다면 학생을 제대로 지도할 수 없다. 현재 학부모 교육은 학교 참여의 날에 수업 공개와 연계해서 이뤄지거나 지역교육청 단위에서 일시적으로 실시하는 경우가 많다. 이러한 일회성 학부모 교육으로는 실질적인 효과를 기대하기 어렵다. 교육부 및 각종 교육기관에서는 학년군과 학교급, 지역 특성을 반영한 학부모 연수 프로그램을 마련하고, 매년 학부모가 연수를 필수적으로 이수할 수 있도록 정책적인 방안을 마련해야 한다. 또한 학교 교육을 신뢰하고 교사를 이해할 수 있도록 학부모 대상으로 원격연수를 개발하고 보급할 필요가 있다. 일회성이 아닌 지속성이 학부모 교육의 핵심이다.

● 소진에 대처하는 개인적인 방안

소진을 겪는 선생님과 인터뷰하고 관련 자료를 조사하면서 한 가지 깨달은 사실이 있다. 똑같은 상황을 겪더라도 소진되는 정도가 교사마다 다르다는 점이다. 큰 스트레스를 받고도 잘 견디는 교사가 있는가 하면, 사소한 일도 견디지 못하고 힘들어하는 교사도 있다. 단순히 성격이 예민하거나 정신력이 약하다고 말할 문제가 아니다. 교사마다 소진되는 정도가 다른 이유는 사건에 대한 개인의 주관적 성향 및 판단도 크게 작용하기 때문이다. 교장선생님이 결재를 늦게 해줄 때, 잔뜩 걱정하며 발을 동동 구르는 사람이 있는 반면에 태평하게 기다리거나 직접 교장선생님을 찾아가 빨리 결재해달라고 말하는 교사도 있다. 결국 성격과 성향의 차이인데 이를 바꾸기는 쉽지 않다. 일반적인 연구 결과에 따르면 사람의 성격은 바꿀 수 없다고 한다. 성격은 태아 시절에 어떤 호르몬의 영향을 주로 받는지에 따라 형성되기 때문이다. 태생적으로 타고나지 않은 나머지 성격들도 청소년기에 대부분 결정된다고 한다. 결론적으로 성격은 인생 초반에 대부분 결정되고 이후에는 잘 변하지 않는다. 그러므로 소진을 줄이기 위해 성격을 바꾸기보다 심리학을 통해 생각하는 방식을 바꾸기를 추천한다.

심리학은 '나라는 사람은 어떻게 작동할까?'라는 질문에서 출발한다. 우리는 매일 정신없는 삶을 살며 '나'를 알기 위한 질문이나 노력은 거의 하지 않는다. 하지만 심리학을 알게 되면 생각이 달라진다. 우선 자신에 대한 이해가 높아진 다. 내가 왜 이런 행동을 했는지, 왜 그 사람만 만나면 기분이 좋지 않은지, 왜 매일 계획만 세우고 실천을 하지 않는지 알게 된다. 그러면 인생의 행복을 가로막는 다양한 문제들이 자연스럽게 해결되는 경험을 하게 한다. 왜냐하면 인생의 많은 문제는 결국 나 자신을 제대로 이해하지 못해 나타나기 때문이다. 심리학을 알게 되면 타인에 대한 이해도 높아진다. 학생이나 학부모가 왜 그런 말을 하는지, 왜 그런 행동을 하는지 알 수 있다. 타인의 말과 행동의 원인을 알게 되면 그들을 이해할 수 있게 된다. 타인을 이해하기 시작하면 내 삶이 바뀐다.

그렇다면 심리학을 활용해서 교사의 소진을 어떻게 해결할 수 있을까? 교사의 소진을 해결하는 심리 법칙 몇 가지를 소개하겠다.

정박효과 활용하기

학교에 근무하면 남에게 부탁하거나 거절하는 상황이 발생한다. 이럴 때 남들에게 끌려 다니면 신체적·정신적 스트레스를 받게 된다. 이를 해결하는 방법으로 심리학에는 정박효과(Anchoring effect)가 있다. 정박효과는 심리학 교수 대니얼 카너먼(Daniel Kahneman)과 아모스 트버스키(Amos Tversky)가 처음 연구했으며 숫자 돌림판을 조작하는 실험을 통해 발견했다.

숫자 돌림판 실험
- 숫자 돌림판에는 숫자가 0부터 100까지 표시되어 있음
- 숫자 돌림판을 돌리면 10 또는 65에서 멈추게 조작되어 있음
- 참가자들이 숫자 돌림판을 돌리고 숫자를 확인하면 아래와 같은 질문을 함
"유엔에 가입한 아프리카 국가의 비율은 몇 퍼센트인가?"

돌림판에 나온 숫자와 질문의 정답은 전혀 관련이 없다. 그러므로 참가자들은 숫자 돌림판에 나온 숫자를 무시해야 한다. 하지만 돌림판에서 10을 본 참가자들은 평균적으로 아프리카 국가의 비율이 25%라고 대답했고, 65를 본 참가자들은 평균적으로 45%라고 대답했다. 왜 이런 현상이 나타났을까? 돌림판에 나온 숫자를 무시하고 싶었지만 무의식적으로 기준점이 되었기 때문이다. 우리 뇌는 불투명한 상황에 놓이면 어떻게든 판단할 기준점을 찾는다. 심리학에서는 이런 현상을 마치 배가 닻을 내리면 닻과 배를 연결한 밧줄의 범위 내에서 움직이도록 정박하는 것과 비슷해 정박효과라고 한다. 인상에 남은 숫자나 단어가 기준점이 되어 그 후의 판단을 왜곡하거나 편파적으로 받아들이는 현상이다.

정박효과는 일상생활에서도 자주 확인할 수 있다. 마트에 있는 물건에 정상가 옆에 할인가가 붙어 있다면 어떤 생각이 드는가? 갑자기 물건이 사고 싶어진다면 정상가가 기준이 되어 할인가가 싸게 느껴지는 정박효과 때문이다. '원 플러스 원' 혹은 '덤 증정' 같은 이벤트가 붙은 물건도 더 싸게 느껴진다. 기존 가격이 기준점이 되었기 때문에 할인 가격으로 물건을 구입하면 합리적인 소비를 했다고 생각하기 때문이다. 그래서 대형마트에서는 구매자들의 소비를 부추기기 위해 정박효과를 이용한다.

학교에서 부탁하거나 거절할 때 정박효과를 활용하여 기준점을 높게 제시하면 남들에게 끌려다니는 일을 줄일 수 있다. 예를 들어 학교 홍보 영상 제작을 앞두고 누군가에게 부탁할 때 "학교 홍보 영상을 만들려고 하는데 사진 수합 좀 도와줄 수 있나요?"라고 하기보다는 "학교 홍보 영상을 만들려고 하는데 사진 수합과 편집 좀 도와줄 수 있나요?"라고 큰 부탁을 하는 것이 좋다. 상대방이 거절하면 "그렇다면 혹시 사진 수합이라도 도와줄 수 있나요?"라고 전보다 작은 부탁을 한다. 상대방에게는 처음 부탁이 기준점이 되어 있어서 나중에 받은 부탁이 쉬워 보인다. 그래서 '이 정도는 도와줘야지' 하는 생각에 거절하기 힘들어진다. 다만 여기에서도 규칙이 있다. 큰 부탁이 너무 극단적이고 무리한 내용이어서는 안 된다. 그러면 작은 부탁에도 상대방은 귀를 닫아버릴 수 있다. 반대로 상대방의 제안을 거절할 때는 나의 기준점을 낮게 제시하여 상대방이 큰 요구를 하지 않도록 차단할 수 있다. 정박효과를 잘 활용하면 매번 타인에게 끌려다니기만 하는 사람도 협상의 주도권을 가지면서 소진을 줄이는 데 효과를 얻을 수 있다.

점화효과 활용하기

교직 생활을 가장 힘들게 하는 것은 무엇일까? 많은 업무, 만족스럽지 못한 급여 등 다양한 대답이 나올 수 있다. 그중 인간관계를 꼽는 경우가 많다. 이런 경우는 어떻게 해결할 수 있을까? 보통 사람을 미워하게 되면 세 가지 현상이 나타난다고 한다.

1. 미워하는 사람과 눈을 마주치지 않는다.
2. 미워하는 사람에게는 절대 웃어주지 않는다.
3. 미워하는 사람과 말을 섞지 않는다. 혹은 칭찬하지 않는다.

단순하게 생각한다면 위와 반대로 실천해서 관계를 회복할 수 있다. 관계가 좋지 않은 선생님과 눈을 마주치며 웃어주고 칭찬을 많이 한다면 점점 관계는 회복될 것이다. 그러나 이를 의식적으로 실천하자면 오히려 소진이 심해질 것이다. 그러므로 심리 법칙을 활용해 무의식적인 방법을 활용해야 한다. 그것이 바로 점화효과(Priming effect)다. 점화효과는 먼저 제시된 점화단어(Priming word)가 나중에 제시된 표적단어(Target word)의 해석에 영향을 미치는 현상으로 단어뿐만 아니라 무의식적으로 행동이나 감정에도 영향을 미친다. 점화효과를 연구한 대표적인 학자는 사회심리학자 존 바그(John Bargh)다. 그는 뉴욕대학교의 재학생을 실험 참가자로 모집하여 실험을 진행했다.

문장 만들기 실험

- 실험 참가자들을 몇 개의 그룹으로 나누기
- 그룹별로 동일한 단어 카드를 준 후 단어들을 조합해 네 단어로 된 문장을 만들기
- 한 그룹에게는 '늙은' '은퇴한' '주름진' 등 노인을 묘사한 단어 카드를 주기

실험을 마친 참가자들을 복도 끝에 있는 다른 강의실로 이동하게 했다. 그때 참가자들이 이동하는 시간을 몰래 측정했더니 놀라운 결과가 나왔다. 노인을 묘사한 문장을 만든 집단의 참가자들이 나머지 참가자들보다 훨씬 더 천천히 복도를 걸어갔다. 왜 이런 현상이 나타났을까? 노인을 묘사한 단어 카드를 본 학생들은 무의식적으로 노인과 관련된 것을 인식하고 자기도 모르게 노인의 모습을 상상했다. 그래서 복도를 걸을 때 '천천히 걷는다'라는 개념을 행동으로 적용한 것이다. 점화효과를 보여주는 또 다른 실험이 있다.

오디오 품질 실험

- 참가자를 두 집단으로 나눈 후 헤드폰을 쓰게 하기
- 오디오 품질 테스트라고 실험 목적을 설명한 후 라디오 논평을 들려주기
- 한 집단은 고개를 위아래로 끄덕이면서 라디오 논평을 듣게 하고, 다른 집단은 좌우로 흔들면서 듣게 하기

실험을 마치고 참가자에게 물었다. "오디오 품질이 어떤가요?" 그러자 고개를 위아래로 끄덕인 사람들은 음질이 좋다고 평가했고, 고개를 좌우로 흔든 사람들은 나쁘다고 평가했다. 참가자들은 무의식적으로 거부와 수용 의사를 몸짓과 연관 지어서 설명했다. 이 실험을 통해 단순하고 흔한 몸짓도 생각과 감정에 무의식적으로 영향을 미친다는 사실을 알 수 있다. 그러므로 점화효과를 활용하면 싫어하는 사람에 대한 감정이나 행동을 무의식적으로 바꿀 수 있다. 우선 관

계가 좋지 않은 사람을 만나기 전에 심호흡을 크게 하고 '편안하다, 유쾌하다, 예의 바르다' 같은 긍정적인 단어를 떠올린다. 예를 들어 불편한 관계의 옆 반 선생님을 떠올리며 '그분을 만나면 편안해' '그분은 유쾌해'라고 생각한다. 마지막으로 그 선생님과 긍정적인 단어를 연계할 때 고개를 위아래로 끄덕인다. 처음에는 어색하고 괜한 헛수고 같을 수 있다. 하지만 이러한 행동을 반복하면 상대방에 대한 나의 태도가 조금씩 변한다는 것을 알 수 있다. 이외에도 심리 법칙을 활용해 소진을 줄이고자 한다면 『교사를 위한 마음공부』라는 책을 참고하길 바란다.

상대방을 미워하는 마음은 삶에 도움이 되지 않을뿐더러 본인만 괴로울 뿐이다. 어차피 사람은 변하지 않는다. 좋은 말로 지적하거나 조심스럽게 이야기해도 마찬가지다. 그러므로 내 마음을 바꾸는 것이 훨씬 효과적이다. 내 마음이 변하면 내 행동도 긍정적으로 바뀌게 된다. 그리고 나를 대하는 상대방의 모습도 변하면서 관계로 인한 소진을 줄일 수 있다.

『데미안』을 쓴 헤세는 이런 말을 남겼다. "행복은 '무엇'이 아니라 '어떻게'의 문제다. 행복은 대상이 아니라 재능이다."

교사의 소진을 줄이기 위한 정책적인 변화를 기대하는 동시에 나만의 방법을 찾아가며 행복한 교직 생활을 보내길 기대한다.

참고자료 ──

『설득의 심리학』, 로버트 치알디니 지음, 황혜숙·임상훈 옮김, 21세기북스, 2013

『콜드리딩』, 이시이 히로유키 지음, 김윤희 옮김, 엘도라도, 2012

『3분 안에 상대를 내 뜻대로 움직이는 설득기술』, 석세스 라이프 지음, 나라원, 2012

『프레임』, 최인철 지음, 21세기북스, 2021

『생각에 관한 생각』, 대니얼 카너먼 지음, 이창신 옮김, 김영사, 2018

『심리학 나 좀 구해줘』, 폴커 키츠·마누엘 투쉬 지음, 김희상 옮김, 갤리온, 2013

"제43회 스승의 날 기념 교원 인식 설문조사 결과 발표", 한국교원단체총연합회, 2024

「2023학년도 초·중등 진로교육 현황조사」, 교육부, 2023

Herbert J. Freudenberger (2017), "Staff Burnout", 〈Journal of Social Issues〉 vol.30.

「교사의 심리적 소진 연구 국내 연구동향 : 2013년~2020년을 중심으로」, 배현민, 교육연구논총, 2021

「초등학교 교사의 심리적 소진에 영향을 미치는 예측요인 탐색」, 류성창, 한국교원교육연구, 2024

「교사가 지각한 근무조건과 교사의 심리적 소진의 관계 : 교사효능감의 매개효과와 학교급의 조절효과」, 김준, 2023

Richard DuFour (2004), "What is a 'professional learning community'?". 〈Educational Leadership〉 61(8), 6-11.

「교사학습공동체 관련 국내 연구동향 분석 : 주제분석법을 활용하여」, 고연주, 김영주, 이현주, 임규연 (2017), 학습자중심교과교육연구, 17(4), 429-457.

「교사학습공동체 풍토와 교사효능감, 교직만족도, 교사소진의 구조 분석」, 이주영, 유재경 (2020), 한국교원교육연구, 37(1), 109-134.

「교원행정업무 부담에 대한 질적 사례 연구」, 박선형·이상규 (2012), 한국교원교육연구, 29(1), 371-396.

「교무행정지원인력의 업무실태 분석을 통한 업무조정 및 인력운용 방안 탐색」, 신현석·박종렬· 권현정·이경호·이정원·오찬숙·김지영·차무진·김누리·음원선 (2012), 한국교원교육연구, 29(1), 1-32.

「교원업무경감을 위한 교무행정업무처리 모형개발 연구」, 이인회·정영수·박영숙·노재전·이지혜·안병준·이규열 (2010), 충북대학교 한국지방교육연구소 연구보고서, (3), 3-169.

03

교육의 **변화를 주도하는**
전문적 **학습공동체**

 김차명
참쌤스쿨 대표, 경기실천교육교사모임 회장, 전)경기도교육청 장학사

2009년 이후 혁신학교 운동의 핵심 정책 중 하나로 발전한 전문적 학습공동체는 시도교육청마다 명칭은 조금씩 다르지만, 교사들이 학습과 전문성을 개발하기 위해 자발적으로 조직한 모임이다. 그동안 교육부나 교육청 주도의 하향적인 강의식 연수 방법을 대체할 교사 전문성 개발 대안으로 발전했다. 일반적으로 전문적 학습공동체는 '교원들이 동료성을 바탕으로 함께 수업을 개발(공동 연구)하고, 함께 실천(공동 실천)하며, 교육활동에 대하여 대화하고 협의하는 과정에서 함께 성장(집단 성장)하는 학습공동체 활동'이라고 말하고 있다. 즉 학교 현장에서 느낀 어려움을 해결하고 보다 나은 교육활동을 수행하기 위해 교사들이 만든 자율적 모임으로 상호 간의 공유와 배움으로 전문성을 신장해나가는 공동체라고 할 수 있다.

● 크루 형태의 전문적 학습공동체

전문적 학습공동체는 주로 학교 안에서 학년 단위, 교과 단위로 교사들이 모여 수업에 대한 고민을 나누고, 연구하며 공개하는 방식이 일반적이었다. 그러다 2010년대 중반 이후 다양한 교사 모임으로 발전해왔다. 최근 가장 역동적으로 활동하는 전문적 학습공동체 형태는 학교 안보다는 학교 밖에서 온·오프라인으로 다양한 교육 콘텐츠를 다루는 '크루(Crew)' 형태다. 크루는 원래 차, 기차, 배, 비행기 운행과 관련된 직무를 맡는 사람을 의미하지만 동아리나 집단, 모임처럼 공통의 관심사를 가진 사람들을 의미하는 단어로도 쓰인다.

기존 학교 밖 전문적 학습공동체는 교육청이나 교육지원청 등 같은 지역 단위의 교과 연구회 형태로 모이곤 했다. 이와 다르게 크루 형태의 학습공동체는 전국 단위로 모이는 경우가 많고 교육청이나 교육지원청의 예산을 지원받는 대신 자체 회비를 통해, 혹은 교육 관련 출판사나 에듀테크 기업과 협업하며 운영하는 경우가 많다는 차이가 있다. 또한 20~30대 젊은 교사들이 주축이며 강력한 주도성과 자발성을 바탕으로 본인들의 교육 콘텐츠를 적극적으로 생산하여 공유한다는 점에서 관 주도의 학교 밖 전문적 학습공동체와 차이점을 보인다.

네덜란드 트벤테대학교 교수인 신디 L. 푸트먼은 『전문적 학습네트워크』라는 저서에서 학교 또는 더 광범위한 학교 시스템 차원에서 교수-학습을 혁신시키기 위해 일상적인 실천 공동체의 범위 밖에 있는 사람들과 협력적으로 학습활동에 참여하는 집단인 전문적 학습네트워크를 강조했다. 그리고 교사들로 구성된 전문적 학습네트워크는 "깊이 있고 광범위한 교수-학습 개선에 기여하며, 또 이러한 교수-학습을 창출할 수 있는 능력을 갖추어야 하는 지속적인 학교혁신을 달성하기 위한 매우 유의미한 접근 방식"이라고 했다. 또한 전문적 학습네트워크는 단일 학교 내에서 성취할 수 있는 것보다 도전적이고 상호작용적인 전문적 학습 유형들에 더 많이 참여할 수 있도록 기회를 제공한다고 강조했다.

● 학습공동체 전성시대

(사)교사크리에이터협회(이하 '교크협')는 2021년 7월 28일 창립총회를 시작으로 정회원 450여 명, 티튜버 커뮤니티 활동 교사 2,500여 명이 소속되어 있으며, 다양한 주제의 교사 유튜버 채널 수백 개가 운영되는 대표적인 전국 단위 교사협회(전문적 학습공동체)다. 교크협에서는 주로 디지털 교육 콘텐츠를 교사들이 직접 연구하고 개발하는데, 수업 영상 나눔터 '티튜버'를 오픈하여 행복교실 기초학습&쉬는 시간, 슬기로운 학급경영&학교업무, 함께하는 온라인 수업&에듀테크, 수업영상 자료, 창의적 체험활동 등 다양한 콘텐츠를 2만 5,000개 이상 탑재하여 공유와 나눔을 실천하고 있다. 또한 EBS, 경인교대, 비상교육, 테크빌교육 등과 MOU를 체결하여 교육콘텐츠 개발 및 자문, 교사를 위한 연수 제작,

검정교과서 교과자료 영상 개발 등 연구활동을 진행하며 기존 전문적 학습공동체에서 더욱 확장된 역할을 수행하고 있다.

그중 '참쌤스쿨'은 2024년 기준 전국 156명의 교사들이 모여 교육용 비주얼씽킹 자료, 웹툰, 애니메이션, 디자인 자료 등을 제작하여 공유하는 크루 형태의 전문적 학습공동체다. 시각콘텐츠를 활용하면 이미지와 영상자료에 익숙한 아이들이 쉽게 수업에 참여할 수 있다는 점을 활용해 디지털 교육 콘텐츠 제작에 20명의 교사들이 모여 2015년부터 활동하기 시작했다. 매년 10~20명의 교사를 선발하고 교육부·KBS·장애인먼저실천운동본부에서 기획하는 장애이해교육 〈대한민국 1교시〉 애니메이션을 해마다 제작하고 있다. 또한 초록우산어린이재단에서 주관하는 감사편지 공모전 교육자료를 교과와 연계해서 개발하거나, 미술·실과 교과서를 직접 집필하는 등 다양한 교육 콘텐츠를 제작하여 공유한다. 참쌤스쿨 블로그는 방문자만 하루 평균 1만여 명, 누적 조회 수 2,000만 회에 이른다. 유튜브 구독자는 3만 명, 누적 조회 수도 2,000만 회에 가까울 정도로 많은 교사들이 찾고 있다. 온라인뿐 아니라 오프라인에서도 활발하게 활동 중인데, 2024년 6월 교육 콘텐츠 나눔을 하는 '참쌤스쿨 콘텐츠 축제'에는 무려 700여 명의 교사가 모이기도 했다.

'아꿈선'은 '아이들에게 꿈을 선물하는 선생님'의 줄임말로, 전국의 유·초등, 특수교사 60명이 학생들의 교육격차 해소를 목표로 교육 콘텐츠를 제작하고 나누는 크루 형태의 전문적 학습공동체다. 이들은 한국을 넘어 전 세계의 공부하고자 하는 학생들에게 무료로 과학교육 콘텐츠를 번역하여 나누면서 '국경 없는 교사회'를 꿈꾸고 있다. 아꿈선 교사들은 교육 소외 계층 학생, 농어촌 및 도서 지역 학생 등 어려운 환경에서 공부하는 학생들에게 보다 나은 교육 환경을 제공하기 위해 전용 교육플랫폼 '아꿈선닷컴' 및 유튜브, SNS를 활용하여 교육과정과 연계한 과학실험 영상, 과학수업 콘텐츠, 특수교육 콘텐츠, 부모님과 함께하는 재밌는 실험 등 다양한 콘텐츠를 제작하고 나눔을 실천한다. '8월의 과학 크리스마스'라는 이름으로 여름방학 중 갈 곳 없는 교육 소외 계층 어린이들에게 과학 체험 봉사활동을 7년째 하고 있으며 교사에게 꿈을 선물하는 '꿈공장 아카데미' 교사 연수 및 워크숍을 개최하여 미래 교육을 선도하는 교사들의 경험을 공유하고, 새로운 교육 인사이트를 얻어갈 기회를 제공하고 있다.

좋아서하는어린이책연구회(이하 '좋어연')는 어린이책을 기반으로 교육 콘텐츠를 나누는 크루 형태 전문적 학습공동체다. 20명의 현직 교사 운영진이 있으며 600명의 전국 교사 정회원이 함께한다. 2017년부터 활동을 시작했으며 운영진이 집필, 번역 및 기획한 도서만 총 120권이 넘을 정도로 폭넓은 영향력을 발휘하고 있다. 대표 저서인 『그림책 수업 대백과 261』은 예스24 그래제본소 펀딩 1,500%를 달성한 화제작이다. 네이버 카페 '좋어연'을 운영하며 유초중고 교사, 상담교사, 사서교사, 특수교사 등 전국 각지 다양한 분야의 교사들이 매달 10개의 소모임과 정기 강연으로 활동한다. 〈중앙일보〉 헬로페어런츠, 미래엔, 문학동네, 길벗어린이 등 다수 교육기업 및 출판사와 협업하며 교육에 기여하고 있다. 대한민국을 대표하는 어린이책 전문 모임이라는 자부심을 가지고 독서교육, 그림책 수업, 동화 및 그림책 집필, 칼럼, 번역, 기획, 온라인 연수 콘텐츠 제작 등 다양한 분야에서 활동하고 있으며 전문적인 수업 콘텐츠와 교수·학습자료를 개발한 공로를 인정받아 제1회 우석교사상을 수상했다.

'같이교육'은 교실에서 아이들과 함께 즐겁게 놀 수 있는 놀이교육을 연구한다. 매월 모여 각자 개발한 놀이 콘텐츠를 직접 시연하고 상호 피드백을 주는 형태로 진행한다. 소개자의 놀이 소개를 듣고 난 뒤 나머지 교사들은 교실 속 아이들이 되어 놀이에 직접 참여해본다. 함께 놀이를 한 뒤 피드백 과정을 거쳐 이를 콘텐츠로 제작한 뒤 다양한 채널을 통해 업로드하고 있다. 처음에는 본인의 교실을 위한 놀이를 주로 했지만 모여서 만든 놀이 콘텐츠가 사라지는 것이 아까워 다양한 콘텐츠를 만들어 게시하게 되었다. 같이교육은 디지털 전환의 시기를 맞아 에듀테크 연구도 활발히 진행한다. 놀이와 디지털, 얼핏 보면 연결되기 힘들어 보이지만 에듀테크는 교육을 위한 하나의 도구일 뿐이며 흔히 게임이라고 부르는 것도 디지털로 노는 것이기 때문에 게이미피케이션(Gamification) 등을 활발하게 개발하고 있다. 과거에는 놀이가 배움과는 배치된다고 여겼지만, 학습 놀이라는 방식을 통해 교육에 녹아들었듯이, 기술이 교육에 접목되면서 디지털 시대에도 놀이는 계속될 거라고 강조했다.

● 전문적 학습공동체의 성공 요인

크루 형태 전문적 학습공동체는 대부분 초기에 모임을 주도한 리더의 리더십이 있었고 이 리더들은 단체를 만들기 전에 이미 교사 인플루언서였거나 개인적으로 활발하게 활동하던 교사였다는 공통점이 있다. 또한 수업, 학급 운영 등 광범위한 주제뿐만 아니라 그림, 유튜브 콘텐츠, 그림책 등 본인의 관심사에 전문적 학습공동체의 활동 주제와 콘텐츠, 체계적인 커리큘럼과 활동 범위를 명시했다. 이렇게 모여서 학습하는 수준이 아닌 적극적인 콘텐츠 제작 및 공유 활동으로 승화시켰다는 점도 비슷하다. 전국 단위로 활동하고 물리적인 거리의 한계는 온라인으로 보완하며 매년 새로운 회원을 모집한다.

경기도교육연구원(2016, 조윤정 외)은 「전문적 학습공동체 사례 연구를 통한 성공요인 분석」에서 성공요인을 1. 형성 단계 2. 발전 단계 3. 정착 단계로 구분하고 있다. 첫 번째 형성 단계에서는 ①리더의 역할 ②연구회 회원 간 친밀감 형성 및 정서적인 치유 ③체계적인 학습 프로그램 실시를 성공 요인으로 들었다. 두 번째 발전 단계에서는 ①구성원 간 업무를 체계화하고 책임을 분산시키는 것 ②구성원의 의견을 최대한 운영에 반영하는 것 ③연구한 결과를 학교 내의 수업이나 교육과정에 실천하고 적용하는 것을 들었다. 마지막 세 번째 정착 단계에서는 ①지속적인 신입 회원 영입 ②리더뿐만 아니라 구성원들이 강사나 자문진으로 활동하거나 서적을 출간하면서 성장하는 것 ③ 공익적인 활동으로 공공성을 확보하는 것이 중요한 정착 요인이라고 설명하였다. 이는 앞에서 살펴본 크루 형태의 전문적 학습공동체의 공통점과 상당 부분 일치한다는 것을 알 수 있다.

● 이제는 정책적으로 지원해야 할 때

크루 형태의 전문적 학습공동체는 교육 콘텐츠를 공유하는 특성상 온라인에서 영향력을 많이 발휘하는데, 그래서 소위 '인플루언서' 교사들이 주도하기도 한다. 한국교육개발원에서 연구한 「교사 인플루언서의 활동 및 영향 분석」에서는 온라인 공간 기반 교사 인플루언서들이 보이는 리더십은 기존의 교원 리더십의 대상과 펼쳐지는 장소 측면에서 차이가 크다고 설명했다. 또한 교사 인플루언서는 디지털 세상에서 변화의 트렌드를 앞서 읽어내고, 학교 밖과의 소통에 앞장서고 있다고 밝혔다. 학교 밖 디지털 공간에서 사회적 시선을 반영하여 사회적 관계를 형성하는 것은 교직 변화를 촉진하는 동인으로 작용할 수 있다고 하면서 교사 인플루언서가 디지털 네트워크 공간에서 친밀성과 진정성을 얻는 것은 교사 개인의 권위와 신뢰를 넘어 교원의 공신력 제고에 기여할 수 있다고도 설명했다. 그러면서 교사들의 이러한 활동에 교육부나 교육청에서 지지하고, 선한 영향력을 활용한 교육 시스템 구축을 제언했다. 초기에 교사들이 정기적으로 만날 수 있도록 지원하고, 독자적 콘텐츠 생산 및 자료 공유를 원칙으로 한 예산을 지원하고, 교육자료 플랫폼 구축 및 인증제를 도입하는 정책 과제도 제시했다.

이러한 흐름에 맞춰 교육부도 「2024 전국 단위 수업·평가 교사연구회 운영 계획」을 통해 수업 혁신에 열정을 가진 교사가 함께 성장할 수 있는 전국 단위 교사공동체를 지원하겠다고 밝히면서, 수업 혁신 및 연구 역량 강화를 위해 소통하고 상호 성장할 수 있는 교사연구회를 '함께학교' 플랫폼을 통해 모집했다. 신청 조건은 2개 이상 교육청 소속 교원이 별도 예산 지원 없이 자생적으로 운영 중이며 교사 10명 이상이어야 하고, 선정된 연구회는 학교급, 교과, 지역에 관계 없이 다양한 수업·평가 혁신 모델 및 교육 콘텐츠 개발, 수업·평가 나눔 사례, 교육활동 혁신 프로그램 등을 보급하게 된다. 이 프로그램은 다양한 수업·평가 혁신을 구현하기 위한 동영상, 교수·학습자료, 학생용 활동지·평가지 등을 기반으로 10차시 이상의 교육 콘텐츠로 개발한다. 전국 단위 교사 모임이라는 점, 자율적으로 모인 소수의 교사가 다양한 주제의 교육 콘텐츠를 개발하여 공유한다는 점을 봤을 때 '교육부 스타일'로 녹여낸 크루 형태 전문적 학습공동체로 보이며, 교육부에서 정책적으로 전국 단위 교사 모임을 적극 지원한다는 점에서 매우 긍정적이다.

● 전문적 학습공동체가 나아갈 방향

크루 형태의 전문적 학습공동체는 교사들의 자발성과 창의성을 바탕으로, 학교 안팎의 경계를 허물고 다양한 교육 콘텐츠를 생산하며 공유하는 데 중요한 역할을 하고 있다. 이러한 모임이 활성화됨으로써 교사들은 기존의 틀을 넘어 새로운 교육 방법과 아이디어를 시도하고, 학생들에게 더욱 풍부한 학습 경험을 제공할 수 있게 될 것이다. 특히 전국 단위의 교사들이 자발적으로 모여 협력하는 크루 형태의 학습공동체는 교육계의 혁신을 선도하는 중요한 주체로 자리매김하여 앞으로의 교육 현장에 새로운 활력을 불어넣을 것으로 기대된다.

교육부와 시도교육청의 적극적인 지원과 교사들의 열정적인 참여가 어우러진다면, 크루 형태의 전문적 학습공동체는 더욱 확산되어 다양한 교사들 간의 협력과 배움이 지속적으로 이어질 것이다. 교사들의 자율적이고 열정적인 참여가 모여 우리 교육의 질적 향상을 이끌어낼 수 있기를 희망한다.

참고자료 ——

「전문적 학습공동체 사례 연구를 통한 성공요인 분석」, 경기도교육연구원, 2016

「2024 전국 단위 수업·평가 교사연구회 운영 계획」, 교육부, 2024.5

「교사 인플루언서의 활동 및 영향 분석」, 이승호 외, 한국교육개발원, 2021

『교사학습공동체』, 서경혜, 학지사, 2015

『전문적 학습네트워크』, 크리스 브라운·신디 푸트먼 엮음, 성기선·문은영 옮김, 살림터, 2023

"선한 영향력을 실천하는 전국 교사크리에이터협회를 소개합니다!", 〈행복한교육〉, 2022.3

"전문적 학습공동체의 기원을 찾아서", 정바울, 브런치, 2017.9.5

04

교사를 위한, 교사에 의한, **자발적 연수**

손지선
서울시교육청 소속 중등교사, 자발적교사연수공동체 '담임톡' 대표

심리학에서 자기효능감은 어떤 상황에서 적절한 행동을 할 수 있다는 기대와 신념을 의미한다. 캐나다의 심리학자 앨버트 밴듀라(Albert Bandura)에 의해 제시되었으며, 자기효능감에 대한 기대(expectation of self-efficacy)와 신념(belief of self-efficacy)이라는 의미에서 자아효능감(self-efficacy)이라고도 불린다. 자기효능감을 학교 현장으로 가져오면 교사효능감이라는 개념으로 사용할 수 있다. 교사효능감은 교사들이 학생의 학업 수행에 영향을 미칠 능력을 가지고 있다고 어느 정도 믿는지를 나타낸다. 교사는 직무 수행 능력, 학생에 대한 영향력 등을 지속적으로 평가하며, 이러한 판단의 결과가 오랜 기간 동안 축적되어 믿음으로 굳어진다.

교사의 믿음은 자신의 행위와 상호작용하며, 이는 교사의 미래 행동에 영향을 미친다. 학생들은 교사의 인격, 언어, 행동, 태도 등을 관찰하며 이에 영향을 받는다. 미래의 주인인 학생들을 가르치고 그들의 성장을 돕는 교사의 자기효능감은 그래서 너무나도 중요하다. 그런데 현재 교사의 자기효능감은 어떤 상황에 처해 있을까?

● 코로나로 인한 변화

코로나 시기를 보내면서, 교사들은 자기효능감이 뿌리째 흔들리는 뼈아픈 시간을 보냈다. 2020년 갑작스럽게 터진 등교 중지 사태로 인해 많은 교사들이 예기치 못한 온라인 수업에 맞닥뜨렸기 때문이다. 평소 교실에서 진행하던 수업을 온라인으로 전환하기 위한 기술적 준비와 역량만 갖추었다면 충분했을 것이다. 온라인 수업은 낯설었을 뿐이다. 그런데 이로 인해 발생한 여러 문제들이 교사의 무능력으로 보이는 경우가 많았다. 일반적인 상황에서는 능숙하게 학생들을 지도하던 교사들이 갑작스러운 등교 중지 상황 속에서 큰 혼란과 무력감을 느꼈다. 이전까지는 어떤 상황이든 그간 쌓아온 경험으로 대응할 수 있었으나, 이번에는 달랐다. 그러자 필요한 연수를 찾아 수강하고 역량을 키우는 것이 매우 중요하다는 인식이 많은 교사들 사이에 자리 잡았다. 아이러니하게도 예측 불가능한 상황은 연수를 즉시 듣는 것이 얼마나 중요한지 절실하게 깨닫게 하고 교사들의 지속적인 성장을 촉진하는 중요한 요인이 되었다.

● 연수 제도의 변화

교육부, 교육청, 각 시도 교육연수원에서는 현장 수요에 대응하기 위해 연수 개설 절차 및 방식을 혁신적으로 개선하고 있다. 교사들의 다양한 요구를 충족시키기 위한 폭넓은 주제가 개설되어 많은 참여를 이끌어내고 있다. 인기가 매우 높아 개설되자마자 마감되는 경우도 많다. 연수 진행 방식도 크게 개선되었다. 과거에는 15시간(1학점), 30시간(2학점) 등 장기간 연수가 일반적이었으나, 최근에는 1시간, 3시간, 5시간짜리 모듈형 연수처럼 0학점 연수도 많이 개설되어 교사들이 필요에 따라 선택할 수 있는 환경이 마련되었다. 그러나 이러한 노력에도 불구하고, 여전히 오늘 당장 궁금한 점을 해결하지 못해 답답함을 느끼는 교사들이 많다. 같은 학교 동료에게 질문하여 문제를 해결할 수 있겠지만, 누가 해당 내용을 잘 아는지 알기도 어렵고 학교 분위기상 모르는 부분을 드러내기 어려운 상황도 있다. 이럴 땐 다른 지역에 있는 교사들에게 질문하여 궁금증을 해결하는 방법도 고려해볼 만하다.

🌑 학교 아래 새것 없다

　　교사 간 지식 공유를 촉진하기란 사실 간단하다. 해결하고 싶은 문제가 있다면 누군가에게는 답이 있을 것이다. 결국 이 둘을 연결해주기만 하면 되는 것이다. 누군가에게 도움이 된다는 것은 큰 의미가 있다. 그리고 사람은 자기가 좋아하는 일이라면 시키지 않아도 열심히 하는 경향이 있으며, 이는 자기 만족감을 높여준다. 주변 사람들을 돕고 성장시키며 인정받음으로써 성취감을 얻을 수도 있다. 따라서 오랫동안 쌓아온 자신의 전문성을 동료 교사에게 전달하여 학교 안에서 성장할 수 있는 기회가 많이 제공된다면 이상적일 것이다.

　　그런데 여기에 두 가지 장벽이 있다. 첫째, 자신의 전문성을 학교에서 드러내고 다른 사람들에게 시도해보라고 권유할 경우 '나댄다'는 오해를 받는 것이다. 학교는 느슨한 조직으로 평가된다. 클락(Burton R. Clark, 1981) 등은 학교 조직이 다음과 같은 특징을 가진 전형적인 느슨한 조직이라고 본다.

> 단위들 사이는 상호의존적이라기보다 오히려 독립적이다.
> 과정은 연결되어 있다기보다는 오히려 분절되어 있는 것처럼 보인다.
> 결과로부터 행동이 분리되어 있다.
> 개인은 거의 혹은 전혀 감독을 받지 않는다.

　　따라서 자칫하면 '나한테 지시하세 마세요'라는 반응과 고유 영역을 침해하지 말라는 신호를 받을 수 있다. 학교 내에서는 여러 이해관계가 존재하기 때문에 자신의 전문성을 드러내기 조심스러울 수 있다. 둘째, 교사 스스로가 '이 정도는 남들도 다 하니까' 하고 생각하며 자신의 전문성을 높게 평가하지 않는 경우다. 지나친 겸손 때문에 생기는 일이다.

● 나눠야 살 것이니

　이런 상황에서 가진 것을 나누어야만 하는 극적인 사태가 발생했다. 코로나 팬데믹으로 인한 등교 중지 및 갑작스럽게 시작된 온라인 수업이었다. 학교가 문을 닫고 온라인 수업이 시작되자 전국 각지의 교사들은 카카오톡, 밴드, 카페 등 온라인 공간에 모여 수업, 학급경영, 생활지도, 업무 처리 등을 논의하고 생각을 나누었다. 절박함이 나눔을 가능하게 한 것이다. 한 교사는 2020년, 구글 클래스룸 운영에 도움을 제공하기 위해 '구글 클래스룸 알리미'라는 사이트를 만들고, 밤을 새워가며 사용법 안내 영상 수십 개를 제작하여 탑재하였다. 그러자 이름도 얼굴도 몰랐던 동료들이 전국 각지에서 나타나 협력하였다. 온라인의 강점을 활용하여 회의하고, 자료를 만들고, 공유하는 과정을 통해 어려운 시기를 극복해나갔다. 코로나 이전에는 전혀 몰랐던, 다른 지역의 수많은 교사들을 SNS를 통해 알게 되고, 서로 소통하고 그들의 강점을 확인할 수 있는 소중한 기회였다. 단순히 궁금증을 해결하는 소통만이 아니라 이를 연수로 담아내어 제공한다면 더 많은 교사들에게 도움이 될 것이라는 생각이 들었다. 특히 비대면으로 연수를 진행하면 시간과 공간의 제약을 받지 않아 더 큰 파급효과를 기대할 수 있었다. 그래서 교사들은 비대면 연수를 시작했고, 곧 온라인의 강점이 빛을 발했다. 이를 통해 교사 간 지식 공유가 더욱 활발해질 수 있었다.

● 삶의 의미는 나누는 것

　코로나 시기에는 줌(ZOOM)이나 구글 미트(Google Meet) 같은 온라인 화상 회의 도구에 익숙해지면서 실시간 쌍방향 수업과 연수가 활발히 진행되었다. 많은 교사들이 온라인으로 연수를 듣는 데에 거리낌이 없었다. 적게는 수십 명에서 많게는 수백 명의 교사들이 온라인 공간에 모여 궁금한 주제에 대해 연수를 들었다. 처음에는 '이 정도는 다 하는 것 아니에요?' '제가 할 수 있을까요?' 하던 교사들도 자신이 늘 해오던 사례를 나누는 비대면 연수에 수백 명의 교사들이 몰려드는 것을 보고 신선한 충격을 받았다. 열광적인 반응을 얻은 강사들은 자신의 길이 헛되지 않고 의미 있다는 사실에 전율을 느꼈다. 일부 교사들은 연수를 마치고 "교사로서 다시 태어난 기분"이라고 말하기도 했다. 평소에는 주변 사람들에게 무언가 알려주고 싶어도 '나댄다'는 오해를 받을까 봐 조심스러웠지만, 이제는 자신의 지식과 경험을 자유롭게 공유할 수 있는 환경이 조성되었다. 이러한 변화는 강사로 활동하는 교사들에게 큰 해방감과 보람을 안겨주었다.

교사들은 학창 시절부터 훌륭한 학생으로 인정받았고 기본적으로 능력이 뛰어난 집단이다. 그러므로 자연스럽게 자기효능감이 높은 집단이리라 여겨진다. 그러나 학교 상황은 녹록치 않고 여유가 부족하기 때문에 스스로를 돌보고 성장에 집중하기보다는 눈앞에 닥친 학생 문제나 보호자의 민원에 대응하는 데 급급한 것이 현실이다. 이러한 환경 속에서 교사들은 자신을 학생들의 성장을 이끄는 존재라기보다는 학교라는 거대한 기계 속 하나의 부품으로 여기기 시작하지 않았나 싶다. 교사는 주어진 임무를 아무 감정 없이 수행하는 개인이 아니다. 다른 근로자들처럼 교사도 끊임없이 자신의 능력과 행동에 대해 고민하고 판단한다. 이러한 판단 결과들이 오랜 기간 동안 축적되면 결국 굳건한 믿음으로 자리 잡게 된다. 교사 스스로에 대한 효능감은 학생들을 돌보는 데 있어서 중요한 역할을 할 수 있다.

이러한 상황에서 한 달에 한두 번 소규모로 진행되던 연수 개설 활동이 대규모로 확장되는 계기가 생겼다. 2023년 7월에 발생한 서이초 사건이다. 이 사건은 수많은 교사들에게 엄청난 충격을 안겨주었다. 그동안 힘들어도 참고 견디며 열심히 하면 우리의 수고를 언젠가 알아줄 것이라고 믿었던 소박한 희망이 산산조각 나는 것을 두 눈으로 확인하게 되었다. 동료들이 좌절과 절망, 분노를 느끼며 흐느껴 울 때, '이렇게 힘들어하는 동료들에게 내가 해줄 수 있는 일이 있을까?'하는 고민이 들었다. 학생을 돌보고, 성장하도록 돕고, 배움을 제공하는 교사의 일은 너무나 소중하고 중요하다. 그런데 어느 순간부터 일의 가치를 스스로 잊어버리고 살고 있다는 생각이 들었고, 교직의 가치를 다시 느낄 수 있는 기회가 필요하다는 결론에 도달했다. 법적으로 교사에 대한 대우가 개선되어야 할 부분도 분명히 있다. 그렇지만 당장 학생들을 만나야 하는 교사들에게는 즉각적인 도움이 언제 닿을지 알 수 없다. 그래서 몇몇 교사들과 함께 7~8월에 비대면 연수 진행 경험을 활용해보자는 결심을 하게 되었다. 결과는 놀라웠다. 총 2,100명이 연수를 들었으며, 중복 수강 인원을 뺀 순수 신청 인원은 814명이었다. 한 사람당 평균 2.5개의 연수를 신청한 셈이다. 많은 시행착오를 겪으며 쌓은 자료와 통찰을 무료로 나누겠다고 결심한 교사들의 헌신도 대단했지만, 소중한 여름방학 동안 모니터 앞에 앉아 교직의 길을 다시 생각해보고 마음을 다잡은 교사들의 열정과 헌신이 큰 감동을 주었다.

● 연수로 초심으로 돌아가자

이 연수의 파급력을 보고 연수를 더 대대적으로 진행해야겠다는 생각을 했다. 평소 소통하고 멘토링을 하며 성장시킨 교사 강사들을 섭외해서 그들이 연구한 분야에 대한 경험을 나누면 좋겠다고 생각했다. 이에 2024년 1~2월에 대규모 연수가 기획되었다. 학급경영, 생활지도 및 교권 보호, 수업 지도, 업무 효율화, 자기계발 등 총 5개 영역으로 나누어 46개의 강좌로 구성된 '교실백점 특강 시리즈'를 티처빌 쌤동네에 개설했다. 최대 1,500명에 이르는 교사 단톡방 10여 곳에 연수 개설 소식을 알렸다. 연수 오픈 당일, 1시간도 안 되어 수백 명의 교사들이 신청하는 폭발적인 반응을 보였다. 이는 많은 교사들이 이런 정보에 목말라

있었다는 사실을 보여준다. 동료 교사들의 경험과 노력이 시원한 샘물처럼 교사들의 마음속 갈등을 해소하고, 나아갈 길을 제시했다.

2024년 1월부터 3월 개학 전까지 진행된 '교실백점' 연수는 총 46개 강좌로 누적 수강 인원 1만 1,000명을 달성했다. 강의당 적게는 50명, 많게는 720명까지 교사들이 참여하여 소중한 방학 기간 동안 매일매일 동료 교사인 강사의 강의를 열심히 들었다.

이름도, 얼굴도 모르지만 어딘가에서 근무하는 동료의 솔직하면서도 진솔한 연수가 교사들을 변화시켰고, 교직 역사상 처음으로 3월이 두렵지 않다고 말씀하시는 교사들이 있었다. 이 연수를 통해 교사들은 2024년을 준비하는 마음가짐을 새롭게 하고, 예전 같았으면 시도도 하지 못한 채 그만두었을 여러 가지 도전에 진지하게 임했다. 혼자가 아니라 많은 교사들이 함께하고 있다는 사실이 동기부여가 되었기 때문이다.

● 콘텐츠 메이커 교사

연수를 기획하면서 놀란 점 중 하나는 교사가 소비자에서 생산자로 전환하는 속도가 매우 빠르다는 것이다. 교사는 학생을 가르치는 기본 업무 때문에 전달력과 자료 정리 능력이 뛰어나며, 전문성 향상을 위해 많은 노력을 기울인다. 따라서 강의 준비 사항 등을 매뉴얼로 정리해 한두 가지만 안내하면, 바로 다음 날 강의를 개설하고 연수를 진행하는 일이 매일같이 일어났다. 어느 교사는 동료들이 연수 듣는 것을 보고 '나도 연수를 열어보면 어떨까'라는 작은 도전을 꿈꾸게 되었다고 한다. 실제로 연수를 듣고 자신의 사례를 나누고 싶다는 의사를 밝힌 교사들이 수십 명에 달했고, 이들은 곧바로 연수를 개설하여 다른 교사들에게 큰 도움을 주었다. 작고 보잘것없다고 여겨 혼자만 간직했던 이야기가, 누군가에게는 삶을 바꾸는 기적과 같은 메시지가 될 수 있는 것이다. 우리에게 필요한 것은 멋진 기술이나 도구가 아니라, 동료 교사가 학교 현장에서 어떻게 아이들을 만나고 대하며, 어떤 생각을 가지고 하루하루 살아가는지, 그 소박한 이야기를 듣는 것이다. 아무리 기술이 발전하고 세상이 변해도, 학생들에게 중요한 가치를 전달하고 긍정적인 변화를 이끄는 것은 교사가 학생과 일대일로 만나는 소중한 순간에 일어나기 때문이다.

교사가 학교 현장에서 더욱 힘을 내 일할 수 있도록 자발적인 연수 공유 플랫폼을 운영하여, 교사들이 학교생활을 편안하고 자신감 있게 할 수 있도록 돕는 것이 작은 희망이다. 어쩌다 보니 '두렵지 않은 내일, 할 만한 학교생활'이 교사 생활의 모토가 되어버리고 말았다. 학교에서 어려움을 겪는 많은 교사들에게 동료 교사가 나누는 작은 사례가 삶을 바꾸는 기적이 될 것이다.

참고자료 ——

「교사의 효능감 판단에 관한 연구」, 김영상 (1999), 교육과정연구, 17(1), 333-349.

『온·오프를 아우르는 학급경영 B to Z』, 송형호·손지선, 우리학교, 2021

『훌륭한 교사는 무엇이 다른가』, 토드 휘태커 지음, 송형호 옮김, 지식의 날개, 2015

학생 – 교사, 교사 – 교사의
협력적 주도성

최선경

교사성장학교 고래(Go來)학교 교장, 실천교육교사모임 수석 부회장,
『깊이 있는 학습에 필요한 학생 주도성을 돕는 프로젝트 수업』 외 저자

🍂 주도성이라는 씨앗

공저한 『주도성』이라는 책에서는 주도성의 개념 및 특성을 '어떤 일에 ①주체가 되어 ②이끌거나 부추기는 행위'라고 제시한다. 즉, 주도성이 있다고 말하려면 ①-1 그 사람이 어느 단체나 어떤 일의 중심에 있는지, ②-1 단체나 일의 목적을 달성하기 위해 이끌어가거나 서로 협력할 수 있도록 부추기는지를 살펴야 한다.

스티븐 코비는 『성공하는 사람들의 7가지 습관』에서 주도성을 'proactivity'라고 지칭한다. "주도성이란 단어를 요즈음 경영학 문헌에서 쉽게 찾아볼 수 있게 되었지만, 대부분의 사전에서는 찾지 못할 것이다. 이것은 단순히 솔선해서 사는 것 이상을 의미한다. 이 말의 의미는 스스로의 삶에 대해 책임을 져야 한다는 뜻"이라고 설명했다. 이 의견에 동의한다. 보통 주도성이라고 하면 자율성의 의미가 부각되기 쉽지만 책임감에 좀 더 무게를 싣고 싶다.

주도성에 대한 학자들의 견해는 매우 다양하다. 그러나 공저자들이 주목한 것은 주도적이라는 행위의 양상이다. 이 행위가 어떻게 나타나고 다른 사람에게 어떤 영향을 미치는가를 살펴보아야 한다. 주도성은 특별한 사람에게 있는 속성이 아니다. 우리는 모두 주도성이라는 씨앗을 품고 있다. 이 씨앗이 햇살과 적당한 물과 흙을 만나 발아하는 시기와 형태가 제각기 다를 뿐이다. 열매를 내놓는 것은 상호작용을 통해서다. 주도성이 나타나는 모습을 이야기할 때 '장면'보다는 '맥락'을 확인해야 한다. 장면은 왜곡되는 경우가 많기 때문이다. 맥락을 살피면 앞뒤 상황을 알 수 있고 그 속에서 나타난 행동을 보게 된다. 주도성은 고정불변이 아니다. 주도적인 사람과 아닌 사람이 나눠지는 것이 아니라는 말이다. 개인의 역량과 환경 조건과의 상호작용에 따라 주도성이 발현될 수 있다. 학생들이 품고 있는 주도성이라는 씨앗이 발아할 수 있도록 도와주는 것이 교사의 역할이라고 할 때 어떤 상황을 제시할지에 더해 지지와 격려, 상호작용과 소통에 집중해야 할 것이다.(『깊이 있는 학습에 필요한 학생 주도성을 돕는 프로젝트 수업』, 최선경)

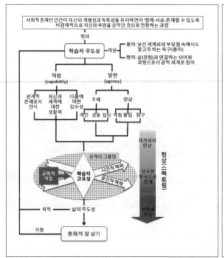
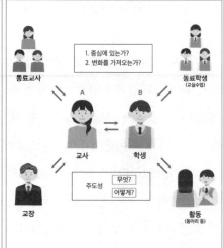

학습자 주도성 개념 지도
출처_『학습자 주도성, 미래교육의 거대한 착각』
(남미자 외, 2021)

주도성의 개념
출처_『주도성』(김덕년 외, 2023)

주도성은 책임감, 자기관리 능력, 리더십의 요소를 담고 있다. '나는 어떨 때 주도적인가? 어떤 그룹에서 주도적인가? 나는 어떤 씨앗을 품고 있는 사람인가?' 각자가 주도적으로 움직인 사례를 정리해보고 이를 학생들에게 어떻게 적용할지 고민해본다면 학교라는 공간이 좀 더 자발적인 분위기로 흘러가지 않을까 기대해본다.

● 학생과 교사의 협력적 주도성

학생들이 주도성을 갖지 못하는 원인은 무엇일까? 교사 중심의 강의식 수업방식, 과도한 학업 스트레스와 시간 부족, 지속된 실패로 인한 자아존중감 저하, 디지털 기기 의존과 즉각적 만족 추구(도파민 중독), 학생 개개인의 특성과 관심사를 고려하지 않는 진로 지도 등 여러 가지 요인이 있을 것이다. 『주도성』에서 강조한 것처럼 학생 주도성은 교사 주도성과 함께하는 협력적 주도성이 발휘될 때 안정적으로 자리 잡을 수 있다. 더불어 동료, 부모, 교육기관, 지역사회 등의 주도성이 함께 발현되어야 한다.

학생 주도성은 아이들이 원하는 것, 선택하는 것을 다 하게 하라는 의미가 아니다. 아이들이 그러한 주도성을 발휘할 수 있도록 차근차근 역량을 길러줘야 한다는 의미다. 협력적 주도성(co-agency)이 중요하다. 아이들은 혼자서 살아가는 것이 아니다. 다른 사람들과 협력해서 살아가야 한다. 주도성을 기르기 위한 교육의 관점은 교사와 학습자 모두 유능한 참여자로서 서로 연결되고, 협력적 상호작용을 통해 새로운 구조를 만들어내며 동시에 각자 성장하는 것이다.

교사가 주도성을 발휘하려면 교육활동의 선택과 결정을 자유롭게 할 수 있는 환경이 마련되어야 한다. 교육은 단순히 지식 전달만으로 이뤄지는 게 아니다. 학생이 자신의 역량을 발전시키고, 자신을 둘러싼 세상과의 관계를 이해하고 기여할 수 있도록 도와야 한다. 학교 문화를 민주적으로 바꿔야 교사 주도성이 자리 잡을 수 있고 학생과 교사가 함께하는 협력적 주도성도 발휘될 수 있다. 학생 주도성은 학생에게만 맡겨둬서 길러지는 것이 아니다. 주도성에 담긴 자기관리 역량, 자율성 등은 교사를 비롯한 교육공동체 구성원과 교육 관련 기관이 지녀야 할 역량이다.

● 교사 주도성이 곧 교사 전문성

교사는 일방적으로 가르치기보다는 학생들이 주도하여 깊이 있는 학습이 될 수 있는 수업을 디자인하고 적용해야 한다. 그러기 위해서는 교육과정을 읽는 능력, 재구성하는 능력, 교과 내 또는 교과 간 융합을 이끄는 유연한 사고가 교사에게 필요하다. 정책이 바뀔 때까지 기다리기엔 너무 늦다. 교육이 바뀌고 사회가 바뀌어야 하지만 필요한 변화의 규모가 클수록 개인부터 시작해야 한다. 교사가 지금 바로 알맞은 교육을 실천해야 하는 이유다. 개개인의 실천이 모인다면 더 큰 변화를 위한 전환점이 만들어질 것이다. 교사인 우리가 먼저 주도적으로 움직여야 학생 주도성을 발휘하도록 도울 수 있다. 교사가 스스로를 교육과 전문성 개발의 주체로 인식하고, 긍정적인 목표를 설정하며, 성찰하고, 자신뿐만 아니라 학생과 교육공동체에 대해 책임감 있게 행동할 수 있는 역량을 교사 주도성이라 할 수 있다. 교사 주도성 요인을 다음과 같이 정리해볼 수 있다.

1. 자기 인식
   – 학생들이 자신의 강점, 약점, 관심사를 발견할 수 있는 활동 설계
   – 학생 개개인의 특성을 이해하고 존중하는 태도 보이기
2. 선택과 책임 부여
   – 학습 내용, 방법, 평가 방식에 대한 선택권 제공
   – 선택에 따른 책임을 인식하고 실천할 수 있도록 지도
3. 비계(Scaffolding) 설정
   – 학생의 현재 수준에서 한 단계 더 나아갈 수 있는 도전적 과제 제시
   – 필요에 따라 적절한 지원과 피드백 제공
4. 성찰 문화 조성
   – 학습 과정과 결과에 대한 지속적인 성찰 기회 제공
   – 교사의 수업 실천 및 성찰 나눔 확산
5. 협력적 학습 환경 조성
   – 학생들 간의 상호작용과 협력을 촉진하는 수업 설계
   – 학생들이 서로의 주도성을 인정하고 지지하는 분위기 조성
6. 실패를 통한 학습 장려
   – 실패를 학습의 기회로 인식하는 문화 조성

－ 도전에 대한 긍정적 피드백 제공

(출처_교실혁명에 선도교사 연수자료 재구성, 교육부)

'무엇부터 해야 할까?' 하고 고민하는 것이 주도성 발현의 시작이라 볼 수 있다. 대상에 대한 애정, 관심, 열정, 관계에서 주도성은 출발한다. 학생 주도성을 이끌기 위해서는 학습자 이해 및 요구 분석이 선행되어야 한다. 단순히 학생들이 좋아하거나 흥미로워하는 것을 찾는 데 그칠 게 아니라, 학생들이 필요성을 인식하지 못하지만 실제로는 반드시 알아야 하는 것을 식별하는 과정이 필요하다. 교사의 역할은 학생들의 현재 관심사와 미래의 발전 가능성 사이의 균형을 찾는 것이다. 이는 학생들이 아직 인식하지 못하는 학습의 필요성을 발견하고 중요성을 이해시키는 과정이다. 학생 요구 분석과 함께 수업 설계야말로 교사의 전문성을 보여주는 영역이다. '수업 및 학습자 분석→교수 학습 방법 결정→적합한 활동 선택과 구조화→수업 모델 완성'의 단계를 거치며 자신이 구현하려는 수업 특징에 알맞게 수업 설계 모델을 유연하게 적용해야 한다. 학생별 강점을 발굴하고 성공 경험을 갖게 하여 성장형 사고방식을 길러주는 것, 학생들이 불확실한 미래를 살아갈 힘(핵심 역량)을 길러주는 것이 교사의 전문성이다.

● 함께할 때 교사 주도성은 극대화된다
― 공동체 활동과 교사 주도성

"선생님은 어떨 때 주도적인가요?"

여러 연수에서 만나는 선생님들에게 이런 질문을 자주 던진다. 이 질문에 대한 여러 답변을 모아보면 '자신이 좋아하고 흥미 있는 일을 할 때, 책임이 주어진 일을 할 때, 주변에 도움이 되는 일을 할 때' 우리는 주도적임을 알 수 있다.

좋아하고 흥미 있는 일을 할 때, 목표와 동기가 확실할 때, 나와 관련된 중요한 결정을 내릴 때, 잘하고 싶다는 마음이 들 때, 충분히 이해하고 확신이 있을 때, 나에게 책임이 주어진 일을 할 때, 위기와 도전에 직면했을 때, 삶에 직면한 문제를 풀어나가야 할 때, 내가 자신 있거나 잘하는 것을 할 때, 과업을 잘 해내야 하는 상황일 때, 그 일이 나에게 의미가 있을 때, 스스로 결정하고 꾸준히 실천할 때, 내 주변 사람에게 도움 되는 일을 할 때, 나의 주도성과 노력을 지지해주고 응원해주고 믿어주는 든든한 지원군이 있을 때, 나에게 자유가 충분하게 주어질 때, 건강하고 체력이 뒷받침될 때, 내가 가진 것이 공동체에 도움이 될 때, 변화가 필요하다고 느껴질 때, 일 빨리 끝내고 싶을 때

2022 개정 교육과정에서 강조하는 인재상 중 첫 번째가 주도적인 사람이다. 특별히 주목할 부분은 학교가 주도성을 발휘할 수 있도록 '학교 교육과정'을 강조했다는 점이다. 학교가 주도적으로 교육과정을 설계하고 운영할 때 학생도 주도적인 사람으로 성장할 가능성이 높다. 학생의 주도성이 발휘되려면 교사 주도성이 선행되어야 한다. 이를 위해 교사가 함께 고민하고 논의하며 실천하는 '공동체 활동'은 필수적이다. 아무런 외부 자극이 없는 교육 환경에서 내재된 주도성이 발휘되기는 어렵기 때문이다. 품고 있는 씨앗이 발현되기 위해서는 상호작용이 필수다. 주도성은 불변이 아니고 주도성을 발휘할 환경을 만들어주는 게 중요하다고 했다. 학생과 마찬가지로 교사 주도성 또한 세상과 연결될 때 발휘된다고 생각한다.

"선생님은 하루를 48시간으로 사는 것 같아요. 어떻게 그렇게 여러 가지 일을 하세요? 열정의 원천이 궁금해요." 이런 이야기를 종종 듣는다. 타고난 체력이 좋다거나 정해진 시간에 약속한 일을 해내려는 성향을 타고났다거나 기록을 통해 일상에 의미를 부여하는 등 다양한 요인이 있겠으나 가장 중요하게 생각하는 것은 '함께'의 힘이다. 크고 작은 여러 모임에 소속되어 있기도 하고 직접 운영도 하면서 응원과 지지도 받고 자극도 받으면서 앞으로 나아갈 동력을 얻는다. 여러 모임을 운영하는 것이 타인에게 도움을 주기도 하지만 모임 운영 시 가장 큰 혜택을 받는 이는 바로 나 자신이다. 모임 리더를 하면서 책임감을 가지게 되어 더 주도적으로 움직이게 되기 때문이다. '멀리 가려면 함께 가라'는 말이 있다.

혼자서는 쉽게 지친다. 세상과 연결됐을 때 어딘가에 쓰임이 있고 스스로 기여한다고 느끼면 더 주도적이 된다. 자신의 것을 나눈다고 해서 없어지거나 희생하는 것이 아니다. "남을 잘되게 해주려고 기를 쓰다 보면, 나는 이미 잘되어 있다"라는 말처럼 나누다 보면 자신에게도 결국 득이 된다.

여러 행사를 진행하면서 '왜 저렇게까지 열심히 하시지?'라는 생각이 들 정도로 열의를 보이는 교사들의 모습을 보면서, 본인이 주인공이 되는 자리를 마련했을 때 누구나 주도적이 된다는 걸 알 수 있었다. 공동의 목표를 향해 함께하되 내가 맡은 역할이 있을 때 더 열심히 하려는 모습을 학생뿐만 아니라 교사에게서도 볼 수 있었다.

"관심 분야가 많은 사람일수록 행복해질 기회는 그만큼 많아지고, 불행의 여신의 손에 휘둘릴 기회는 그만큼 줄어든다"라고 러셀은 『행복의 정복』에서 이야기한다. 악기든 운동이든 한 가지 분야에서 특정 수준 이상을 달성해본 사람은 그 전략을 다른 곳에도 전이시킬 수 있다. 학생들에게 다양한 경험을 제공하기 이전에 교사 자신이 경험을 시도해보면 좋겠다.

● 선생님에게도 '단 한 사람'이 필요하다

잡 크래프팅(Job Crafting, 직무재창조)이란 공식적인 역할과 업무 수행에만 머무르지 않고, 자발적으로 자신의 일을 바라보는 관점을 긍정적으로 바꾸고 업무 범위와 관계를 조정하여 스스로 동기를 유발시키려는 노력을 말한다. 이 개념을 주도성에 대입해보아도 마찬가지라고 생각한다. 학교 일에 좀 더 주도적으로 움직이기 위해 다음을 염두에 두고 실천해보는 것이 큰 도움이 될 것이다.

교직에서 성공적인 잡 크래프팅을 위해서는 ① 최대한 내 업무와 관련하여 난이도와 범위를 조정하고 선택권을 보장받고, ② 동료 교사와 학생들과의 긍정적인 관계 형성을 통해 교사로서의 자존감을 높이고, ③ 본인의 전공과는 상관없는 분야에 도전해 자존감을 높이고, ④ 내가 잘할 수 있는 분야의 특기와 장점을 수업에 적용하여 자존감을 높이고, ⑤ 동료와 함께 한다.

학교 밖에서 만난 약한 유대 관계에서 오히려 영감을 얻고 내가 발전할 수 있는 새로운 기회를 마련할 수 있다. 기발한 발상은 어쩌다 만난 약한 유대 관계(Weak Tie)에서 나온다. 매일 만나던 사람만 만나지 말고 생소한 모임에 나가 새로운 사람도 만나야 한다. 학교 안의 동료 교사들끼리 마음이 맞아 의기투합한다면 더할 나위 없이 좋겠지만, 학교 밖에서라도 비슷한 관심사를 가진 사람들을 만나 교육공동체를 형성하는 것이 바람직하다고 생각한다. 학생에게 '그 아이만을 위한 단 한 사람'이 필요하듯이 교사에게도 '그 한 사람'이 필요한 것이다. 나를 지지해주는 사람이 단 한 명이라도 있다면 큰 힘을 얻을 수 있다. 교사로서 자존감 이전에 존재 자체로 자신의 소중함을 깨닫는 것이 우선이다. 스스로 단단하게 서 있어야 인간관계에서 오는 갈등 상황에 유연하게 대처할 수 있다.

교사 공동체의 역할이랄까 필요성이 여러 가지가 있겠지만 내가 꼽는 가장 중요한 기능 중 하나는 격려와 지지다. '서로의 단 한 사람'이 되어주는 것이다. 온·오프라인 만남을 통해 나와 비슷한 기운을 가진 사람들과 만나, 서로의 고민을 나누면서 '나만 그런 건 아니구나'라는 위안과 에너지를 얻을 수 있다. 비슷한 관심사를 가진 사람들끼리 만나 서로 격려하고 지지하는 것이 자존감을 높이는 데 큰 도움이 된다. 공감, 지지, 응원을 바탕으로 일단 한번 해보자며 도전하는 마음을 낼 수 있다. 새로운 것을 도전해보고 경험해보면서 성장도 일어난다. 자신의 성장에서 그치는 것이 아니라 자신의 경험을 나눔으로써 다시 누군가에게 자극을 주고 자신에게 자극을 받는 누군가가 또 도전을 하고 성장을 하면서 선순환이 일어난다. 그렇게 자신이 세상에서 다른 그 누구와도 바꿀 수 없는 유일무이하고 소중한 존재라는 것을 인식하게 되면 자존감이 올라간다. 교육공동체에서는 각자의 경험과 재능을 공유하는 것만으로도 서로에게 큰 도움이 된다.

자신의 강점을 살리면서 함께 성장하는 교육공동체가 필요하다. 배울 곳이 없다면 만들면 된다. 현장에서 혼란과 고통을 겪고 있는 교사들에게 공감과 위로를 건네고 대안을 모색하려는 노력을 나부터 시작해야 할 것이다. 교사로서 전문성을 갖추고 나아가 그것을 공유하며 서로 성장하는 문화를 만드는 일, 그것은 다른 누구도 대신할 수 없는 과제다.

● 교사성장학교, 전문적 학습공동체의 방향
― 교사 성장이 곧 학생 성장

2014년부터 거꾸로교실 운영진, 체인지메이커교육 연구회 회장 등을 거쳐 현재 교사성장학교를 운영 중이다. 앞으로의 전문적 학습공동체는 서로가 서로의 교사가 되어 이끌고 지지하며 성장하는 교사성장학교 형태로 나아가야 한다고 생각한다. '고래학교'는 교사들이 모여 서로의 꿈을 응원하고 상호 성장을 지원하는 자발적인 네트워크 모임이다. 고래학교라는 이름에는 고(Go!), 래(Future), 학교(school)의 의미가 담겨 있다. 2019년 2월 문을 연 고래학교에는 해마다 자발적으로 전국에서 교사들이 모인다. 소속 학교도, 연차도 다르지만 현재에 머물지 않고 한 단계 성장하고 싶다는 목표만은 같은 이들이다. 성장학교를 통해 교사들은 주도성을 키우고 서로를 지지하면서 내면의 힘을 키운다. 그렇게 함께하며 키운 내면의 힘은 결국 아이들을 흔들림 없이 이끌어갈 수 있는 바탕이 된다. 비록 조금 부족하고 서투른 부분이 있다고 해도 자신감을 가지고 시도해볼 때, 아이들은 비로소 성장할 수 있다. 일방적인 방식으로 수업을 하다 보면 아이들이 무력한 생각을 갖기 쉬운데, 수업의 결과물이 실제로 사용된다고만 해도 대하는 태도가 달라지는 모습을 보인다. 예를 들어서 악기를 배울 때 혼자서 백 번 연습만 하는 것보다는, 무대에 한 번 서는 경험을 통해 더 성장하려는 마음을 키울 수 있다. 그래서 수업을 통해 아이들이 직접 책이나 영상을 제작하는 활동도 많이 한다. 이외에도 감사일기 쓰기, 수업 시간에 배운 내용 요약하기, 명언 써서 공유하기 등의 활동을 꾸준하게 실천하면서 루틴으로 만들려고 한다. 공부는 곧 습관이기도 한데, 학생들을 지도하다 보면 생활 습관이 잘 형성되지 않은 아이들이 많다. 좋은 습관을 키우다 보면 그 바탕에서 주도성도 자랄 수 있다고 믿는다.

이렇게 아이들이 가졌으면 좋겠다고 바라는 습관을 교사들도 성장학교 안에서 함께 만들어 나간다. 교실에서 아이들이 수동적으로 교과 공부를 하기보다는, 주도성을 갖고 자신들의 문제를 풀어갈 수 있기를 누구나 바란다. 아이들에게 이러한 교육을 하기 위해서는 교사가 먼저 주도적으로 움직여야 한다. 고래학교는 1년 단위로 회원을 모집하지만 기본 커리큘럼은 3년 과정으로 이루어진다. 정기 모임을 비롯해 인문 고전 읽기 모임, 새벽 기상 모임, 습관 인증 모임, 글쓰기 모임 등 프로그램 형태도 다양하다. 고래학교의 커리큘럼을 주도하고 이끄는 주인공은 다름 아닌 고래학교 회원인 교사들이다. 유명 강사를 초청해 일방적으로 강연을 듣기보다는, 서로의 재능을 기부하고 모임을 이끌기도 하면서 교사 스스로 주체성을 키워나간다. 매년 구성원의 성향과 요구에 따라 자율동아리 형태로 다양한 프로그램이 운영된다. 멤버들이 모인 단톡방에서는 하루를 여는 긍정 문구부터 유용한 자료, 어렵고 힘든 일에 대한 토로와 공감까지 다양한 대화가 자유롭게 오간다.

1년에 한 번 이상은 자신의 관심사나 강점을 살린 주제 발표도 진행한다. 주제는 교사가 자유롭게 정한다. 주제 발표를 통해 교사의 변화를 확인할 때가 많다. 처음에는 쭈뼛쭈뼛하던 교사들이 점점 자신감을 가지고 발표 시간도 늘어나는 모습을 자주 목격한다. 서로를 지지하고 응원하는 분위기에서 조금 부족해도 다양한 시도를 해볼 수 있다. 실패하면 방법을 바꾸어서 다시 해보면 된다. 안전지대에서 내면의 힘을 키워가는 교사들의 변화를 지켜보면서 나 또한 단단해

짐을 느낀다. 실제로 고래학교를 만나기 전에 명예퇴직을 늘 염두에 두던 한 초등학교 교사는, 지금은 누구보다도 적극적으로 교육을 펼치며 고래학교의 홍보 대사를 자청하는 사람으로 거듭났다. 이러한 변화는 결국 교사가 이끄는 학급경영, 수업의 변화로 이어진다. 외부 환경에 흔들리지 않고 자신의 철학대로 교실을 이끌 힘이 생기고, 아이들에게 주도성을 기르는 교육도 펼칠 수 있다. 결국 성장학교는 당장 먹히는 학급경영 노하우를 익히는 게 아니라 교사가 먼저 '괜찮은 사람'으로 성장하는 곳이라 할 수 있다. 괜찮은 사람이 괜찮은 교사가 되고, 괜찮은 교사가 괜찮은 아이들을 키워낼 수 있기 때문이다.

● 마스터마인드 그룹, 전문적 학습공동체의 방향

마스터마인드 그룹은 보통 3~7명이 정기적으로 모여 아이디어와 정보를 교환하고 토론을 벌이며 서로를 격려하고 자극하는 모임이다. 앤드류 카네기, 헨리 포드 등 성공한 사람 배후에는 예외 없이 이들 마스터마인드 그룹이 있었다. 마스터마인드 그룹은 서로 격의 없이 비판할 수 있어야 한다. 비판을 선의로 받아들일 수 있어야 한다. 실력 차가 크지 않아야 한다. 모임에 기대려고만 하기보다는 작은 힘이라도 보태려고 하고, 서로에게 도움을 주겠다는 마음이 있는 사람들이 모여야 한다. 규칙도 필요하다.

『강원국의 글쓰기』 중에서

교사 공동체는 단순히 공감하고 위로받는 성격만이 아닌 전문가 집단이기도 해야 한다고 생각한다. 서로의 성장에 도움이 되어야 하겠다. 2019년 고래학교를 시작할 즈음 '마스터마인드 그룹'이라는 개념을 알게 되었다. 개인적으로는 『강원국의 글쓰기』에서 처음 접한 용어지만 나폴레온 힐(Napoleon Hill)이 『놓치고 싶지 않은 나의 꿈, 나의 인생』에서 주창한 개념이라고 한다. 힐 박사의 저서에서, 앤드류 카네기의 성공은 그의 마스터마인드 그룹에서 나온 것이라고 밝히고 있다. 앤드류 카네기는 어려서부터 전문가 집단의 힘을 이해하고 있어서, 그의 사업 초기부터 마스터마인드 그룹을 구축했으며, 마스터마인드 그룹의 힘으로 사업적으로 성공할 수 있었다고 말하고 있다. 앤드류 카네기는 회사 내에 감독자, 경영진, 회계, 실험실 연구원 그리고 다른 전문가들로 이루어진 마스터마인드 그룹을 통해서 사업에 필요한 모든 정보와 지식 그리고 전략을 수립했던 것이다.

마스터마인드 그룹에 대한 설명 모두 평소 그리던 교사공동체의 모습과 일치했다. 고래학교 멤버들에게 마스터마인드 그룹을 소개함으로써 고래학교의 방향성을 제시할 수 있었다. 고래학교가 마스터마인드 그룹의 역할을 했으면 하는 바람이 있었고 지금도 마찬가지다.

『만나라 그러면 부자가 되리라』 책에 소개되는 있는 마스터마인드 그룹의 기본 이해에 따르면 성공적인 마스터마인드 그룹을 만들고 유지시키기 위해 ①다양한 분야와 전문성을 가진 팀원으로 구성하고, ②리더가 그룹을 이끌도록 하고, ③공동의 목표를 개발하고, ④회의 일정을 만들고, ⑤모든 멤버들의 사고가 열려 있어야 하고, ⑥일관되고 규칙적인 만남이 기본이고, ⑦마지막으로 즐기는 것이 가장 중요하다.

● 좋은 동료 교사가 좋은 움직임을 일으킨다

한 논문에 따르면 교사의 사회적 지위에 대한 만족도나 교직 만족도가 높은 교사들이 상대적으로 직무 스트레스가 낮다고 한다. 자신의 직무가 사회적으로 인정받는다고 느낄수록 교직에서 느끼는 스트레스의 수준이 낮아진다는 점은 시사하는 바가 있다. 이는 가장 대표적인 교사의 직무 스트레스 경감 전략인 개별교사의 심신 수련이나 훈련, 혹은 개별교사의 전문성 개발 기회 제공과 이를 통한 역량 신장과는 다른 차원의 접근을 요한다. 최근 몇 년간 부각되고 있는 교육활동 침해 사례 증가, 교사의 사회적 평판 위축 같은 상황 속에서 교사의 직무 스트레스는 더 증가할 우려가 있다. 교직에 대한 인식이 제고될 수 있도록 지속적인 노력이 요구되는 시점이다.

스트레스 감소를 위해 직접적인 정책이나 프로그램도 나름 필요하지만, 더 근본적으로 중요한 것은 교사와 가르치는 일의 공적 가치를 공유하는 것이다. 교사 역시 스스로가 공적 가치에 기여하고 있다고 믿을 수 있다면 스트레스는 줄고 자부심을 가질 가능성이 열리게 된다. 좋은 동료 교사가 좋은 움직임을 일으킬 수 있다. 남이 해주기를 기다리기보다는 내가 좋은 영향을 끼칠 수 있도록 먼저 움직이면 좋겠다. 내가 먼저 좋은 사람으로 올바로 서면 주변이 달라질 확률이 높다. 성공이나 실패를 떠나 공동체 안에서 교사들이 자신의 이야기를 많이 나누면 좋겠다. 누구나 주인공이고 누구나 영향력을 가지고 있다. 교직에 대한 사명감과 교사 전문성에 대한 확신을 가지고 주도적으로 움직이자. 자신이 먼저 좋은 동료가 되어 좋은 문화를 퍼뜨리자. 혼자는 쉽게 지치고 힘들다. 좋은 공동체 안에서 성장하는 교사, 행복한 교사들이 많아지기를 바란다.

참고자료 ──

『깊이 있는 학습에 필요한 학생 주도성을 돕는 프로젝트 수업』, 최선경, 교육과실천, 2024

『주도성』, 김덕년 외, 교육과실천, 2023

『중등 학급경영-행복한 교사가 행복한 교실을 만든다』, 최선경, 테크빌교육, 2023

『학습자 주도성, 미래교육의 거대한 착각-교사 없는 학습은 가능한가?』, 남미자 외, 학이시습, 2021

『강원국의 글쓰기』, 강원국, 메디치미디어, 2018

「교실혁명 선도교사 연수자료』, 교육부, 2024

교실 오케스트레이션으로
미래 교육의 **방향성 찾기**

김유리
대구광역시교육청 초등 사회과 수업연구교사, 에듀테크교사연구회 부대표,
Google Certified Trainer, 『생성형 AI 투닝, 수업의 터닝포인트가 되다』 저자

● 미래를 준비하는 오늘의 교실, 함께 가야 할 방향은?

　　디지털 대전환의 시대, 2025년부터 보급되는 AI디지털교과서(이하 'AIDT')와 관련하여 교육계에서도 많은 변화가 진행 중이다. AI는 단순히 교육뿐만 아니라 시대의 패러다임을 변화시키고 있기에, 이를 활용한 AIDT 도입에 대해 많은 우려와 불안감이 감돌고 있는 것이 현실이다. 그러나 학습에 어려움을 겪는 학생들에게 개별 맞춤형 지도를 지원할 수 있다는 점, 학생들의 디지털 역량을 신장시켜준다는 점을 본다면 시대의 흐름에 맞춘 필수불가결한 변화라는 시각도 공존한다. 한편 급변하는 미래를 살아나가기 위해 학생들에게 필요한 여러 가지 역량들을 학교 현장에서 어떻게 함양할지에 대한 방법론적 논의도 끊이지 않고 있다. 그렇다면 미래 사회에 학생들이 키워야 할 역량은 무엇일까?

　　미래 인재 핵심 역량의 4C는 많이 들어보았을 것이다. 2015년 세계경제포럼에서 발표한 개념으로 창의력(Creativity), 의사소통 능력(Communication), 협업 능력(Collaboration), 비판적 사고력(Critical Thinking)의 머리글자를 딴 것이다. 이후로 다양한 단체와 공공기관에서 미래 사회에 필요한 역량들을 추가하거나 일부를 변형하여 제시하였지만 큰 방향은 비슷한 듯하다. 2022 개정 교육과정 역시 자기관리 역량, 지식정보 처리 역량, 창의적 사고 역량, 심미적 감성 역량, 협력적 소통 역량, 공동체 역량을 기르도록 구성되어 있다. 또 OECD에서는 학생들이 유의미한 방향을 잡아 학습하는 역량의 필요성을 강조하며 '학습나침반'을 개발하여 학생의 행위주체성(student agency), 즉 학생 주도성을 이야기하고 있다.

　　그렇다면 학교에서는 어떤 변화가 일어나고 있을까?

변화하는 교실, AI 기반 미래 교육

AIDT 도입을 앞두고 있는 지금도 다양한 AI 코스웨어나 생성형 AI를 활용한 수업이 학교 현장에서 일부 이루어지고 있다. 특히 국어, 수학 교과에서는 AI 코스웨어 활용 빈도가 증가하고 있고, 여러 연구에서 이러한 수업이 많은 학생들의 성취 격차를 줄이는 데 효과적이라고 보고되고 있다. 구체적으로 학교 수업에서 AI가 지원해줄 수 있는 부분은 무엇일까?

먼저 개별 맞춤형 교육이 가능하다. 학생의 학습 환경에 따라 전달되는 콘텐츠 유형을 선택할 수 있으며, 수준에 따라 학습 내용을 더 잘 이해할 수 있는 개별화된 콘텐츠나 추가 문제를 제공할 수 있다. 이를 통해 학생들의 수업 참여 의지를 높일 수 있고, 성취 수준이 향상될 수 있다.

둘째, AI가 학생들의 평가 결과와 참여도에 대한 데이터를 교사에게 제공하고 학생들이 어려움을 겪는 부분을 다각도로 분석하여 그에 알맞은 지원을 제공할 수 있다.

셋째, 학생들의 과제에 즉각적인 피드백을 할 수 있고, 도움이 될 만한 자료를 추가로 제공할 수 있다. 이렇게 학생들의 참여도를 높여줄 뿐 아니라 교사의 피드백 시간을 줄여준다.

넷째, 학교 현장에서 교사가 해야 하는 채점 같은 단순작업을 AI가 대신해주어 교사는 그 시간을 피드백이나 수업 연구 등에 쓸 수 있다.

종합해보면 AI 코스웨어를 활용한 수업에서 학생들의 문제풀이 결과에 따라 개별 맞춤형 문제와 피드백을 제공할 수 있고, 과제 참여도와 오답 비율 등을 다각도로 분석한 데이터가 교사의 대시보드에 제공된다. 교사는 이를 참고하여 학생에게 필요한 지원을 적절히 해주면서도 업무 시간이 감축되는 이점이 있다. 또한 생성형 AI는 학생들에게 다양한 정보를 추가적으로 제공하는 튜터 역할을 하기도 하며, 학생들과 일대일 맞춤형 지도가 가능할 것으로 기대된다.

그렇다면 이렇게 AI를 활용한 교실에서 교사는 더 이상 큰 필요가 없을까? AI의 도입으로 인해 학교 현장이 혼란스러워지는 지금, 교사의 역할이 어느 때보다 중요하다. 아이들과 함께 생활하는 교실에서 무엇을 구현하고 구현하지 않을지 열쇠를 쥐고 있는 것은 바로 교사이기 때문에 지금, 그리고 앞으로 변화하는 교실 속에서는 교사의 역할이 무엇보다 중요하다고 보는 것이다.

● 교실 오케스트레이션이란?

요즘 '교실 오케스트레이션(Classroom Orchestration)'이라는 용어가 떠오르고 있다. 최근 AIDT 개발과 관련하여 한국교육학술정보원에서 낸 보도자료에서 교실 오케스트레이션이라는 용어가 눈에 띄는데, 사실 이전부터 곳곳에서 사용하던 용어다. 오케스트레이션은 오케스트라를 위한 작곡과 편곡의 실제, 악기의 사용법과 관련된 이론을 의미한다. 그러나 꼭 음악 분야에서만 사용되는 말은 아니고 IT나 산업 분야에서는 IT 자동화 태스크나 프로세스를 조정하여 실행하는 것을 의미하기도 한다. 여러 시스템이나 서비스 등이 적절한 순서로 수행되게 하는 것이다. '배움의 공동체'로 유명한 사토 마나부는 저서 『수업이 바뀌면 학교가 바뀐다』에서 교사의 오케스트레이션 역할을 강조한 바 있다. 교사는 한 사람 한 사람의 생각이나 이미지를 조화시켜가는 오케스트레이션에서 더 풍요로운 배움을 전개할 수 있다고 했다.

그렇다면 교실 오케스트레이션은 무엇일까? 교실 오케스트레이션은 교실 속 학생 개인, 모둠 및 학급 전체의 활동을 포함하는 교육학적 시나리오를 관리하는 복잡성에서 기인한 학습과학 용어다. 수업에 에듀테크와 AI 서비스를 적절하게 활용하며 학습자들의 상호작용을 이끌어내고 학습 목표 도달을 위한 단계적인 탐구과정을 촉진할 수 있도록 종합적으로 관리하는 것을 교실 오케스트레이션이라 할 수 있다.

요즘은 정말 수많은 에듀테크와 AI 서비스가 학교 현장으로 쏟아지고 있다. 이를 교실 수업에서 활용할 때에는 다양하고 복합적인 변수가 존재하지만 그런 상황 속에서도 교사는 학생들이 유의미한 탐구와 배움의 길을 갈 수 있도록 도와주어야 한다. 이러한 측면에서 앞으로 교사의 교실 오케스트레이션 역량은 굉장히 중요해졌다고 볼 수 있다.

● AI가 대체할 수 없는 교사의 역할

전통적으로 교사가 당연히 해야 할 일이라고 생각되던 '교사의 역할'도 시대가 변화하면서 일부는 없어지고 새로운 것이 추가되기도 한다. 지금까지 공통적으로 사람들이 인지하고 있는 교사의 역할은 학생들을 가르치고 지식을 전달하는 역할, 생활을 지도하고 정서적인 부분을 상담하는 역할, 평가하는 역할 등이 있다. 앞으로 다가올 사회에서는 어떠한 부분이 사라지거나 혹은 추가될까?

교사의 역할 변화는 시대의 변화와 밀접한 관련이 있다. 그에 알맞게 학생들에게 필요한 역량이 무엇인지에 대한 연구를 바탕으로 교육과정의 변화가 수반되고, 최종적으로 그것을 교실에서 구현하기 위해 교사의 역할 변화가 요구된다. 정보의 홍수와도 같은 시대에 단순한 지식을 많이 아는 것이 중요한 것이 아니다. 이제는 지식을 다양한 삶의 맥락에서 적용하며 살 수 있는 역량을 길러주는 것이 무엇보다 중요해졌다. 단순한 지식 전달은 AI가 대체할 가능성이 높다.

그런 맥락에서 교사는 가르치거나 지식을 전달하는 역할에서 벗어나 AI와 에듀테크를 활용한 수업을 설계하는 수업 디자이너, AI가 주는 학생의 개별 정보를 분석하고 관리할 수 있는 종합적인 관리자로서의 역할이 좀 더 중요해질 것으로 보인다. AI 기반의 다양한 프로그램들을 교실에서 효과적으로 활용할 수 있는 교실 오케스트레이션의 역량을 갖추어야 하는 것이다.

AI는 학생들을 평가, 진단하고 필요한 콘텐츠와 피드백을 제공할 수 있지만 학생들과 정서적으로 상호작용하는 역할은 대체할 수 없다. 2013년 구글 직원이었던 맥스 벤틸라가 설립하고 마크 저커버그 등 유명 인사들이 엄청난 금액을 투자를 해서 큰 화제가 되었던 알트스쿨(Alt School)은 IT기술을 기반으로 한 개인 맞춤화 교육을 진행하며 공교육의 미래 모델이라는 찬사를 받기도 했다. 하지만 알트스쿨은 실패로 돌아갔다. 이 학교에는 교사와 학생의 인간적인 유대와 상호작용이 생략되어 있었기 때문이다. 최첨단 시대의 어떤 AI도 대체할 수 없는 교사의 역할이 아직 중요하게 남아 있는 것이다.

많은 연구 자료들에서 AI 기반 교실 속 교사의 오케스트레이션 역할로 다음과 같은 내용을 강조하고 있다.

첫째, 교사는 촉진자 및 안내자로서의 역할을 강화해야 한다. 교사는 AI 기반 시스템을 활용하여 학생들에게 맞춤형 교육을 지원하고 학생들이 AI 기술을 효과적으로 사용하도록 해야 한다.

둘째, 전문성 개발이 중요하다. 교사는 AI 시스템을 교실에서 효과적으로 사용하는 방법을 지속적으로 학습하고 AI 기반의 수업 역량을 강화해야 한다.

셋째, 교사는 윤리적인 문제를 탐색하고 책임 있는 기술 활용을 이끌어야 한다. 교사는 AI의 책임 있는 사용, 개인정보 보호 및 편견 같은 윤리적 문제 해결의 기준을 제시해야 한다.

넷째, 교사는 학생들의 인간적인 상호작용을 증진하는 데 핵심적인 역할을 수행해야 한다. AI 기반 시스템은 인간 상호작용을 대체하는 것이 아니라 증진시키는 데 중요한 역할을 해야 한다.

🌑 교사 주도성의 중요성

래리 쿠반(Larry Cuban)의 저서 『교사와 기계』에 따르면 1920년 이래로 교실에는 수많은 수업용, 수업 보조용 기계들과 새로운 기술들이 들어왔고 이를 위해 많은 예산들이 투입되어왔다. 하지만 50%의 교사들은 새로운 기술들을 활용하지 않았고 40%의 교사는 단순한 기능만을 사용하였으며 10% 교사만이 적극적으로 새로운 기술들을 활용하고 있었다고 한다. 왜일까?

이러한 현상의 원인으로 쿠반은 새로운 기술을 받아들이는 데에는 도구적인 합리성도 중요하지만 정서적 합리성이 있어야 한다고 이야기한다. 교사는 교실에서 학생들과 정서적인 유대관계와 상호작용을 중요하게 생각한다. 이는 학생들도 마찬가지일 것이다. AI의 칭찬 메시지보다 교사의 따뜻한 말 한마디에 학습동기가 더 고취될 것은 당연하다. 교사와 학생 간의 상호작용 시간이 학생과 기계의 상호작용으로 대체되는 것에 사람들은 무의식적으로 거부감을 가지고 있다. 따라서 수업에 새로운 기술을 많이 활용하는 것이 중요한 게 아니라 교사 스스로 설계한 수업에서 유의미하게 배움과 삶을 연결 지을 수 있는, 학생들에게 교육적 의미가 있는 AI 에듀테크를 선택하고 활용하여 수업하고 평가할 수 있도록 교사의 주도성을 지원해줄 환경 조성이 필요하다. 교사 역시 단순한 기술의 통합과 활용 차원을 넘어, 스스로 전문적인 성장을 주도하고 의미 있는 교육을 구현하기 위한 주도성을 가져야 할 것이다. 이를 교사 주도성(teacher agency), 교사행위주체성이라고 할 수 있다.

교사 주도성에 대한 다양한 연구에서는 이것이 오직 교사의 역량을 의미하는 것이 아니라, 교사에게 주어진 맥락과 교사 능력의 상호작용에 의해 발현되는 것으로 본다. 학자들은 교사 주도성의 촉진 요인으로 '같은 관심사를 공유하는 교사 네트워크(학습공동체, 연구회, 동아리)' '개인적 관련 활동 경험' '학교 관리자의 관심과 지원' '학생들의 반응과 변화'를 꼽는다. 장애 요인으로는 '학교 업무량' '학교라는 조직의 위계'를 꼽는다. 그러므로 교사의 전문성과 열정에만 의존하며 교사들의 역량 강화에만 관심을 가질 것이 아니라 교사를 둘러싸고 있는 여러 요인과 구조에 대해서도 관심을 가져야 한다고 공통적으로 이야기하고 있다.

학교 현장의 어려움 속에서도 혁신적인 수업 사례들이 일부 만들어지고 있는 것이 사실이지만, 역량이 있어도 현실적인 제약이 많아 시도조차 못 해보는 교사들도 있다. 교사의 주도성은 교사에게 주어진 맥락과 상호작용하기에 교사 개인에게 부담을 지우기보다, 정책적인 지원을 강화할 필요가 있다. 교사 주도성은 특정한 소수의 교사들만이 가지고 있는 것이 아니므로 모든 교사들이 주도성을 발휘할 수 있도록 환경적 요인들을 고려한 지원이 중요하다는 것이다. 이를 위해서는 교사의 연구 시간 확보를 위한 교육부, 교육청의 적극적인 업무 경감 노력과 교사의 연구와 공동체 활동, 연수 프로그램 지원 등에 대한 정책적 지원이 수반되어야 한다. 이러한 환경이 조성된다면 교사학습공동체 등의 네트워크를 통한 다양한 현장 연구가 더욱더 활발해질 것으로 기대된다.

교사 주도성을 기반으로 한 연구와 성장을 통해 교실 오케스트레이션으로서의 역량을 강화해간다면 미래 사회가 요구하는 교육을 교실 속에서 구현할 수 있으며, 궁극적으로는 학생의 진정한 성장을 이끌어낼 수 있을 것이다.

참고자료 ———

「인공지능(AI) 기반 에듀테크 도입에 따른 초등학교 교사의 역할 변화에 대한 질적 연구」, 김주연, 2024

「교사행위자성(teacher agency)의 영향요인 분석: 세계시민교육 선도교사 활동을 중심으로」, 이연우, 2018

Kenneth Holstein, Bruce M. McLaren, Vincent Aleven (2019), "Co-Designing a Real-Time Classroom Orchestration Tool to Support Teacher–AI Complementarity", 〈*Journal of learning analytics*〉 Vol 6(2), 27-52.

Part
03

개별 교육의

미래

1	학교체육으로 변하는 학생의 뇌와 마음
2	2022 개정 교육과정은 미래 역사교육의 해답이 될 것인가?
3	영어캠프로 바라본 영어교육의 실제
4	미래 사회, 경제를 가르치고 배워야 하는 이유
5	AI 시대 예술교육의 고민과 방향성
6	대한민국 체육교육, 지금이 기회다
7	AI 혁명? 스피킹 혁명이 먼저다!

학교체육으로 변하는
학생의 뇌와 마음

임성철
+ 운산고등학교 교사, 유튜브 '학교체육tv' 운영,
『37명의 스포츠 직업인 인터뷰를 통한 스포츠 진로 찾기』 외 저자

학생들은 초중고 과정을 거치면서 우리 사회의 소중한 구성원으로 성장한다. 이 시기의 학교생활은 학생의 성장과 발전에 지대한 영향을 준다. 특히 학교 체육 활동은 한 인간이 건강한 민주시민으로 자라는 데 없어서는 안 될 중요한 성장의 기회를 제공한다.

● 어린이와 청소년 건강의 위협 요인과 해결 방안

건강은 단순히 질병이 없는 상태가 아니라 신체적·정신적·사회적 안녕을 의미한다. 어린이와 청소년기에 형성한 건강한 습관은 평생의 건강을 좌우한다. 신체적으로는 규칙적인 운동과 적절한 영양 섭취, 충분한 휴식이 필요하다. 정신적으로는 스트레스를 잘 관리하고 밝고 긍정적인 사고를 유지하는 것이 중요하다. 사회적으로는 다른 사람들과 원활한 인간관계를 맺고 협동심과 의사소통 능력을 기르는 것이 필요하다. 아래의 표는 어린이와 청소년의 건강을 위협하는 요인과 해결 방안을 정리한 것이다.

위협 요인	해결 방안
스트레스	학업과 친구 관계에서 오는 과도한 스트레스는 신체와 정신 건강에 부정적인 영향을 미친다. 스트레스 해소를 위한 운동과 취미 활동 등을 통해 스트레스를 줄여야 한다.
수면 부족	7시간에서 9시간 정도 적절한 수면 시간을 확보하지 못하면 집중력 저하를 겪을 수 있고 성장 발달에 부정적인 영향을 미친다.
불규칙한 식습관	어린이와 청소년기에는 규칙적인 식사를 하고 영양 균형을 유지하는 것이 중요하다. 불규칙한 식사와 영양 불균형은 신체발달에 악영향을 미칠 수 있다.
과도한 디지털 기기 사용	과도한 스마트폰과 컴퓨터 사용은 신체활동 부족과 시력 저하 등 건강 문제를 초래할 수 있다. 어린이와 청소년은 디지털 기기의 사용 시간을 적절히 조절하는 방법을 익히고 올바른 사용 습관을 길러야 한다. 디지털 기기를 사용하는 동안 자주 휴식을 취하고, 눈 건강을 위한 운동을 병행해야 한다.

흡연과 음주	어린이와 청소년 시기에는 흡연과 음주가 절대 금지되어야 한다. 호기심으로 시작한 흡연과 음주는 중독으로 이어질 수 있으며, 이는 신체적·정신적 건강에 심각한 해를 끼칠 수 있다. 흡연과 음주 예방 교육이 필요하다.
운동 부족	규칙적인 운동이 매우 중요하다. 운동 부족은 비만과 만성질환의 위험을 높인다. 하루 최소 60분 이상 신체활동을 권장하며, 학교 체육활동이나 방과 후 스포츠 클럽 참여를 통해 적극적으로 운동하는 습관을 기르는 것이 중요하다.

● 우리나라 아동과 청소년의 스포츠활동 실태

2022년 10월 국제보건기구(WHO)가 주관한 '2022 International Physical Activity and Health'에서 글로벌 매트릭스(Global Matrix) 4.0 프로젝트 발표회가 열렸다. 57개국에서 온 아동과 청소년 신체활동 전문가들이 지난 3년간 조사한 신체활동 리포트 카드를 발표하고 국가 간 비교와 분석을 하는 자리였다. 글로벌 매트릭스는 각국 아동과 청소년들의 신체활동 참여 정도를 파악하고 신체활동 증진 방안을 국제적으로 함께 모색하고자 하는 프로젝트다. 2014년 15개국이 참여한 글로벌 매트릭스 1.0을 시작으로 2년마다 개최되고 있다. 우리나라는 2016년부터 지금까지 총 3회에 걸쳐 평가와 발표에 참여했다. 나는 한국의 고등학교 학교체육 전문가로 이 연구에 공동 연구자로 참여하였고 책임 연구자는 연세대 스포츠응용산업학과 전용관 교수다.

한국 연구진은 한국 청소년의 신체활동 참여를 분석하고 관련된 정부 정책 자료를 분석한 결과를 제시했다. 우리나라 아동 청소년 중 일주일에 4일 이상 하루 60분 이상 신체활동에 참여하는 비율은 21%로 미국와 일본 60~66%, 핀란드 80~86%와 비교하여 턱없이 부족했다. 신체활동 참여 점수는 D-, 신체활동 관련 정부 정책 점수는 A를 받았다. 우리나라 아동과 청소년 신체활동 참여 점수는 57개국 중 공동 37위로 세계 최저 수준이었다. 발표회에 참여한 아시아 15

개국과 비교해보면 아시아 평균인 D-와 같았다. 일본은 아동과 청소년 신체활동에서 B-를 받았고 중국은 C를 받았다. 그러나 이와 관련한 우리나라 정부 정책은 A로 평가되어 정책과 현실의 간극이 매우 큰 것으로 나타났다. 학교 현장에서 체육교사로 근무하며 1년 내내 학교로 전달되는 수많은 청소년 체육 활성화 정책 공문들을 접하면서 느꼈던 씁쓸한 감정이 실제 연구 결과로 나타난 것이다.

　학교체육 활동은 학생들이 학교에서 경험하는 체육활동이다. 어린이와 청소년들이 학교체육 활동으로 경험하는 것은 체육수업, 학교스포츠클럽 활동, 스포츠동아리 활동, 자율체육 활동, 방과 후 학교체육 활동 등이 있다. 가족이나 친구와 함께 공원이나 놀이터에서 하는 체육활동, 태권도와 발레 학원에서 비용을 들여서 하는 스포츠활동은 학교체육 활동에 포함되지 않는다. 학교체육 활동은 방과 후 학교체육 프로그램 중에서 학생이 비용을 지불하고 참여하는 활동을 제외하고는 비용 없이 참여할 수 있는 활동이다. 경제적인 상태가 어떠하든 학생 본인이 의지만 있다면 참여가 가능하다는 점에서 중요한 의미를 갖고 있다.

● 학교체육 활동으로 변하는 학생의 뇌

　지금부터는 학교체육 활동과 학생의 뇌의 관련성에 관한 이야기를 풀어가려고 한다. 학교체육 활동을 통해 신체적으로 긍정적인 변화가 일어난다는 이야기는 설명할 필요조차 없을 것이다. 뇌와 마음에는 어떠한 변화를 가져올까.

　첫째, 뇌와 운동은 밀접한 관계성을 갖고 있다. 많은 과학자들이 운동의 중요성을 논할 때, 운동은 현존하는 어떠한 약도 흉내 낼 수 없는 마법의 약이라고 표현한다. 신경과학자 대니얼 울퍼트(Daniel Wolpert)는 "뇌가 존재하는 이유는 단 하나, 움직이기 위해서다"라고 말했다. 그는 만약 주위 사물을 인지하고 생각하고 기억하는 등의 두뇌 활동이 미래의 움직임에 아무런 영향을 미치지 않는다면, 이것이 중요치 않다고 간주되어 퇴화할 것이라고 주장했다.

많은 뇌과학자와 신경과학자들은 인간이 커다란 뇌를 갖게 된 이유가 생존하기 위해 복잡하고 다양한 움직임이 필요했기 때문이라고 말한다. 오랜 연구 결과 뇌와 움직임은 밀접한 관계를 갖고 있음이 밝혀졌다. 오랜 세월 수렵과 채집을 해온 인간에게 움직인다는 것은 생존을 위한 것이었다. 음식을 찾아 여기저기 움직이고 열매가 나는 나무를 알아뒀다가 다시 찾아오기도 하고 사자와 호랑이가 자주 출몰하는 지역은 피해야 했다. 사냥할 때는 사냥감의 이동 속도와 방향을 예상하며 움직이고 도구를 집기 위해 손가락 끝의 신경까지 활용했다. 이렇듯 인간은 생존을 위해 복잡하고 큰 두뇌가 필요했으며 기억력과 인지력은 인간의 움직임을 도왔다. 결국 뇌의 노화를 막고 더 발달시키기 위해서 움직임을 늘려야 한다는 결론에 이른다.

둘째, 학교체육 활동은 뇌의 혈류를 증가시켜 집중력, 기억력, 학습 능력을 증진시킨다. 운동을 하면 많은 혈액이 뇌로 향한다. 뇌가 몸에서 차지하는 비중은 크지 않으나 혈액 사용은 상당히 많다. 뇌의 무게는 체중의 2% 정도인데 사용하는 혈액은 전체의 15~25%에 달할 정도다. 운동은 뇌의 혈류를 증가시켜 더 많은 산소와 영양분을 공급함으로써 뇌의 인지 기능을 향상시킨다. 이는 집중력, 기억력, 학습 능력을 증진시키는 데 도움을 준다. 어린이와 청소년에게 운동할 기회를 충분히 제공하지 않고 공부만 하라고 하는 것은 기초체력이 부족한 육상선수에게 금메달을 따라는 것과 같다.

셋째, 학교체육 활동으로 뇌세포가 만들어지고 창의성이 증진된다. 이는 수많은 연구를 통해 정설로 인정받고 있다. 과거에는 성인의 경우 새로운 뇌세포가 만들어지지 않는다고 알려졌다. 그러나 최근 뇌과학자들은 성인도 운동을 하면 새로운 뇌세포가 만들어진다는 사실을 밝혀냈다. 뇌세포를 만드는 운동은 유산소운동이 더 효과적이라고 한다. 창의적인 아이디어가 필요할 때, 산책을 하거나 달리기를 하는 경우가 많다. 무엇인가를 암기하려고 할 때 의자에 앉아서 암기하는 것보다 서서, 혹은 걸어다니면서 암기하는 것이 더 효과적이었던 경험도 있을 것이다. 학교체육 활동으로 증진시킬 수 있는 창의성은 미래 사회의 주인으로 살아가게 될 어린이와 청소년들에게 더 중요하다.

● 학교체육 활동으로 변하는 학생의 마음

학교체육 활동은 어린이와 청소년의 마음에 커다란 변화를 가져온다. 학교체육 활동에 적극적으로 참여하는 학생들은 그렇지 않은 학생들보다 건강하고 행복하게 살아갈 가능성이 커진다. 학교체육 활동으로 어떤 변화가 일어날까.

첫째, 재미과 즐거움을 추구하고 행복을 느낀다.

인간은 누구나 재미와 즐거움을 추구한다. 이는 원초적이고 본능적인 욕구다. 재미와 즐거움을 추구하는 욕구를 학교체육 활동을 통해서 충족한 학생들은 건강한 마음의 소유자가 될 수 있다. 호이징가(Huizinga)는 '놀이하는 인간' '유희의 인간'이라는 의미의 호모 루덴스(Homo Ludens)라는 개념을 활용하여 인간의 중요한 특성을 표현했다. 학교체육 활동은 학생들에게 체계적인 놀이 경험을 제공한다. 운동은 엔돌핀, 세로토닌 등의 신경전달물질 분비를 촉진하여 긍정적인 기분을 유지하게 한다. 이로써 어린이와 청소년은 스트레스를 해소하고 우울증을 예방하는 데 큰 도움이 된다. 학업 스트레스와 인간관계에 어려움을 겪는 학생들에게 학교체육 활동은 삶을 긍정적으로 바꿀 수 있는 계기가 되기도 한다. 그러므로 학생들이 재미와 즐거움을 맘껏 추구하고 궁극적으로 진정한 행복을 느낄 수 있도록 교사들은 다채로운 학교체육 활동을 기획하여 진행하여야 한다. 경쟁에서의 승리, 학교의 명예, 전통 계승 등이 재미와 즐거움보다 중요한 학교체육 활동의 목적이 되어서는 안 된다.

둘째, 학교체육 활동을 통해 자기표현의 욕구를 해소한다.

인간은 누구나 자기표현의 욕구를 갖고 있다. 스포츠는 이를 실현할 수 있는 아주 좋은 장이 된다. 나라는 존재를 보여주고 내가 어떤 사람인가를 타인에게 보여주고 싶은 욕구를 해소하는 것이다. 학생들은 학교체육 활동이라는 합법적이고 건전한 장을 통해 자기 자신을 표현한다. 자신이 얼마나 빠르게 달리는지, 힘이 강한지, 정확하게 패스하는지, 멋지게 공을 던질 수 있는지, 정확하게 슈팅할 수 있는지, 아름다운 신체를 소유하고 있는지를 표현한다. 뿐만 아니라 생각, 감정, 감성, 욕구 등을 건전하게 표현하기도 한다. 자기표현의 욕구를 충분하게 발산한 학생들은 건강한 마음의 소유자로 자랄 수 있다.

셋째, 외로움에서 벗어나고 타인과 어울리는 힘을 기른다.

현대를 살아가는 많은 학생들은 스스로 외로움을 느끼고 있다고 말한다. 학교에서 오랜 시간 친구들과 함께 있더라도 별다른 대화 없이 스마트폰을 보며 시간을 보내는 경우가 많다. 학교체육 활동은 학생들이 스마트폰을 내려놓고 친구들과 소통할 기회를 제공한다. 학교체육 활동에 참여하면서 친구들과 어울리는 것이 즐겁다는 것을 알게 된 학생들은 외로움에서 벗어나고 타인과 어울리는 능력을 기르게 된다. 스포츠활동을 하면서 교사나 친구들과 대화하고 의견을 나눌 기회가 많아지고 때로는 의견 충돌을 해결하고 절충하며 타협하는 경험도 갖게 된다. 타인과 어울리는 힘은 현대를 살아가는 이들에게 매우 중요한 능력이다.

넷째, 학교체육 활동을 통해 민주시민 의식을 기를 수 있다.

학교체육 활동에 참여하는 어린이와 청소년은 수없이 많은 경쟁에 직면한다. 여기에서 승리를 경험하기도 하고 패배를 경험하기도 한다. 스포츠에서 경쟁을 하면서 경험하는 페어플레이(Fairplay)와 스포츠퍼슨십(Sportspersonship)은 어린이와 청소년이 건강한 민주사회의 일원이 되도록 돕는다. 페어플레이는 정정당당한 경기 정신에 입각하여 경기에 임하는 것, 규정을 준수하고 스포츠퍼슨십에 입각해 경기하는 태도를 말한다. 스포츠퍼슨십은 공정하게 경기에 임하고 항상 상대편에 대한 예의를 지키며 결과에 승복하는 자세를 말한다. 어린이와 청소년이 페어플레이와 스포츠퍼슨십을 기르는 데는 어른의 역할이 중요하다. 정확한 규정을 적용하고 엄정한 판정을 내리며 공정하게 선수를 기용하는 것은 주로 어른의 몫이기 때문이다. 또한 승패에 집착하지 않고 최선을 다해 경기하고 상대방을 존중하는 태도를 갖는 것이 승리보다 소중한 가치임을 지도해야 한다. 어른들이 이러한 역할을 잘 해내는 가운데 어린이와 청소년은 페어플레이와 스포츠퍼슨십을 체득하고 민주시민으로 성장하게 된다.

다섯째, 학교체육 활동을 통해 스마트폰 중독에서 벗어날 수 있다.

최근 숏폼에 중독되어 일상이 무너졌다는 사람들의 이야기를 어렵지 않게 들을 수 있다. 숏폼(Short form)은 15초에서 60초의 짧은 영상으로 이루어진 콘텐츠를 말한다. 정보 습득과 함께 재미까지 즐기고자 하는 젊은 세대들에게서 큰 인기를 얻고 있지만, 잠깐 보려다가 한두 시간을 훌쩍 넘기거나 밤을 새는 경우도 있다. 여기에 빠지면 일상이 무너져 수면 부족, 운동 부족으로 연결되고 건강에 치명적인 위협이 된다. 대인관계에도 부정적인 영향을 미친다. 학교체육 활동의 기회를 어린이와 청소년에게 충분하게 제공해서 스포츠의 즐거움이 숏폼으로부터 얻는 즐거움보다 크다는 것을 자각할 수 있게 만들어주는 것이 중요하다. 체육수업, 학교스포츠클럽 활동, 자율체육 활동에 참여하는 시간이 안정적으로 확보된다면 그만큼 스마트폰을 사용하는 시간을 줄일 수 있게 된다. 숏폼 중독에 빠진 학생들을 하루아침에 중독에서 헤어나오게 하기는 어려울 것이다. 그러나 다양한 학교체육 활동에 참여하면서 스포츠의 매력에 빠지는 학생들이 나오게 될 것이고 모두는 어렵더라도 일부는 숏폼 중독의 늪에서 건져낼 수 있을 것이다.

2022 개정 교육과정은
미래 역사교육의 해답이 될 것인가?

+ **이정환**
경북교육청 소속 초등교사, 『역사탐정 만두와 함께하는 이야기 한국사·세계사』 외 저자

「OECD Education 2030」은 미래 교육의 방향을 탐색하고 교육 패러다임을 제시하기 위해 OECD 주요국 및 비회원국이 참여한 프로젝트다. 이 프로젝트는 미래 사회를 기후 위기, 디지털 전환 등 복잡성과 불확실성이 많은 사회로 예측하며, 망망대해 같은 미래로 떠나는 학생들이 안전하게 항해할 수 있도록 'OECD 학습나침반'이란 개념을 제시하였다. 학습나침반의 지향점은 학생들이 스스로 계획하고, 학습하고, 실행하며, 그 행동에 책임질 수 있는 주도적 능력과 성향을 기르는 데 있다. 이는 2022 개정 교육과정이 추구하는 바와 일맥상통한다. 2022 개정 교육과정 또한 급변하는 미래에 발맞추어 학습자 주도성 및 공동체 의식 함양을 강조하기 때문이다. 2022 개정 교육과정은 학습자의 머릿속에 정해진 지식을 집어넣는 교육이 아닌 새로운 생각을 꺼내는 교육을 지향한다. 그리고 학습자가 미래에 능동적으로 대처할 수 있는 다양한 역량을 함양할 것을 강조한다. 그야말로 교육 패러다임의 전환이다.

사실 2022 개정 교육과정에서 중요시하는 학습자 주도성은 처음 등장한 개념이 아니다. 2015 개정 교육과정에서는 추구하는 인간상을 '자주적인 사람'으로 제시하여 그 중요성을 전면에 내세웠다. 2015 개정 교육과정이 2017년에 시행되고 7년이라는 시간이 흘렀다. 2024년, 지금의 교실 모습은 어떠할까? 학습자가 수업에 주도적으로 참여하고 있을까?

오늘날 학생들은 교육혁신을 꽃피우기 위해 노력하는 많은 교사 덕분에 과거보다 학습에 주도적으로 참여하고 있다. 하지만 모든 수업이 그런 것은 아니다. 특히 초등학교 역사 수업은 교사 주도에서 쉽게 벗어나지 못하고 있다. 이유는 간단하다. 방대한 학습량 때문이다. 반만년의 역사를 주어진 시간에 모두 다루기도 벅찬데 학습자가 역사를 주도적으로 탐구할 시간이 있을까?

2022 개정 교육과정에서도 초등학생들은 반만년의 역사를 한 학기 동안 배우게 된다. 그렇다면 이번에도 학습자가 주도적으로 역사를 배우긴 어려운 걸까? 본 글은 2022 개정 교육과정에서 지향하는 역사교육의 방향과 이에 따른 기

대와 우려의 시선을 초등학교로 한정하여 다루어 보았다. 2022 개정 교육과정
은 역사교육의 해답이 될 수 있을 것인가?

● 시간에 쫓기는 교사

2015 개정 교육과정에서 초등학생들은 고조선부터 근현대사에 이르는 약
오천 년에 가까운 방대한 역사를 한 학기 동안 모두 배워야 한다. 그 때문에 교
사는 늘 시간에 쫓긴다. 학생 중심의 역사 수업이 필요하다고 생각은 하지만 엄
두가 나지 않는다. 학생 활동 중심 수업을 하다 보면 가르쳐야 할 내용을 모두 다
루지 못한 채 쉬는 시간 종이 울리기 때문이다. 사정이 이렇다 보니 교사는 학생
들에게 단편적인 지식을 전달하는 방향으로 수업을 하게 된다.

이러한 수업의 문제점은 학생들이 문화재(문화유산)에 대해 학습할 때 여실
히 드러난다. 문화유산에 대해 제대로 공부하기 위해서는 어떠한 점이 우수하고
아름다운지 탐색해볼 충분한 시간이 필요하다. 광개토대왕릉비가 실제로 얼마
나 거대한지, 광개토대왕릉비에는 도대체 어떤 글이 적혀 있는지 질문하고 탐색
할 시간 말이다. 하지만 학생들은 시간에 쫓겨 교과서 속 작은 사진만 보고 책장
을 넘긴다. 다른 문화유산도 마찬가지다. 학생들은 석굴암이 과학적·예술적으로
얼마나 우수한지 탐구하며 생각할 시간을 갖기보다 석굴암에 대한 단편적인 지
식을 익히기 바쁘다. 이렇게 문화유산을 공부한 아이들이 과연 그 가치를 깨닫고
소중하게 여길 수 있을까? 박물관의 문화유산을 스치듯 지나가는 아이들의 모
습은 우리나라 역사교육의 문제를 보여주는 단적인 예다.

확 바뀐 성취기준과 새로운 역사교육의 방향

[6사03-01] 고조선의 등장과 관련된 건국 이야기를 살펴보고, 고대 시기 나라의 발전에 기여한 인물(근초고왕, 광개토대왕, 김유신과 김춘추, 대조영 등)의 활동을 통하여 여러 나라가 성장하는 모습을 탐색한다.

위 성취기준에서 어떠한 특징을 찾을 수 있는가? 현행 교육과정의 성취기준은 인물과 문화유산을 너무 친절하게 제시한다. 이로 인해 교사는 성취기준에 제시된 내용을 빠짐없이 학생에게 전달할 수밖에 없다. 그렇다면 2022 개정 교육과정의 성취기준은 현행 교육과정과 어떤 점이 다를까?

[6사04-02] 역사 기록이나 유적과 유물에 나타난 고대 사람들의 생각과 생활을 추론한다.

보다시피 2022 개정 교육과정은 현행 교육과정보다 성취기준이 포괄적이고 추상적이다. 그 덕분에 교사는 성취기준에 근거하여 수업을 자유롭게 구성할 수 있다. 유적과 유물, 역사 기록 등을 포함한 다양한 자료를 기반으로 당시 사람들의 생활 모습을 탐구하고 유추하는 수업이 가능해진 것이다. 이러한 수업을 통해 학습자는 역사학자같이 유적과 유물, 그리고 역사 기록을 해석하는 활동을 할 수도 있고, 위대한 광개토대왕과 장수왕의 업적을 줄줄이 말하는 대신 고구려 고분 벽화를 보며 평범한 고구려인의 삶을 추적해볼 수도 있다. 달라진 점은 이뿐만이 아니다. 2022 개정 교육과정에서는 성취기준의 개수도 줄어들었다.[1]

	구분	2015 개정 사회과 교육과정 성취기준 수	2022 개정 사회과 교육과정 성취기준 수	비고
초등	3, 4학년군	24개	22개	현행 대비 8% 감소
	5, 6학년군	48개	27개	현행 대비 44% 감소
중등	지리 영역	38개	38개	성취기준에 들어 있는 지식·이해 학습 요소를 다소 줄이는 방식으로 학습량 질적 적정화
	일반사회 영역	36개	36개	

5, 6학년 기준으로 48개였던 성취기준은 2022 개정 교육과정에서 27개로, 현행대비 44% 감소했다. 학습량이 적정화된 덕분에 깊이 있는 수업에 대한 교사의 갈증이 일부 해소되리라 예측된다. 이처럼 성취기준의 제시 방식과 개수 변화는 기존의 교육이 아닌 다른 교육적 접근을 요구하고 있다. 거센 변화의 물결 앞에서 우리는 역사교육의 노를 어디로 저어야 할 것인가? 아래 「2022 개정 교육과정 역사 일반의 내용 체계표」는 그 방향에 대한 힌트를 자세히 제공하고 있다.

핵심 아이디어		• 시대에 따라 지역, 교통·통신, 풍습 등 생활 모습이 달라진다. • 과거의 모습을 보여주는 자료는 역사의 증거로 활용된다. • 일상생활 속 과거에 관심을 가짐으로써 자신을 역사적 존재로 인식한다.	
범주		내용 요소	
		초등학교	
		3~4학년	5~6학년
지식·이해	역사 학습의 기초	• 역사의 시간 개념 • 역사 증거 • 변화와 지속(지역, 교통·통신, 풍습)	• 역사 탐구 방법
과정·기능		• 역사적 질문 생성하기 • 신뢰성 있는 역사 정보를 선택, 분석, 추론하기 • 역사적 서사를 구성하여 다양한 방식으로 표현하기 • 사회문제의 역사적 연원을 파악하는 질문 생성하기	

가치·태도	• 역사에 대한 관심과 흥미 • 역사적 시간 속에서 자기 위치 확인 • 타인의 역사적 해석을 존중하는 태도 • 역사에 성찰적으로 접근하는 태도

과정·기능의 내용 요소를 보자. 2022 개정 교육과정은 역사적 질문을 생성하고 역사 정보를 분석 및 추론하는 수업을 지향함을 알 수 있다. 이러한 과정을 통해 학습자가 역사를 배워야 하는 이유는 무엇일까?

역사학자 에드워드 카(Edward Carr)는 『역사란 무엇인가』에서 이렇게 이야기했다. "역사는 객관적이지 않고 역사가에 따라 다양한 해석이 존재한다." 이 말 그대로 학교에서 배우는 역사는 객관적이지 않은 역사를 역사가들이 해석해 정리한 것에 불과하다. 백제 의자왕과 삼천궁녀 이야기만 봐도 역사가 관점에 따라 얼마나 다르게 서술될 수 있는지 알 수 있다. 그러므로 학습자는 지식을 수동적으로 받아들이기보다 내용을 분석하고 질문도 던지며 자신만의 방식으로 역사를 해석해야 한다. 이를 위해 교육 현장에서 교사는 구체적으로 어떤 역할을 해야 할까?

약 400여 년 전, 갈릴레오는 "우리는 남을 가르칠 수는 없고 단지 그가 스스로 발견하도록 도와줄 수 있을 뿐이다"라고 말했다. 이 얘기를 조선시대 결혼 문화를 주제로 한 수업에 적용해보자. 교사는 주제와 관련된 지식을 학생에게 일방적으로 전달하는 대신 다양한 자료를 제공하며 학생들의 호기심을 자극할 수 있다. 교사가 제공한 자료는 학생들의 의문을 심화시킬 것이다. 과거 어른들의 행적을 다룬 역사는 오늘날을 살아가는 초등학생에게 의문투성이인 세계이기 때문이다. "모르는 사람과 어떻게 결혼해요?" "부모님이 정해준 사람과 결혼하지 않으면 어떻게 돼요?" 같은 질문이 학생들로부터 쏟아져 나올 수 있다. 이때 교사가 학생의 질문에 일일이 답해줄 필요는 없다. 교사는 학생이 직접 탐구하도록 이끌어주면 된다. 물론 교사가 학생과 함께 탐구해보는 것도 좋을 것이다. 이러한 탐구 과정을 통해 학생은 역사에 대한 해석을 스스로 내리는 과정을 경험하게 된다. 'What'보다는 'How' 혹은 'Why'가 수업에서 중요해지는 것이다.

● 이야기로 읽는 생활사

앞서 제시된 성취기준을 다시 살펴보자. 2015 개정 교육과정의 성취기준에서 제시된 인물이 모두 왕이나 나라를 구하는 데 앞장선 영웅이라는 것을 우리는 발견할 수 있다. 소수의 위대한 인물이 역사를 이끌어간다는 점은 부인할 수 없는 사실이다. 하지만 역사는 소수의 전유물이 아니다. 이러한 성취기준은 위대한 인물의 업적만으로 역사를 바라보게 할 가능성이 크다.

> [6사03-01] 고조선의 등장과 관련된 건국 이야기를 살펴보고, 고대 시기 나라의 발전에 기여한 인물(근초고왕, 광개토대왕, 김유신과 김춘추, 대조영 등)의 활동을 통하여 여러 나라가 성장하는 모습을 탐색한다.

이 때문에 기존의 인물사, 문화사 중심이었던 성취기준 구성 방식이 2022 개정 교육과정에서 다양한 역사 주체들을 대상으로 한 생활사(生活史) 중심으로 변경되었다. 생활사란 무엇인가? 생활사는 사람들의 생활과 관련된 역사를 의미한다. 생활사라는 개념 역시 2022 개정 교육과정에서 처음 등장한 것은 아니다. 송상헌은 학교의 생활사 교육에 대해, 제3차 교육과정(1973~1981)부터 제7차 교육과정(1997~2007)까지 생활사 교육으로 큰 변화 없이 지속되어왔다고 주장했다.[2] 하지만 당시의 생활사 교육은 2022 개정 교육과정에서 말하는 생활사 교육과 달리 과거와 현재의 생활 모습을 단순 비교하는 데 그치는 경향이 강했다. 특히 과거의 의식주, 놀이, 축제, 생활 도구, 문화 등을 평면적으로 제시해서 그저

무의미한 정보의 나열일 뿐이었다.[3] 그렇다면 2022 개정 교육과정의 생활사 교육은 과거와 어떻게 다르며, 교사는 어떤 방법으로 생활사 교육에 접근해야 할까?

[6사06-01] 일제의 식민 통치와 이에 대한 저항이 사회와 생활에 미친 영향을 이해한다.

'일제에 저항한 사건들을 시간 순서대로 나열하여 다루기보다, 구체적인 사례로 당시 사회와 사람들의 생활을 깊이 있게 탐구하는 데 중점을 둔다.' 앞의 성취기준 적용 시 고려 사항이다.

구체적인 사례를 통해 학습자가 탐구할 수 있는 수업 설계란 무엇일까? 방지원은[4] 특정 인물을 중심으로 한 구체적인 생활 이야기를 내러티브로 접근하여, 학생들이 과거 사람들의 경험을 생생하고 이해하기 쉽게 접근하는 방향으로 초등 생활사 내용을 구성하도록 제안하였다. 키런 이건[5]도 내러티브로서 역사가 어린 학생에게 익숙하고, 인간의 매우 기초적이고 강력한 감성을 자극할 수 있어 초등학생에게 적당하다고 주장하였다. 구체적인 사례란 내러티브, 즉 이야기로 생활사를 구성하고 제공할 것을 의미한다. 일례로 조선시대의 생활 모습을 알아보기 위해 정약용의 편지를 수업의 소재로 사용할 수 있다. 『목민심서』를 포함해 다양한 분야의 책을 저술하고, 수원화성 축조에 쓰인 거중기를 도입한 정약용은 여러 분야에서 특출난 위인이자 아버지였다. 다음은 정약용이 작은아들에게 보낸 편지 중 일부다.

작은아들에게
너의 형이 왔기에 시험 삼아 술을 마시게 했더니, 한 잔을 마셔도 취하지 않더구나. 그래서 아우인 너의 주량은 얼마나 되느냐고 물었더니, 너는 형보다 배도 넘는다고 하더구나. 어찌하여 글공부에는 이 애비의 버릇을 닮지 못하고 술만은 이 애비를 뛰어넘느냐. 이것은 반가운 소식이 아니다.

《여유당전서》의 『다산시문집』에 담긴 이 편지는 정약용이 자식의 공부에 관심이 많았다는 것과 그 아들이 술 마시기를 좋아했다는 것을 알려준다. 당시 사람들의 삶도 오늘날과 크게 다르지 않은 것이다. 이러한 편지 속 이야기는 학생들이 조선의 생활 모습을 자연스레 추론 및 분석하는 데 도움을 준다. 물론 이러한 역사 자료 외에 교사는 교육과정 재구성 의지에 따라 전혀 다른 수업 서사를 만들어낼 수 있다. 영화 〈관상〉과 〈올빼미〉가 좋은 예다. 영화 〈관상〉은 계유정난이라는 사건을 가상 인물인 관상가의 시각으로, 영화 〈올빼미〉는 소현세자의 죽음을 맹인 침술사라는 가상 인물의 시각으로 바라본 이야기다. 이러한 영화 속 이야기는 당시의 생활 모습과 사건에 대한 정보를 자연스레 전해준다는 장점이 있다.

이렇게 2022 개정 교육과정에서 생활사는 그 시대에 살았을 만한 사람들의 입을 통해 그들이 경험했을 만한 질감 있는 생활 이야기를 들려줌으로써 학생들이 당대 사람들의 생활에 대한 인식을 이해하게 한다.[6] 특히 인물을 중심으로 한 구체적인 생활 이야기를 '내러티브'로 접근한다면 어린 학생들이 과거인의 경험을 한층 생생하게 이해할 수 있을 뿐 아니라, 역사 자체를 한층 쉽게 접근할 수 있을 것으로 보인다.

● 생활사 중심 교육은 역사교육의 해답인가?

지금까지의 내용을 요약해보자. 2022 개정 교육과정은 성취기준의 구성 및 개수의 변화를 통해 기존의 역사교육 방향과는 다른 접근을 요구하고 있다.

그리고 이를 위해 방법적 측면으로는 역사적 질문을 생성하고 분석 및 추론 등을 통해 접근할 것을, 내용적 측면으로는 내러티브(이야기) 방식으로 생활사를 구성하여 제공할 것을 제시하였다. 이러한 변화는 역사 수업의 학습자 주도성을 실현하는 데 크게 이바지할 수 있을 것이다. 하지만 생활사 중심의 2022 개정 교육과정을 바라보는 우려 섞인 시선도 있다.

사실 지금까지 정치·문화사 중심으로 역사를 가르쳐왔던 기존 교사들에게 있어 생활사 중심 교육과정은 매우 생소하다. 주제와 관련된 역사적 자료를 찾고 학생들에게 이를 제시하는 일 또한 쉽지 않다. 게다가 수업 주제와 관련된 서사를 구성하는 데는 오랜 시간과 노력이 들기도 한다. 물론 이러한 문제는 교사의 수업 연구 및 수업 자료 공유를 통한 집단 지성의 힘으로 극복할 수도 있다. 하지만 여러 행정업무와 생활 지도의 최전선에서 이미 지칠 대로 지쳐 있는 교사가 생소한 생활사 중심 수업에 빨리 적응할 수 있을지 의문이다.

우려와 기대가 공존하는 2022 개정 교육과정의 초등 역사교육은 미래에 어떤 평가를 받게 될까? 2022 개정 교육과정에서 우리는 역사교육의 해답을 찾을 수 있을까? 2022 개정 교육과정 안에서 학생이 배움의 주체자로 역사를 주도적으로 학습할 수 있기를 기대해본다.

1 —— 「2022 개정 사회과 교육과정」, 교육부

2 —— 「초등학교 역사교육 편제와 내용의 계열화 문제」, 송상헌 (2003), 『역사교육』 87, pp.81-106.

3 —— 『역사교육 새로 보기』, 강선주, 한울아카데미, 2015

4 —— 「초등 역사교육에서 생활사 내용구성」, 방지원 (2011), 『역사교육』 119, pp.1-27.

5 —— 『교육의 잠식』, 데이비드 나이버그·키런 이건, 고려대학교교육사·철학연구회 옮김, 양서원, 1996

6 —— 3의 책과 같다.

03

영어캠프로 바라본
영어교육의 실제

+ **허준석**
(주)혼공유니버스 대표이사, EBS 영어강사

영어캠프 열풍 시대

요즘 그 어떤 업종을 봐도 불황이라는 말이 절로 나올 만큼 경기는 좋지 않고 물가는 가파르게 올라 보통 사람들의 삶에 영향을 미치고 있다. 하지만 방학쯤 공항에 가면 이런 상황이 무색하게 해외로 나가는 엄청난 인파를 볼 수 있다. 특히 인천공항과 해외 공항에서는 영어캠프를 위해 한국 학생들이 삼삼오오 모여 있는 모습을 쉽게 발견할 수 있으며, 때론 부모 없이 학생들만 UM(Unaccompanied Minor) 서비스를 이용하는 모습도 보인다.

이 개인적 경험을 좀 더 거시적으로 보기 위해 국가통계포털(KOSIS) 통계표의 어학연수 비용 자료를 살펴보자.

(단위: 억)

학교급 \ 년도	2020	2021	2022	2023
초등학교	935	75	253	958
중학교	372	34	95	527
고등학교	348	27	42	259

팬데믹 직격탄을 맞은 2021년을 저점으로 2022년부터 천천히 회복세를 보였으며, 2023년 기준으로는 다시 원래의 수치 이상을 보이고 있다. 특히 초등학교, 중학교가 고등학교에 비해 더 높은 지출 비용을 보인다. 이는 조금이라도 더 어릴 때 외국어를 접할 기회를 주고자 하는 경향을 의미한다고 볼 수 있다.

요즘 국내의 영어캠프는 물론이거니와 가까운 동남아 국가에서도 한국 학생들을 대상으로 한 영어캠프가 우후죽순처럼 생겨나고 있다. 이에 직간접적으로 경험한 영어캠프와 한국의 영어교육의 연관성을 고찰해보고자 한다.

● 왜 영어캠프인가?

우선 영어캠프는 어학연수나 유학에 비해 기간이 짧다. 기간은 곧 비용으로 연결되기 때문에 방학 등을 활용해 진행되는 영어캠프는 타 장기교육에 비해 학부모에게 덜 부담스럽다. 아울러 방학은 학기 중보다 수업결손에 대한 우려가 적기 때문에 귀국 이후에 학업을 이어나가는 데에도 무리가 없다는 장점이 있다. 북미나 유럽과 같은 먼 곳이 아니라, 동남아 국가를 선택할 경우 비용이 조금 더 합리적인 데다 시차가 적어서 신체적으로도 비교적 빨리 적응할 수 있고, 부모와 떨어져서 생활하더라도 연락이 용이하다는 장점이 있다. 요컨대 영어캠프는 중장기 연수에 비해 비용, 시간, 관리 측면에서 여러모로 부담이 적기 때문에 가구당 한두 명씩 자녀를 키우는 이 시대에 한 번쯤은 고려해볼 만한 유망한 옵션으로 작용하는 것이다. 과거에 비해 항공편 선택지가 늘어난 것도 호재다. 유수 항공사뿐 아니라 다양한 저가 항공사들이 하늘길에 동참하면서 영어캠프 업체들의 수익에 기여하고 있고 이는 소비자 선택지에도 큰 영향을 미친다.

교육 내용으로 들어가보자. 한국에서의 영어교육은 영어에 몰입하는 형태를 찾기가 힘들다. 물론 학교 또는 어학원에서도 아이들이 원어민을 만날 수 있지만 주어진 시간 내에 모든 아이들이 말하고 쓰는 기술(productive skills)을 가다듬기는 쉽지 않다. 설혹 그렇다 하더라도 수업이 종료되고 나면 한국어를 쓰는 일상으로 다시 돌아와야 하기 때문에 한계점을 느끼게 된다. 그뿐이 아니다. 초등학교 고학년을 지나면서 입시영어의 압박이 거세지니 말하고 쓰는 기술에 투자할 시간은 더욱더 적어진다. 그래서 조금이라도 입시의 그림자가 덜 드리운 시기에 영어에 몰입할 환경을 제공해준다는 것이 매력적일 수밖에 없다.

이렇게 비용, 거리, 시간, 교육 환경, 입시라는 요인을 복합적으로 고려할 때 영어캠프는 많은 맞벌이 가정의 훌륭한 선택지라는 생각이 든다.

영어캠프의 종류와 특징

영어캠프는 우선 미국, 캐나다, 영국, 호주, 뉴질랜드처럼 영어를 모국어로 쓰는 나라로 가는 캠프가 있다. 사이판, 괌과 같은 미국령을 제외하고는 비행 거리가 상당하며 호주와 뉴질랜드를 제외하고는 시차도 상당히 나는 편이다. 이 국가들은 환율이 높은 편이라 비용이 꽤 많이 들고 미국, 캐나다 같은 국가에서는 식당 이용 시 팁을 내야 하는 등 추가 비용도 고려해야 한다.

상대적으로 이동 거리가 짧은 국가로는 필리핀, 싱가포르, 말레이시아가 있고 최근에는 베트남 다낭, 나트랑 등지에서도 국제학교를 끼고 영어캠프를 실시하고 있어 선택의 폭이 굉장히 넓어졌다. 동남아 국가들은 시차, 이동 거리, 물가, 환율 등을 고려하면 영미권 국가들보다 학부모의 부담이 덜하다.

이동 거리가 더 짧은 영어캠프도 있다. 바로 국내에서 실시하는 캠프다. 제주와 같이 1시간 정도의 비행으로 이동할 수 있는 캠프 외에 내륙에도 테마형 캠프들이 있다. 최근에는 온라인으로만 진행되는 영어캠프도 생겨서 아예 이동 없이 프로그램을 받을 수 있기 때문에 선택지가 굉장히 다양해졌다. 이런 영어캠프의 특징은 무엇일까. 우선 유학원이나 방송사 또는 신문사에서 주관하는 경우가 있다. 언론사는 주로 돌아가면서 대규모 모집을 많이 하는 편이고, 유학원은 규모, 시기가 매우 다양하다. 캠프가 처음이라면 이런 캠프에서 홍보하는 자료와 블로그 후기를 살펴서 구성은 어떠하며 가격은 어느 정도인지 초안을 파악해보면 좋다. 특히 대규모로 진행되는 캠프는 학생 관리를 어떻게 하는지 잘 살펴봐야 한다.

현지 국제학교나 대학 같은 교육기관에서 직접 주최하고 운영하는 경우도 있다. 이때는 해당 학교가 소속된 도시에서 위상이 어떠한지 자세히 살펴봐야 한다. 그리고 응급상황에 이동할 수 있는 병원이 있는지, 시내에서 얼마나 떨어져 있는지 등 지리도 잘 파악해놓는 것이 좋다. 대학에서 주관하는 캠프라도 가끔

씩 자원봉사자들을 강사로 모집해서 운영하는 경우가 있기 때문에 이를 미리 확인해야 한다. 자원봉사 활동을 통해 이력을 쌓으려고 온 강사들은 아무래도 유급 풀타임 강사보다 역량에 대한 의문이 있기 때문이다.

현지 영어교육 전문기관에서 장소, 강사를 섭외해서 커리큘럼을 짜고 진행하는 경우도 있다. 이 경우에는 앞에서 언급한 부분들을 다 꼼꼼하게 확인해서 리스크를 제거하는 편이 좋다. 때때로 현지에서 거주하는 교민들이 소규모로 캠프를 운영하기도 한다. 자신들이 거주하는 집의 빈방을 학생들이 사용하게 하고, 강사들을 고용해서 학습과 활동을 하게 하는 식이다. 이런 경우 다른 학생들이 어떻게 선발되었는지가 굉장히 큰 변수이므로 잘 체크하고, 함께 살고 있는 자녀가 있다면 그들에 대해서도 사전에 정보를 얻는 것이 중요하다. 캠프 기간 동안 상당히 긴 시간 현지 자녀들과 보내게 될 테고, 그들이 조교와 친구 역할을 겸할 수 있기 때문에 좋은 롤 모델이 되어야 한다.

스쿨링 캠프 또한 대표적인 영어캠프다. 주로 한국은 방학 기간에, 현지는 학기 중에 운영되는 캠프다. 가령 캐나다나 미국의 1, 2월은 학기 중이지만 한국에서는 겨울 방학이라 1~2개월 동안 현지 학교를 다닐 수 있다. 지역마다 차이가 있지만, 어떤 곳은 최소 2개월은 다녀야 현지 국공립학교에 보낼 수 있는데, 사립학교의 경우 1개월 미만, 심지어 1주일만 보낼 수 있는 곳들도 있다. 이때 학교의 평판도 중요하지만 방과 후나 주말에 어떤 활동을 추가적으로 함께해주는지를 눈여겨봐야 한다. 외로움을 타거나 언어 문제 때문에 초반에 어려움을 겪는 경우가 많으므로 일과 시간 외에 누가 어떻게 관리해줄 수 있느냐가 이런 스쿨링 캠프의 성패를 좌우한다. 4주 캠프는 보통 1주차에 학교를 바로 보내기보다는 현지 적응을 하고 나머지 2~3주를 학교에서 보내고 오는 경우가 많다. 초반에 현지 아이들과 바로 어울리기 힘든 경우 ESL 수업을 제공받기도 한다. 개인적으로는 이 ESL 수업을 얼마나 빨리 끝내고 현지 학생들과 동화되느냐가 영어캠프, 나아가서 어학연수에서의 성공을 판단하는 잣대가 된다고 본다. 그러므로 캠프를 가기 전에 필수 표현 문장은 반드시 익히고, 원서 읽기 등의 능력을 최대한 키워야 적응하는 데 걸리는 시간을 절약할 수 있다.

영어캠프의 기대효과와 실상

영어캠프에 거는 학부모들의 기대는 천차만별이다. 다양한 체험을 통해 영어에 대한 흥미라도 고취시키자는 목표부터 단기간에 영어 실력이 유창해지는 모습을 그리는 학부모도 있다. 하지만 단기 캠프의 경우 1주일 미만인 데다가, 길어도 1개월 정도이기 때문에 기대치를 현실적으로 설정하는 것이 자녀와 학부모 모두에게 좋다.

앞에서도 언급했듯이 영어캠프는 한국에서 준비를 잘 하는 것이 가장 중요하다. 아이가 캠프를 원하지 않는 경우에는 정착하는 데 굉장한 에너지가 소모되어, 겨우 적응할 무렵에 귀국하는 경우가 허다하다. 적응을 아예 못 하고 귀국하게 되면 영어와 해외 생활에 대한 거부감이 커지기 때문에 추후 큰 장애로 작용하기도 한다. 그러므로 영어캠프는 사실 뭔가를 배울 준비가 된 학생들이 가야 한다. 본인이 원해야 하고, 국내에서 이미 최소한의 읽기, 듣기, 말하기 능력을 준비한 상태여야 효과가 극대화될 수 있다. 그렇기 때문에 부모가 자녀를 영어캠프에 보내고자 한다면 사전에 영어 노출이 얼마나 있었는지, 자녀가 얼마나 원하는지를 객관적으로 확인해야 하며, 이를 근거로 기대치를 보수적으로 잡는 것이 좋다.

한 달 캠프에 가서 실력이 느는 아이들도 있지만 그렇지 못한 아이들도 굉장히 많다. 1주일 만에 집에 돌아가고 싶다고 하는 아이들도 있고, 한 달이 지날 무렵 한국에 돌아가기 아쉬워하는 아이들도 있다. 결국 적응이 가장 중요하고, 적응을 잘하기 위해서는 사전 준비와 배우려는 태도가 절대적이다. 요컨대 길어야 한 달인 영어캠프에 대해 기대는 최소한으로 두고 자녀가 캠프를 갈 준비가 되었는지를 확인한 뒤, 사전 준비에 최선을 다하는 것이 가장 좋은 결과를 가져오는 지름길일 것이다.

● 앞으로의 전망과 우리의 자세

영어캠프는 가격이 상당히 비싼 프로그램이다. 그럼에도 흥행을 이어나갈 것으로 전망된다. 내수보다는 수출을 해야 하는 한국의 입장, 초연결된 세계 사회에서 살아남기 위해서 국제 공용어(lingua franca)로서 영어는 여전히 위력을 자랑할 것이기 때문이다. 번역기의 발달로 영어를 배울 필요성이 줄지 않을까 하는 견해도 있다. 하지만 한국, 미국, 캐나다 등을 돌면서 사업을 해보고 사람들을 만나보니, 적어도 서로의 필요를 확인하고 합의를 보기 위해서는 '만남'이 가장 중요하고, 만남의 시작에는 동시적인 소통이 절대적으로 필요하다는 점을 느꼈다. 결국 사람의 마음을 움직이는 것은 눈을 마주 보고 대화를 통해 풀어나가는 에너지인데 번역기에는 인간의 온기가 턱없이 부족하다.

앞으로도 실질적으로 말하고 쓰는 능력으로서의 영어를 위해 국내외에 자녀를 보내는 단기 영어캠프는 존속할 것으로 예상된다. 물론 영어캠프 자체는 고가의 교육 상품임에 틀림없다. 그렇지만 다양한 선택지가 존재하고, 자녀를 한두 명 두는 추세 등을 고려했을 때 교육을 중시하는 한국에서 수요는 줄어들지 않을 것으로 생각된다.

그렇다면 대한민국의 부모는 영어캠프에 대해 어떤 자세를 취해야 하는가? 일단 영어캠프는 필요에 의한 선택이지 필수는 아니라는 점을 명심해야 한다. 맞벌이라 평소 애정을 많이 쏟지 못했다는 죄책감으로 보내주는 선물이어서도 안 된다. 영어교육에 있어 철학이 바로 선 다음 자녀가 준비되고 부모가 재정적으로 준비가 되었을 때 현명하게 선택하는 것이 바람직하다. 또한 영어캠프를 보내지 않더라도 국내에서 말하고 쓰는 능력을 키울 수 있는 활동들이 다양하다는 점을 알아야 한다. 영어 표현을 연습할 수 있는 패턴 드릴 중심의 발화 프로그램, 앱 등을 활용하는 것도 방법이다. 패턴 드릴에 어느 정도 익숙해지면 화상영어처럼 사람 대 사람으로 회화 상황을 경험해보는 것이 다음 단계다. 지자체에서 화상 영어나 원어민 회화 프로그램을 운영하는 곳도 있으니 이런 대안을 통해 필요한 기술을 연마할 수 있다. 방과 후 수업, 방학 중 학교 영어캠프 등을 경험하게 하면서 자녀가 진심으로 이런 활동에 관심이 있는지를 확인해보는 것도 중요한 의미를 지닌다. 아울러 OTT, 유튜브 같은 매체를 통해 방대한 영어 프로그램을 볼 수 있다. 가장 기본은 영어를 영어로 받아들이는 환경이다. 핀란드가 TV를 틀면 영어가 나오는 환경을 조성해 영어교육의 수월성을 꾀했듯이 한국 역시 부모가 가정에서 틈틈이 영어 환경이라는 씨앗을 뿌리면, 말하고 쓰기라는 열매를 맺을 수 있을 것이다.

영어를 가르치는 교육자 관점에서도 살펴보자. 한국의 영어교육은 초등 교육과정까지는 4가지 기능인 듣기, 말하기, 쓰기, 읽기를 통합적으로 가르친다. 하지만 중학교부터는 교육과정이 무색하게 내신이라는 평가가 지배하고, 고등학교에는 내신에 수능까지 가중되며 입시 일변도로 전락해버린다. 교사가 평가 방식까지 송두리째 바꾸기는 힘들 것이다. 하지만 입시영어를 조금 더 실용적으로 가르치기 위한 노력을 기울인다면 학교에서 배운 영어가 살아가는 데 도움이 된다는 인상을 줄 수 있을 것이다. 초중고로 이어지는 영어교육의 마무리가 줄 세우기 시험이 아니라, 인생을 위한 영어가 되기를 간절히 바라본다.

04

미래 사회, 경제를 가르치고 배워야 하는 이유

조희정
+ 경기도교육청 소속 초등교사, 2024 교육과정 선도교원,
『슬기로운 소비생활』 외 저자

미래 사회에 대한 가장 적절한 정의는 '예측이 불가능하다'가 아닐까. 사회 변화를 가속화하는 AI의 발달은 놀라움보다 두려움을 먼저 느끼게 한다. 고작 몇 개의 단어 조합과 몇 번의 클릭으로 한 편의 영화를 만들어내며, 챗GPT와는 실제 사람과 말하는 것처럼 대화를 주고받을 수 있다. 기후위기 문제는 또 어떠한가? 이전에는 경험하지 못했던 거대한 기후재난은 시시각각 우리를 찾아오고 있다. 그 심각성에 압도되어 가끔은 변화에 대응하고자 하는 의지조차 사그라들 정도다. 이렇듯 한 치 앞을 내다보기 어려운 미래 사회에 우리는 무엇을 가르치고 배워야 할까? 지금의 배움이 과연 미래에도 의미가 있을까?

🌑 예측 불가능한 미래 시대, 경제교육이 필요한 이유

앞으로는 지금까지 경험해보지 못한 낯선 상황 속에 놓일 확률이 높아진다. 그리고 주어진 상황 속에서 가장 나은 결정을 내리기 위해서는 '잘 선택하는 능력(역량)'이 무엇보다 중요하다. 불확실한 상황에서 최적의 선택을 내릴 수 있도록 돕는 것이 바로 경제학적 사고다.

무언가를 선택한다는 것은 동시에 무언가를 포기한다는 것을 의미한다. 경제교육은 다양한 선택지 앞에서 '선택'함으로 인해 얻은 이익과 '포기'로 인해 잃어버린 기회를 함께 고민하는 훈련 기회를 준다. 이런 훈련 경험은 자연스럽게 합리적 의사결정 능력을 길러주고, 인생에서 중요한 선택을 해야 할 때 스스로에게 적절한 질문을 던지도록 돕는다. 특히 소비, 저축, 투자 같은 경제활동에서의 의사결정은 그 결과가 금전적인 이득과 손실로 이어져 삶에 큰 영향을 미친다. 따라서 경제교육을 통해 '잘 선택하는 힘'을 기르는 일은 불확실한 미래를 살아가는 우리 아이들에게 반드시 필요하다.

어디 이뿐인가. 100세 시대를 가뿐히 넘어 120세 시대로의 진입을 바라보는 지금, 늘어나는 수명만큼 안정적인 노후 자금 역시 필요하다. 이를 위해서는 적극적으로 경제금융생활에 가담하여 일을 하지 못하는 기간에 돈 문제로 인해 곤란해질 자신을 보호하기 위한 장치를 마련해야 한다. 미국연방준비제도 이사회 의장을 역임했던 앨런 그린스펀도 이렇게 말했다. "문맹은 생활을 불편하게 하지만 금융 문맹은 생존을 불가능하게 만들기 때문에 문맹보다 더 무섭다." 경제교육이 국·영·수만큼 중요한 이유다.

🌑 학교 교육과정 안에서 경제교육의 위치

이렇게 중요한 경제교육이 학교 교육과정에서는 어느 정도의 대접을 받고 있는지 살펴보자. 초등학교 교육과정에서 아이들이 처음으로 배우는 경제 개념은 '자원의 희소성'과 '합리적 선택'이다. 4학년 2학기 사회 교과에서 이를 배운다. 그리고 6학년 '우리나라의 경제 발전' 단원에서 경제 주체인 가계와 기업의 역할, 우리나라 경제성장 과정, 무역 등을 배운다. 내용 면에서 아쉬운 점은 이러한 경제 개념들이 학습자들의 삶의 맥락에서 얻어지는 경험과는 별개로 사회의 한 현상으로서만 전달되는 경향이 있다는 것이다. 아이들은 교과서를 통해 경제를 배우다 보니 경제는 곧 삶이 아니라 읽고 암기해야 하는 과목으로 받아들인다. 아이들이 가장 싫어하는 과목의 초성이 'ㅅㅎ'이라고 하는데 수학과 더불어 사회가 불명예를 얻게 된 이유는 이 때문이 아닐까.

시수도 문제다. 1~2학년의 통합교과를 제외하고 3~6학년 사회 교과에 배정된 경제교육 시수를 계산하면 3~6학년에서 배우는 사회 교과의 시수는 총 408시간이다. 그중 경제교육 시수는 4학년 2학기 17차시, 6학년 1학기 25차시로 총 42차시가 배정되어 있으며, 이는 약 10% 정도에 해당된다. 여기에 5~6학년군에서만 다루는 실과 교과에서 용돈 관리에 총 4시간이 배정되어 있다. 전체

실과 교과 시수 136시간을 기준으로 3%에도 못 미치는 시간이다. 초등학생들이 돈의 개념을 배우고 용돈 관리 요령을 알기에는 터무니없이 부족하다.

안타깝게도 초등학교 상황은 그나마 나은 편이다. 고등학생은 미성년 타이틀을 떼고 사회 진출을 앞두고 있기에 사회 적응과 생존을 위해 경제교육이 더욱 요구되는데 정작 경제 교과 수업 시수는 줄어들고 있다. 교육부에 따르면 2025년 고교학점제를 도입하기 위한 교과목 개편으로 현재 9개인 사회 교과의 일반 선택과목은 4개로 줄어든다. 경제는 공통과목과 일반 선택과목이 아닌 수능에 출제되지 않는 진로 선택과목으로 바뀐다. 학문에 대한 탐구가 수능 출제 여부에 따라 달라져서는 안 되겠지만 공부 양이 넘쳐나 늘 시간이 부족한 고등학생 중에 누가 수능에도 출제되지 않는 과목에 열과 성의를 다할까 의문이 든다. 지난 2023학년도 수능에서 경제 과목을 선택한 수험생 수는 응시 인원 44만 7,669명 중 4,927명이었다고 한다. 100명 중 고작 한 명꼴이다.

선택 상황에서 편익과 비용을 고려하는 합리적 태도를 키워주는 경제 과목이 '선택' 과목에서 제외될 위기에 놓여 있다는 것은 참 아이러니다. 학습자의 선택, 맞춤형 교육이라는 그럴듯한 타이틀을 걸고 있지만 미래 사회 적응과 생존을 위해 반드시 배워야 하는 것들이 간과되고 있는 것은 아닌지 우려된다. 앞으로 더욱 필요해지는 경제교육이 학교 교육과정에서 입지가 위태로워질수록 그 피해는 고스란히 학생들에게 전가될 수밖에 없다. 경제 지식뿐만 아니라 건전한 경제시민으로서의 태도를 길러주는 역할을 학교가 하지 않으면 그 몫은 오롯이 개인에게 떠넘겨진다. 마땅히 배워야 하는 것, 하지만 혼자 배우기 어렵고 힘든 것을 배울 수 있도록 환경을 만들어주는 학교의 역할을 다시금 생각해볼 필요가 있다.

물론 방법이 없는 것은 아니다. 학교 교육과정에서 시수에 편성되지 못한 부분은 학교자율시간 활동 개설을 통하여 그 간극을 메울 수 있다. 지역과 학교의 여건 및 학생의 필요에 따라 교과 및 창의적 체험활동의 일부 시수를 확보하여 국가 교육과정에서 제시하는 교과 이외의 새로운 과목이나 활동을 개설·운영하는 시간을 학교자율시간이라고 한다. 2022 개정 교육과정에서는 교육과정설계의 권한을 학교로 이양하여 학교자율시간 도입을 통해 학교마다 특색 있는 교육과정을 편성·운영할 수 있도록 했다. 2022 개정 교육과정이 2025년에 도입되는 초등학교 3, 4학년에서는 29시간을 편성할 수 있으며, 2026년에 도입되는 5, 6학년에선 32시간을 운영하도록 기준을 세웠다. 중고등학교에서도 2022 개정 교육과정이 강조하는 학생 주도성을 살려 경제 동아리 등을 운영하여 부족한 경제교육 시수를 보충하는 시도가 가능하다.

최근에는 경제교육에 관심을 가지고 투자, 기업가 정신, 무역 등의 경제 개념을 긴 호흡으로 가르치는 경제 중심의 학급을 경영하는 선생님들이 늘고 있다. 2021년 공식 출범한 경제금융교육 네트워크인 '금교잇(금융교육으로 교실을 잇다)'에 소속된 교사들이 그들이다. 이들은 양질의 경제교육 콘텐츠를 제작 및 공유하고 학생들의 경제학적 사고를 함양하기 위해 최선의 노력을 하고 있다.

「초등 교사의 금융이해력 조사 연구」에 따르면 경제금융교육연구회 활동 경험이 있는 교사와 금융이해력 관련 수업을 진행해본 교사의 금융이해력은 일반 사람들에 비해 월등히 높은 것으로 드러났다. 학생뿐만 아니라 교사 역시 경제교육에 꾸준히 관심을 가지고 경제를 배워야 하는 이유다.

● 세계 주요국 - 독일, 영국, 미국의 경제교육 실태

다른 나라의 경제교육 사정은 어떨까? 지금부터는 세계 주요 국가들의 경제교육 상황을 들여다보자.

OECD 산하 경제·금융교육에 관한 글로벌 협력기구 INFE(International Network on Financial Education)에서는 2년마다 약 40여 개국의 성인들을 대상으로 금융이해력 조사를 실시하고 있는데 2023년 조사에서 가장 높은 점수를 차지한 나라는 독일이다. 총 39개국의 금융이해력 평균 점수는 60점이었으며 우리나라는 평균 67점으로 조사 참여국 중 8위를 차지했고 독일은 76점으로 압도적 1등이었다.

독일은 2016년에 교육과정을 개편하며 경제교육을 강화했다. 학생이 경제적 삶의 상황을 인지하고 이에 대처하며 극복하고, 경제생활을 바르게 영위할 수 있는 능력을 함양하는 것을 경제교육의 목표로 삼는다. 이를 위해 소비자교육, 직업예비교육, 미디어교육, 법교육 등과 함께 범교과적인 시각으로 접근한다. 경제는 혼자 동떨어져 있는 학문이 아니라 삶에서 접하는 것이 뭐든 경제가 아닌 것이 없다는 인식을 기저에 깔고 있다. 또한 교육부에서는 2015년부터 보다 실용성 있는 경제교육 실현을 위해 학생 회사 프로젝트를 운영하며 설립을 지원하고 있다. 독일 일반학교와 직업학교의 16세 이상 학생은 누구나 참여할 수 있으며 1,000유로, 우리 돈으로 약 140만 원이 조금 넘는 예산을 지원한다. 학생들은 학생 회사 운영을 통해 상품 기획부터 생산, 판매, 서비스 제공의 단계까지 거치면서 시장 경제의 원리를 스스로 익히고 기업가 정신을 키워나간다. 이것이야말로 2022 개정 교육과정에서 추구하는 깊이 있는 학습이며, 살아 있는 경제교육이 아닐까?

영국은 2014년부터 학교에서 경제교육을 받도록 의무화했다. 단, 특정 과목에 국한하지 않고 여러 교과에서 두루 배울 수 있게 했다. 가장 두드러지는 특징은 학습자의 금융이해력을 향상시키는 근본적인 방법이 양질의 수학교육에 달려 있음을 교육과정에 명시했다는 점이다. 학생들은 수학 교과 수업을 통해 수학적 지식을 활용하여 금융 상황을 포함하는 문제를 이해하고 해결하며, 더 나은 선택을 하는 방법을 배운다. 실제로 상품과 서비스의 가격 변화, 할인율, 물가 상승률, 금리 등은 수학에서 비와 비율의 개념을 모르면 제대로 이해하기 어렵다. 여러 금융 상품을 비교하여 가장 만족스러운 선택을 하는 데에도 수학적 지식은 반드시 필요하다. 시민교육(Citizenship)은 중등학교의 의무 교과로 편입되어 있는데, 그 목표 중 하나로 학습자가 자산을 잘 관리하고 재정적으로 건전한 결정을 내릴 수 있도록 준비시키는 것이라고 언급하고 있다.

미국은 국가적으로 금융위기를 겪으며 국민 개개인의 금융이해력이 얼마나 중요한지를 깨달았다. 그래서 2014년 이후 모든 주에서 경제교육을 의무교육 과정에 포함시켰다. 우리나라는 고등 경제교육이 학교 교육과정에서 의무적으로 배우기 어려운 구조로 바뀌고 있는 것과 달리 미국은 오히려 고등학교 단계에서 경제교육을 의무로 이수하도록 한 주가 늘고 있다. 학교 안에서 의무교육 과정만 이수한다면 누구든 기본적인 경제금융 소양을 배울 수 있도록 한 것이다.

이와 같이 세계 주요국에서는 경제교육의 저변을 확대하고, 누구나 학교를 다니는 것만으로도 기본적인 경제금융교육을 받을 수 있도록 제도적 장치를 마련하고 있다. 경제교육을 경제 지식과 기술 터득을 위한 학문 범위를 넘어 건강하고 성공적인 삶을 살아가는 데 필요한 필수 과정으로 바라본 결과다.

경제교육은 점차 불확실성이 가속화되고 예측하지 못한 위기가 도래할 수 있는 미래 시대에 학생들에게 튼튼한 삶의 안전망이 되어줄 것이다. 경제교육을 바라보는 시선의 차이는 교육과정에 그대로 반영되어 학생들의 삶에 장기적으로 영향을 미치는 것이다.

● 경제, 어떻게 가르치고 배워야 하는가?

얼마 전, 중학생이 된 작년 졸업생들이 교실로 찾아왔다. 우리 반 아이들에게 중학교 생활에 대해 다양한 이야기를 전해주었는데, 졸업생 아이들이 대뜸 이런 질문을 던졌다.

"여러분, 인생에서 가장 중요한 게 무엇이라고 생각하나요?"

초등학교 5학년, 우리 반 아이들의 입에서 나온 첫 번째 대답은 바로 '돈'이었다. 이미 아이들은 돈이 삶에서 얼마나 중요한지 잘 알고 있다. 그래서 돈에 관한 호기심이 정말 많은데, 초등학생의 신분으로 돈을 벌 수 있는 방법에 대해 늘 궁금해한다. 실제로 중고거래를 통해 물건을 사고팔며 돈을 벌거나 주식투자에 적극적으로 나서는 아이들도 있다. 작년에 가르쳤던 한 아이는 용돈을 모아 미국 주식에 투자해왔는데, 종종 수익률을 자랑하곤 했다.

초등학생 대상으로 학교와 도서관으로 경제교육 강연을 다니며 장래 희망이 무엇이냐고 물으면 "돈 많은 백수"라고 답하는 아이들 또한 부지기수다. 그만큼 아이들은 돈이 살아가는 데에 매우 중요한 수단이며, 돈이라는 한정된 자원을 충분히 지니면 원하는 삶을 살 수 있음을 직관적으로 이해하고 있다. 따라서 대학 입학을 위한 수단으로서 경제교육에 접근하는 건 옳지 않다. 경제교육이야말로 2022 개정 교육과정에서 추구하는 '깊이 있는 학습'이 가능해야 하며, 이는 삶의 맥락 속에서 언제든 마주치게 될 '나'와 연결된 문제이며 범교과적으로 인식해야 함을 의미한다. 나를 둘러싼 세상에 경제 아닌 것이 없음을 알아차리는 순간, 어렵고 지루한 경제는 사라진다.

용돈으로 시작하는 조기 경제교육

경제교육은 어렸을 때부터 익히고 배우는 습관과 태도가 일생을 좌우할 만큼 중요하다. 대부분의 아이들은 세뱃돈과 같이 비정기적으로 받는 용돈이나 매주 또는 매달 받는 정기용돈을 통해 돈을 처음 접하고 배운다. 용돈을 잘 쓴다는 건 계획한 대로 썼는가를 의미한다. 따라서 용돈을 쓰기 전 예산 계획 세우기부터 시작해야 한다. 용돈을 쓴 뒤에는 계획하지 않았던 충동 소비가 있었는지를 점검하고, 충동 소비를 부추긴 원인을 찾아 줄여나가기 위한 노력을 하도록 한다. 사려고 했던 물건을 샀는지, 더 나은 선택을 할 수는 없었는지 등 자신의 소비를 점검하는 과정을 거치면, 단순히 돈을 지불하여 물건을 구입하는 것에서 그치지 않고 경제학적 사고력을 함께 기를 수 있다. 건전한 소비 습관은 어른들도 쉽게 갖기 어렵다. 오프라인에서뿐만 아니라 온라인에서도 소비를 부추기는 광고를 떼어내기란 여간 힘든 게 아니다. 그만큼 어릴 때부터 용돈을 통해 올바른 경제 습관을 기르는 것이 중요하다. 더 나아가 용돈 관리를 통해 아이들은 단기 또는 장기 목표를 세우고, 목표를 이루기 위한 예산을 설정하며, 정해진 기한 내에 목표 금액을 모으기 위한 전략을 세우고, 이를 실행하는 일련의 과정을 겪는다. 이로써 인내와 끈기라는 위대한 경제 습관을 지닐 수 있다.

일상생활에서 용돈을 받거나 벌고, 모으는 일은 삶과 연계된 학습 그 자체라고 할 수 있다. 학습자들은 삶에서 배우는 용돈 교육을 통해 경제를 머리뿐만 아니라 몸과 마음 그릇에도 오롯이 담게 된다. 머리에만 담은 지식은 세월이 지나면 망각의 늪으로 사라지지만 몸과 마음에 담은 지식은 잊히지 않고 필요할 때 언제든 꺼내어 쓸 수 있다. 우리는 이것을 역량이라 부르며, 아이들은 경제 공부를 통해 미래를 살아갈 진정한 역량을 내면화할 수 있다.

● 디지털 금융을 대하는 슬기로운 경제교육

대체로 초등학생에게 돈을 쓰는 소비활동은 너무나 친숙한 행위인 반면 물건과 서비스를 판매해 돈을 벌어본 경험은 극히 적다. 그래서 매년 같은 학년의 모든 학생들이 참여하는 벼룩시장을 진행해오고 있다. 아이들은 벼룩시장에서 각자 상점을 운영해보고 물건을 팔기 위한 전략들을 마련한다. 그 과정을 통해 저절로 수요와 공급, 물건의 가치와 가격, 마케팅과 소비 심리 등 경제 원리를 몸으로 체험한다. 특히 매년 아이들이 파는 물건을 보면, 요즘 아이들이 무엇에 관심을 갖고 있는지를 한눈에 알 수 있고, 교실 태블릿PC의 앱을 활용하여 기상천 외한 방법으로 홍보하는 모습도 보인다.

작년 6학년 아이들과 함께 했던 벼룩시장에서는 이전에는 본 적 없던 광경 이 연출되었는데, 가지고 온 현금이 부족했던 한 아이가 물건을 파는 친구에게 인터넷 전문 은행 중 하나인 토스 계좌로 돈을 이체하여 물건을 구입했던 일이 그것이다. 어려서부터 자연스럽게 디지털 기기를 사용해온 아이들은 어느새 디 지털 금융 서비스까지도 일상적으로 이용하고 있었다. 인터넷 전문 은행들 역시 미래 고객을 선점하기 위해 만 14세 이하 알파세대와 청소년을 겨냥한 상품을 속속 선보이고 있다. 학생들의 최고 관심사인 학교 급식 정보를 당일 아침 알람 으로 전달하거나 10대만을 위한 모의 투자 서비스를 제공하는 식이다. 이는 어 려서부터 자사의 서비스를 이용하게 만들기 위한 전략이기도 하다.

점차 체크카드를 처음 접하는 초등학생들의 연령대도 낮아지고 있으며, 초 등학교 고학년 중에 용돈을 실물 현금이 아닌 계좌로 받는 아이들도 10명 중 2 명 정도로 적지 않다. 이 비율은 앞으로 디지털 경제가 가속화할수록 더 높아질 것이다. 이것은 올바른 금융 태도 형성 교육이 지속적으로 필요하며, 전 국민의 균형감 있는 금융이해력 제고를 위해 높은 금융지식 수준에 부합하는 건전한 금 융관 형성 등 금융 태도 교육을 강화해야 함을 의미한다. 돈의 물성이 사라지고 계좌에 찍힌 단순한 숫자로 접할수록 그만큼 돈이 가진 무게와 책임감을 가볍게 여길 수 있기 때문이다.

이는 비단 아이들에게만 해당되는 얘기가 아니다. 디지털 시대로의 전환을 맞이하며 성인들도 디지털 금융 시스템을 이해하고 돈을 지키기 위해 디지털 보 안에도 함께 힘써야 한다. 앞서 언급했던 '2023 OECD/INFE 금융이해력 조사' 결과 우리나라 디지털 보안 관련 이해력 점수가 매우 저조하게 나타났다. 일반 금융이해력 점수가 67점이었던 데 반해 디지털 금융이해력 점수는 43점으로 무 려 24점이나 낮았다. 이는 향후 금융경제교육에서 디지털 보안교육을 강화할 필요가 있음을 시사한다.

　　디지털 금융 시대의 도래로 새로운 양상의 문제들도 불거지고 있다. 도박장 온라인화로 불법 도박으로의 접근성이 높아져 점점 도박에 중독되는 20대가 늘고 있다는 이야기도 종종 뉴스를 통해 접할 수 있다. 사채까지 끌어다 쓰는 청년도 있다는데, 2022년 한국도박예방치유원이 사이버 도박 피의자의 연령대를 분석한 자료에 따르면 20대가 28.8%로 가장 많았다고 한다. 이어 30대(28.3%), 40대(18.5%), 50대(14%), 60대 이상(7.2%) 순이었으며, 10대도 일부(3.2%) 포함되어 있다. 이러한 심각성을 인지하고 도박중독을 예방하고자 2024년부터 초등학교 교육과정에서는 도박 예방 교육을 법정 의무교육으로 지정하여 매년 5시간 이상 실시하고 있다. 기술적으로 도박 사이트를 원천 차단하기는 어렵다. 따라서 이용자들이 건전한 금융 태도를 기르는 것이 중요해질 것이다.

● 등대가 사라진 시대, 우리가 해야 할 일

　　우리는 등대가 사라진 시대를 살아가고 있다. 망망대해에서 길잡이 역할을 하던 등대는 이제 보이질 않는다. 각자 지니고 있는 작은 불빛에 의존한 채 길을 찾아가야만 한다. 교육에서도 마찬가지다. 필수와 공통 과정은 점점 줄어들고 선택 과정이 늘고 있다. 무엇을 선택하느냐에 따라 저마다 다른 결과에 도달하게 된다.

　　미래 교육의 본질적인 모습은 무엇일까? OECD는 최근 「2022 교육형성트렌드(Trends Shaping Education) 보고서」를 발간했는데, 이에 따르면 미래를 현재로 가져와 더 나은 세상에 대비하기 위한 것이 미래 교육임을 강조한다. 다음 세대가 더 나은 세상을 만들어가며 공동의 번영을 이루어갈 수 있도록 생각하는 힘을 길러주는 교육, 나아가 문제를 해결해나가도록 돕는 것이 미래 교육이라고 말하고 있다. 앞으로 기술은 급격히 발달하고 그로 인한 불확실성은 기하급수적으로 늘어나며, 기후 문제에서 발단이 된 국가적 위기가 도래할 수도 있다. 그런 미래에 삶의 안전성을 보장하며 더 나은 선택을 할 수 있도록 돕는 경제교육이 곧 미래 교육임을 잊지 말아야 할 것이다.

참고자료 ─────

"수능서 경제 선택 1%뿐… 5년 후 퇴출 위기", 〈한국경제신문〉, 2023.8.9

「초등교사의 금융이해력 조사 연구」, 김동진·김지훈, 2021

「독일의 경제교육 현황」, 정수정, 『메일진 해외교육동향』 338호, 2018

「영국의 경제교육 현황」, 강호원, 『메일진 해외교육동향』 338호, 2018

「해외 주요국 금융교육 현황 및 시사점 : 미국, 영국을 중심으로」, 김경태·한지형, (사)한국금융소비자학회, 2024

「UK Strategy for Financial Wellbeing 2020-2030」, MaPS

"2023 OECD/INFE」 금융이해력 조사 결과", 한국은행, 2024.3.7

"500만 원 잃고 사채까지… 온라인 도박에 빠진 MZ세대", 〈CBS노컷뉴스〉, 2024.1.1

「Trends Shaping Education 2022」, OECD, 2022.1.18

AI 시대 예술교육의
고민과 방향성

+ **조안나**
충청남도교육청 소속 중등 미술교사, (사)교사크리에이터협회 이사,
『교육을 위한 메타버스 탐구생활』 외 저자

AI의 등장으로 인해 많은 분야에서 변화가 일어나고 있다. 그중에서도 첨예하게 사람들의 의견이 대립하는 분야 중 하나는 예술 분야다. AI로 생성한 이미지는 예술작품인가? AI가 만든 오디오는 음악이라고 할 수 있는가? 누구나 쉽게 이미지를 만들고 오디오를 만들 수 있는 세상에서 예술은 어디로 가야 하는가? 예술교육은 무엇을 가르쳐야 하는가? 수많은 물음이 생겨났다.

그동안 우리는 AI가 발전하더라도 대체되지 않을 분야는 '인간의 창의성'이 필요한 예술 분야라고 생각해왔다. 로봇과 자동화 시스템으로 인간이 단순 작업과 노동에서 해방되는 미래는 SF소설이나 영화에 자주 등장하는 단골 소재였다. AI나 로봇이 예술가나 창작활동을 하는 존재로 등장하는 경우는 거의 없었다. 그런데 우리의 기대와는 달리 AI의 발전은 오히려 예술 분야에 큰 타격을 입혔다.

2016년 3월 한국고용정보원에서 발표한 연구 보고서를 보면 가까운 미래 '자동화 대체 확률이 높은 직업과 낮은 직업'에 대한 내용이 등장한다.[1] 자동화 대체 확률이 높은 직업은 1위 콘크리트공, 2위 정육원 및 도축원, 3위 고무 및 플라스틱 제품 조립원 순이었다. 자동화 대체 확률이 높은 직업(1~15위)의 특징은 '단순 반복적인 일, 정교함이 필요없는 동작이나 행동을 주로 하는 일, 사람들과의 소통이 비교적 적은 일'이다. 한편 자동화 대체 확률이 낮은 직업은 1위 화가 및 조각가, 2위 사진작가 및 사진사, 3위 작가 및 관련 전문가였다. 2016년에는 AI와 자동화 시스템이 발전해도 '감성에 기초한 예술 관련 직업'은 대체되기 어려우며, 인간만이 할 수 있는 고유성이 강할 것이라고 예측한 것이다.

하지만 AI 시대의 초입에 서 있는 우리는 알고 있다. 화가, 조각가, 사진작가, 작가라고 불리는 이른바 '예술가'라는 직업이 가장 먼저 위기 상황에 맞닥뜨렸다는 사실을. 과거 인간만이 할 수 있을 것이라고 여기던 창작 예술 분야에서 생성형 AI가 활용되는 상황을 실시간으로 목격하고 있다. 챗GPT의 등장은 글을 쓰는 작가들을 대체하고, 미드저니(Midjourney)는 사진작가와 디자이너를 위협한다. 사람들은 예술 분야에서 AI를 어떻게 바라볼 것인지 고민하기 시작했다.

기술 없이도 창작활동을 할 수 있는 시대

미술 분야에서 2022년 가장 뜨거운 논란을 불러일으켰던 작품으로 제이슨 앨런(Jason M. Allen)의 '스페이스 오페라 극장(Théâtre D'opéra Spatial)'을 꼽을 수 있다. 이 작품은 2022년에 열린 콜로라도주 박람회(Colorado State Fair)의 디지털 아트 부문 1위를 수상한 작품으로, 생성형 AI 미드저니로 제작된 이미지다. 제이슨 앨런이 제출한 '스페이스 오페라 극장'이 1위를 차지했다는 사실이 알려지자 예술계에서는 굉장한 논란이 일었다.

누군가는 이 작품을 보고 "눈앞에서 예술의 죽음을 보고 있다"라며 비판적인 입장을 밝혔고, 어떤 사람은 "AI가 만들어낸 이미지는 예술이 아니며, 제이슨 앨런도 예술가가 아니다"라면서 그를 비난했다. '스페이스 오페라 극장'의 수상에 분노하는 사람들은 "AI로 만든 이미지를 출품하는 행위는 본질적으로 부정행위와 같다"라며 수상을 취소해야 한다는 목소리를 높이기도 했다.

한편 일부 사람들은 "AI 작품을 만드는 것은 포토샵을 쓰는 것과 크게 다르지 않으며, 작품을 만들어내기 위해 입력하는 문구(프롬프트)에는 여전히 인간의 창의성이 필요하다"라면서 그를 옹호했다. 작품에 대한 논란이 커지자 콜로라도주 박람회를 감독하는 농무부 대변인은 이 박람회의 '디지털 아트 부문'의 성격에 대해 이야기하며, 디지털 기술을 창작 과정의 일부로 사용하는 것이 허용된다는 입장을 밝히기도 했다.[2]

이처럼 제이슨 앨런의 수상 소식은 AI와 예술에 대한 다양하고도 첨예한 의견들을 수면 위로 띄우는 계기가 되었다. 많은 사람들은 예술이 무엇인지, 예술의 본질적 가치는 무엇인지에 대해 생각하게 되었고, AI와 예술의 관계에 대해 이야기하기 시작했다.

한편 2023년 예술계에서 제이슨 앨런보다 더 뜨거운 관심을 받았던 사람이 있다. 바로 튀르키예 출신의 AI 아티스트 레픽 아나돌(Refik Anadol)이다. 레픽 아나돌의 작품 '언슈퍼바이즈드(Unsupervised)'는 모마(MoMA)의 근현대 예술작품 컬렉션 13만 8,151개의 이미지는 AI의 데이터 셋으로 사용하여 작업한 이미지를 시각화한 일종의 설치미술이다. 레픽 아나돌 스튜디오[3]에서 AI 데이터 페인팅(AI data painting)이라고 부르는 '언슈퍼바이즈드'는 거대한 규모의 LED 속에서 플레이되는 영상물로, 주변의 움직임에 따라 화면이 계속 변화하며 사람들의 시선을 사로잡는다.

레픽 아나돌의 작품이 중요하게 다뤄지는 이유는 단순히 '예술가가 AI를 활용하여 미술작품을 제작했다'에 있는 것이 아니라, 현대미술의 중추라고 볼 수 있는 모마에서 AI를 활용한 작품을 전시했다는 데 있다. 작품을 전시했다는 것은 미술관이 갖는 권위로 'AI를 활용한 작품을 현대미술로 인정했다'는 의미와 같기 때문이다.

'기술 없이도 창작활동을 할 수 있는 시대'라는 표현은 '그동안 예술에서 사용해왔던 전통적인 기술 없이도 창작활동을 할 수 있는 시대'라고 표현하는 것이 더 적합하다. 우리가 이미지 생성 AI에 단순히 텍스트 프롬프트를 입력해서 만든 이미지를 모두 예술작품이라고 부르지 않지만 레픽 아나돌의 '언슈퍼바이즈드'가 작품으로 평가받듯이, 창작활동에는 여전히 인간, 즉 예술가의 역할이 필요하다. 단, 그동안 익숙하게 사용해왔던 전통적인 기술이 아닌 새로운 기술, AI가 등장함으로써 기술의 폭이 확장되고, 현대 예술의 영역이 확장된 것이다.

● AI 시대 예술교육의 고민과 방향성

과거와 달리 기술이 없어도 AI를 활용해 창작을 할 수 있는 시대에 예술교육계의 고민은 날로 깊어져간다. 언어 생성형 AI가 작사를 하고, 악기로 연주할 수 있도록 코드 진행까지 만들어주는 시대, 원하는 감정 키워드를 클릭하고 악기를 선택하면 오디오를 바로 만들어주는 시대에서 음악교육은 무엇을 가르쳐야 하는가? 간단한 명령어를 입력하면 유화, 수채화, 소묘 등으로 다양한 이미지를 AI가 생성하는 시대에 미술교육은 학생들에게 무엇을, 어떻게 가르쳐야 하는가? 교육계는 AI 시대를 살아갈 학생들에게 '무엇을, 어떻게 가르칠 것인지' 새롭게 고민하고, '왜' 가르쳐야 하는지 다시 한번 스스로 묻고 답해야 한다.

생성형 AI 초기 단계인 현재 이 문제에 대해 명확하게 답을 내려줄 수 있는 사람은 없다. 교육계에 종사하는 사람들이 AI 시대 예술교육의 방향성에 대해 고민하고 연구하며 답을 찾기 위해 고군분투하는 중이다. 단 하나 확실하게 말할 수 있는 것은 AI는 유행처럼 등장했다가 소리 소문 없이 사라지는 기술이 아니며, 사람들의 일상생활과 교육에 반드시 영향을 미칠 것이라는 사실이다.

교사들은 곧 이런 질문을 학생들에게 받게 될지도 모른다. "선생님, AI한테 명령하면 제가 그린 것보다 훨씬 멋있는 그림이 만들어지는데, 왜 색연필이나 물감을 사용해서 그림을 그려야 해요?" "전 디자이너가 되고 싶은데, 디자이너가 꼭 그림을 잘 그릴 필요는 없다고 생각해요." "선생님, 저는 피아노를 잘 치지 못하는데 AI로 음악을 만들 수 있어요. 악보를 굳이 손으로 써야 되나요?" 이런 질문들에 대답할 준비가 되어 있는가?

전통적으로 중요하게 생각해왔던 것들이 여전히 중요한가? 그렇다면 새로운 변화는 필요하지 않은가? 내가 가르쳐온 예술교육의 본질은 무엇인가? 미래를 살아갈 학생들에게는 무엇이 필요한가? 교육의 방향성에 대해 새롭게 고찰하는 것, 이는 교육계에 종사하는 사람들의 큰 과제이자 지금 시기에 마땅히 고민해야 하는 문제다.

● AI 시대의 미술교육 탐색하기

챗GPT가 출시된 이후 언어뿐 아니라 이미지, 오디오, 비디오를 생성하는
AI 또한 빠른 속도로 발전하기 시작했다. 그 속도가 얼마나 빠른지, 사회의 제도
와 법, 교육, 어느 것 하나 제대로 준비되기도 전에 기술이 먼저 사람들의 삶을
파고들었다. 우리는 교육적 관점에서 AI가 빠르게 확산되는 상황을 눈여겨보아
야 한다. 지금 현 상황은 교육적으로 긍정적인가? 부정적인 측면은 없는가? 교육
이 부재한 상황에서 학생들이 발전된 기술에 바로 노출되었을 때의 문제점은 무
엇인가? AI를 가르치는 일은 꼭 필요한가? 미술교육 또한 AI 시대에 학생들에게
필요한 것은 무엇인지, 생성형 AI가 미술교육의 소재나 도구로 활용되는 것은 어
떤 의미를 지니는지, 그것이 꼭 필요한지 등에 대해 탐색해야 한다.

생성형 AI의 등장과 발전이 예술계를 발칵 뒤집어놓은 것처럼, 미술교육에
도 큰 충격을 가져다주었다. 특별한 기술이 없이도 그림을 만들어낼 수 있다는
것은 미술교육에서 '왜 그림을 직접 그려야 하는가?' 하는 문제로 귀결되기 때문
이다. 이는 미술교육의 본질은 무엇인가를 생각하게 만든다.

미술교육은 국가 수준의 교육과정에 따라 계획되고 수행된다. 그럼 국가 수
준의 교육과정에서 '미술'과 '미술 교과'는 어떻게 정의되었을까? 2022 개정 교
육과정에서는 미술을 "느낌과 생각을 시각적으로 표현함으로써 자신을 둘러싼
세계와 소통하며 자신과 세계와의 관계를 이해하고 그 의미와 가치를 창조하는
인류 보편의 언어"라고 정의한다. 미술을 '인류 보편의 언어'라고 정의하는 것은
사람들이 미술을 통해 스스로를 이해하고 표현하는 것을 넘어서 다른 사람과 소
통하고 연대할 수 있다는 것을 의미한다. 미술은 개인, 사람, 세계와 모두 밀접한
관련성을 가진다.

미술이 학생들을 둘러싼 세계를 정확하게 인식하고, 세상을 바라보는 시각
을 확장시킬 수 있는 교과라면, 미술교육은 AI라는 새로운 기술과 그로 인한 변

화를 외면하지 않고 수업의 소재로 끌어와야 하는 당위성을 가진다. 여기서 말하는 당위성이란 AI를 미술 교과에서 적극적으로 수용하거나 활용해야 한다는 의미가 아니다. AI의 발전으로 인해 변화하는 예술계의 상황을 눈여겨보고, 수업 안에서 학생들과 이야기할 필요가 있다는 뜻이다. 제이슨 앨런의 '스페이스 오페라 극장'이나 크리스 카쉬타노바의 '새벽의 자리야'와 같은 사례들은 학생들과 미술 교육적인 이야기를 나눌 수 있는 좋은 소재가 된다.

> AI로 생성한 이미지는 예술작품이 될 수 있을까?
> AI로 생성한 이미지를 대회에 출품하는 행위는 정당한가?
> AI로 생성한 이미지의 저작권은 누구에게 있을까?

이 질문들은 현재 수준에서 정답이 없다. 아직 AI와 관련된 법과 제도, 사회적인 협약 등이 완성되지 않았기에 그 어떤 주장도 나름의 가치가 있다. 교사는 답을 억지로 낼 필요가 없다. 현재의 상황에 대해 학생들이 있는 그대로 인식하고, 관련 내용을 스스로 조사·판단하고, 눈앞에 펼쳐진 현상에 대해 가치판단을 할 수 있도록 도울 뿐이다.

미술교육은 AI를 수업에 적용하기 전에 이런 탐색의 시기를 가져야 한다. 미술 교과는 전통적으로 이미지를 창조해내는 교과였기 때문에 이미지, 영상을 '생성'하는 AI의 등장에 촉각을 곤두세울 수밖에 없다. 앞서 던졌던 질문을 미술교육과 연결하면 'AI로 생성한 이미지는 학생의 예술 표현 결과물이 될 수 있을까?'로 바꿔볼 수 있다. 이 작은 물음 하나에 대답하기 위해서는 미술과 미술교육에 대한 많은 사고와 고민, 가치판단의 과정이 필요하다.

미술교육이 길을 잃지 않기 위해서는 새로운 기술과 급격하게 변화하는 상황에 대한 심도 있는 탐색과 치밀하게 고뇌하는 시간이 필요하다. 새로운 기술이 등장했고, 이것이 신기하기 때문에, 또는 많이 활용되고 있기 때문에 수업에 바로 적용하거나 활용하기를 적극적으로 권장하는 모습은 조금 위험하다. 혹여 결과가 같더라도 과정은 달라야 한다. 교육적 철학 위에 세워진 활용과 무비판적인 활용은 다르다. AI 시대 예술교육의 고민과 방향성에 대해 집필하면서 글 속에서 끊임없이 질문을 던진 것은 지금이 적극적인 AI의 활용의 시기가 아닌 '교육적 탐색의 시기'가 되어야 한다는 믿음 때문이다.

새로운 기술에 대해 무조건 방어적인 입장을 취할 필요는 없다. 그리고 무비판적으로 새로움에 눈이 멀 필요도 없다. 이성적으로 현 상황을 바라보고, 경험해보고, 그 뒤에 충분히 깊이 생각하고 고민한 다음 교육적 입장을 고수해도 늦지 않다. 중요한 것은 어떤 결론을 내리든지 간에 이 문제를 외면하지 않고 고찰하는 시간을 갖는 것이다.

1 ——— 「기술변화에 따른 일자리 창출」, 한국고용정보원, 2016

2 ——— "How did an AI-made picture claim an art prize? 'AI won. Humans lost'", 〈The Seattle Times〉, 2022.9.3

3 ——— 레픽 아나돌은 모마와의 인터뷰에서 혼자 이 작업을 하는 것이 아니며, 구글의 AMI(Artists and Machine Intelligence) 설립자 중 한 명인 마이크 타이카(Mike Tyka)를 비롯한 14명의 팀원들과 함께 작업했다는 것을 밝혔다.

대한민국 체육교육, 지금이 기회다

十 **이도영**
원광고등학교 교사, (사)교사크리에이터협회 이사, 체육학 박사

뛰놀던 아이들은 다 어디로 갔을까?

4차 산업혁명의 후광으로 현 세대의 학생들은 유례없는 교육 전성기 속에서 학습권을 보장받고 있다. 공간과 시간을 뛰어넘는 교육, 다양한 디지털 기기의 보급에 따른 미래 사회 적응 훈련, AI와 메타버스를 활용한 감각적인 경험…. 우리가 과거에 알던 교육 현장의 모습은 점차 자취를 감추고 있다.

얼마 전 딸아이가 재학 중인 초등학교에 방문했다. 쉬는 시간에 복도를 지나가는데 문틈 사이로 보이는 교실에서 딸아이를 비롯한 몇몇 학생이 태블릿PC를 만지며 재잘거리고 있었다. 하교 후 아이에게 질문했다.

"OO이는 오늘 쉬는 시간에 뭐 하고 놀았어?"

"친구들이랑 캔바(Canva)로 인스타 짤 만들었지."

"아, 그렇구나. 캔바로 노는 게 재밌어?"

"응! 엄청 재미있어."

짧은 대화였지만 체육교사로서, 그리고 크리에이터로서 많은 생각이 드는 대목이었다. 4차 산업혁명의 과도기적 상황임에도 발 빠르게 적응하고 활용하는 아이들의 모습이 기특했지만, 동시에 우려되는 점 또한 있었기 때문이다.

청소년들의 학부모님께 "아이들이 노는 모습을 상상해보세요"라고 질문하면 열에 아홉은 운동장에서 뛰어노는 모습이 아닌, 방 안에서 태블릿PC와 스마트폰을 만지작거리며 누워 있는 모습을 그릴 것이다. 나 역시 고등학교 현직 체육교사로서 이런 현실을 피부로 느끼고 있다. 그래서 일주일에 한두 시간 남짓인 체육시간의 소중함을 조금이나마 일깨워주고자 자습시간을 제공하지 않는다. 설령 시험을 앞두었다 할지라도 마찬가지다. 그러나 나를 포함한 소수의 노력으로 청소년들의 무기력감을 완전히 타개하기란 여간 어려운 일이 아니다.

● 대한민국 학생들의 신체활동 참여율

국민생활체육조사(2023)에 따르면 대한민국 10대의 규칙적인 체육활동 참여율은 2022년 52.6%에서 2023년 47.9%로 4.7% 감소했다. 전 연령을 통틀어도 10대의 참여율은 최저치로 나타났다. 운동장에서, 놀이터에서 뛰어놀던 그 많은 아이는 모두 어디로 갔단 말인가. 심지어 아시아 15개국을 포함한 세계 57개국 및 지역 간 청소년의 신체활동에 대한 보고를 다룬 글로벌 매트릭스(Global Matrix)4.0에 따르면, 대한민국은 신체활동에 도움이 되는 자원, 정책, 인프라는 구축되어 있으나(학교 및 정부의 정책 점수 A), 신체활동을 촉진하기 위한 정책들이 과연 효과가 있는지는 판단하기 어렵다는 입장(전반적인 신체활동 점수 D-)을 보였다. 이는 학생들이 일주일에 4일 이상, 하루 60분 이상 신체활동에 참여하는 비율이 20~26%에 불과하다는 의미다. 아시아 15개국 중 대한민국보다 낮은 점수를 받아 F를 기록한 나라는 대만, 아랍에미리트와 베트남뿐이다. 2016년에 실시한 글로벌 매트릭스 2.0부터 평가에 참여해온 우리나라는 평가 영역 전반에 걸쳐 하위를 기록했다. 학교 교육과정에서 체육수업 시수를 확보하고, 학교스포츠클럽 활동 등 다양한 부가적 활동 시간을 보장하는 등 정부의 노력에도 불구하고, 현장에서의 체육활동 참여도는 현저히 낮다는 점을 알 수 있다. 가까운 일본의 글로벌 매트릭스4.0 결과를 살펴보면, 전반적인 신체활동 점수는 B-, 신체적성에 관한 항목에서는 B를 기록하여 아시아 국가 중 가장 높은 수준이었다. 특히 '학교' 영역에서 처음 참여한 시기부터 줄곧 B 등급을 유지하고 있는데, 이는 학생건강체력 측정검사를 포함한 체육정책 및 지원사업이 잘 이루어지고 있다는 의미로 해석된다. 우리나라의 '학교' 영역은 초창기 2회 연속 하위(D→D+)를 기록하였으나, 4.0에서는 A등급을 받았다. 학교체육과 관련된 정책을 제시하고 있는 점, 체육교과의 최소 수업 시수를 보장하고, 관련 인프라를 확충하기 위한 노력을 기울이고 있는 점 등이 반영된 것으로 보인다.

보고서에 따르면 우리나라 학생들의 운동 참여 저조 현상을 개선하기 위해, 첫 번째로 객관적 평가지표가 필요하다는 점을 강조하였고, 두 번째로 한국의 여학생 체육활동과 더불어 고등학생의 신체활동에 대한 사회문화적 장벽을 제거하는 것이 최우선 과제가 되어야 한다고 밝혔다. 효율적인 정책을 바탕으로 학생들의 신체활동 참여율을 고취시키기 위해 교육부와 학교, 학생과 교사가 함께 노력해야만 한다.

● 10명 중 3명이 비만인 대한민국 학생들

OECD의 과체중과 비만 인구 비율에 관한 보고에서, 대한민국의 과체중 또는 비만 인구 비율이 36.7%로 평균보다 약 20% 낮았지만, 일본(27.2%)에 비해 높은 결과를 기록했다. 교육부에서 실시한 학생 건강검사 표본통계(2023) 결과를 살펴보면(코로나로 인하여 2020년은 측정하지 않음) 최근 5년간 초중고 학생들의 몸무게는 대부분 증가하는 추세를 보였고, 과체중 및 비만 학생의 비율은 29.6%로 30%에 육박했다. 물론 최근 2년의 결과만을 보면 감소한 것이 아니냐고 물을 수도 있다. 하지만 보다 거시적 관점에서 2019년에 비해 학생들의 체중과 비만도가 증가하였다는 결과에 주목하여 체육의 중요성을 역설하고자 한다. 이와 유사한 맥락으로, 2023년 학생건강체력평가(이하 'PAPS')에서 하위권인 4.5 등급을 받은 학생은 15.9%로 집계되었다. 전년도보다는 0.7% 감소하였지만, 이 또한 2019년 12.2%와 비교하면 3.7% 정도 높은 수치다.

코로나 팬데믹의 여파로 야외활동 감소와 반비례하여 청소년들의 체중과 비만도는 증가했다. 더불어 근력과 근지구력, 심폐지구력, 유연성 등을 측정하는 PAPS 결과에서도 청소년들의 전반적인 건강 체력이 약화되었음이 드러났다. 코로나가 종식된 이후 교육 당국에서는 부단한 노력을 했다. 학교 또는 교외에서 신체활동이 재개되었고, 교육부 차원에서는 체육 시수를 최대로 확보하며, 학교 스포츠클럽 참여 독려 및 활성화로 신체활동에 강한 동기를 부여하는 등 학생들이 직접 움직일 기회를 제공했다. 이에 따라 학생들의 평균 체중 및 과체중·비만 학생 비율이 감소 추이를 보이게 된 것은 아래의 자료를 통해 확인할 수 있다.

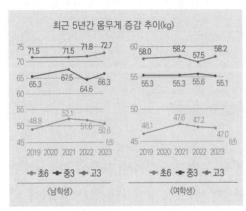

최근 5년간 몸무게 증감 추이(kg)

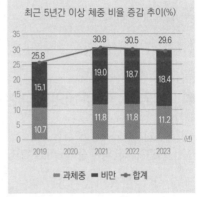

최근 5년간 이상 체중 비율 증감 추이(%)

🌑 학생 맞춤형 체력 향상 지원과 PAPS 확대

현재 초등학교 5학년부터 고등학교 3학년까지 실시하는 PAPS를 초등학교 전 학년으로 확대하는 '학교 건강검사 규칙 개정'이 추진된다. 급격한 식생활습관의 변화에 따라 저학년부터 체력과 건강 상태를 점검할 필요가 있다는 지적을 반영한 것이다. 전 학년 건강체력 평가 결과를 토대로, 관련 프로그램을 상시 제공하는 '건강체력 교실'을 운영함으로써 저체력학생의 비율을 줄인다는 전망을 내세웠다. 이와 더불어 건강체력 측정 영역 요소에 대한 국제 표준 매뉴얼 내용을 파악하여 PAPS 체력요인별 측정 종목을 개선할 필요성 또한 대두된다. 이는 우리나라만 해당하는 내용이 아니다. 세계 각국 정부가 학생들의 건강과 체력을 증진시키기 위해 다양한 프로그램을 국가와 지역 특색에 맞게 개발하여 시행했다. 또한 학교와 지역사회가 협력하여 학생들이 보다 많이 움직일 수 있는 환경을 조성하고 신체활동 참여를 촉진하는 데 중요한 역할을 하고 있다.

프랑스의 마크롱 대통령은 초등학교에서 매일 한 시간 신체활동을 보장하고, 중학교 1학년 수준에서 스포츠 역량 평가를 실시할 것이라고 밝혔다. 2026년부터 프랑스의 중학교에서는 주당 2시간 체육시간이 추가되며, 이미 700개의 중학교에서 시범운영 중으로 정책 효과를 입증하고 있다.

호주 뉴사우스웨일스주에서 실시한 '아이플레이(iPLAY)' 프로그램은 학생들이 학교와 가정에서 일주일에 총 150분 신체활동을 하고 그 내용을 기록하도록 구성하였다. 그 결과 심장질환이나 당뇨가 우려되는 학생 비율이 8% 이하로 떨어진 것을 알 수 있으며(주 전체의 심장질환 및 당뇨 위험군 초등학생 비율은 평균 16%), 전반적인 체력이 강화되고 만성질환 위험이 감소한 점을 알 수 있다.

생활체육이 가장 잘 이루어지고 있는 나라 중 하나인 독일 국민들은 약 30%가 지역 스포츠클럽에 가입하여 개별적으로 운동을 즐기고 있으며 사설 스포츠센터를 이용하는 사람까지 포함하면 스포츠 참여 인구가 약 70%에 다다른다. 제2차 세계대전 이후 국민의 건강과 복지를 위해 '골든플랜'을 실시하여 공공 스포츠시설을 구축한 덕분에 학생들은 집에서 도보 10분 이내 거리에 있는 크고 작은 체육시설을 이용할 수 있고, 원하는 스포츠클럽에 언제든 가입할 수 있으며, 레슨비와 시설 이용료도 매우 저렴하다. 2017~2018학년도부터 튀링엔주 초등학교에서는 3학년 학생들을 대상으로 운동 검사를 확대 실시하였다. 검사에 참여한 학생들은 자신의 운동 수행에 대해 과학적이고 이해하기 쉬운 피드백을 받아 강점과 약점에 대해 알 수 있고, 규칙적인 운동의 필요성과 체육수업 참여 욕구를 고취했다. 이는 우리나라보다 약 7~8년 앞서 실시한 내용으로, PAPS 확대 실시에 관한 규칙을 개정하며 본 사례를 충분히 검토하였을 것으로 생각한다.

가까운 중국의 경우 상하이의 초등학교는 2021학년도부터 매일 1시간씩 체육수업을 실시하고 있으며, 중고등학교로 확대 실시 중이다. 상하이 교육위원회는 이를 통해 학생들에게 충분한 체력 단련 시간을 확보하고, 어떠한 이유로 든 체육과 건강 수업과 학교 체육활동 시간을 보장할 것이라고 밝혔다.

우리나라에서는 학교스포츠클럽 확대와 '국민체력100' 프로그램 보급으로 전 국민의 체력 및 건강 증진을 위해 노력하고 있으며, 생활체육 활성화를 위해 학교 체육시설 개방 사업을 실시하고 있다. 또한 최근 EBS에서 개발한 '메타 스포츠 SCHOOL' 같은 온라인 체육활동 애플리케이션을 보급하여 언제 어디서 나 체력 수준을 확인할 수 있도록 지원한다. 다양한 체육활동 애플리케이션 활용은 거시적 측면에서 학교 수업과의 병행 가능성, 체육 교과의 블렌디드 러닝 기틀 마련, ICT 기반의 교육 혁신 및 학생들의 흥미 유발 등 많은 장점이 있다. 또한 미시적 차원에서는 애플리케이션 사용법의 간편성, 학급 전체 관리 용이, 체육활동 영상 분석 및 피드백 제공 등을 기대하고 있다.

● 탁상공론에서 벗어나 현장 중심의 활동으로

정부는 학생 건강의 중요성을 역설하며 '신체활동의 일상화'를 슬로건으로 내세우고 위의 과제를 추진하고 있다. 그렇다면 발로 직접 뛰는 실무자들의 의견은 어떨까? 신체활동 강화를 목적으로 체육수업 시수가 늘어나야 한다는 점에는 깊이 통감하지만, 교사의 처우 개선 및 환경 조성이 지지부진하고, 구체적인 로드맵을 제공하지 않는다면 이는 빛 좋은 개살구에 불과하다는 의견이 주류다.

그렇다면 구체적으로 무엇이 변화해야 하고 무엇을 확보해야 할까?

첫째, 예산이다. 체육수업은 '움직임'을 기반으로 하기에 공간과 기자재를 구비해야 한다. 그러나 지금도 3~4학급이 체육수업을 동시에 받을 여건이 안 되는 학교가 많다. 학교스포츠클럽 운영 확대 및 체육온활동 도입 등 방과 후 체육활동 추진을 위해 교육부에서는 특별교부금 예산을 2023년 528억 원으로 확대하였으나(2022년 129억 원), 아직도 턱없이 부족하다. 영국의 사례와 비교해보면 영국 교육부는 2023~2024년 2년에 걸쳐 높은 수준의 체육수업을 위해 총 6억 파운드(우리 돈으로 약 1조) 이상의 예산 지원을 약속하였다. 예산 규모도 크지만 특히 학교의 재량으로 해당 예산을 다양한 목적에 맞게 사용할 수 있도록 하여 자율성을 확대하였다.

둘째, 전문성을 갖춘 교사가 필요하다. 체육수업 시수가 확대된다면 체육 전담교사가 늘어나야 하는 것은 당연지사다. 그러나 일부 학교에서는 인력 부족을 핑계로 체육시간과 학교스포츠클럽 시간을 교과 수업 또는 창체 활동 및 자습 시간으로 운용하는 등 체육과 교육과정 편성과는 다른 실정을 보이고 있다. 이는 현장에 체육교사의 투입을 공격적으로 늘려야 함을 드러내는 반증이다. 새로운 인력 확보도 중요하지만 기존 교사들의 전문성을 신장하는 것 또한 중요하다. 핀란드의 체육 및 보건교육교사협회의 특별전문가이자 교사인 헤이디 라우따요끼(Heidi Rautajoki)에 따르면, 체육교사의 전문적 역량은 학생의 활동성을 증대하는 데 큰 영향을 끼치므로 교사 양성 과정에 체육교육 연수를 늘릴 필요가 있으며 이는 초등교사 양성에서 더욱 강조되어야 한다고 했다. (중등의 경우 체육교육 전공자를 양성하기 때문이다.) 이를 참고하여 우리도 대학에서의 체육 관련 과목 확대, 전문적 학습공동체 활성화, 다양한 연수 제공, 장학 제도 보완 등에 힘써야 할 것이다.

셋째, 안전 강화 조치가 필요하다. 현장에서 체육활동 실시를 꺼리는 이유로 안전 문제를 꼽을 수 있다. 학교안전공제회에 모든 학생들이 가입되어 있지만, 운동 중 부상이 발생한다면 교사와 학교는 책임에서 자유로울 수 없다. 교사가 임장하지 않은 상황이더라도, 일과 시간 내에 일어난 활동이라면 모든 책임은 온전히 교사에게 묻는다. 2023년 교원 1인당 학생 수는 초등학교 13.3명, 중학교 11.6명, 고등학교 9.8명이다. 이 통계가 한 학급에서 수업을 받는 학생 수를 의미하지는 않는다. 교원 1인당 학생 수는 해가 갈수록 지속적으로 감소하고 있다. 그럼에도 OECD 국가 평균보다는 높은 수준이다. 한 명의 교사가 일과 시간 동안 다수의 학생을 1초도 빠짐없이 보호하기는 현실적으로 불가능하다. 특히 초등학교 저학년은 중간 놀이를 하든 점심시간에 자유롭게 놀든 담임교사의 시야 안에 있어야 하는 어려움이 있다. 따라서 신체활동을 하는 데 안전한 장소와 위기에 대응할 수 있는 인력을 제공하고, 교사의 책임을 경감할 수 있는 제도가 적극적으로 보장되어야 할 것이다.

● AI와 디지털 기술 활용으로 비상하는 체육교육

2022 개정 교육과정은 디지털 기술을 활용한 교수·학습에 대해 중요하게 언급했다. 그만큼 디지털 테크놀로지를 활용한 체육활동은 우리에게 한걸음 더 가까이 다가왔다. 디지털 기술은 교수, 학습, 평가 등 전 영역에 걸쳐 신체활동에 직·간접적인 영향을 미치며, 신체활동 참여를 촉진하는 역할을 한다.

불과 10여 년 전만 해도 이렇게 빠르게 다양한 기술이 활용되리라고는 상상하지 못했다. 10년 전 수업과 평가를 떠올려보면 체육시간에 카메라를 활용하여 학생의 연습과 평가 장면을 촬영하고 기록하기도 하고, 프로배구 경기를 보며 해설을 하는 영상을 제작하여 제출하게 했던 기억이 생생하다. 당시에는 디지털 기기를 적용하여 시대를 앞서가는 수업과 평가 활동이었는데, 지금 학생에게 같은 과제를 제공한다면 AI를 활용하여 너무나 쉽게 목표를 달성할 수 있을 것이다.

AI는 개인의 체력 수준, 운동 선호도, 목표 등을 빠르고 정확하게 분석하여 맞춤형 훈련 프로그램을 제공한다. 학생들은 간단한 질문에 답하여 보다 효과적이고 안전하며, 차별화된 운동 프로그램을 제공받는다. 또한 실시간으로 운동 수행을 분석하고 피드백을 받을 수 있다. 예를 들어 팔굽혀펴기, 축구에서 롱킥을 하는 모습 등을 영상으로 촬영하고 분석하여 개선점을 알려주는 식이다. 이러한 실시간 피드백은 학생들이 더 빠르게 기술을 익히고 개선하는 데 도움을 준다.

가상현실(VR)과 증강현실(AR), 사물인터넷(IoT) 등을 활용한 체육수업은 학생들에게 다양한 경험을 제공할 수 있다. 스크린 골프를 생각해보면 이해가 빠를 수 있다. 초기 설치 비용은 크지만 운동 공간이 부족한 학교 또는 학생, 선수 훈련에 활용할 수 있고, 날씨나 공간의 제약을 받지 않으며, 평소 경험하지 못하는 종목을 체험하는 차원에서도 긍정적인 효과가 있다. 골프뿐만 아니라 야구, 테니스 등 다양한 종목으로 확장되고 있어 앞으로 더욱 기대된다.

이제 우리는 기술을 잘 활용하여 신체활동을 극대화하는 데에 초점을 맞추어야 한다. 기술 발전이 빨라질수록 더 많은 도구와 기기들이 현장에 투입될 것이다. 우리가 AI를 단지 하나의 도구로 사용할지, 미래의 교수자 또는 촉진자로 만들지는 지금 어떻게 활용하는지에 따라 결정될 것이다. 학생들은 체육수업 시간 신체활동을 통해 건강한 생활습관을 형성하고, 정서적·사회적 건강을 향상시키기 위해 노력한다. AI와 기술의 발전은 이 과정을 더욱 빠르고 정확하게 수행하도록 할 것이 분명하다. 이 새로운 패러다임은 체육교육의 질을 한층 높이는 데 기여하고 더욱 혁신적이고 포괄적인 방향으로 나아갈 것이다. 국가 차원의 정책 개발과 기술 지원, AI와 디지털 기술의 활용으로 대한민국 체육교육이 크게 비상하길 희망한다.

참고자료 ——

「제2차 학생건강증진 기본계획」, 2023

「국민생활체육조사」, 문화체육관광부, 2023

「2023년 학생 건강검사 표본통계 및 청소년건강행태조사 결과 발표」, 교육부, 2024

Global Matrix 4.0 physical activity report cards grades for children and adolescents: A comparison among 15 Asian countries and regions. Wendy Y. Huang, Salome Aubert, Mark S. Tremblay, Stephen H. Wong (2022), ⟨*Journal of Exercise Science & Fitness*⟩ 20. 372-381.

「학생건강체력검사에 대한 연구: 한국, 대만, 일본의 Global Matrix 4.0 결과를 중심으로」, 김덕중·이병구 (2023), 창의정보문화연구, 9(4).

"인공지능 시대, 학교체육의 길 묻다", 이규일, 『대한민국 정책브리핑』, 2021.7.30

「2022 개정 교육과정 중고등 체육과」, 교육부

Public Health Weekly Report (2023), 16(39)pp. 1334-1335.

"Bewegte Kinder = Gesündere Kinder", https://bekigeki.github.io

영국 교육부 공식 블로그 educationhub.blog.gov.uk

"Lapset huolestuvat hikoilusta ja sykkeen noususta". ⟨*Helsinging Sanomat*⟩, 2023.10.23

"Wenn Kinder nicht mehr klettern können", ⟨*Frankfuter Allgemeine*⟩, 2022.9.26

뉴사우스웨일즈 교육부(2018.7.2)

"Emmanuel Macron veut encore renforcer la pratique sportive à l'école", ⟨*Le Monde*⟩, 2023.9.23

「교육기본통계」, 한국교육개발원, 2023

07

AI 혁명?
스피킹 혁명이 먼저다!

윤수영
충청남도교육청 소속 중등교사, AI디지털교과서 현장적합성 검토 지원단

교육계가 AI교육으로 떠들썩하다. 미리 이야기하자면 나는 에듀테크에 무척이나 관심이 많다. 현재 AI교육 선도교사로 활동 중이며, 도내 교사들을 대상으로 직접 만든 AI교육 방법 사례를 강의하기도 하고, AI교육 우수사례집 개발에도 참여해왔다. 그러나 치열한 고민 끝에 내린 결론은 이렇다. '미래 영어교육은 본질에 집중해야 한다.' AI교육은 그 본질을 뒷받침하는 수단이 되어야 한다.

먼저, 그동안 영어교사로 일하며 알게 된 우리나라 영어교육 현장의 네 가지 놀라운 사실을 공유하고자 한다. 첫째, 20년 전과 다름없이 아직도 많은 학생들이 영어 말하기 울렁증이 있다. 둘째, 그럼에도 불구하고 학생들은 회화보다 독해와 문법을 배우고 싶어 한다. 셋째, 교과서에 나오지 않지만 학원에서 가르치는 중요한 내용들이 있다. 넷째, 알파벳을 외우는 학생과 원서를 읽는 학생이 같은 수업을 받고 같은 시험을 본다.

이 네 가지 사실은 서로 별개의 이야기가 아니다. 지금부터 각각의 문제 상황들을 좀 더 자세히 분석하고, 대한민국 미래 교육이 나가야 할 방향을 제시해보고자 한다.

● 20년 전과 다름없이 영어 말하기를 잘 못하는 이유

영어교사인 나는 학창 시절 심각한 영어 말하기 울렁증이 있었다. 원어민과의 대화가 늘 고통이었다. 더 놀라운 건 나는 서울의 유명 외국어 고등학교 출신이라는 점이다. 지필고사 성적으로만 봤을 때는 학교 안에서도 꽤 영어를 잘하는 편이었다. 그럼에도 원어민 선생님의 말이 들리지 않았고, 들리지 않으니 말을 할 수도 없었다. 영어 말하기에 자유로워진 건 아이러니하게도 공교육 현장을 벗어난 이후다.

이후 십수 년이 훌쩍 넘어 교사가 되어서 학교로 돌아왔을 때는 교육 현장이 얼마나 달라졌을까 궁금했다. 그동안 미디어에서 문법과 독해 위주 영어교육의 문제점이 계속해서 지적되었고, 많은 것이 변화하고 있는 것만 같았기 때문이다. 그러나 바뀌고 있다고 믿었던 영어교육은 놀랍게도 크게 변한 것이 없었다. 활동식 수업이 많아지고 원어민 선생님과의 수업이 생긴 것이 현장에서 내가 느낀 가장 큰 차이다.

물론 영어 말하기 실력이 뛰어난 학생들이 예전보다 늘어난 것은 사실이다. 그러나 이들은 대부분 학교 바깥에서 조기 영어교육을 받은 학생들이다. 내가 집중하고 싶은 것은 공교육이 키워내는 학생들의 실력이다. 적어도 열심히 학교 교육과정을 따라가면 어느 정도는 영어 말하기를 할 수 있게 시스템이 구성되어야 하는데 현실은 그렇지 못하다. 이러한 상황을 극복하려면 학교 현장에 변화가 필요하다는 건 의심할 여지가 없다. 그렇다면 도대체 어떤 변화가 필요한 것인가?

● 미래 교실에 필요한 것은 스피킹 혁명

학생들이 말하기, 듣기에 어려움을 겪는 문제에 관한 해결책은 명확하다. 영어교육 현장에서 스피킹 혁명이 먼저 일어나야 한다. AI교육 혁명에 빗대어 혁명이라는 표현을 사용하는 이유는 여태까지는 없었던 수준과 규모의 변화가 필요하기 때문이다. 그렇다면 스피킹 혁명은 어떤 방식으로 이루어져야 할까?

학창 시절 심각한 영어 울렁증을 가지고 있던 나는 현재 취미가 영어토론일 만큼 영어 말하기에 자유롭다. 수능이라는 최종 관문을 마치고 학교 문턱을 나선 후부터 완전히 새로운 방식으로 영어를 대할 수 있었기 때문이다. 영어 말하기 실력을 향상시키기 위해서는 전통적인 방식과는 다른 교실 형태가 필요하다. 내가 영어 학습자로서 말하기 실력을 향상시키는 데 사용해왔고, 현재 교수자로서 학생들을 가르치며 사용하는 방식 중 두 가지를 소개하고자 한다.

첫째는 학생들을 소리에 익숙해지게 만드는 것이다. 영어를 배우기 힘든 가장 큰 이유 중 하나는 한국어와는 너무나도 다른 소리다. 영어에는 한국어에 존재하지 않는 강세와 억양 등 리듬적인 요소들이 있다. 또한 한국어에는 존재하지 않는 발음도 있다. 영어가 잘 들리지 않는 가장 큰 이유는 이러한 소리 차이 때문이다. 따라서 무작정 반복해서 듣는다고 영어 듣기가 늘지는 않는다. 이미 아는 단어나 표현인데도 발음을 모르거나 리듬이 들어가니 듣지 못하는 경우가 허다하다. 영어학습에서 학생들이 이러한 소리 요소에 익숙해지는 것이 중요하다. 실제로 학생들에게 소리 훈련을 시키면, 처음에는 들리지 않던 소리가 훈련 후에 분명하게 들린다고 한다. 마치 귀가 뚫리는 듯한 경험을 하는 것이다. 그렇지만 이러한 방식의 교육은 듣기보다는 읽기에 치중된 지필평가와 교과서 등의 여건 때문에 학교 현장에서 시행하기가 상당히 어렵다.

둘째는 능동적 어휘의 양을 늘리는 것이다. 영어 어휘는 크게 두 가지로 나뉜다. 첫째, 수동적 어휘(Passive Vocabulary)는 내가 '이해할 수 있는' 어휘이고 능동적 어휘(Active Vocabulary)는 내가 '사용할 수 있는' 어휘다. 영어 말하기를 잘하려면 단어나 표현 하나를 배우더라도 실제로 사용할 수 있는 능동적 어휘로 만들어야 한다. 이를 위해 내가 교실에서 사용하는 방법은 단어나 표현을 소리로 말할 수 있도록 연습시키는 것이다. 글자로만 암기하는 방식은 쉽고 빠르지만, 실제로 사용하기 어렵기 때문이다. 그런데 소리를 말하도록 연습시키는 방식은 능동적 어휘를 늘려주기 위한 아주 최소한의 방법이다. 능동적 어휘를 늘리는 데 훨씬 더 효과적인 방법들이 다수 존재한다. 그러나 현실적으로 학교 현장에서는 지필평가, 교과서 등의 여건 때문에 그러한 방법들을 적용하기 어렵고, 능동적 표현보다는 수동적 표현을 늘리는 데 주로 초점을 맞출 수밖에 없다.

● 학생들이 말하기 수업을 원하지 않는 이유

사실 더 놀라운 건 대부분의 학생들은 말하기 실력을 향상시키는 데 큰 관심이 없다는 점이다. 처음 중학교에서 근무를 시작했을 때 학생들에게 무엇을 배우고 싶은지 수요조사를 한 적이 있다. "그래, 말하기를 잘하고 싶지? 선생님이 가르쳐줄게!" 이런 흐름을 기대하고 한 조사였는데, 결과는 반대였다. 학생들이 원하는 건 문법과 독해 수업이다.

이유는 간단하다. 학생들은 당장 눈앞의 시험을 잘 봐야 한다. 학교에서는 한 학기에 두 번씩, 일 년에 네 번 지필고사를 보고 성적표를 받는다. 생각보다 평가 시기는 빨리 오고 학생들은 시험 성적을 제쳐두고 말하기 연습에 시간을 낼 여력이 없다. 학생들이 네 번의 시험을 잘 보고 싶은 건 당연한 일이다. 고등학생은 말할 것도 없이 수능이 기다리고 있다. 이러한 환경에서는 제대로 된 말하기 연습이 이루어지기가 어렵다. 유학 경험이 있거나 학교 바깥에서 유학에 준하는 말하기 교육을 받은 학생들은 중학교에서 문법 독해를 배워나가며 균형 있게 영어 실력을 키울 수 있다. 그렇지만 대부분의 학생들은 입을 다문 상태로 10여 년간 문법 독해 공부에 매달린다. 그리고 교사는 오늘도 교과서 진도에 맞춰, 학생들 바람에 맞춰, 교육 시스템에 맞춰, '말하지 못하는 영어'를 가르칠 수 밖에 없다.

● 평가가 바뀌면 원하는 것이 바뀐다

학생들이 영어 말하기 실력을 키우게 하려면 어떻게 해야 할까? 가장 가까이서 찾을 수 있는 답은 평가 방식의 변화다. 읽기 영역에 대한 평가뿐만 아니라, 말하기 영역에 대한 평가가 함께 필요하다. 물론 경쟁을 위한 평가가 아니라, 동기 부여와 피드백을 위한 평가다. 학년이 올라갈수록 대학입시에 대한 부담이 커지기 때문에, 각자 진로에 따른 필요에 맞게 평가 유형을 선택할 수 있게 해주는 것도 한 가지 방법이라고 생각한다. 물론 지금도 많은 학교에는 수행평가로 말하기 영역이 존재하다. 그러나 형식이 달라져야 한다. 단순히 영어를 암기하는 게 아니라 삶에서 실제로 사용할 수 있는 능동적 어휘를 측정하고, 소리에 얼마나 익숙해져 있는지를 측정하는 평가가 되어야 한다. 그래야 비로소 학생들이 진짜 말하기와 듣기 실력을 키울 수 있을 것이다.

● 교과서에서 가르쳐주지 않는 것들

사실 학교 현장에서 영어 말하기 교육을 힘들게 하는 건 평가 체제뿐만이 아니다. 안타깝지만 교육과정과 교과서도 말하기 교육에 걸림돌이 되기는 마찬가지이다. 언어학자 스티븐 크라센(Stephen Krashen)의 언어습득 가설에 따르면 외국어를 배우는 방식에는 '습득(Acquisition)'과 '학습(Learning)'이 있다. 습득은 풍부한 영어 의사소통 환경 속에서 문법을 모르고도 자연스럽게 영어를 배우게 되는 것이다. 반면 학습은 언어의 규칙, 즉 문법을 배우면서 언어를 익히는 것이다. 우리나라의 영어교육은 어떤 방식을 따를까? 학교 현장의 모습을 보면 우리나라의 영어교육은 습득 환경을 제공한다고도, 학습 환경을 제공한다고도 보기 어렵다.

먼저 학습을 지향한다고 보기 어려운 이유는 우리나라 영어 교육과정에는 문법 요소가 들어가 있지 않기 때문이다. 당연히 교과서에도 문법에 대한 설명이 매우 부족하다. 심지어 '주어, 동사, 목적어, 보어'와 같이 문장을 구성하는 기본 요소들에 대한 설명조차 없다. 기본 문법을 모르고 영어 말하기를 배우는 것이 가능할까? 가능하다. 단, 풍부한 영어 환경에 지속적으로 노출될 수 있을 때, 즉 영어 사용 국가에 살거나 혹은 그에 준하는 풍부한 영어 환경에 노출된 경우에 한해서다. 즉 앞서 말한 습득이 일어날 수 있는 환경이라면 가능한 것이다. 이러한 환경에서는 문법 용어를 모르고도 원어민처럼 자연스럽게 영어를 습득할 수 있다. 우리나라 교육과정에 문법 요소가 빠진 것은 마치 학교에서 학생들이 영어를 학습하는 것이 아니라 습득할 수 있을 것이라는 믿음이 담겨져 있는 것처럼 보인다.

그러나 학교는 습득에 필요한 환경을 제공하고 있지도 않다. 영어를 습득하려면 앞서 말했듯이 풍부한 영어 환경에 노출되어야 하는데, 대부분의 학생들은 학교에서 고작 일주일에 서너 시간 영어를 접한다. 결과를 보아도 오직 학교 교육만으로 영어를 습득한 사례는 본 적이 없다. 여전히 내가 만나는 많은 학생들이 습득은커녕 일상적인 대화를 하는 데도 어려움을 겪는다. 그렇다면 우리는 학교에서 습득이 이루어지고 있다는 환상을 버려야 할 것이다. 현실을 직시했다면 교육과정도, 교과서도 그에 맞추어 변화해야 한다.

● 습득이냐 학습이냐, 그것이 문제로다

이제 우리가 선택할 수 있는 것은 두 가지다. 첫 번째는 여전히 우리 학생들이 영어를 습득할 수 있다는 믿음을 가지고 학교 현장을 변화시키는 것이다. 즉, 학교에서 습득이 이루어지지 않고 있다는 걸 인정하고, 적절한 환경을 제대로 조성하는 것이다.

사실 습득은 학교 영어시간이라는 짧고 한정된 시간 안에 일어날 수 없는 과정이다. 그러므로 학교는 학생들이 교육과정 외에도 영어에 흥미를 가지고 몰입하여 연습할 수 있도록 동기 부여하는 역할을 해야 한다. 학생들이 흥미를 가질 수 있는 영화, 드라마 등 시각매체나 책 등의 자료를 활용하는 것이 전통적인 교과서보다 훨씬 더 효과적일 수 있다. 또한 앞서 이야기한 바와 같이 학교가 학생들의 능동적 어휘를 늘리고 소리에 익숙해질 수 있도록 돕는 역할을 한다면, 학생들은 학교 바깥에서도 배운 방법을 적용해 스스로 연습할 수 있을 것이다. 이렇게 습득의 환경을 최대한 조성해놓으면, 누구나 사교육 없이도 원하는 만큼 영어에 노출되고 영어 말하기 실력을 늘릴 수 있다. 그리고 마지막으로 학교는 학생들이 학교 안팎에서 익힌 영어를 실제로 사용해볼 기회를 제공해야 한다.

만약 이러한 습득의 환경을 조성하는 것이 현실적으로 어렵다면 아쉽지만 차선책도 있다. 영어 학습을 목표로 하는 것이다. 습득보다 효과가 떨어지지만 학습으로도 영어 말하기를 할 수 있다. 사실상 오늘날 대부분의 학생들은 학습의 방식으로 영어를 익힌다. 영어를 '학습'한다는 것은 규칙에 대한 이해, 즉 '문장 구조'에 대한 이해를 바탕으로 영어를 익힌다는 것이다. 더구나 영어는 한국어와 어순이 다르기 때문에 영어 문장 구조에 대해 알아야 한다. 예를 들어 한국어로 '나는 너를 사랑해'를 영어로 옮기면 '나는 사랑해 너를'이라는 것을 학습하기 위해서는 주어와 목적어의 개념을 알아야 한다. 그러나 이러한 문법 요소는 앞서 이야기했듯이 교육과정이나 교과서 어디에도 들어 있지 않다. 문법 설명을 지양하려는 취지는 이해가 가지만, 영어 문장 구조가 저절로 습득되지 않는 많은 학생들은 공교육에서 발생하는 빈 공간을 채우기 위해 사교육에 의존할 수밖에 없다. 반대로 사교육의 도움을 받지 않으면 영어의 기초 문법 지식이 없기 때문에 학년이 올라갈수록 영어를 이해할 수도, 수업을 따라올 수도 없게 된다. 안타깝지만 현재 교육과정과 교과서는 사교육을 유발하는 구조다. 이러한 구조에서 벗어나기 위해서는 최대한 빨리 학교 현장에서 습득이 실패했고 학습이 진행 중이라는 것을 받아들여야 한다. 적어도 영어 학습에 아주 기본이 되는 문법 요소라도 교육과정 및 교과서에 넣고 학생들에게 학습의 기회를 제공해야 한다.

올해는 중학교 1학년 학생들을 맡아 자유학기의 덕을 톡톡히 보았다. 동교과 선생님과의 합의하에 학기 초에 교과서 진도를 나가는 대신 꽤 많은 시간을 할

애하여 학생들에게 꼭 알아야 하는 기본 문법 요소들을 가르칠 수 있었기 때문이다. 좋은 말로 하면 교육과정의 재구성이지만 사실은 교육과정의 파행일 것이다. 그마저도 평가에서 자유로운 자유학기가 있어 가능한 일이었다. 진도를 나가는 대신 교과서와 교육과정에 없는 내용을 가르치는 교사의 마음은 불편하고 시간에 쫓긴다. 행여 민원이라도 들어온다면 할 말도 없다. 그러나 교육과정에 없는 것을 가르쳐야 학생들이 학습이라도 할 수 있다는 것을 교사들은 알고 있다. 사교육을 받지 않는 학생들도 따라올 수 있는 교육을 하기 위한 선택이기도 했다.

이제 우리는 처음으로 되돌아가 학교 교육이 추구해야 할 방향성에 대해 고민해보아야 한다. 습득을 추구할 것인가, 학습을 추구할 것인가. 물론 학교 교육에서 습득과 학습이라는 두 가지 목표를 병행하는 것도 가능하고 현실적으로 가장 효과적인 방법일 수 있다. 또한 이것이 어쩌면 우리 영어교육이 추구하고자 하는 바였을지도 모른다. 그러나 문제는 우리 학교 현장에는 습득에 필요한 교육 환경도 학습에 필요한 교육 환경도 제대로 조성되어 있지 않다는 점이다. 교사는 교육과정을 재구성할 수는 있지만 그 이상의 권한은 없다. 문제는 명확하다. 교사가 아닌 교육 정책가의 고민과 결단이 절실히 필요하다.

● 알파벳을 외우는 학생과 원서를 읽는 학생

앞서 기술한 모든 조건이 갖추어져도, 영어 수업에는 또 다른 장벽이 기다리고 있다. 바로 학생들의 수준이 천차만별이라는 것이다. 영어 유치원을 비롯한 조기 영어교육의 열풍은 해가 갈수록 거세지고, 학생들의 수준 차이는 그 어느 때보다 극심하다. 실제로 중학교 1학년 수업을 들어가면 준 원어민 수준의 학생부터, 알파벳을 외우고 있는 학생까지 격차가 크다.

조기교육으로 인한 수준차를 변화시키기는 어렵다. 다만 교사가 해야 할 일은 소외되는 학생이 없도록 하고, 각자 조금씩 꾸준히 발전할 수 있도록 돕는 일일 것이다. 그렇기에 수업을 잘 따라오지 못하는 아이들에게 더 마음이 쓰인다. 수업의 주인공은 사교육의 혜택을 받지 못한 학생들이기를 바라지만 현실은 녹록치가 않다. 학년마다 정해진 교육과정과 교과서가 있고, 일 년에 네 번 시험을 봐야 하는 상황에서 현실은 매일 진도에 쫓긴다. 사교육의 혜택을 받지 못한 학생일수록 문법을 모르기 때문에 교과서 내용을 따라오지 못하는데, 진도에 쫓겨 이러한 학생들을 적극적으로 도와주지 못한다.

　　학력 수준이 낮은 학생들이 교실에서 소외되는 걸 막기 위해서는 수준별 수업이 필요하다. 그런데 수준별 수업은 위화감을 조성한다는 이유로 폐지되었다. '교실 내 수준별 수업'이라는 막중한 과제가 개별 교사에게 주어져 있다. 이상적인 시나리오는 매시간마다 교사가 적어도 3가지 수준 이상의 수업 자료와 활동을 준비해서 한 교실 내에서 수준별 수업을 진행하는 것이다. 그러나 이러한 수업은 대규모 교실일수록, 그리고 학년이 올라갈수록 한계가 있다. 또한 그게 가능하다고 해도 더 큰 문제가 기다리고 있다. 바로 다양한 수준의 학생들이 모두 같은 평가를 받아야 한다는 것이다. 가르친 내용이 다른데 어떻게 같은 평가를 볼 것인가?

　　평가의 기능은 학습 목표를 달성했는지 확인하고 부족한 점을 보충할 수 있도록 도와주는 것이다. 현실적으로는 학생들이 공부할 수 있게 동기 부여하는 역할을 한다. 그런데 수준별 수업을 실컷 진행해놓고 시험 문제를 낼 때에는 가장 낮은 단계의 학생이 풀어볼 엄두도 내지 못할 문제를 낸다면 어떻게 될까. 동기 부여를 하는 것이 아니라 학생이 아예 포기하게 만들어버린다. 학생들은 작은 성공 경험에서 학습 동기를 얻는데, 일괄적인 평가가 학력 수준이 낮은 학생들의 학습 동기를 아예 빼앗고 마는 것이다. 학생이 학습 목표를 달성했는지 확인하고 보충할 기회를 주는 것이 아니라 부족한 점만 찾아 보여주기 때문이다.

　　실제로 적지 않은 학생들이 한번 영어를 포기하고 나면, 중학교, 고등학교까지 긴 세월 수업시간에 허송세월한다. 영어 과목은 어휘와 문법 내용이 누적되므로 시험 문제가 점점 더 걷잡을 수 없이 어려워진다. 학생들에게는 "다른 사람과 비교하지 말고 오늘보다 내일 조금씩 더 발전하는 삶을 살자"라고 말하지만, 정작 시험 문제는 그 학생들이 풀어볼 엄두도 내지 못하게 어렵게 내는 것이 교사의 현실이다.

● 평가의 의미를 되찾아야 할 시점

학생들이 영어를 포기하지 않고 하루하루 발전하는 삶을 지향하도록 만들기 위해서는 수준별 수업에 대한 현실적인 대안 마련이 시급하다. 수준별 수업이 어렵다면 최소한 수준별 평가가 진행되어야 한다. 대규모 교실에서 교사 개인이 매 수업마다 제대로 된 수준별 수업을 준비하기란 쉽지 않다. 당연하게도 개인의 여건에 따라 수준별 수업의 정도도 다르다. 나 역시 경력과 맡은 학년 등의 여건에 따라 수준별 수업의 정도가 달랐다.

'수준별 수업 폐지'로 인해 위화감은 사라졌을지 모른다. 그러나 '교실 내 수준별 수업'이라는 듣기 좋은 이름하에 교사 개인에게 막중한 책임이 전가되어 있고, 여전히 현장에서는 수많은 학생들이 소외되고 있다. 그러나 이는 수업을 따라오지 못하는 학생의 탓도, 모든 학생들에게 수준별 학습을 제공하지 못하는 교사의 탓도 아니다. 학생들이 각자의 자리에서 최선을 다할 수 있도록 도와주는 진정한 의미의 평가 제도가 절실히 필요하다.

그런 의미에서 2025년 도입되는 AI디지털교과서가 수준별 맞춤형 학습을 제공한다고 하니 영어교사들의 엄청난 희망이다. 그러나 디지털교과서 도입과 함께 평가 체계의 혁신이 함께 이루어지는 것이 핵심이 되어야 할 터인데 행여 알맹이는 빠지고 껍데기만 올까 기대 반 걱정 반이다.

● AI 시대, 지금 우리에게 필요한 것

AI 시대의 교육법이라며 다양한 에듀테크 기법이 개발되고 있고 나 역시 그 중심에 서 있다. 겉으로만 화려한 것을 좇다 보면 본질을 놓치기 십상이다. 20여 년간 활동식 수업의 중요성이 부각되어 영어 과목에서도 활동식 수업으로 전환이 많이 이루어졌다. 이것은 학생들의 동기 부여에는 효과적이었지만, 언어 교육에서 가장 중요한 말하기 능력 향상에는 큰 변화를 가져다주지 못했다. 마찬가지로 다양한 에듀테크를 활용하여 학습 동기를 높이는 것도 중요하지만 영어 과목의 경우엔 반드시 먼저 고려해야 할 본질이 있다. 실제적인 의사소통 능력에 얼만큼 도움을 주는가이다. 에듀테크는 사용하기에 따라 그 목표를 달성하기 위한 효과적인 수단이 될 수도, 아닐 수도 있다. 개인적으로는 챗GPT의 발달이 교육 현장에서 영어 말하기 학습에 획기적인 발전을 가져다줄 수 있다고 믿는다. 다만, 무엇이 목표이고 무엇이 수단인지를 의식하면서 사용할 필요가 있다. 나 역시 이를 철저히 의식하면서 다양한 영어 수업 방안들을 적용해보고 연구해 나가고 있다.

한국인의 의지, 교육열은 이미 오래전부터 준비되어 있었다. 학생들과 교사들은 열정과 실력이 넘친다. 우리에게 지금 절실히 필요한 한 가지는 스피킹 혁명이다. 스피킹 혁명은 교육과정부터 교과서, 평가 체계까지 변화시키는 대변화다. 만약 성공한다면 K-영어교육이 세계화에 필요한 인재들을 길러내는 성공을 넘어, 세계로 진출하는 것도 먼 미래의 일이 아닐 것이다. 2025년 대한민국 영어교육은 그야말로 선택의 기로에 놓여 있다.

Part 04

AI 디지털 교육의

미래

1 필요가 아닌 필수, 미디어 리터러시 교육

2 AI 시대, 질문을 질문하라!

3 국내외의 쌍방향 소통툴 도입과 한국의 디지털 교육이
나아갈 방향

4 Google Workspace EDU+와 Gemini를 활용한 교실혁명

5 AI디지털교과서를 위한 변명

6 확장현실과 AI의 만남, 미래 교육의 새 지평을 열다

7 디지털 시대의 생활지도 방향

필요가 아닌 필수, 미디어 리터러시 교육

정지훈
충청남도교육청 소속 초등교사, (사)교사크리에이터협회 영상&디자인팀장,
교사 크리에이터 커뮤니티 '티튜버' 운영

● 디지털 시대의 도래, 정보 폭발의 시대

2007년 6월, 그리고 29일. 아이폰이 등장했다. 단순한 기기의 출시가 아니었다. 손 안의 작은 기기가 세상을 바꾸리라고 당시 누가 상상이나 했을까? 하지만 그것은 우리의 생활방식, 사고방식, 그리고 세상을 바라보는 시각 자체를 뒤흔드는 디지털 혁명이었다. 하지만 눈부신 변화의 이면에는 어두운 그림자가 존재한다. 수많은 SNS 피드와 광고, 검증되지 않은 크고 작은 이슈들, 알고리즘이 선별하여 추천하는 영상들. 우리는 정보의 바다에서 우아하게 헤엄치는 것이 아니라, 허우적거리고 있다. 특히 우리의 아이들, 디지털 네이티브라 불리는 Z세대와 알파세대에게 이 문제는 더욱 심각하다. 그들에게 스마트폰은 공기와도 같다. 하지만 우리는 그들에게 디지털 세상을 헤쳐 나가는 법을 제대로 가르치지 않고 있다. 미래학자 앨빈 토플러(Alvin Toffler)는 "21세기의 문맹은 읽고 쓸 줄 모르는 사람이 아니라, 배우고 수정하고 다시 배우는 법을 모르는 사람일 것"이라고 말했다. 이 메시지는 오늘날 우리에게 중요한 시사점을 제공한다. 현재 우리 아이들에게 필요한 것은 단순한 기기 조작법이 아니다. 그들에게는 이 정보의 세계에서 진실과 거짓을 구분하고, 유용한 정보를 선별하며, 자신의 생각을 효과적으로 표현할 수 있는 능력이 필요하다. 바로 이것이 미디어 리터러시(Media Literacy)의 본질이다.

미디어 리터러시 교육은 더 이상 '있으면 좋은 것'이 아니다. 이것은 우리 아이들이 미래 사회에서 살아남기 위한 필수 생존 기술이다. 마치 읽고 쓰는 법을 가르치듯, 이제는 미디어를 읽고 쓰는 법을 가르쳐야 할 때다. 이는 디지털 시대의 새로운 문해력이며, 21세기를 살아가는 모든 이에게 필요한 핵심 역량이다.

디지털 시대의 급격한 변화 속에서 우리는 중대한 선택의 기로에 서 있다. 끊임없이 진화하는 미디어 환경과 쏟아지는 정보의 홍수 속에서 어떤 태도를 취할 것인가? 이를 수동적으로 받아들일 것인가, 아니면 비판적으로 분석하고 창의적으로 활용할 것인가? 이 질문의 답은 우리와 다음 세대가 미디어와 정보를 어떻게 이해하고 다루느냐에 달려 있다.

● 미디어 리터러시란 무엇인가

2024년 7월, 부산의 한 고등학교에서 충격적인 사건이 발생했다. 한 남학생이 같은 학교와 인근 학교 여학생 얼굴을 도용해 딥페이크 음란물을 제작하고 유포한 것이다. 이 영상들은 온라인 메신저를 통해 순식간에 퍼졌고, 피해 학생들은 심각한 정신적 충격을 받아 일부는 등교를 거부하기에 이르렀다. 이 사건은 특히 미디어 교육과 윤리 교육 부재가 얼마나 심각한지를 여실히 보여주었다. 더불어 이러한 교육적 공백 상태에서 첨단기술에 대한 접근성이 높아졌을 때 어떤 위험한 결과가 초래될 수 있는지를 적나라하게 드러냈다. 이 사례는 미디어 리터러시 교육의 절대적 필요성을 보여준다. 미디어 리터러시는 단순히 미디어를 이해하고 활용하는 능력을 넘어, 디지털 세상에서의 윤리와 책임, 그리고 타인에 대한 존중을 포함하는 포괄적인 개념으로 나아가야 한다.

그렇다면 미디어 리터러시란 정확히 무엇일까? 미디어 리터러시란 미디어 (media)와 리터러시(literacy)의 합성어로, 미디어를 읽고 쓰는 능력을 뜻한다. 구체적으로 신문, 방송, 인터넷, 유튜브 등 미디어를 단순히 보고 받아들이는 것이 아니라 미디어가 주는 메시지를 해석하고 비판적으로 수용하며 의미를 전달하는 능력을 말한다.[1] 한국청소년정책연구원의 연구에 따르면, 청소년 4명 중 3명은 가짜뉴스에 노출된 경험이 있으며, 그중 1명은 허위 정보를 사실로 오인한 적이 있다고 한다.(2023) 더욱 우려되는 점은 이러한 현상이 성인층에서도 나타난다는 것이다. 한국언론진흥재단의 조사에서 성인의 60% 이상이 온라인 정보의 진위 판별에 어려움을 겪고 있다고 응답했다.(2022) 이는 세대를 막론하고 우리

사회 구성원들이 정보의 포화 속에서 정확한 판단과 분별력 있는 선택에 어려움을 겪고 있음을 시사한다. 이러한 상황에서 교육부는 2022 개정 교육과정을 통해 미디어 리터러시 교육을 정규 교육과정에 포함시켰다. 초등학교부터 고등학교까지 다양한 과목에 미디어 리터러시 관련 내용이 포함되며, 특히 초중학교에서 '매체' 영역을, 고등학교 선택 교육과정에서 '문학과 영상' '매체 의사소통' 등 선택과목을 신설하여 매체 관련 교육 내용을 초등학교 단계부터 체계적으로 구성했다. 이러한 변화는 미디어 리터러시가 현대 사회에서 필수적인 능력으로 인식되고 있으며, 이를 체계적으로 교육하려는 국가 차원의 노력을 보여준다.

사실 이러한 접근은 국제적 추세를 반영한 것이다. 핀란드는 2016년부터 '멀티 리터러시' 개념을 도입하여 다양한 텍스트 환경에서 정보를 해석하고, 생산하고, 평가할 수 있는 능력을 키우는 데 주력하고 있다. 이 교육과정에서는 전통적인 읽기와 쓰기에서 더 나아가 시각적, 디지털, 기술적 리터러시까지 포괄하며, 학생들이 정보를 비판적으로 분석하고 윤리적으로 소통하는 능력을 기르도록 한다. 특히 주목할 점은 이 교육이 특정 과목에 국한되지 않고 모든 교과에 걸쳐 통합적으로 이루어진다는 것이다. 그 결과 핀란드는 유럽에서 가짜뉴스에 가장 강한 국가 중 하나로 평가받고 있으며, 2018년 미디어 리터러시 지수에서 유럽 1위를 차지했다.

● 왜 지금 미디어 리터러시인가?

미디어 리터러시 교육이 필요한 시대적 배경과 이유는 다음과 같이 정리할 수 있다.

첫째, 영상과 이미지 중심으로의 미디어 변화 때문이다. 디지털 시대의 도래로 정보 전달 방식은 인쇄된 글자 중심에서 벗어나 영상, 이미지, 인포그래픽 등 다양한 형태로 진화했다. 여기에는 단순한 읽기 능력 이상으로 복합적인 정보 해석 능력이 필요하다. 예를 들어, 동영상 뉴스나 소셜 미디어의 짧은 클립은 인쇄 글자와는 다른 방식으로 정보를 전달하므로, 시청자는 영상 속 메시지를 분석하고 해석하는 능력을 갖추어야 한다.

둘째, 새로운 형태의 소통 방식의 등장이다. 카카오톡, 인스타그램, 유튜브 등 다양한 소셜 미디어는 정보 공유와 사회적 상호작용을 촉진한다. 이러한 플랫폼들은 실시간 정보 전달과 광범위한 네트워크 형성을 가능케 하며, 개인의 의견 표현과 정보 생산을 용이하게 한다. 그러나 동시에 정보의 신뢰성과 품질에 대한 새로운 문제를 제기한다. 2023년 도널드 트럼프 전 미국 대통령의 가짜 체포 이미지 사건은 이러한 위험을 여실히 보여준다. 따라서 새로운 미디어 환경에서는 정보의 진위를 판별하고, 다양한 관점을 고려하며, 책임감 있게 정보를 공유하는 능력이 그 어느 때보다 중요해졌다.

셋째, 프로슈머(Prosumer) 시대의 도래다. 프로슈머란 생산자(Producer)와 소비자(Consumer)의 합성어로, 단순히 정보를 소비하는 데 그치지 않고 직접 정보를 생산하고 유통하는 새로운 유형의 미디어 사용자를 일컫는다. 한국방송통신위원회의 조사에 따르면, 국민의 8명 중 1명이 콘텐츠 생산에 참여하고 있으며, 특히 10대와 20대에서 이 비율이 높아 젊은 세대를 중심으로 이러한 추세가 더욱 두드러지고 있음을 알 수 있다.

넷째, 디지털 기술의 발전이 새로운 윤리적 문제들을 야기하고 있다. AI 기술과 빅데이터 분석은 우리 생활에 편의를 제공하지만, 동시에 프라이버시 침해, 정보 조작, 디지털 격차 등 부작용을 낳고 있다. 특히 디지털 네이티브로 불리는 Z세대와 알파세대는 이러한 기술을 능숙하게 다루면서도, 그 이면의 윤리적 문제를 충분히 인식하지 못하는 경우가 많다. 이는 온라인 익명성을 악용한 사이버 불링, 저작권 침해, AI를 이용한 부정행위 등으로 나타난다. 이러한 상황은 단순한 기술 활용 능력을 넘어, 디지털 환경에서의 윤리의식과 비판적 사고력을 함께 길러주는 미디어 리터러시 교육의 필요성을 더욱 부각시키고 있다.

이제 미디어는 단순한 정보 전달 도구를 넘어 우리의 소통, 표현의 장이 되었다. 따라서 미디어 리터러시 교육은 정보 판별 능력을 넘어 미디어 안에서 어떻게 소통하고 살아가며 자신을 표현할지까지 포괄해야 한다. 미디어 리터러시 교육은 개인이 비판적 소비자이자 책임감 있는 정보 생산자로 성장하도록 돕는다. 궁극적으로는 신뢰할 수 있는 디지털 정보 생태계를 구축하고, 건전한 온라인 문화를 조성하는 데 기여할 것이다.

● 콘텍스트의 이해 — 미디어를 제대로 읽는 법

미디어 리터러시 교육에서 텍스트와 콘텍스트(context)는 핵심 개념이다. 과거에는 주로 글이나 문자로 구성된 작품을 텍스트라고 했지만, 새로운 미디어 기술의 발전과 인터넷 확산으로 인해 이전과는 다른 형태의 미디어 텍스트가 등장했다. 유튜브, 틱톡, 인스타그램 등 소셜 미디어의 콘텐츠도 새롭게 변화된 텍스트의 범주에 속한다. 이런 텍스트를 둘러싼 배경이나 상황을 콘텍스트라고 하는데, 이는 텍스트를 제대로 이해하는 데 꼭 필요한 정보다.

콘텍스트를 이해하는 것이 왜 중요할까? 우리가 접하는 모든 미디어 내용은 특정한 상황에서 만들어지며, 그 상황 속에서 이해되어야 하기 때문이다. 교육 문제를 다루는 뉴스에서 이는 분명하게 드러난다. 예를 들어 '교사 휴게시간 보장'에 관한 뉴스를 A언론사는 "교사 휴게시간 보장… 학생 안전은 누가?"라는 제목으로 보도했고, B신문사는 "교사도 근로자… 휴게시간 보장은 당연"이라고 보도했다 치자. 두 기사 모두 같은 정책을 다루지만 접근 방식과 강조점에서 큰 차이를 보인다. 이때 언론사의 성향이나 보도 시점, 그리고 교원 단체와 학부모 단체의 입장 등 콘텍스트를 알면 뉴스를 더 정확하게 이해할 수 있다.

소셜 미디어에서도 콘텍스트는 중요한 역할을 한다. 예를 들어 인플루언서가 올린 제품 소개 게시물을 볼 때 그것이 개인적 추천인지 아니면 광고인지 구분하는 것이 중요하다. 이를 위해 단순히 게시물 하나만이 아니라 전체적인 맥락을 살펴봐야 한다. 먼저 이전 게시물에서 비슷한 제품을 자주 소개했는지 확인한다. 또한 게시물의 톤과 방식에 주목한다. 일반적인 게시물과 다른 느낌인지 살피고 해시태그나 멘션을 확인해보는 것이다. 콘텍스트를 파악함으로써, 우리는 단순히 정보를 받아들이는 것을 넘어 그 정보의 신뢰성과 의도를 더 정확하게 판단할 수 있다. 이는 소셜 미디어에서 정보 조작이나 왜곡을 식별하는 데에도 도움이 된다. 이렇게 콘텍스트를 이해하는 능력은 미디어 리터러시의 핵심이다. 이를 통해 우리는 정보를 그대로 받아들이는 것이 아니라, 비판적으로 생각하고 평가할 수 있다. 또한 직접 미디어로 무언가를 표현할 때도 그 메시지가 어떻게 받아들여질지 미리 생각해볼 수 있다.

학교나 가정에서 이러한 능력을 기르기 위한 다양한 방법이 있다. 예를 들어 아이들이 자주 사용하는 SNS에서 특정 게시물을 함께 분석해볼 수 있다. "이 게시물을 누가 썼을까?" "왜 이런 내용을 올렸을까?" "어떤 반응을 기대했을까?" 같은 질문을 통해 콘텍스트를 파악하는 연습을 하는 것이다. 앞의 예시처럼 같은 사건을 다룬 여러 뉴스를 비교해보는 방법도 있다. 각 뉴스가 어떤 독자를 대상으로 하는지, 언제 보도됐는지 등을 살펴보면서 같은 사실도 다르게 전달될 수 있다는 점을 이해할 수 있다. 아이들이 직접 짧은 뉴스 기사나 SNS 게시물을 만들어보는 활동도 콘텍스트 이해에 도움이 된다. 학생들은 자신의 메시지가 다양한 배경을 가진 독자들에게 어떻게 해석될 수 있는지, 그리고 현재의 사회적·문화적 맥락에서 어떤 의미를 가질지를 고민하게 된다. 이를 통해 미디어 메시지의 생산과 수용 과정에서 콘텍스트가 얼마나 중요한 역할을 하는지 깨달을 수 있다.

콘텍스트의 이해를 바탕으로 우리는 정보를 비판적으로 평가하고, 미디어 세계를 더 깊이 이해하며, 책임감 있는 행동으로 건강한 미디어 생태계를 만들어 나갈 수 있다.

● 기초의 힘 — 읽기와 쓰기의 재발견

스마트폰 하나로 세상의 모든 지식과 정보에 접근할 수 있는 시대에 중요한 것이 있다. 바로 '읽기'와 '쓰기'의 근본적인 힘이다. 역설적으로 들리겠지만 이 오래된 능력은 디지털 시대를 살아가는 우리에게 가장 필요한 도구다.

기초 문해력은 모든 학습과 사회 참여의 근간이다. 특히 텍스트 기반의 소셜 미디어, 온라인 뉴스, 이메일이 일상을 지배하는 지금, 그 중요성은 더욱 커지고 있다. 읽기와 쓰기는 단순한 기술이 아니라 사고의 근간이며, 세상을 이해하고 표현하는 가장 기본적이고 강력한 도구다. 흥미롭게도 새로운 미디어를 이해하고 활용하는 능력도 결국 읽기, 쓰기 능력에 기반한다.

읽기는 비판적 사고의 출발점이다. 텍스트를 깊이 있게 읽는 능력은 곧 세상을 깊이 있게 바라보는 능력이다. 실제로 기초 문해력이 높은 학생들은 온라인 정보의 신뢰성을 평가하는 데도 뛰어난 능력을 보인다. 이는 비판적 미디어 수용 능력이 텍스트 이해 능력과 밀접하게 연관되어 있음을 분명히 보여준다. 쓰기는 자신의 생각을 구조화하고 표현하는 가장 기본적인 방법이다. 블로그 포스팅, SNS 게시물 작성, 온라인 댓글 등 현대인의 일상적 미디어 활동 대부분이 쓰기 능력을 전제로 한다. 자신의 생각을 명확하고 설득력 있게 글로 표현할 수 있는 능력은 디지털 시민으로서 갖춰야 할 가장 기본적인 자질이라고 할 수 있다.

읽기와 쓰기 능력은 새로운 미디어 환경에 적응하는 기초체력이다. 새로운 플랫폼과 기술이 끊임없이 등장하지만, 본질은 결국 '정보의 이해와 표현'이다. 튼튼한 읽기, 쓰기 능력을 갖춘 사람은 어떤 새로운 미디어 환경에서도 빠르게 적응하고 효과적으로 소통할 수 있다. 이러한 맥락에서 미디어 리터러시 교육은 기초적 문해력을 바탕으로 단계적으로 구축되어야 한다. 초등학교 저학년에서는 기본적인 읽기, 쓰기 능력 향상에 중점을 두고, 고학년으로 올라갈수록 비판적 텍스트 분석, 창의적 글쓰기 등으로 확장해나가는 것이 바람직하다. 중고등학교 에서는 다양한 미디어 형태의 분석과 제작으로 나아갈 수 있을 것이다.

OECD의 최근 PISA(국제학업성취도평가) 결과는 기초 읽기 능력과 디지털 미 디어 리터러시 사이의 강한 연관성을 보여준다. 이 결과에 따르면, 읽기 능력이 뛰어난 국가의 학생들은 디지털 환경에서도 월등한 성과를 보였다. 상위 국가의 학생들은 온라인에서 사실과 의견을 구분하는 능력이 하위 국가 학생들에 비해 최대 1.5배 높았으며, 복잡한 디지털 정보를 이해하고 분석하는 데도 훨씬 능숙 했다. 특히 주목할 점은 상위 국가 학생들의 약 80%가 온라인 콘텐츠의 신뢰도 를 정확히 판단할 수 있었던 반면, 하위 국가에서는 이 비율이 절반에도 미치지 못했다는 것이다. 이는 기초적인 읽기 능력이 디지털 사회에서 얼마나 중요한지 를 여실히 보여준다.

미디어 리터러시 교육은 '읽고 쓸 줄 아는 능력'이라는 견고한 기초 위에 세 워야 한다. 미래의 미디어 환경이 어떻게 변할지는 정확히 알 수 없다. 하지만 그 어떤 변화 속에서도 '이해'와 '표현'의 근본적인 중요성은 변하지 않을 것이다.

● 균형 잡힌 시각 — 비판적인 눈으로 세상 읽기

IDC(International Data Corporation)의 연구에 따르면, 전 세계 데이터의 양이 2년마다 두 배로 증가하고 있다. 이는 마치 집에 매일 새로운 백과사전이 한 권씩 배달되는 것과 같다. 이런 엄청난 정보 속에서, 우리는 과연 무엇을 믿어야 할까?

왜곡된 정보들은 단순한 실수가 아닌 경제적·정치적·이념적 이익을 위해 교묘하게 조작된 경우가 많아 우리의 판단을 흐리고 사회적 갈등을 부추긴다. 〈사이언스〉 지에 실린 MIT 연구팀의 연구 결과에 따르면, 가짜뉴스의 온라인 확산 속도는 사실을 다룬 뉴스보다 평균 6배나 빨랐다. 이는 새로운 정보를 검증 없이 빠르게 소비하기 좋아하는 인간의 심리를 반영하는 동시에, 왜곡된 정보의 전파 위험성을 여실히 보여준다. 이러한 현상은 비판적 사고 없이 정보를 수용하고 전파하는 행태를 나타내며, 무비판적 정보 소비가 사회에 얼마나 심각한 위험을 초래할 수 있는지를 경고한다. 이와 같은 현실은 비판적 미디어 수용 교육의 중요성을 한층 더 부각시킨다. 비판적 미디어 수용은 정보를 체계적으로 분석하고 평가하는 능력을 말한다. 이를 위해 다음과 같은 핵심 개념과 질문들을 던져야 한다.

출처의 신뢰성: 이 정보의 출처는 누구인가? 출처는 신뢰할 만한가?

목적과 의도: 이 정보의 주요 메시지는 무엇인가? 숨겨진 의도가 있는가?

사실과 의견의 구분: 이 내용 중 객관적 사실과 주관적 의견을 구분할 수 있는가?

다양한 관점: 이 주제에 대한 다른 시각은 무엇인가? 왜 그런 차이가 있는가?

맥락 이해: 이 정보가 만들어진 시대적, 사회적 배경은 무엇인가?

AI 생성 여부: 이 콘텐츠가 AI에 의해 생성되었을 가능성은 얼마나 되는가?

이러한 질문들을 습관적으로 던지는 것이 비판적 미디어 수용의 시작이다. 그렇다고 무조건적인 부정이나 냉소로 이어져서는 안 된다. 균형 잡힌 시각으로 미디어를 바라보고, 그 가치와 한계를 동시에 인식하는 것이 중요하다. 우리가 다루어야 할 것은 '미디어 메시지와 그 메시지를 생산하는 메커니즘'이다. 다시 말해 미디어에 대해 긍정적 시각을 유지하면서, 동시에 비판적으로 사고하는 균형 잡힌 접근이 필요하다는 것이다.

또한 비판적 미디어 수용 교육은 미래 지향적 환경을 반영해야 한다. AI와 인간의 협업으로 만들어진 콘텐츠를 분별하는 능력, 메타버스 내에서의 정보 검증 방법, 그리고 증강현실을 통해 제공되는 정보의 신뢰성 평가 등이 새로운 교육 내용으로 포함되어야 할 것이다. 결론적으로 비판적 미디어 수용과 미디어를 해독하는 것은 현대인의 필수 역량이지만, 이것이 전부는 아니다. 우리는 비판적 사고로 급변하는 미디어 환경과 메시지를 읽어내는 동시에, 미디어를 통해 창의적으로 자신을 표현하고 타인과 건설적으로 소통하는 능력도 함께 키워나가야 한다. 이러한 '균형 잡힌 접근'을 통해 디지털 시대의 주체적인 시민이 되어 건강한 미디어 생태계를 만들어갈 수 있을 것이다.

참고자료 ——

「청소년 미디어 이용 실태 및 대응방안 연구Ⅲ」, 한국청소년정책연구원, 2023

「디지털 뉴스 이용과 인식 등에 대한 온라인 설문조사」, 한국언론진흥재단, 2022

1 —— 「미디어리터러시 국내외 동향 및 정책방향」, 홍유진·김양은, 2013

AI 시대,
질문을 **질문하라!**

정예슬
전) 서울시교육청 소속 초등교사, 인스타그램 '책사언니' 운영, 『너의 생각을 응원해』 외 저자

● 미래 인재에게 필요한 질문 역량

획일적인 지식과 정확한 한 가지 답을 요구하는 시대는 끝났다. AI 시대, 그 어느 때보다 질문이 중요해지고 있다. 왜일까? 고작 1,400만 명 인구에 세계 500대 기업 CEO의 40%를 훌쩍 넘는 수가 속하고, 전체 노벨상의 23% 이상을 휩쓴 유대인들의 교육에서 그 해답을 찾아보자. 유대인 아이들은 질문하고 대화하고 토론한다. 일명 '하브루타(Havruta)'라고 불리는 교육법을 가정에서부터 날마다 경험한다. 질문하고 대화하는 과정에서 다른 사람과 자신의 의견을 비교하며 비판적 사고력을 기른다. 남과 다른 자기만의 생각을 정리하여 말함으로써 표현력뿐만 아니라 창의력을 높일 수 있다.

질문은 궁금증을 해결하고 답을 얻기 위한 것이지만 실은 이 과정에서 진정한 배움과 성장의 기회를 얻는다. 기존의 지식 체계에 그대로 순응하는 태도는 수동적인 학습자를 만든다. 이미 알고 있는 것도 다르게 보고 느끼는 힘이 곧 호기심 어린 질문으로 이어지고 이 질문이 스스로 탐구하고 더 깊이 배우려는 자세를 만든다. 모든 중요한 발견과 발명은 남다른 시선과 질문에서 시작되었다.

아인슈타인은 끊임없이 질문을 던진 사람이다. 그는 이렇게 말했다.

"만약 내가 한 시간 안에 문제를 해결해야 한다면 55분을 핵심이 되는 훌륭한 질문을 찾고 결정하는 데 보낼 것이다. 좋은 질문을 찾게 되면 남은 5분 안에 문제를 해결할 수 있기 때문이다."

질문의 중요성에 대한 인식은 전 세계적으로 확산되는 추세다. 하버드대학교보다 인기 높은 미네르바대학의 수업은 100% 토론식이다. 일본 또한 2020년부터 대입 시험으로 국제 바칼로레아를 도입하여 모든 학습을 토론으로 진행하고 있다. 테슬라 창업자 일론 머스크가 자녀들을 위해 만든 사립학교 애드 아스트라(Ad Astra)의 수업 역시 소크라테스식 대화법으로 진행된다. 애드 아스트라의 모토가 "AI에 지배당하지 않는 아이를 키우는 것"이라는 점을 보아도 질문 교육이 곧 사회와 기업의 리더로 가는 길임을 알 수 있다.

　현재 우리나라의 교육은 어떠한가? 대입에 초점을 맞추고 답을 맞히는 데 혈안이 되어 있다. 몇 년을 앞당겨 선행을 시키며 "생각하지 말고 외우고 풀어!"라고 외치는 형편이다. 내 생각보다 출제자의 생각이 더 중요해서 내 생각을 썼다가는 좋은 점수를 받기 어려운 지경이다. 우리 문화 정서상 토론과 질문이 익숙하지 않기도 하다. 어른의 가르침에 순종하는 것을 미덕으로 여겨왔기 때문이다.

　이쯤에서 교육의 본질을 다시 생각해볼 필요가 있다. 정보를 습득하고 지식을 암기하는 것이 교육의 진정한 목적인가? 세상을 살아가며 마주하는 수많은 문제에 학교에서 배운 지식을 대입할 수 있나? 결코 그렇지 않다. 교육을 통해 배워야 할 것은 생각하는 힘, 사고하는 방법이다. 이제는 지식이 경쟁력이 아니라 생각하는 힘이 곧 경쟁력이며 AI에 대체되지 않는 인간의 고유한 역량이다. 다행히 2024년 우리나라 교육부는 '공교육 경쟁력 제고 방안'의 일환으로 '질문하는 학교' 사업을 전개하기 시작했다. 전국에 초등 54교, 중등 65교, 특수 1교 등 120개 학교를 선정하여 학생 주도적 토론과 질문이 일상화되도록 다양한 수업과 평가 방식을 독려하고 있다.

　2022 개정 교육과정에서도 질문의 힘이 커졌다. 2024년도부터 적용된 초등학교 1, 2학년의 바뀐 통합교과를 살펴보면 그 영역이 철학적 질문들로 구성되어 있음을 알 수 있다. "우리는 누구로 살아갈까?" "우리는 어디서 살아갈까?" "우리는 지금 어떻게 살아갈까?" "우리는 무엇을 하며 살아갈까?" 하는 식이다. 2015 개정 교육과정 영역은 「봄」 「여름」 「가을」 「겨울」이었던 데 반해 꽤 파격적인 변신이다.

질문에는 어떤 힘이 있을까

"나는 특별한 재능이 있는 것이 아니라, 단지 굉장히 호기심이 많다."

아인슈타인이 남긴 말이다. 호기심이란 '새롭고 신기한 것을 좋아하거나 모르는 것을 알고 싶어 하는 마음'이다. 누군가 억지로 심어줄 수 있는 게 아니라 내적 동기로 나타나는 것이다. 이 호기심을 자극하고 지속하도록 도울 필요가 있다.

유대인 부모는 자녀가 어릴 적부터 끊임없이 "왜"라는 질문을 던지게 만든다. "왜 이렇게 된 걸까? 무슨 일이 일어난 거지?"라는 질문을 제기하는 것이다. 학교에서도 마찬가지다. 유대인 학교 교사가 가장 많이 하는 말이 "네 생각은 무엇이니?"다. 호기심을 자극하여 스스로 생각하도록 만드는 것이다. 사실 아이들은 어릴 적 질문 대장이었다. 온 세상이 호기심 천국이기 때문이다. "이건 뭐야?" "왜 하늘은 파래?" "저건 무슨 맛이야?" 등등 궁금한 것이 쏟아져 나온다. 이때 정답을 말해 줄 필요는 없다. 함께 탐구하는 자세를 보이거나 되묻기로 스스로 답을 찾을 수 있게 도와주면 된다. 답이 중요한 것이 아니라 그것을 찾기 위해 스스로 생각하는 과정 자체가 중요하다.

이 과정에서 '메타인지'가 길러진다. 메타인지란 '생각에 대한 생각'으로 자신이 무엇을 알고 무엇을 모르는지 파악할 수 있는 능력이다. 학습 목표를 세우고 그것을 이루기 위해 학습 활동을 이어간 후 스스로 익힌 내용을 되돌아보고 점검하는 모든 과정에 필요하다. KBS의 다큐멘터리 프로그램 〈시사기획 창〉에서 메타인지에 대해 다루며 네덜란드 라이던대학교의 마르셀 베엔만 교수의 연구 결과를 소개했다. 성적에 어떤 요소가 영향을 미치는지 분석해보니 IQ의 영향은 25%이고, 메타인지는 40% 정도였다.

"배운 내용을 잘 이해했는가?" "이해하지 못한 것은 어떻게 해결할까?"

질문하면 생각하게 되고 뇌가 깨어난다. 자연히 자기주도적 학습이 가능해진다. 스스로 공부의 주체가 되어 무엇을 더 알아야 하는지 판단하고 실천에 옮길 수 있다. 질문은 뇌 발달과 성적 향상뿐만 아니라 인간관계에도 윤활유 작용을 한다. 협력적 소통 능력을 길러주며 인성 함양에 긍정적인 영향을 미친다. "오늘 기분이 안 좋아 보여. 무슨 일 있어?" 같은 질문은 상대에게 관심을 갖고 진정성 있게 대하도록 돕는다. 또 질문은 직면한 문제를 해결할 수 있는 힘을 준다. 문제 상황에서 상대를 탓하고 비난하기만 하면 해결되는 것은 없고 기분만 상할 뿐이다. 이럴 때 "이 문제를 어떻게 해결하면 좋을까?"라는 질문 하나로 꽁꽁 얼어붙은 분위기는 눈 녹듯 풀린다. 좋은 질문이 나은 해답을 이끈다. 이 과정에서 창의성이 증진된다. 새로운 아이디어를 생성하고 다양한 시선에서 문제를 바라보며 독창적인 해결책을 얻도록 애쓰기 때문이다.

이처럼 질문은 학습 능력과 문제해결력을 향상하고 창의성, 협력, 소통, 인성 등 다방면의 성장을 돕는다.

● 질문을 배우다

2010년 G20 서울 정상회의 폐막식에서 오바마 미국 대통령이 폐막 연설을 했다. 개최국이었던 한국에 감사를 표시하며 특별히 한국 기자들에게 질문할 기회를 주었다. 하지만 어색한 침묵만 흘렀다. 결국 질문 기회는 중국 기자에게 넘어갔다. 전 세계에 한국은 질문하지 못하는 나라로 알려진 씁쓸한 사건이었다. 왜 질문하지 못했을까? 나라면 할 수 있었을까? 쉽사리 "당연하죠"라고 대답하기는 어려울 것이다. 우리나라 교육은 질문하기보다 질문에 정답을 말하도록 가르쳤다. 질문하는 법을 배운 적도 없거니와 질문하기를 권하는 분위기도 아니다. 오죽하면 '가만히 있으면 중간은 간다'라는 말이 다 있을까.

질문도 기술이다. 자전거를 잘 타려면 페달 밟기를 멈추지 말아야 하는 것처럼 질문도 반복 훈련이 필요하다. 질문하기는 타고나는 능력이 아니다. 방법을 익혀 계속해서 발전시킬 수 있다. 실리콘밸리나 유대인 초등학교에는 '질문 수업' 이 있다. 실리콘밸리 초등학교 1학년 학생들은 이야기책을 읽고 질문 만드는 훈련을 한다. 책 속에서 답을 찾을 수 있는 얇은 질문과 생각을 해야 답을 얻는 두꺼운 질문 두 가지를 배운다. 내용 확인 질문과 사고 확장 질문에 해당하는 것을 얇은 질문과 두꺼운 질문이라고 표현하여 아이들 눈높이에 맞춘 것이다. 이야기책이나 교과서 모두에 적용할 수 있는 질문법이다. 예를 들어 과학 시간에 '동물의 한살이'에 대해 배웠다고 해보자. 이때 '병아리와 닭의 차이점은 무엇입니까?' 처럼 교과서에 답이 나와 있는 질문은 얇은 질문이다. 하지만 '집에서 키우고 싶은 반려동물이 있나요? 그 이유는 무엇인가요?'와 같이 책에 정답이 나와 있지 않고 스스로 생각해서 답해야 하는 질문은 두꺼운 질문이다.

교실에서 질문의 주체는 주로 교사다. 얇은 질문이든 두꺼운 질문이든 교사가 미리 준비해서 묻고 몇몇 학생들의 발표를 듣는 식으로 수업이 진행된다. 학생에게 질문을 만들어보게 하더라도 마찬가지다. 모둠원끼리 질문을 만들어 나누고, 그중 좋은 질문을 뽑는다. 교사는 그 질문을 전체에게 던지고 학생이 답하는 형태로 수업한다. 물론 교사의 발문은 중요하다. 하지만 일방적인 가르침이 되어서는 안 된다. 학생들의 배움을 증진하고 생각을 발산하며 사고를 확장하기 위한 발문이어야 한다.

질문이 왜 중요하고 어떤 힘을 지녔는지는 알지만, 여전히 수업을 구성하는데 어려움을 토로하는 교사나 학부모가 있다. 이를 위해 유아부터 쉽게 할 수 있는 질문 놀이를 소개하고자 한다. 한국철학적탐구공동체연구회에서 제안한 '까 삼총사' 질문 놀이다. 까 삼총사는 까바, 까만, 까주 세 가지를 일컫는다.

까바 놀이를 할 때 책에 있는 평서문 문장을 '~까?'로 바꿔도 되고 친구가 만든 문장을 '~까?'로 만들 수도 있다. 예를 들어 한 친구가 "가을에 단풍이 듭니다"라고 한다면 짝 혹은 반 전체 아이들이 "가을에 단풍이 듭니까?"라고 문장을 바꾸는 것이다. 까만 놀이는 한 가지 주제를 정하고 최대한 많은 질문을 만들어보는 활동이다. 이때 1분 정도 시간 제한을 두는 것이 좋다. 예를 들어 '핸드폰'이라는 주제로 까만 놀이를 한다면 "핸드폰입니까?" "핸드폰을 언제 사용합니까?" "사용 규칙이 있습니까?" 같은 질문을 만들 수 있다. 주의할 점은 질문을 만들기만 할 뿐 답은 찾지 않는 것이다.

마지막 까주 놀이는 질문을 서로 주고받는다. 원래 한국철학적탐구공동체 연구회에서는 질문에 답을 하지 않는 것으로 안내했으나 하브루타수업연구회에서는 까주 놀이를 할 때 질문에 답변을 한 후 다른 질문을 이어가도록 변형하여 안내한다. 학생 수준에 따라 적절히 활용하는 것이 좋겠다.

질문 교육의 다른 사례로 미국의 바른질문연구소(Right Question Institute)를 소개한다. 바른질문연구소는 2023년에 설립된 비영리 교육기관이다. 교육이나 소득 수준에 관계없이 누구나 더 나은 질문을 하고 민주주의 사회의 구성원으로서 올바른 의사결정을 내릴 수 있도록 돕는다. 연구소에서는 질문을 가르치기 위해 질문형성기법(Question Formulation Technique)을 개발하였다. 질문형성기법은 '질문 초점, 질문 생성 규칙, 질문 분류 및 개선하기, 질문의 우선순위 정하기, 성찰'의 단계로 이루어져 있다. 질문은 학생만 할 수 있으며 교사는 학생의 과정을 돕기만 한다.

첫 번째 질문 초점 단계에서 교사가 시청각 자료를 활용하거나 언어적 진술을 통해 학생들의 관심과 동기를 북돋는다. 학생들의 이목을 집중시켜 질문 형성을 촉진하는 것이다. 두 번째 질문 생성 규칙 단계에서는 규칙에 맞춰 질문 생성을 연습한다. 질문 생성 규칙은 다음과 같다. ①가능한 한 많은 질문을 한다. ②어떤 질문이라도 토의·판단·답하기를 멈추지 않는다. ③진술된 대로 정확하게 모든 질문을 적는다. ④진술을 질문으로 바꾼다. 세 번째 질문 분류 및 개선 단계에서는 폐쇄형 질문과 개방형 질문으로 분류하여 각 유형별로 장점과 단점을 토의한다. 폐쇄형 질문은 예, 아니오 또는 한 단어로만 대답할 수 있다. 개방형 질문은 단답식 답변이 아니라 좀 더 설명이 필요하다. 이 단계에서는 폐쇄형 질문을 개방형 질문으로 또는 개방형 질문을 폐쇄형 질문으로 바꾸는 연습을 한다. 네 번째 단계는 질문의 우선순위를 정한다. 학생이 다양한 기준에 따라 함께 우선순위 질문을 정한다. 기준은 '가장 중요한가' '문제해결에 도움이 되는가' '과제수행에 도움이 되는가' 등이다. 3개 정도 우선순위 질문을 선정하고, 선정 이유도 설명해야 한다. 마지막 성찰 단계에서 학생들은 자신이 만든 질문을 포함하여 자신의 사고와 학습 과정에 대해 생각해볼 기회를 갖는다.

질문형성기법 학습은 학생들이 학습 내용을 더 잘 이해하도록 돕고, 학생들의 사고력 발달에도 효과적이다. 또 본인이 만든 질문에서 우선순위를 정하고 그 질문을 활용할 방법까지 고민하면서 자기주도적으로 활동에 참여하게 되며 학습에 주인의식을 갖게 된다.

● 깊이를 더하는 질문 수업

하브루타는 역사가 2,000년이 훨씬 넘은 유대인의 전통 공부법이자 문화 자체다. 히브리어로 '친구'를 뜻하는 '하베르'에 기원을 두고 있다. 짝과 서로 질문하고 대화하며 토론하는 공부법으로 가정에서는 부모, 학교에서는 교사나 친구와 질문하고 답변한다. 전통 교육기관이자 유대인의 도서관으로 불리는 '예시바'에서는 토라와 탈무드를 놓고 둘씩 짝을 지어 논쟁한다.

하브루타의 핵심은 질문이다. 질문이 좋아야 생각을 깊이 할 수 있고 토론도 제대로 이루어진다. 유대인들은 학생을 평가할 때 질문의 수준을 살핀다. 얼마나 질문이 날카로운지, 새로운 생각으로 했는지가 중요하다.

교실에서 가장 쉽게 적용할 수 있는 방법은 '질문 중심 하브루타'다. 교재를 읽고 질문을 만드는 수업으로 각자 자신이 만든 질문을 공책에 쓰도록 한다. 수업을 거듭할수록 질문 수준이 높아져 성장 기록을 살필 수 있으며 교육 평가 자료로도 활용 가능하다. 수업 중 적용할 수 있는 질문 수업 모형은 다음과 같다.

질문 만들기	짝 토론	모둠 토론	발표	쉬우르
• 교재 읽으며 짝과 질문 만들기	• 질문-답-질문-답으로 이어가며 자신의 의견 말하기 • 최고의 질문 뽑기	• 최고의 질문으로 모둠 토론하기 • 토론 내용 정리하기	• 토론 내용 발표하기	• 교사와 학생 간 쉬우르

출처_「질문이 있는 교실」, 하브루타수업연구회

질문 만들기 단계에서는 교과서나 책 같은 텍스트를 읽고 다양한 질문을 만든다. 사실 질문, 상상 질문, 적용 질문, 종합 질문 등으로 질문의 종류를 정하고 각각 질문을 몇 개씩 만들지 정한다. 두 번째 단계는 짝 토론으로 일대일 토론을 하며 질문과 답을 번갈아 한다. 이때 최고의 질문을 뽑는다. 세 번째 단계는 모둠 토론이다. 짝 토론에서 뽑은 최고의 질문을 뽑아 모둠 친구들과 집중적으로 토론한다. 네 번째 발표 단계에서는 토론 내용을 정리하여 발표하거나 모둠에서 해결하지 못한 질문을 발표한다. 마지막 쉬우르 단계에서는 발표한 내용을 종합 정리하거나 해결하지 못한 질문을 다시 하며 자유롭게 생각을 주고받는다. 주제에 대해 정리하고 생각을 확장시키는 중요한 역할을 하는 단계다.

이외에도 논쟁 중심 하브루타 수업, 비교 중심 하브루타 수업, 친구 가르치기 하브루타 수업, 문제 만들기 하브루타 수업 등이 있다. 모든 수업의 핵심은 질문, 토론, 소통, 협력이다. 현 교실 상황에서 질문 수업을 실천하려면 교사가 먼저 하브루타 수업에 익숙해져야 하고, 강의식으로 가르치는 방식을 내려놓아야 한다. 하브루타는 말하면서 하는 공부이기 때문에 "떠들지 말고 공부해!"라는 말은 어울리지 않는다는 걸 명심했으면 한다.

마음을 더하는 질문

유대인 부모는 "오늘 어떤 질문을 했니?" 혹은 "질문 많이 했니?"라고 물어보는 반면 우리 부모들은 "선생님 말씀 잘 들었니?" "공부 열심히 했니?"라고 묻는다. 우리 문화는 질문을 많이 하거나 호기심이 많은 아이를 유별나다고 한다. 그리고 "수업 시간에 왜 엉뚱한 질문을 하니?" "그런 것도 몰라서 묻니?" 하고 되묻기 일쑤다. 아마 아인슈타인이 우리나라의 평범한 가정에서 태어났다면 과학자로서 명성을 떨치기 어려웠을 것이다. 질문을 바꿔보면 어떨까? "이런 부분이 궁금했구나" "그런 생각을 했구나" 하고 아이의 질문을 존중하고 수용하는 것이다. 모르는 질문을 했을 때도 회피하거나 비난하지 않고 함께 해결하거나 아이 스스로 의문점을 해소할 수 있는 방법을 안내한다.

보통 질문 교육의 장점을 사고력 발달이나 문제해결 능력 향상 등 학습적인 부분에서 찾곤 한다. 하지만 질문 교육의 진짜 매력은 사회적, 정서적 측면에 긍정적인 영향을 미친다는 점이다. 학생 간, 교사와 학생 간, 부모와 자녀 사이에 질문과 대화를 주고받으면서 서로 의견을 존중하며 자연스럽게 공감 능력이 향상된다. 문제해결을 위해 협력하는 태도가 길러지기도 한다. 텍스트를 읽고 단순한 독해에서 그치지 않고 나라면 어떻게 할지 간접체험을 하는 과정에서 타인의 생각과 감정을 이해하게 된다. 이에 더해 자신의 생각과 감정 또한 깊이 있게 들여다볼 수 있다. 반복되는 자기 성찰 과정을 통해 학생들은 자신의 정체성을 이해하고 자신을 더 잘 아는 데 도움을 받는다.

이처럼 질문 교육은 학생들이 주도적으로 학습할 수 있는 환경을 조성하고, 질문 역량을 키우는 데 중요한 역할을 한다. 하브루타와 같은 질문 중심 수업은 학생들이 깊이 있는 사고를 하고, 서로의 생각을 존중하는 문화를 형성하는 데 기여할 것이다. 이러한 변화는 미래 인재의 핵심 역량을 기르는 데 중요한 초석이 될 것이다. 이 글이 질문의 중요성과 하브루타 수업 모형에 대한 이해를 높이고, 교육 현장에서 질문하는 문화를 확산시키는 데 기여할 수 있기를 바란다.

참고자료 ———

『질문이 있는 교실』, 하브루타수업연구회, 경향BP, 2015

『하브루타 질문 수업에 다시 질문하다』, 양경윤, 테크빌교육, 2018

『하브루타 질문 독서법』, 김혜경, 경향BP, 2018

『들어주고, 인내하고, 기다리는 유대인 부모처럼』, 장화용, 스마트비즈니스, 2018

『K-하브루타』, 김정진, 쌤앤파커스, 2020

『초등 질문의 힘』, 이지연, 청림라이프, 2021

""실수해도 괜찮아" 거침없는 질문이 문제해결력 높인다", 〈한국교육신문〉, 2024. 5.7

국내외의 **쌍방향 소통툴 도입**과 한국의 디지털 교육이 **나아갈 방향**

손민지
+ 경기도교육청 소속 초등교사, AI디지털교과서 현장적합성 검토단, 과천 사회 지역화 교재 개발위원, 『혼자 해도 프로처럼 잘 만드는 학교 수업 자료 with 캔바 Canva』 외 저자

디지털교과서의 도입, 맞춤형 학습 시대 도래 등 다양한 키워드들이 우리 교육의 트렌드로 떠오르고 있다. 디지털 시대로의 전환에 따라 교육 환경도 지속적으로 바뀌고 있는 것이다. 교육의 패러다임을 획기적으로 변화시키고 있는 디지털 맞춤형 학습 시대의 도래에 맞추어 교실의 모습도 빠르게 변화하고 있다. 우리 시대의 아이들은 기존의 교실 환경에서 벗어나 온·오프라인을 넘나드는 융복합 수업이 일어나는 교실 환경을 마주하고 있다. 단순히 와이파이로 디지털 기기가 연결되는 환경을 넘어 교사와 학생 간 쌍방향의 소통이 활발해지는 환경에서 교육이 일어나고 있는 것이다. 이에 따라 점차 쌍방향 소통툴(Teacher-Student Interactive Communication Tools)의 중요성이 대두되고 있다.

한국 역시 다가오는 2025년부터 국어(특수교육), 영어, 수학, 정보 교과목에 AI디지털교과서 도입이 예정되어 있으며, 이에 발맞추어 교육부는 올해 전국의 1만여 명 교실혁명 선도교사들을 대상으로 AI디지털교과서 프로토타입 활용 연수를 진행하였다. 교실혁명이란 현장의 자율적 수업 혁신 지원으로 교사가 이끄는 혁명을 의미한다. 수업과 평가의 연결을 통해 혁신을 일으키고 이 과정에서 교사는 수업의 전문가로서 학생 중심의 다양한 수업을 이끌어갈 수 있으며, 학생들은 디지털 시대에 필요한 핵심 역량을 갖추게 된다. 나아가 디지털교과서가 교육 현장에 도입되면 지식 전달 중심의 수업에서 학생들의 흥미와 적성을 분석해 학생 개개인에게 필요한 양질의 콘텐츠를 제공하는 수업이 가능해질 것이다. 디지털교과서 역시 학생과 교사 간에 실시간으로 소통할 수 있는 쌍방향 소통툴에 해당된다. 이러한 디지털교과서의 등장으로 인해 쌍방향 소통툴의 활용이 교육에서 차지하는 비중도 점차 커지고 있는 상황이다. 지금부터는 이러한 쌍방향 소통툴을 잘 활용하고 있는 해외의 사례와 국내의 도입 사례들을 살펴보고자 한다. 이를 통해 한국 디지털 교육이 나아갈 방향에 대해 생각해보고자 한다.

● 해외의 쌍방향 소통툴 개발 사례
─ 니어팟으로 시작된 수업의 변화

니어팟(Neapod)은 에듀테크 수업에 대한 전문성을 살리기 위해 만들어진 기업이다. 2018년에는 〈포춘〉 지에도 소개되었고 '에드테크 다이제스트(EdTech Digest)'가 올해의 기업으로 선정하기도 했다. 무엇보다 코로나 전인 2019년, 이미 미국에서 10만 명의 교사들이 수업 현장에서 적극 활용할 만큼 블렌디드 수업의 도입에 있어서 큰 역할을 했다. 니어팟은 구글 클래스룸과 마이크로소프트 팀즈 같은 다양한 에듀테크 툴과 연동하여 학생의 학습 참여도를 높이는 시도를 한 기업이다. 교사와 학생 간의 실시간 상호작용이 가능한 라이브 수업을 지원하기 때문에 더욱 생동감 있는 수업 환경을 제공한다. 니어팟이 세계적으로 주목받게 된 것은 코로나 이후 온라인 쌍방향 수업에 대한 중요성이 강화되면서부터다. 전 세계 교실 안에 디지털 기기가 보급되고 이를 활용해 수업할 수 있는 디지털교과서가 개발 중이기에 쌍방향 소통툴의 중요성이 더욱 높아진 것이다. 니어팟은 단방향 소통이 아닌 쌍방향 소통툴로서 처음 도입되었기에 디지털 교육의 방향성에 큰 시사점을 주고 있다.

니어팟을 활용해 실시간으로 온라인 수업을 하면서 교사는 전체 학생의 수업 참여도 및 학습 속도를 고려해 학생들의 기기를 원격으로 제어할 수 있다. 줌이나 구글 미트를 활용한 온라인 수업과 비교되는 점이 바로 이것이다. 교사가 주도권을 가지고 수업을 이끌어갈 수 있으며, 상황에 알맞게 학생들의 학습 및 과제 수행 상황을 모니터링할 수 있는 것이다. 나아가 학생과 교사 간 실시간 수업적 소통을 흥미롭게 만들어주는 니어팟을 활용해 교사는 설문, 토론 등을 제공할 수 있다. 교사가 가지고 있는 PDF 학습지를 제공할 수도 있으며, 학습의 이해 정도를 확인하는 퀴즈, 퀴즈 배틀, 다양한 의견을 모을 수 있는 협업 보드, 투표, 자유토론 기능도 활용할 수 있다. 짝 맞추기, 드로잇(draw it), 기억력 테스트

등 색다른 학습 경험을 제공할 수 있는 기능들도 추가되어 있다. 교사는 수업 결과를 리포트로도 확인할 수 있다. 결과적으로 니어팟을 활용하여 수업을 진행하면 학생들이 제출한 과제, 문제풀이 결과, 정답률 등을 확인함으로써 학생의 이해도를 점검하고 피드백하여 수업을 설계하는 데 큰 도움을 얻을 수 있다. 이를 통해 개별 학생들에게 맞춤형으로 학습 피드백을 제공할 수 있는 것이다.

니어팟을 학교 수업에 활용하는 것은 단순한 기술 도입을 넘어, 쌍방향 소통 교육으로의 본질적인 변화를 의미한다. 기존의 일방적인 강의식 수업에서 벗어나, 학생 중심의 참여형 디지털 학습으로 전환이 이루어지는 것이다. 이는 학습자들의 디지털 활용 역량과 문제해결 능력을 향상시키며, 교사와 학생 간의 유대감을 강화한다. 현재 국내에서도 니어팟 같은 기능을 탑재한 에듀테크 플랫폼이 활발히 개발되고 있다. 니어팟과 같은 쌍방향 소통툴은 단순한 에듀테크 기술을 넘어서 수업을 잇는 미래 교육의 중요한 도구로 자리 잡을 것이다.

● 국내 쌍방향 소통툴 개발 사례1
― 모둠 협업 기능과 모니터링 기능이 강화된 하이러닝

경기도교육청에서 개발한 하이러닝(High-Learning)은 디지털 수업의 혁신을 이끌고 있는 학생 교사 간의 쌍방향 소통 학습 플랫폼이다. 이 플랫폼은 학생이 수업 중 교사에게 질문할 수 있는 기능, 클래스보드를 통해 서로의 의견을 다양하게 나눌 수 있는 기능 등을 제공하여 수업의 질을 한층 높여준다. 교사들은 하이러닝을 통해 다양한 학습 자료를 추가하여 디지털 융합 수업을 빠르게 설계하고, 실시간 퀴즈와 토론을 통해 학생들의 참여를 유도할 수 있다. 학생들은 언제 어디서나 학습 자료에 접근할 수 있어 자기주도적 학습이 가능하다. 하이러닝은 단순히 온라인 수업을 지원하는 도구를 넘어, 교육의 패러다임을 변화시키고 있다. 특히 학습관리시스템(LMS) 기능을 통해 교사들은 학생들의 학습 진행 상황을 체계적으로 관리하고 피드백을 제공할 수 있다.

하이러닝의 큰 장점으로 부각되는 기능은 학생이 학습지를 풀고 있는 상황을 실시간으로 확인할 수 있는 것이다. 기존의 단방향 수업에서는 학생이 학습지를 제출해야 결과를 확인할 수 있는데 하이러닝에서는 교사가 학생의 학습과정을 실시간으로 모니터링할 수 있다. 이러한 모니터링 기능으로 학생 개개인의 학습 상황에 대해 신속하게 확인하고 즉각적인 피드백을 줄 수 있는 부분이 실제 수업 상황에서 효과적으로 활용되고 있다. 여러 학생들의 학습 참여 정도를 즉각적으로 확인하고 필요한 도움을 실시간으로 줄 수 있는 것이다.

하이러닝 플랫폼에는 교사끼리 협업할 수 있는 장치도 마련되어 있다. 각 학급의 교사가 설계한 수업을 학교 안팎에서 공유할수 있는데 이는 수업 설계에 있어서 동료 교사 간 협업을 강화하고 수업 준비 시간을 효율적으로 단축할 수 있다. 나아가 학생들끼리 모둠별로 함께 과제를 해결할 수 있는 협업 기능도 활용할 수 있으며 이때 모둠 배치도 교사가 원하는 배치를 하거나 랜덤 배치 기능을 이용해 쉽고 빠르게 모둠 활동을 이어갈 수 있다. 하이러닝 내에서 모둠 배치 기능을 활용하여 모둠 활동을 진행하면 교사가 교실을 돌아다니며 모둠별 활동 진행 상황을 살펴보지 않더라도 실시간 모니터링 기능을 통해 수시로 활동 상황을 확인하고 피드백을 줄 수 있다. 개별 활동뿐 아니라 모둠 활동에도 모니터링 기능이 적용되는 것이다. 모둠활동 후에는 공유하기 기능으로 모둠별로 결과물을 발표할 수 있다. 학생들은 다른 모둠이 제출한 결과를 개인별 디지털 기기로 실시간 확인할 수 있다. 이러한 기능을 통해 미래 교실에서 쌍방향 소통툴을 효과적으로 활용하려면 개인별 학습 지원뿐 아니라 협동학습에 대한 지원과 기능도 필수적으로 마련해야 한다는 점을 생각하게 된다. 앞에서 살펴본 니어팟이나 다음 살펴볼 클래스툴에서는 이러한 모둠별 협업 기능이 다양하게 지원되지 않는데 하이러닝에서는 모둠별 협업 기능 및 발표 기능이 지원되어 실제 수업에서 유용하게 활용할 수 있다는 점에 주목할 필요가 있다.

● 국내 쌍방향 소통툴 개발 사례 2
─ 평가에 대한 새로운 방향성을 가진 클래스툴

클래스툴(ClassTool)은 교사와 학생 간의 쌍방향 수업을 가능하게 하며 학생들의 문제풀이 결과에 따라 자동평어가 생성되는 점이 차별화된 교육 도구다. 이 플랫폼은 실시간 상호작용을 통해 수업의 몰입도를 높이고 학생들의 참여를 촉진한다. 교사들은 클래스툴을 활용해 실시간 퀴즈, 토론, 설문조사 등을 진행하며, 학생들의 이해도를 즉각 파악할 수 있다. 특히 객관식·주관식 퀴즈를 실시간으로 학생들에게 보낼 수 있는 기능이 유용하게 활용되고 있다. 오늘 학습한 내용으로 간단한 퀴즈를 보내 학생들의 이해도를 파악하기에 좋은 기능이다. 학생들이 제출한 주관식 답변 내용을 곧바로 설문조사와 연결할 수 있는 기능도 제공된다. 또한 화이트보드 기능을 통해 자신의 생각을 자유롭게 표현할 수 있다. 화이트보드 기능에서 제공되는 다양한 메모지를 활용해 간단한 질문을 보내면 학생들은 수업 내용에 대해 자신의 생각을 글이나 그림으로 정리해 교사에게 제출할 수 있다. 이러한 기능을 통해 '온책읽기' 수업 후 주인공에게 편지쓰기, 뒷이야기 상상해 적기 활동을 종이 활동지를 준비하지 않고도 손쉽게 진행할 수 있다. 더불어 화이트보드 기능을 활용하면 학생들이 제출한 결과는 자동 저장되어 수업 종료 후 결과 리포트에서 확인 및 다운로드가 가능해 평가 시에도 활용 가능하다.

이번에는 클래스툴의 특별한 기능 중 하나로 평가되고 있는 AI 문제풀이 시스템을 살펴보자. 교사가 과목, 출제 범위, 문항 수 등을 설정한 후 학생들이 클래스툴 내에서 제공되는 문제를 풀면 자동 채점 기능을 통해 개인별 문제풀이에 대한 즉각적인 리포트가 생성된다. 이 리포트를 바탕으로 교사는 학생에게 개인별 피드백을 제공할 수 있다. 이후 수업에서 개별 학습자의 이해 수준에 맞춰 수업 난이도를 조절하는 방향으로 개인별 리포트의 결과를 활용할 수 있다. 또한 클래스툴은 현재 초등학교 1~6학년 학생을 대상으로 국어, 수학, 사회, 과학 교과에 한해 평어를 제공하는 기능이 있다. 학생들이 AI 문제풀이 기능을 활용해 문제를 풀면 학생 개개인별 학습 데이터가 모여 자동평어가 생성되는데, 이는 국내 쌍방향 소통툴에서 최초로 개발된 기능이라 주목할 만하다. 교사는 학생 생활기록부 작성 시 이를 참고할 수 있으며, 학생 개개인의 부족한 부분이 무엇인지도 명확하게 파악할 수 있다.

● 우리나라의 디지털 교육이 나아갈 방향

급변하는 교육 환경에 맞추어 다양한 디지털 도구를 도입하고 있으나, 여전히 해결해야 하는 과제는 많다.

첫째로는 학교 현장에서의 실시간 접속이 용이하도록 더욱 체계적이고 효율적인 쌍방향 소통툴 개발과 활용을 통한 교육 환경의 주체적인 변화가 필요하다. 현재 개발 중인 AI디지털교과서에도 학습 상황에서 사용할 수 있는 다양한 기능 추가가 필요하다. 특히 개인별 맞춤 학습이 가능하도록 학생 개개인의 학습 수준을 분석해 맞춤형 문제를 제공하고 피드백하는 기능은 더욱 보완되어야 하며 제공되는 문제 수준과 질 관리도 필요하다.

둘째, 높은 디지털 기술력을 의미하는 하이테크(High Tech)와 더불어 수업에서 교사만이 할 수 있는 고유한 역할인 하이터치(High Touch)를 중심으로 나아가야 할 것이다. 하이테크와 하이터치가 결합될 때 더욱 유의미한 학습이 일어나게 될 것이다. 교육 환경에 디지털 기술이 물밀듯이 들어오고 있는 가운데 중심을 잡고 학생들의 창의적 역량과 인성을 길러주는 융합 수업을 가능하게 하며,

학생들을 자발적인 학습자로 성장하게 하는 역할의 주체는 바로 교사다. 이때 교사는 수업 상황에서 현재 강조되고 있는 개념 기반 탐구학습이라는 학습 틀을 바탕으로 수업을 설계하여 학생들 스스로 질문하며 탐구하도록 수업을 구성할 수 있다. 전통적 교실에서는 개념에 대한 정보를 기억하는 데 중점을 두었다면 개념 기반 탐구 학습에서는 학생들이 새로운 상황에 맞추어 일반화한 내용을 전이할 수 있는 학습 경험까지 제공한다. 이렇게 학생의 실생활과 연계되는 학습 경험을 제공하고 학생이 주도적으로 탐구하게 하는 것이 개념 기반 탐구수업의 특징이다. 지금은 이를 이끌어가는 교사의 전문성이 더욱 필요한 시점이다.

마지막으로 학생들의 디지털 리터러시 능력 향상이 필요하다. 리터러시는 문해력, 즉 글을 읽고 이해하고 사용하는 능력을 말한다. 나아가 디지털 리터러시는 단순히 읽고, 쓰는 능력이 아닌 디지털 환경에서 정보를 분석하고 해석함으로써 문제를 해결하는 것을 의미한다. 디지털 환경에서 접하는 다양한 정보를 평가하고 정보의 신뢰성에 대해 판단하는 능력 또한 포함된다. 학생들이 접하는 모든 정보가 진실이 아닐 수도 있기에 이 능력은 미래 세대에 있어 필수적으로 함양해야 하는 역량인 것이다.

디지털 교육 환경에서 요구되는 도전 과제들을 외면하지 않고 함께 해결하며 한 단계씩 나아갈 때 우리나라의 디지털 교육은 더욱 단단하게 정착될 것이다. "Festina lente"라는 고대 로마의 격언이 있다. "서둘러라, 그러나 천천히"라는 뜻이다. 서두르면서도 신중하게 행동하라는 말이야말로 급변하는 미래 교육 환경에 딱 어울리는 조언이 아닐까 싶다. 디지털 기술의 도입이 교육에 있어서 유용성과 효과성을 가져오고 있지만, 그로 인한 문제점과 개선할 부분을 지속적으로 점검하고 수정해나갈 때, 우리 사회가 지향하는 교육의 효과는 더욱 극대화될 것이다.

참고자료 ────

『니어팟으로 함께하는 수업의 전환』, 강민지 외, 프리렉, 2021

04

Google Workspace EDU+와
Gemini를 활용한 **교실혁명**

강경욱
전북특별자치도교육청 소속 초등교사, (사)교사크리에이터협회 전북지회장, GEG전북 리더

교육의 미래를 상상해본 적 있는가? 교사와 학생들이 혁신적인 기술을 통해 더 나은 학습 환경을 만들어가는 모습은 그저 꿈이 아니다. 바로 지금, Google Workspace EDU+와 Gemini AI가 교실에서 일어나고 있는 변화를 이끌고 있다. Google Workspace EDU+는 '영상 문제' 기능을 통해 플립 러닝(Flip Learning)을 효과적으로 구현할 수 있다. 이로써 학생들은 교실 수업 전에 예습을 하고, 수업 시간에는 더 심도 있는 학습을 진행할 수 있다. Gemini AI는 교사의 보조 역할을 하며 다양한 수업 활동과 평가에 활용할 수 있다. 이 두 가지 도구는 교사의 업무 부담을 줄이고, 학생들의 학습 효과를 극대화하는 데 중점을 두고 있다.

이 글에서는 Google Workspace EDU+와 Gemini AI를 사용하여 어떻게 교실을 혁신하고 있는지, 구체적인 사례와 효과를 살펴볼 것이다. 첫 번째로, Google Workspace EDU+를 도입하여 영상 문제를 활용한 플립 러닝을 수업에 적용했다. 두 번째로, Gemini AI를 활용해 교사의 역할을 보조하고 업무 부담을 줄이는 다양한 방법을 모색했다. 교육의 새로운 시대를 열어가는 이 혁신적인 접근 방식을 통해 우리는 교육의 미래를 엿볼 수 있다.

● 영상 문제를 활용하기

Google Workspace EDU+는 기존에 교사에게 무료로 제공되던 Google Workspace의 유료 버전이다. 이 버전의 가장 큰 특징 중 하나는 구글 클래스룸에서 '영상 문제'를 사용할 수 있다는 점이다. 영상 문제란 유튜브 영상을 학생들이 시청하면서 특정 구간에 교사가 마련한 문제를 풀어야 완료되는 과제를 말한다. 영상 문제를 만들려면 직접 수업 영상을 촬영해 유튜브에 업로드하고, 이 영상을 구글 클래스룸으로 가져와야 한다. 수학 예습을 위해 1차시 학습 내용을

3분으로 요약하고 교과서 문제를 풀어보는 내용으로 영상을 촬영했다. 매 수학 시간 전에 학생들은 크롬북을 활용해 구글 클래스룸에 접속한다. 이후 선생님이 만든 영상 문제 과제를 수행하며 배울 내용을 예습할 수 있었다.

영상 문제를 도입한 후 수업 방식은 크게 변화했다. 기존 수업은 동기 유발—교과서 개념 설명—문제 풀이 형식으로 진행하는 게 일반적이었다. 개념이 어려울수록 설명이 길어지고 학생들은 질문하기보다 설명을 이해하는 데 초점을 맞춰야 했다. 하지만 영상 문제를 예습한 후 수업은 완벽히 문답 형태로 바뀌었다. 수업이 시작되면 선생님은 질문을 던진다. "교과서 그림을 보고 어떤 상황인지 말해줄래?" "이 개념을 배우려면 전 학년이나 학기에 배운 것 중에 어떤 내용을 알고 있어야 하지?" 개념 설명은 이미 영상에서 했기 때문에 수학 개념에 대한 더 어려운 질문을 던질 수 있다. "배운 수학 개념을 활용해서 실생활에 적용시켜보면 어떨까?" "이 수학식을 말로 설명해봐" 등과 같이 말이다. 기존 수업에서도 이런 질문을 던졌지만, 이때마다 돌아온 것은 학생들의 침묵이었다. 하지만 영상 문제를 시작한 이후, 학생들은 자연스레 질문에 답을 하기 시작했다. 영상 속에서 이미 선생님이 충분히 설명했기 때문이다. 수업은 문답의 장이 되어갔다. 교사는 질문하고 학생들은 답을 했다. 학생들은 답을 하기 위해 영상 문제를 더욱 꼼꼼히 살펴봐야 했다. 어떤 아이는 필기를 꼼꼼히 하기 시작했고, 다른 아이는 영상 문제를 2~3번 돌려보곤 했다. 이로 인해 교사는 수업 시간에 학생들에게 더 많은 이야기를 해주게 되었고 학생은 개념을 더 깊이 이해하게 되었다.

약 5개월 동안 영상 문제를 활용하니 학생들은 점차 플립 러닝에 익숙해지기 시작했다. 때로 바쁜 일이 겹쳐 영상 문제를 늦게 올릴 때는 "왜 연습 문제가 안 올라오느냐"라며 항의하는 아이도 나타났다. 아침 시간에는 항상 영상 문제를 확인하고 수업에 참여하는 것이 당연한 일이 되었다. 문제가 어렵거나 답을 모를 경우, 학생들은 자연스레 친구와 협력해서 문제를 풀었다.

● 영상 문제를 만드는 방법

영상 문제를 만드는 방법은 간단하다. 먼저 크롬북을 준비하고 교과서 USB 안에 있는 PDF를 연다. 그 후 크롬북 안에 내장된 크롬캐스트 기능을 실행해 컴퓨터 화면을 직접 녹화한다. 편집은 하지 않는다. 마이크는 크롬북에 내장되어 있으며, 화면 터치도 가능하다. 터치펜을 활용하면 화면 안에 간단하게 필기를 하면서 손쉽게 녹화를 할 수 있다. 학생들의 집중도 향상을 위해, 화면 한쪽에 교사의 얼굴을 넣은 원을 만들 수도 있다. 녹화가 끝난 뒤에는 교사의 유튜브 채널에 영상을 업로드한다.

영상은 학생들이 집중할 수 있는 시간으로 제한하는 것이 중요하다. 초등학생의 경우 약 3분 정도가 최적의 시간이라고 판단했다. 어려운 개념이 나오면 길어지긴 하지만 5분을 넘지 않으려고 노력했다. 사실 시간 제한보다 어려운 점은 영상에 따라 만들어야 하는 문제다. 영상마다 최대 5개의 문제를 생성했다. 2개는 객관식, 2개는 중복형 객관식, 나머지 1개는 서술형 문제를 제시했다. 평가를 위한 것이 아니라 영상을 잘 보고 있는지 스스로 점검하거나, 선생님이 영상 속에서 강조한 부분을 한 번 더 짚어주는 문제기 때문에 부담이 없도록 쉽게 제시했다. 하나의 영상을 만들고 클래스룸 영상 과제로 만드는 데는 대략 10~15분이 걸렸다.

● 개별화 학습으로 한 걸음 더

Google Workspace EDU+에서 학생들이 영상 문제를 풀면, 그 과정과 결과를 교사가 직접 확인할 수 있다. 수업 통계 부분에 들어가면 학생들이 몇 번 문제를 틀렸고, 몇 번 시도했는지 등의 데이터가 있다. 정답을 고르지 못한 학생에게 영상을 다시 보게 하거나, 새로운 힌트를 제공하여 정답에 이르게 유도할 수도 있다. 학생들은 영상 문제와 선생님이 제시한 힌트를 참고하면서 배울 내용을 더 깊이 고민해보는 시간을 가질 수 있다.

또한 학생들이 문제풀이를 시도한 데이터를 통해 선생님은 어느 학생이 어떤 부분에서 어려움을 겪고 있는지, 어떤 도움이 필요한지를 빠르게 파악할 수 있다. 학생 수 20명이 넘는 교실에서 교사가 모든 아이들의 수행도를 한눈에 살펴보기란 불가능에 가깝다. 하지만 영상 문제와 구글 클래스룸을 활용한다면 개별적인 피드백도 가능하다.

한 단원이 끝날 때마다 8~9개의 영상 문제를 본 학생들을 대상으로 단원 평가를 실시하여 성취도를 파악했다. 3월에 진단 평가를 했을 때 상중하로 나뉜 학생 그룹은 7월에 실시한 성취도 평가에서 큰 변화를 보였다. 중위권 학생들 대부분이 상위권으로 이동했으며, 상위권 학생들은 전보다 더욱 높은 성취도를 보였다. 이러한 변화는 학생들이 반복적으로 예습과 복습을 할 수 있도록 만든 구글 영상 문제 덕분이라고 생각한다. 특히 중위권 학생들의 꾸준한 예습과 복습이 실력 향상에 큰 도움이 되었다.

중위권 학생들은 공부에 대한 열정과 배움에 대한 열망이 충분했음에도 환경이나 경제적 요인으로 인해 목표에 다다르지 못하는 경우가 있다. 영상 문제는 이러한 한계점을 극복할 수 있도록 도와주었다. 하위권 학생 몇몇은 큰 변화를 보이지 못했는데, 이는 학습 동기 부족 때문이라고 생각한다. 영상 문제는 학생들이 자발적으로 여러 번 시청하거나 궁금한 점을 찾아보게끔 설계되어 있는데 하위권 학생들은 이러한 자발성이 부족했다.

이처럼 영상 문제는 학생들의 성취도에 큰 변화를 주며, 에듀테크를 활용한 교실혁명의 단초를 제공한다. 영상 문제를 통해 학생들은 예습, 복습을 충분히 할 수 있게 되었다. 또한 수학 수업이 발문이나 프로젝트 형식으로 진행됨으로써 보다 심도 있게 수학을 배울 수 있었다.

하지만 교사가 영상을 만들어 학생들에게 제공해야 하므로 문턱이 높은 것이 사실이다. 영상 제작 기술부터 유튜브와 구글 클래스룸 활용 능력까지 갖춰야 하기 때문이다. 그러나 굳이 교사가 다 만들 필요는 없다. 유튜브에 있는 영상을 그대로 가져와서 사용해도 되고, 다른 교사가 만든 영상 문제를 공유받아 사용할 수도 있다. 앞으로 영상을 만드는 교사들의 수가 점점 늘어나서 더 많은 교실에서 영상 문제를 활용한 수업 사례가 나오길 희망한다.

● Gemini AI와 수업 혁신

또 다른 예로 Gemini AI를 활용한 수업의 변화와 업무 경감 요소에 대해 소개하고 싶다. 구글에서 Gemini AI가 등장했을 때, 이 높은 수준의 프롬프트를 활용해 교사에게 적합한 결과를 얻을 수 있는 방법에 대해 연구했다. 약 6개월 정도 사용해보니 정말 많은 분야에서 교사의 보조 역할을 하며 수업의 효율성과 업무 경감을 이루어냈다. Gemini는 수업에서 다양하게 활용할 수 있다. 처음으로 소개할 사례는 국어 시간에 학생들의 아이디어를 활용해 글을 쓰는 방법이다. 사실 글쓰기는 초등학생에게 상당히 어려운 고난도의 사고력을 요구하는 수업 방식이다. 한편 고차원적인 사고력을 더 빠르고 효율적으로 개발할 수 있도록 도와준다. 그러나 20명 이상의 학생들에게 일일이 피드백을 주기는 힘들고, 그러니 학생들의 글쓰기 실력이 향상되기도 어렵다. 많은 교사가 이러한 이유로 교과서에 있는 내용만으로 글쓰기를 진행하는 경우가 많다.

Gemini AI를 활용하면 색다른 국어 수업을 진행할 수 있다. 국어 시간에 학생들이 브레인스토밍한 아이디어를 제출하게 한 후, 이를 Gemini에 입력해 초등학교 5학년 학생들이 쓸 만한 글로 바꾸는 것이다. Gemini는 약 5초 만에 처음, 중간, 끝의 구조를 갖춘 주장하는 글이나 설명문을 생성한다. 학생들은 자신의 키워드와 아이디어가 빠르게 글로 바뀌는 것을 보고, 자신의 글을 읽으면서 글쓰기를 더 자세히 배울 수 있다. 자신의 아이디어가 어떻게 구체화되는지 배우는 것이다.

사회 시간에는 Gemini AI를 활용해 간단한 사회 개념을 평가할 수 있다. 초등학교 사회 과목은 많은 개념들로 이루어져 있어, 학생들이 이를 외우는 데 큰 어려움을 겪는다. 하지만 Gemini AI를 활용하면 더 쉽게 개념을 익힐 수 있다. 먼저 사회 교과서 PDF를 Gemini AI에 학습시킨 뒤, 적절한 프롬프트를 사용해 학생들에게 줄 평가 문제를 만들어내라고 명령한다. 교사가 사회 전반에 걸친 개념을 모두 포함하는 문제를 60개 만드는 데는 많은 시간이 소요된다. 하지만 Gemini AI를 활용하면 10분, 아니 1분도 되지 않아 60문제에서 100문제 가까이 되는 개념 문제를 생성할 수 있다.

이렇게 문제를 만들어 학생들에게 제공한 후, 사회 단원 평가 전에 미리 공부할 시간을 주었다. 학생들은 친구와 함께 조별 학습을 하며 개념 학습에 답을 채워나가기 시작했고, 이를 통해 잊어버렸던 개념들을 다시 찾아낼 수 있었다.

● Gemini로 숙제를 내보자

Gemini는 교실에서 보조교사로서 역할을 톡톡히 해낸다. 특히 숙제를 만드는 데 많은 도움을 준다. 예전에는 학생들에게 글쓰기 숙제를 내줄 때 간단한 학습지를 인쇄해서 내줬다. 이때마다 텅 빈 종이를 보며 많은 학생이 어려움을 느끼곤 했다. 그래서 Gemini AI에게 학생들의 글쓰기에 도움이 될 만한 가이드라인을 만들게 하고, 학생들은 그 가이드라인을 보며 글쓰기를 하게 했다. 1학기 동안 이 템플릿을 활용해 총 15번 글쓰기 과제를 실시한 결과, 학생들의 글쓰기 실력이 현저하게 향상된 것을 체감할 수 있었다. 학년 초에는 글쓰기 구조를 세

📢 5학년 주장하는 글쓰기 가이드 템플릿 📢
주제: 문해력을 길러야 한다.

얘들아, 안녕! 우리 벌써 주장하는 글쓰기를 다섯 번째 하고 있네! 😊 그동안 정말 많이 발전했어. 이번에는 너희가 조금 더 쉽게 멋진 글을 쓸 수 있도록 선생님이 가이드 템플릿을 준비했어.

📝 **1단계: 서론 쓰기**

- **꿀팁 1: 흥미로운 경험으로 시작하기!!**
  - 너희만의 특별한 경험을 떠올려 봐. 그 경험이 글의 주제와 어떻게 연결되는지 생각해 보고, 독자들의 흥미를 끌 수 있도록 재미있게 써 보자.
  - 예시: "저는 지난주에 친구들과 놀이터에서 놀다가 크게 다쳤어요. 그때 깨달았죠. 놀이터의 안전이 얼마나 중요한지."
- **꿀팁 2: 문제 제기하기!!**
  - 글에서 다룰 문제를 간단하고 명확하게 제시해 봐.
  - 예시: "최근 우리 반에서 휴대폰 사용 때문에 문제가 많이 발생하고 있어요. 저는 학교에서 휴대폰 사용을 제한해야 한다고 생각합니다."

📝 **2단계: 본론 쓰기**

- **꿀팁 1: 주장 명확히 드러내기!**
  - 너희가 어떤 주장을 하고 싶은지 분명하게 밝혀야 해.
  - 예시: "저는 학교에서 휴대폰 사용을 제한해야 한다고 생각합니다."
- **꿀팁 2: 근거 탄탄하게 제시하기!**
  - 주장을 뒷받침하는 근거를 구체적인 사실이나 예시를 들어 설명해 봐.
  - 예시: "휴대폰 사용 때문에 수업 시간에 집중하지 못하는 친구들이 많아요. 또, 휴대폰으로 사이버 폭력이 발생하는 경우도 있어요."
- **꿀팁 3: 반대 의견 반박하기!**
  - 반대 의견을 예상하고, 그에 대한 반박 근거를 제시하면 글의 설득력이 높아져.
  - 예시: "어떤 사람들은 휴대폰 사용이 학습에 도움이 된다고 주장하지만, 저는 휴대폰이 학습에 방해가 된다고 생각합니다. 왜냐하면..."

♦ **선생님의 평가 (100점 만점)**

점수: 90점

잘한 점:

- **주장하는 글의 구조**: 처음, 중간, 끝의 흐름이 잘 잡혀 있고, 문단을 나누어 글을 깔끔하게 정리했어요. 특히 학교 폭력 예방 방법을 세 가지로 나누어 설명한 점이 돋보입니다.
- **맞춤법**: 맞춤법과 띄어쓰기가 정확하여 글을 읽는 데 불편함이 없었어요.
- **주장과 근거**: 학교 폭력 예방 방법 각각에 대해 나름의 근거를 제시하려고 노력했어요. 예를 들어, 포스터를 붙이면 학생들이 학교 폭력을 하면 안 된다고 생각할 것이라는 점, 영상을 인터넷에 올리면 많은 사람들이 보고 깨달을 수 있다는 점 등을 언급한 부분이 좋았습니다.
- **어휘력의 향상**: 이전에 사용했던 '티끌 모아 태산'이라는 속담 대신 '작은 힘들이 모여 큰 힘이 되는 것'이라는 표현을 사용하여 5학년 친구들이 더 쉽게 이해할 수 있도록 노력한 점이 훌륭합니다.

아쉬운 점:

- **근거의 설득력**: 근거가 조금 더 구체적이고 설득력 있으면 좋겠어요. 예를 들어, 학교 폭력 예방 포스터를 만들 때 어떤 내용을 담아야 효과적인지, 어떤 종류의 영상을 만들어야 사람들의 관심을 끌 수 있는지, 학교 폭력 캠페인을 어떻게 진행해야 학생들의 참여를 유도할 수 있는지 등을 구체적으로 제시하면 더욱 설득력 있는 글이 될 거예요.

우고 자신의 생각을 구체화하는 데 어려움을 겪던 많은 학생들이 글쓰기의 기본 구조를 이해하고, 잘 쓴 글과 그렇지 않은 글을 구분할 수 있게 되었다.

한 걸음 더 나아가 학생들이 쓴 글에 AI가 피드백하도록 했다. 사실 글쓰기에서 가장 힘든 점은 피드백이다. 20명이 넘는 학생들에게 일일이 잘못된 점을 짚어주고 개선사항을 알려주는 것은 상당히 어려운 일이다. 그러나 AI에게는 아무 일도 아니다. 원하는 방식의 루브릭과 글쓰기 모범 사례를 AI에게 학습시킨 후, 학생들이 구글 클래스룸에 제출한 글을 입력했다. Gemini는 입력한 기준에 따라, 약 200자 이상으로 부족한 점, 긍정적인 요소, 그리고 개선 방안을 자세히 써주었다. 물론 모든 답변의 신뢰도를 검토해야 했기 때문에, 마지막에는 첨삭을 해서 학생들에게 피드백을 전달했다. 기존의 간단한 피드백이 아닌 자세하고 긴 피드백을 제공하니 학생들은 자신의 잘못을 정확히 파악하고 글쓰기를 점검할 수 있게 되었다. 일부 학생들은 개선점을 정확히 파악하고 스스로 고쳐 쓰는 모습을 보이기도 했다. 이처럼 AI의 도움으로 피드백 과정이 보다 체계적이고 효율적으로 이루어졌으며, 학생들도 더 깊이 있는 학습 경험을 할 수 있게 되었다.

에듀테크와 AI 도구의 활용은 교육 현장에서 혁신적인 변화를 가져왔다.

Google Workspace EDU+의 영상 문제와 Gemini AI를 통해 수업을 보다 효과적으로 구성하고 학생들의 학습 효과를 극대화할 수 있었다. 영상 문제를 활용한 플립 러닝은 학생들에게 주도적인 학습 환경을 제공하며, 수업을 문답 형태로 전환시켜 학생들의 참여도를 높였다. 또한 Gemini AI를 통한 글쓰기 가이드라인 제공과 피드백은 학생들의 글쓰기 실력을 현저히 향상시켰다.

이러한 도구들은 교사의 업무 부담을 줄이고, 학생들에게 더 깊이 있는 학습 경험을 제공하는 데 큰 도움이 되었다. 앞으로도 이러한 에듀테크와 AI 도구들을 지속적으로 활용하여 더 나은 교육 환경을 만들어가고자 한다. 교육의 혁신은 계속될 것이며, 이를 통해 학생들의 잠재력을 최대한 발휘할 수 있도록 지원할 것이다.

05

AI디지털교과서를 위한 변명

조재범
경기도교육청 소속 초등교사, (사)교사크리에이터협회 미래교육팀장, 교육부 정책자문위원

교육부에서 '큰일'을 냈다. 보통 '큰일'은 좋은 의미일 수도 있고 '사고를 쳤다'라는 부정적 의미로 받아들여질 수도 있다. 하지만 이에 대한 평가는 아직 유보적이니 가치중립적 의미로 놔두도록 하자. 물론 여기서의 '큰일'은 AI디지털교과서 도입이다.

이제 현장은 '큰일'났다. 2025년부터 AI디지털교과서가 도입되고 2028년까지 초등학교 3학년에서 고등학교 3학년까지 도입이 완료될 예정이다. 도덕, 음악, 미술, 체육 등을 제외한 거의 모든 교과목에 도입될 예정이다. 초등학교는 2027년도에 완료될 예정이다. 만일 AI디지털교과서를 피하고자 한다면 초등학교 교사는 1, 2학년으로 피할 수 있겠지만 중고등학교에서는 불가능하다. 그럼 어떻게 해야 할까? 바로 교사들이 '큰일'을 해야 한다. 교육부는 큰일을 냈고 현장에는 큰일이 났으니 누군가 큰일을 해내야 한다. 그 누군가가 바로 교사다.

● 왜 AI디지털교과서인가?

교육부가 한 일 중에 AI디지털교과서의 조상격이라 할 수 있는 디지털교과서 도입에 대해 알아보자. 우리나라에서 디지털교과서 정책이 처음 도입된 것은 2007년 '디지털교과서 상용화 추진방안'이 진행되면서부터다. 그 후 2011년 스마트 교육추진 전략을 통해 사회, 과학, 영어 과목을 우선으로 디지털교과서로 개발해 연구학교를 중심으로 적용하였다. 그리고 2018년부터 전국 초중고에서 디지털교과서가 사용되기 시작했다. 결과는 어땠을까? 엄밀히 말하면 실패에 가까웠다. 2020년 한국교육학술원에서 발행한 '디지털교과서 현황 분석 및 향후 추진 방안 연구'에서 디지털교과서를 한 번이라도 활용해본 비율은 38.2%에 불과한 것으로 나타났다. 실제로 수업에 활용된 비율은 더 적다고 볼 수 있다. 왜 이런 결과가 나온 것일까? 위의 보고서에서는 크게 두 가지 이유로 설명하고 있다.

첫째, 활용 환경이 미비했다. 디지털교과서를 활용하려면 충분한 디지털 기기와 무선 인터넷 환경이 필수적이다. 하지만 당시에는 충분한 디지털 기기와 무선 인터넷망 구축이 되어 있지 않은 학교가 대다수였다. 둘째, 콘텐츠 차별성의 부족이다. 2024년에도 서비스가 제공되고 있는 디지털교과서는 서책형 교과서 내용을 기반으로 제작되었다. 따라서 기존 자료와 차별성이 부족했다. 그리고 학생들의 흥미와 관심을 유발시킬 수 있는 요소가 한정적이라 현장의 교사들이 디지털교과서의 필요성을 크게 느끼지 않았다. 나 역시 디지털교과서에 관심을 가지고 활용해보았는데 위 두 가지 문제 외에 개별화 학습이 불가능하였다. 실물화상기가 없을 때 교실에 있는 TV를 통해 교과서에 첨삭을 보여주는 기능 정도로 활용하였다.

그럼 이렇게 실패한 디지털교과서를 버리지 않고 왜 AI디지털교과서를 도입하는 것일까? 이미 세상은 디지털 시대를 넘어 AI 시대로 가고 있다. 사회, 문화, 경제가 그러한 방향으로 흘러가고 있다. 교육 역시 시대에 맞춰 변화해야 한다. 그 변화 중 하나가 AI디지털교과서가 되는 것이다. AI디지털교과서는 기존 디지털교과서의 단점을 보완하여 보급될 것이다. 여기서 생기는 의문점이 있다. 기존 디지털교과서는 꽤 오랜 기간 준비하고 연구학교를 통한 검증 과정도 있었는데 이번 AI디지털교과서는 왜 이리 빨리 진행되는 걸까?

이 글의 제목처럼 변명을 시작해보도록 하겠다. 이미 AI 시대가 도래했다. 이제 AI가 국가의 부와 힘을 결정하는 시대가 왔다는 의미다. 우리나라는 디지털 시대로의 전환에서 어느 나라보다 선도적으로 대응했다. 1999년 3월에 '사이버 코리아 21'에 대한 계획이 발표되었다. 이 계획은 1999년부터 2002년까지 4년간 민간 자본 17조 3,000억 원을 포함하여 모두 28조 원을 투입하는 정부의 정보 인프라 기본 계획이다. 다양한 사업이 있었지만 가장 체감되고 의미 있는 사업은 '정보 인프라' 구축이다. 정보 인프라 구축을 통해 우리나라는 그 어느 나라보다 빠르게 초고속 인터넷 망을 구축할 수 있었다. 하지만 문제가 있었다. 그

인터넷망을 사용할 수 있는 컴퓨터 보급이었다. 지금이야 1인 1PC시대지만 당시만 해도 컴퓨터는 고가의 제품이었기 때문에 컴퓨터가 있는 가정이 흔치 않았다. 인프라는 뛰어나지만 그 인프라를 활용할 방법이 없는 것이다. 이에 정부에서는 국민PC 또는 인터넷PC라는 이름으로 파격가에 PC를 보급했다. 이러한 과정을 거쳐 우리나라는 당시 OECD 회원국 중 인터넷 초고속망 구축 최상위권을 차지할 수 있었다. 그리고 그러한 성과로 디지털 시대에 눈부신 발전을 이룰 수 있었다.

하지만 AI 시대에는 양상이 달라졌다. 우리나라는 안타깝게도 AI기술 선두그룹에 속하지 못했다. 앞으로도 전망이 밝지 않다. 그렇다면 어떻게 해야 할까? 나는 우리가 AI기술 선두그룹에 들어가지는 못했으나 AI기술을 활용한 서비스는 선도할 수 있을 거라 생각한다. 그 서비스 중 하나가 교육서비스라고 생각한다. OECD 국가 중에서, 그리고 민주화가 된 국가 중에서 국가 수준 교육과정을 편성할 수 있고 그에 맞는 교과서를 편찬하여 전국 학생들에게 배포할 수 있는 나라가 얼마나 될까? 그것이 가능한 나라가 바로 대한민국이다. AI디지털교과서는 그 좋은 증거가 될 것이다. 그래서 시간이 많지 않다. 되도록 빨리 진행해야 한다. 그 고지 아니 엄밀히 말하면 시장을 선점해야 하기 때문이다. 과거 정보화 시대를 선점했던 것처럼 AI서비스 시장을 되도록 빨리 선점해야 한다. 과거와 달리 변화의 속도가 빠르기 때문에 머뭇거릴 시간이 없다.

시장? 숭고하고 성스러운 교육을 시장의 개념·경제적 개념으로 본다는 것인가? 그렇다. 나는 그렇게 생각한다. 그리고 AI를 활용한 서비스가 향후 우리나라의 먹거리라고 생각한다. 이미 서구의 열강들은 과거 야만적인 함포외교시대를 지나 문명의 이기에 문화의 힘을 얹어 경제적 가치를 추구하고 있다. 대표적인 것이 영어다. 문명이 발전한 나라가 영어라는 언어를 교육이라는 명분으로 경제적 가치를 추구하고 있다. 이제 그 영어가 AI라는 무기까지 가지고 강해지고 있다.

우리 교육도 이제는 내수 시장을 넘어 세계로 나가야 한다고 본다. 이번 AI

디지털교과서가 그 시금석이 되길 바란다. 그리고 그 열매는 우리 현장에 돌아와야 한다. 그래서 지금이 AI교과서가 최대한 빨리 제작되어야 하는 시기인 것이다.

왜 현장은 AI디지털교과서에 부정적인가?

당장 2025년부터 AI디지털교과서가 보급되기 시작해 초등은 2027년, 중등은 2028년에 보급이 완료된다. 처음에는 피할 수 있는 학년이 존재하긴 하지만 결국 초등 1, 2학년을 제외하고는 모든 학년에 적용되게 되어 있다. 이 상황에서 현장의 의견은 어떨까?

고민정 의원실이 2024년 7월 전국 시도교육청에 설문조사 공문을 발송해 초중고교 교원 1만 9,667명을 대상으로 실시한 온라인 설문에 따르면 AI디지털교과서 도입 정책에 '동의하지 않는다'고 답한 비율은 73.6%였다. 왜 이런 결과가 나온 걸까? 이렇게 좋고 훌륭한 AI교과서라면 현장에서 열렬한 환영과 찬성을 보냈을 텐데 말이다. 나오지도 않은 AI디지털교과서에 대해 현장 교육전문가인 교사들이 이렇게 답한 데는 크게 두 가지 원인을 찾을 수 있다.

첫째, 현장을 무시한 교육부의 추진이다. 아무리 좋은 의도를 가진 사업이더라도 현장의 의견을 충분히 수렴하고 시행해야 한다. 그래야만 여론을 형성시킬 수 있다. 현재 AI디지털교과서의 경우 여론이 형성되기도 전에 사업이 완료되는 형국이다. 사업의 타당성을 결정하고 진행하는 것이야 교육부의 고유 권한일 수 있지만 현장의 의견을 듣고 세부적인 내용을 수정하고 진행 상황을 공유하는 과정은 꼭 필요하다. 한데 그렇지 않다 보니 2024년부터 3년간 1조 2,000억 원의 예산을 들여 연간 1만 명 이상 선도교사를 양성하고 32만 명의 교사를 대상으로 디지털 역량 강화 연수를 하는 것에 대한 필요성과 의구심이 생기게 된 것이다. 현장을 무시한 사업은 현장의 환영을 받기 힘들고 현장의 환영을 받기 힘든 사업이 성공하기는 사막에서 물 한 방울 없이 꽃을 피우는 일이나 마찬가지일 것이다.

둘째, 교육부의 업보이다. 지금 현장 교사들은 교육부에 대한 감정이 없다. 실망과 분노를 넘어섰을 때 나타나는 무관심이다. 그동안 교육부는 정권이나 정파에 상관없이 현장 교사에 대해 무시와 홀대로 일관했다는 인식이 널리 퍼져있다. 따라서 교육부가 어떤 사업을 하든 현장에서는 호응이 없고 색안경을 쓰고 볼 수밖에 없는 것이 안타까운 현실이다. 나는 올해로 교직 생활 25년차다. 그동안 꽤 많은 교육부를 봐왔다. 그런데 이번 교육부처럼 교사의 의견을 경청하는 건 본 적이 없다. 실제로 이번 교육부에서는 현장 의견을 반영하는 것과는 별개로 현장의 의견을 듣고 있다. 현장의 의견을 모든 정책에 반영하기에는 현실적으로 어려움이 있음을 모르지 않으므로 이렇게 의견이라도 청취하는 데에 진심으로 교육부에 찬사를 보낸다. 하지만 잠시 반짝이는 행동으로는 차가워진 현장의 마음을 녹이기에 부족함이 있다. 교육부는 아무쪼록 앞으로는 더 많은 의견을 듣고 그 의견을 반영해주길 바란다. 그것만이 차가워진 현장을 다시 따뜻하게 만들 수 있을 것이다.

● 큰일을 해내야 하는 교사

우리나라 교사들의 수준은 어느 정도일까? 얼마 전 구글 한국 본사를 방문할 기회가 있었다. 그곳에서 구글 직원이 말하길 우리나라 교사의 수준이 세계적이라고 했다. 처음에는 영업용 멘트인가 했는데 이유를 들어보니 아니었다. 코로나 시국 때 한국이 구글 클래스룸 트래픽이 유의미하게 높아져서 구글 본사에서 궁금해했다고 한다. 왜 본토인 미국이 아닌 한국에서 구글 클래스룸 트래픽이 높아지는지 말이다. 하지만 이 글을 읽고 있는 교사들은 그 이유를 안다. 코로나 시국에도 단 한 번의 셧다운 없이 온·오프라인 수업을 지속해온 것이 대한민국이다. 그 중심에는 우리 교사들이 있었다. 정부에서 지원해주기 전에 구글 클래스룸, 클래스팅, 밴드 등을 활용하여 교사들은 온라인 수업을 진행하고 그에 맞는 교수-학습자료를 자체 제작하고 공유하였다. 이런 인적자원을 가지고 있는 나라가 없다. 해외에서 먼저 인정해주는 대한민국 교사의 역량을 교사 스스로는 인식하고 있을까? 불행히도 그렇지 않다. 현장의 교사들은 현재 많이 위축돼 있다. 겁박받고 있는 교사의 정당한 권리들, 위협받고 있는 일상적인 생계, 불안정한 미래 연금까지…. 안타까운 사건들까지 묻혔다면 작금의 현실은 더 비참했을 것이다. 대한민국 교사들은 가치에 비해 과소평가돼 있으며 역량에 비해 무시받고 있다.

이런 상황에서 AI디지털교과서를 도입하려 하고 있다. 이러한 때 교사의 역할은 무엇일까? 감히 말하건대 AI디지털교과서를 현장에 안착시킬 수 있는 존재는 현장 교사들이다. 교사들은 그러한 역할을 해야 한다. '큰일'을 해야 할 때가 된 것이다.

앞서 말한 것처럼 교육부가 큰일을 냈고 현장은 큰일이 났다. 이러한 큰일을 올바른 쪽으로 이룰 수 있는 것은 교사밖에 없다. 물론 그 누구보다 현장 교사들의 어려움을 잘 알고 있기에 이런 말이 어찌 보면 무책임해 보일 수 있다. 그러나 사실은 사실이다. 우리나라 교사의 역량이라면 이 정도의 큰일 정도는 아주 훌륭하게 마무리할 수 있을 것이다.

단, 여기에는 전제 조건이 있다. 이 부분은 교육당국이 꼭 유념해줬으면 한다. 먼저 교권이 보장되어야 한다. 슬픈 일이지만 교권이 아니라 생존권이 문제가 된 교육 현장이다. 교권이, 생존권이 보장되지 않은 상황에서 새로운 민원의 소지가 될 수 있는 AI디지털교과서가 현장에 안착되리란 착각을 하면 안 된다.

그리고 교원 업무 경감이 선행되어야 한다. AI디지털교과서가 학생 개개인의 수준과 흥미에 맞는 수업을 진행할 수 있게 해주고 하이터치 하이테크를 구현할 수 있는 훌륭한 도구라 하더라도 현장 교사들에게 $+\alpha$의 업무가 되는 것은 엄연한 사실이다. 새로운 AI디지털교과서를 익히고 교수학습 방법을 구안하고 학생들의 계정을 챙기고 기기를 관리하는 것은 보통일이 아닐 것이다. 이러한 $+\alpha$가 들어오면 항상 $-\beta$가 되어야 한다. 새로운 업무가 들어온다면 기존의 업무가 줄어들어야 한다. 그렇지 않으면 $+\alpha$가 아닌 +아파가 될 것이다.

마지막으로 교사의 처우가 개선되어야 한다. 열정페이의 시간은 지났다. 교사의 능력에 걸맞은 대우를 해줘야 한다. 그러한 대우를 통해 교사는 생활의 안정을 보장받을 수 있을 뿐 아니라 교직에 대한 자부심을 느끼게 될 것이다. 다시한번 강조하지만 대한민국 교사는 AI디지털교과서의 현장 안착뿐 아니라 발전을 이룰 수 있는 역량 있는 집단이다.

앞으로도 교실혁명 선도교사 양성 및 다양한 연수가 진행될 예정이다. 힘든 여건에도 연수에 적극적으로 참여하는 교사들을 보면 존경심이 절로 든다. 어느 정도는 이러한 연수가 더 확산될 거라 예측된다. 충분히 이해되는 측면도 있다. 연수를 준비하는 교육당국, 연수를 실시하는 강사분들, 연수를 듣는 선생님들 모두 힘들 것이다. 쉽고 즐거운 배움이라는 것은 유니콘과 마찬가지다. 이러한 연수가 늘어나게 되면 현장은 더 바쁘고 힘들어질 것이다. 교육당국에서 이러한 부담을 줄여주길 바란다. 예를 들어 찾아가는 학교 연수를 받으면 전문적 학습공동체 시간으로 인정해주는 조치를 통해 현장의 부담을 줄일 수 있는 방안을 모색해야 한다. 그리고 교사 연수만큼이나 교사가 실천할 수 있는 여유와 기회를 제공하는 것도 중요하다. 연수를 받기만 하고 활용하지 못하면 의미 없는 연수가 될 수밖에 없다. 교사들이 배운 내용을 현장에서 실천하고 실현할 수 있는 여유와 지원을 아끼지 말아야 할 것이다.

보이지 않는 것을 믿고 따라야 하는 것이 지금 우리 교육 현장의 모습이다. 조만간 온전한 모습을 드러낼, 하지만 완전하지 않을 AI디지털교과서. 우리 교사들은 이러한 AI디지털교과서를 현장에 안착시키고 발전시켜 우리 교육이 한 단계 성장하게 할 수 있는 힘을 가지고 있다. 교사 스스로, 그리고 이 글을 읽는 모든 사람들이 이러한 역량을 알아줬으면 하는 마음에 AI디지털교과서에 대한 변명을 써보았다.

확장현실과 AI의 만남,
미래 교육의 새 지평을 열다

김수현
+ XR메타버스교사협회 회장, 충청북도교육청 소속 초등교사,
『VR EDU 메타퀘스트 3』 저자

● XR 기반 학습, 이미 다가온 미래 교실

"선생님, 저 오늘은 세종대왕이 되어서 집현전에 방문해볼래요."

"그럼 집현전 사람들은 무얼 하고 있는지, 훈민정음이 만들어지는 과정을 지켜본 세종대왕의 마음은 어떨지 생각해보고 친구들에게 설명해줄래?"

미래 교실의 모습을 하나의 장면으로 표현해보았다. 이 짧은 장면 속에는 체험, 소통, 자기주도 학습을 중심으로 한 맞춤형, 참여형, 질문 기반의 깊이 있는 학습, 디지털 역량 함양 교육이 모두 녹아들어 있다. 이는 과연 기분 좋은 상상에 불과할까? 그렇지 않다. 기술적으로는 지금도 충분히 구현이 가능하기에, 말 그대로 '코앞'에 다가왔다고 할 수 있다.

위 수업 장면은 확장현실(eXtended Reality, 이하 'XR') 기술을 바탕으로 한 'XR 기반 학습'에 해당한다. XR 기반 학습이란 물리적인 제약을 뛰어넘어 전통적인 교실 환경을 확장하는 몰입형 학습을 통해 가상의 인물, 물체, 환경과 상호작용하는 학습법이다. 여기에 AI기술까지 접목된다면, 이젠 교과서를 펼치는 게 아니라 교과서 속으로 걸어 들어갈 수 있는 AI디지털교과서가 탄생하게 된다. 수업 혁신을 가능케 하는 XR 기술이란 무엇일까?

XR 기술이란 확장현실을 구현하는 데 쓰이는 몰입형 기술 또는 초실감 기술을 의미한다. 인간의 오감을 '확장'함으로써 현재 내가 존재하고 있지 않은 현실을 마치 현실처럼 생생하게 경험할 수 있는 기술이다. AR과 VR뿐만 아니라 이미 우리에게 익숙한 360 영상, 3D 모델링, 4DX 영화, 온도나 진동을 느끼게 해주는 웨어러블 장비 등을 모두 포함하고 있다. 예를 들어 실시간 통역 기능이 장착된 AR 글래스를 착용하고 외국인과 대화를 하면 AR 글래스 속의 상대방 얼굴 옆에 한국어로 번역된 텍스트가 둥둥 떠다니는데, 이는 시각과 청각을 '확장'한 경우다. VR 장비를 머리에 착용하고 햅틱(haptic) 슈트를 입은 후 화산을 촬영한 360 영상을 시청할 때 분화구에 가까워질수록 뜨거움을 느낀다면, 이는 시각과 촉각을 '확장'한 경우다. 이외에도 미각을 전달하는 인공 혀, 후각을 전달하는 젤리 센서, 디스플레이가 내장된 렌즈와 같은 기술도 개발되어 있다.

● XR을 기반으로 하는 학습

XR 기술은 이미 시뮬레이션을 바탕으로 한 비행 훈련이나 위험도가 높은 산업 현장의 기술 교육 분야에서 많이 활용되고 있다. 하지만 고가의 장비를 구비해야 하고 특수한 상황에서의 제한된 훈련을 위한 프로그램을 별도로 개발해야 한다는 측면에서, XR 기술이 일반화되기에는 어려움이 있었다. 특히 학교 현장에서는 XR 기술을 다룰 수 있는 교사가 많지 않고 학생들이 활용법을 익히는데에도 상당한 시간과 노력이 필요하기에 학교 교육에서의 진입장벽은 매우 높다고 할 수 있다.

그럼에도 일부 교사들의 자발적인 연구를 바탕으로 HMD(Head Mounted Display) VR을 학교에 도입하여 수업에 활용하는 사례들이 점차 늘어나 교사 커뮤니티에서 다양한 정보들이 교류되고 있다. 비대면 원격 수업에 대한 수요가 폭발했던 코로나 시기를 거치면서 가상 실험 콘텐츠, 안전 교육 콘텐츠 등 상당수의 XR 교육 콘텐츠들이 양산되었다. 또한 해외 빅테크 기업들을 중심으로 혼합현실(MR) 헤드셋이 새롭게 개발되거나 기존 제품의 가격이 인하되면서 XR의 대중화에 한발 더 가까워지기도 했다.

한국전자통신연구원(ETRI)에서는 2022년에 XR 기반 메타버스 협업 플랫폼을 개발하여 학교 수업에 투입하였고, 이를 통해 교실에 있는 교사 및 학생들과 코로나 자가 격리 중인 학생들이 메타버스 공간에서 만나 실시간으로 과학 수업을 진행했다. 해당 수업의 특징적인 부분들을 요약하면 다음과 같다.

출처_동아사이언스TV 유튜브 채널 'ETRI, XR 메타버스 협업 플랫폼 개발'

- 완전한 가상공간이 아니라 현실 공간을 바탕으로, 가상의 3D 테이블과 지구본 오브젝트만 불러와서 현실감 있게 활용함.
- 핸드트레킹 기술을 바탕으로 해당 3D 오브젝트들을 특별한 도구 없이 맨손으로 조작함.
- 교실에 있는 학생들에게 집에 있는 학생은 아바타로 보이고, 집에 있는 학생들에게는 교실에 있는 학생들과 교사가 아바타로 보여 실시간으로 상호작용할 수 있음.
- 교사와 학생이 동시에 지구본을 조작함으로써 학생에 대한 교사의 개별 피드백이 가능함.

이러한 분위기에 힘입어 2023년에는 XR 기술에 관심 있는 전국 초중고 교사들이 자발적으로 참여하는 'XR메타버스교사협회(XR Teachers)'가 조직되었다. 이들은 XR 기반 학습에 대한 체계적인 연구를 통해 수업 사례집 및 HMD VR 활용 가이드북 출간, 전국 단위 XR 기반 학습 교사 연수 운영, 가상미래교육박람회 공동 주관 등 다양한 활동을 하면서 XR의 대중화를 위해 노력하고 있다.

● XR 활용 수업 사례

　AR, VR, 360 영상 같은 교육용 콘텐츠를 활용한 수업은 꾸준히 이어져왔다. 한국교육학술정보원을 중심으로 교육용 소프트웨어 공모전, ICT 활용 교육연구대회, 교육정보화연구대회, 디지털 교육연구대회 같은 분야에서 교사들이 직접 콘텐츠를 개발하기도 했고, 실감형 콘텐츠 '흥'이라는 애플리케이션이 실제 교과 수업에서 활용되고 있기도 하다. '실감형 콘텐츠로 배우는 우리 아이 첫 도형 학습', '교과서 속 모양 AR 탐험'(제16회 교육정보화연구대회), VR과 AI를 융합하여 가상 미술관에서 미술작품을 둘러보고 AI를 통해 추가 정보를 얻을 수 있는 '메이(M-AI)의 미술관'(제17회 디지털 교육연구대회) 등이 그런 예다.

　한편 태블릿이나 PC를 기반으로 한 교육과는 달리 HMD VR 활용 교육은 환경 구축을 위한 예산 확보에 어려움을 겪는 경우도 있고, 구매까지는 이어졌으나 막상 수업에 도입이 어려워 장비가 방치되어 있는 학교도 다수 있다. XR메타버스교사협회에서는 이 부분에 착안하여 학교 현장에서 HMD VR 활용 수업이 매끄럽게 이루어질 수 있도록 교육과정과 연계한 수업 설계 아이디어, 수업에서 바로 활용할 수 있는 학생용 활동지가 수록된 'VR EDU 수업사례집'(2024)을 제작했다. 여기에는 초등학교 저학년 및 특수교육 대상자 학생들부터 중학생들까지 활용할 수 있는 12개의 사례가 소개되어 있다.

● XR과 AI의 융합

　포스트 코로나 시대를 맞이하면서 그토록 거세던 메타버스 열풍은 챗GPT의 등장과 더불어 모두 AI로 몰려들었다. 빅테크 기업들 역시 AI에 훨씬 더 공을 들이고 있고, 국내의 수많은 메타버스 플랫폼들은 줄줄이 서비스를 종료하는 상황이 이어졌다. XR 환경 구축의 핵심이라고 할 수 있는 메타버스에 대한 관심이 사그라들면서 '이제 메타버스는 한물갔다'는 인식이 확산되기도 했다. 그러나 「메타버스, 생성AI 엔진을 달다」(2022, 소프트웨어정책연구소)라는 논문의 표현을 빌리자면, AI는 오히려 메타버스를 포함한 XR 기술에 '날개'를 달아줄 것으로 예상된다. 그 이유는 XR 기술 활용에 대한 문턱이 낮아지기 때문이다. 대표적인 XR 기술에 해당하는 3D 모델링은 구현에 상당히 많은 시간과 숙련도가 요구되기에 대중화되기가 어려웠다. 하지만 AI기술을 통해 프롬프트만으로도 다양한 3D 오브젝트들을 생성해낼 수 있기에, 이를 단순히 가상 공간에 배치하기만 해도 훌륭한 XR 환경을 구축하게 된다. 즉 메타버스 공간으로의 진입 장벽이 낮아지면서 많은 사람들이 손쉽게 콘텐츠를 만들어내고 또 즐김으로써 하나의 문화로 자리 잡을 수 있게 된다는 것이다.

만약 XR과 AI가 융합된 기술이 교실에 적용된다면 어떤 일이 벌어질까? 역동적인 학습 환경을 바탕으로 진정한 교실혁명이 발생할 가능성이 높다. 머지않아 교사들은 다음과 같은 교실을 맞이하게 될 것이다.

1교시 : 살아 있는 역사 시간

학생들이 교실에 들어서자 선생님은 미소를 지으며 인사하고 가벼운 XR 헤드셋을 준비하도록 한다. 오늘 수업 주제는 고대 이집트. XR 헤드셋을 착용한 선생님은 간단한 음성 명령으로 교실을 테베의 번화한 거리로 바꿔놓는다. 이 광경을 학생들 역시 실시간으로 함께 감상하며 멀리서 장엄한 피라미드 시장 상인들이 호객하는 소리를 듣기도 하고, 이국적인 향신료 냄새도 맡아본다.

"오늘 우리는 이집트인의 일상생활을 탐구할 거예요."

선생님은 XR 헤드셋의 네비게이션 바에서 AI디지털교과서를 실행하고 학습 문제를 입력한 후 학생들을 소그룹으로 배정한다. 학생들은 소그룹 방으로 이동하여 이집트의 어느 곳을 탐방할지 AI NPC(non-player character)의 추천을 받아 해당 장소로 이

동한다. 어떤 모둠은 나일강 근처에서 농사를 짓는 가상의 농부를 만나 대화를 나누기도 하고, 또 다른 모둠은 사원의 대제사장을 만나 미라 제작 방법에 대한 설명을 듣는다. 소그룹 활동을 마친 학생들은 모두 XR 헤드셋을 벗은 후 배운 내용을 공유한다.

2교시 : 대화가 있는 과학 실험

과학실에 도착한 학생들은 XR 헤드셋을 AR 모드로 전환하여 과학실의 실제 환경 그대로 실험에 참여한다. 오늘의 실험은 동물 세포와 식물 세포를 관찰하는 내용이지만, 실제 표본을 사용하는 대신 가상의 3D 오브젝트를 사용하기로 한다. 양파 상피 세포의 프레파라트를 만드는 방법을 몰라서 가만히 있는 학생에게는 AI NPC가 다음 단계를 강조하며 가이드한다.

"선생님, 저는 식물 세포벽을 조금 더 자세히 살펴보고 싶어요."

학생들이 가상의 식물 세포를 확대해서 들여다보며 세포벽을 가볍게 터치하면 AI NPC가 "이 부분은 세포벽입니다"라고 이야기하며 세포벽이 없는 동물 세포와 비교하는 자료를 제시한다. 학생들은 이 장면을 그대로 캡쳐한 후 디지털 포트폴리오로 전송한다.

3교시 : 협동 국어 수업

소설 작품 속 세계가 교실에 그대로 재현된다. 학생들은 소설 속 한 장면을 살펴보고 등장인물 NPC와 실시간으로 토론할 수 있다. AI 보조교사를 호출해두면 학생들이 인물 NPC와 토론을 진행할 때 적절한 질문이나 답변을 추천해준다. 또한 비슷한 토론을 하고 있는 다른 학생들과 연결하여 3자 대면 공간을 마련해주고, 함께 토론할 수 있도록 도와준다.

"와, 너 진짜 힘들었겠구나."

학생들은 등장인물 NPC에게 자연스럽게 몰입하여 공감하기도 하고, 열띤 논쟁을 벌이기도 한다. NPC와 대화한 내용은 텍스트로 변환 및 요약되어 교사에게 전송이 되고, 교사는 이를 실시간으로 모니터링하며 적절한 피드백을 제공한다. 때론 가여운 주인공과 함께 울어버린 학생을 토닥이기도, 때론 논쟁에서 결론을 내지 못해 씩씩거리는 친구를 진정시키기도 한다.

일이 년 전만 해도 앞에 묘사한 장면들을 이야기하면 대부분의 사람들은 '10년은 더 뒤의 이야기'라고 생각했을 것이다. 하지만 하루가 멀다 하고 AI기술이 성장하고 있는 현시점에서는, 이러한 미래 교실이 5년 안에 충분히 도래할 수 있다고 이야기해도 전혀 어색하지 않은 상황이다. XR과 AI 융합의 핵심은 몰입형, 대화형, 고도로 개인화된 경험을 할 수 있는 환경을 조성한다는 것인데, 이는 이미 AI디지털교과서에서 강조하고 있는 부분과도 일맥상통한다.

교육 분야에서의 XR과 AI의 융합이 지닌 잠재력은 교사와 학생들의 상상력에 달려 있다고 해도 과언이 아닐 정도로 무한히 열려 있다. 미래 교육의 새 지평에 서 있는 지금, 선택의 순간이 가까워진다. 여전히 가능성을 운운하며 관망할 것인가, 아니면 딱 한발 내밀어 무한히 확장된 교실 속에서 학생들과 마음껏 뛰어놀 것인가?

디지털 시대의
생활지도 방향

손덕제
울산광역시교육청 소속 중등 교감, 교육부 학교폭력현장점검 지원단, 학교폭력예방교육 컨설턴트 과거의 학생 문제는 학생의 생활반경에 있는 대면 상황에서 많이 발생하였다. 그러나 포스트 코로나 디지털 시대가 도래함과 동시에 걷잡을 수 없는 비대면 문제로 학교 현장은 혼돈의 시간을 보내고 있다. 이미 교사의 디지털 감시망을 벗어난 아이들은 사이버 범죄 수준의 문제들을 일으키고 있으며 성, 약물, 도박 등 사회문제와 결합되어 더 큰 문제를 야기하고 있다. 안타까운 점은 교사의 생활지도에 대한 존중과 존경이 축소되고 아동복지법의 폐해로 인하여 교사는 정당한 생활지도를 할 수 없다는 점이다. 학생생활부장을 12년간 역임하며 하루가 다르게 학교 현장이 힘들어지는 것을 느끼고 있다. 학습지도보다 어려운 생활지도, 도대체 어떻게 해야 하는 것일까. 앞으로는 아동학대의 법망에 저촉되지 않으면서도 복잡하고 개입이 애매한 상황에 대처할 수 있는 새로운 생활지도 방법이 필요하다.

디지털 시대의 도래는 학생 생활지도에도 새로운 패러다임을 요구하고 있다. 학생들이 어떠한 디지털 기술로 문제행동을 일으키는지, 그리고 디지털 기술을 올바르게 사용하게 하기 위해서는 어떤 방법으로 생활지도를 해야 하는지 새롭게 접근해야 한다.

얼마 전 한 초등학교 선생님으로부터 전화가 왔다. 학생의 생활지도와 관련해 도움을 요청하는 전화였다. 간략한 내용은 이러하다. 독서수업 시간에 책을 읽던 한 여학생이 갑자기 선생님께 다가와서 "OOO가 딥페이크 기술로 제 얼굴을 나체사진과 합성해서 친구들의 단톡방에 올렸어요"라고 말한 것이다. 선생님은 지목된 남학생에게 사실관계를 확인했고 이러한 일은 사이버 성범죄가 될 수 있다고 주의를 주었다. 이후에 학부모에게 연락했으나 학부모는 오히려 자신의 아이를 공개적인 장소에서 성범죄자 취급을 했다며 선생님을 정서적 아동학대로 신고했다는 것이다. 이처럼 정당한 교육지도도 아동학대로 신고가 되는 지금의 학교 현장이 안타까울 따름이다.

● 생활지도 방법은 왜 변해야 하는가

교육의 목표는 인지적·정서적·행동적인 면이 고르게 균형 잡힌 인간을 만드는 것이다. 생활지도는 학생들의 일상생활을 지도하여 좋은 습관이나 태도를 기르는 일이기에 교육에서 가장 기본적이고도 중요한 활동이라 할 수 있다.

12년 전 학생생활부장을 처음 시작했을 때는 지각 및 무단결석, 품행 문제, 교우 관계 미숙, 일탈행동인 흡연과 음주, 폭언과 폭행, 절도 등이 주된 생활지도 대상이었다. 대부분 학교생활에서 지켜야 할 규칙과 그 규칙을 어길 경우 받게 될 징계 내용을 학생들에게 교육하고, 규칙을 어기는 학생을 엄하게 처벌하는 '응보적 생활지도(retributive discipline)' 방식이었다. 이는 교사와 학생 간 관계를 단절시키고 학부모는 죄책감을 느끼게 되는 한계가 있었다. 이를 보완할 대안으로 피해와 관계의 회복에 초점을 두는 '회복적 생활지도(restorative discipline)' 개념을 도입하면서 생활지도의 패러다임 전환을 가져왔다. 하지만 얼마 되지 않아 학교 현장은 디지털 시대로 인한 새로운 생활지도 방식을 요구받고 있다. 사이버 폭력, 사이버 도박, 사이버 성범죄 등 새로운 문제행동이 나타나자 기존과는 다른 새로운 방식으로 접근해야 문제를 해결할 수 있게 되었기 때문이다.

2010년 이후에 태어난 아이들을 알파세대라고 한다. 우리들이 주로 가르치는 알파세대들은 어려서부터 기술적 진보를 경험하며 자라서 디지털과 AI, 로봇 등에 익숙하여 '디지털 원주민'이라 불리기도 한다. 이 아이들은 예전처럼 교사를 지도자로 우러러보지 않는 경우가 많다. 교사뿐만 아니라 부모나 주변의 어른들도 더는 인생의 지도자로 여기지 않는 경우도 있다. 학생들은 챗GPT나 AI 기술로 교사나 부모의 가르침 없이도 즉각적으로 답을 얻고, 수년은 지나야 받아들일 정보를 미리 습득하는 경우가 많아졌다. 오히려 교사보다 먼저 새로운 기술과 정보를 얻는 경우도 많다 보니, 교사나 부모에게 배울 것이 없다고 느끼고 어른이 지식 전달자 또는 롤 모델로서 부족하다고 생각할 수도 있다.

그렇다고 해서 교사나 부모의 역할이 필요 없는 것일까? 아무리 디지털 시대로 변한다 할지라도 공동체를 이루고 살아가는 인간 세상에서는 교사와 부모, 그리고 지역사회의 역할이 반드시 필요하다. 디지털 시대에도 한 아이를 키우려면 마을이 필요한 것이다. 학생들이 디지털 기기를 익숙하게 접하며 자라고 있다고 해서 디지털을 잘 활용하고 올바르게 사용할 수 있는 역량까지 갖추었다고 볼 수는 없다. 칼은 강도에게는 사람을 해치는 무기지만, 요리사에게는 사람들을 행복하고 건강하게 만드는 도구가 된다. 디지털을 무기로 쓸지 도구로 쓸지는 개인의 선택에 좌우된다. 빠르게 변화하는 디지털 시대도 어찌 보면 단지 수단의 빠른 발전일 뿐이다.

'속도보다 방향이 중요하다'라는 말이 있듯이 수단의 발전 속도보다 수단을 이용하는 올바른 방향성인 목적의식과 윤리적 가치관 확립이 더 중요하다. 이 역할을 하는 것이 바로 교육이고 학교에서의 생활지도다. 그러므로 학생들이 디지털 기술이 주는 기회를 잘 활용하고 올바르게 적용할 수 있도록 지식, 기술, 태도를 갖추게 하는 디지털 시대에 맞는 생활지도 방식이 반드시 필요하다.

● 디지털 시대 학생들의 문제행동 사례

20여 년 전 처음으로 여자중학교에 부임하여 담임을 맡았을 때 우리 반 부반장에게 문제가 생겼다. '양동생·양언니 사건'이었다. 학교에 고등학생과 연계된 폭력서클이 조직되어 있었는데 신입생들 중 예쁘고 힘이 있어 보이는 학생들은 선배들과 양동생·양언니를 맺었다. 대부분 선배(양언니)가 후배(양동생)를 일방적으로 지목하는 방식으로 후배는 거부할 수 없고 선배의 생일과 각종 기념일 등을 챙기며 금품을 상납하는 관계로 이어졌다. 가입을 거부하거나 선생님께 신고하면 선배들에게 집단폭력을 당하거나 더 많은 금품을 빼앗겼기 때문에 음성적으로 이러한 일들이 계속 행해졌다. 이러한 상황에서 우리 반 부반장은 겁을 먹은 채 신고를 했고 나는 계획적으로 생활지도를 시작했다.

우선 폭력서클 학생들을 파악하여 진술서를 쓰게 하고 학부모에게 연락했다. 학생들은 잘못을 인정하고 후배들에게 사과는 했지만 고등학생들과의 연결고리가 문제였다. 결국 고등학교의 학생부장 선생님의 협조로 일망타진할 수 있었다. 지금의 생활지도 관점으로 본다면 이 사안은 금품갈취, 공갈, 협박, 신체 및 언어폭력 등 심각한 학교폭력에 해당되는 사안이었다. 결국 생활지도협의회를 열어 가해자 부모가 피해자에게 사과하고 가해 학생은 징계받고, 빼앗은 금품은 모두 돌려주는 것으로 처리하였다. 반성문을 작성한 후 다시는 서로 만나지 않겠다는 다짐을 받고 사안이 종료되었다. 이후에 실제로 또 만나지 않는지, 금품갈취를 반복하지 않는지 등을 파악하기 위해 하교 시간에 부반장 학생의 뒤를 따라가보기도 했다. 다행히 큰 문제없이 잘 마무리가 되었다. 이외에도 교실에서 카드 도박을 한다거나, 집단 패싸움, 흡연 및 음주 등의 문제가 있었지만 대부분 오프라인에서 이루어지기 때문에 피해자와 가해자를 물리적으로 분리하면 해결이 가능했다.

하지만 지금은 어떠한가? 학생들의 만남은 온라인으로 이루어져서 물리적인 분리가 의미 없어졌으며, 금품갈취나 폭력, 도박 등도 사이버 범죄로 이루어지고 있어서 발견하거나 감시하기가 어렵다. 또한 SNS상에서 익명으로 문제가 발생하는 경우도 많아서 경찰에 신고를 하더라도 해결하기가 쉽지 않다.

디지털 시대의 학생 문제행동 중 대표적인 사례를 살펴보자. 우선 가장 많은 비중을 차지하는 디지털 중독 중 온라인 게임중독이 있다. 몇 년 전 한 학부모가 학교로 찾아왔다. 자기 아들을 신고할 테니 징계도 하고 도와달라는 것이다. 집에서 새벽까지 컴퓨터 게임을 하는데 어머니의 신용카드로 게임 아이템을 사느라 매달 50만 원 이상을 지출한다고 했다. 꾸중을 했더니 얼마 전에는 어머니를 폭행하여 더 이상은 감당할 수 없다고 판단하고 학교에 생활지도를 부탁하러 온 것이었다. 이 학생은 무단결석과 지각을 자주 하고 학교에서는 내성적이고 말이 없는 학생이었는데 게임중독에 빠져 있었다. 생활지도협의회를 열려고 하니 어머니의 카드를 쓴 것을 갈취라고 하기도 어렵고, 다른 학생이 아닌 어머니를 폭행한 문제를 학교에서 징계하기도 애매하여 결국 무단결석과 무단지각을 문제 삼아 징계했다. 하지만 이후에도 게임중독이 나아지지 않자 화가 난 어머니가 게임 중인 학생의 컴퓨터 코드를 뽑았다. 그러자 학생은 화가 나 과도를 들고 어머니를 위협하였다. 놀란 어머니는 학생을 바로 정신병원에 입원시켰고 3개월간 입원 치료를 받게 하였다.

비슷한 일이 2022년도에 파키스탄에서도 일어났다. 배틀그라운드라는 온라인 게임을 하다가 꾸중을 들은 10대가 홧김에 어머니를 포함한 가족 4명에게 총기를 난사하는 사건이 발생했다. 1인칭 슈팅 게임에 중독됐던 10대 학생은 방에 틀어박혀 게임만 했고, 이로 인해 어머니로부터 종종 혼난 것으로 전해졌다. 그는 경찰조사에서 "게임처럼 가족이 다시 살아날 것이라 생각했다"라고 진술했다고 한다. 실제로 앞서 언급한 학생도 가상 세계에서의 칼싸움과 현실 세계에서의 칼싸움을 혼돈해서 칼을 들었다고 진술했다.

다음은 사이버 도박 사례다. A학생의 아버지가 학교로 찾아와서 인근 상급 학교에 다니는 B학생을 금품갈취로 학교폭력 처리를 해달라고 요청했다. A학생과 B학생은 몇 달 전에 온라인 게임을 하다 알게 되었는데 두 달 만에 A학생이 B학생에게 무려 100만 원이 넘는 돈을 갈취당했다는 것이다. 종종 PC방에 함께 가면서 처음에는 1~2만 원을 빌리기도 하고 그 돈으로 먹을 것을 사 먹곤 해서 크게 걱정하지 않았다. 하지만 시간이 지날수록 금액이 커져만 갔고 A학생에게 이자로 얼마를 더 주겠다며 돈을 계속 빌렸다. 알고 보니 B학생은 사이버 도박에 빠져 돈을 탕진한 상태였다. 다른 학교의 학교폭력 신고 사안까지 합해보니 약 300만 원이 넘는 거금을 사이버 도박에 탕진한 것이다. B학생의 부모님도 해결을 포기하여 결국 B학생은 사이버 도박중독으로 인해 학교폭력 처리는 물론이고 경찰서에 신고당해 법적 처벌을 받았다.

마지막은 디지털 성범죄 사례다. 경상북도 한 경찰서에서 학교로 전화 한 통이 왔다. A학생이 OO지역에서 성범죄자로 신고가 되어 신원확인을 위해 전화를 했다고 했다. 울산에 살고 있는 A학생이 왜 경북 지역까지 갔는지 의아해 다시 물어보니 인터넷에서 B여학생의 사진을 나체사진과 합성하여 유포한 혐의로 신고되었다고 했다. 몇 년 전에 "대신 전해드립니다"라는 제목으로 SNS에 글을 올려 누군가 합성 사진을 부탁하면 원하는 사진을 합성해주고 대가를 받는 것이 유행한 적이 있다. 이때는 딥페이크 기술이 발달하기 전이어서 포토샵 정도로 만들어주고 대가를 받았다. B학생은 사진 합성을 잘하는 학생이었는데 학교에서는 모범생에 가까웠다. 그런데 어느 날 대학생 남자가 여학생 사진을 보내서 나체 사진과 합성을 해달라고 했다. 이 남성은 학원 강사였는데 고등학생인 B학생과 몰래 사귀다가 여학생의 헤어지자는 말에 화가 나서 여학생의 나체 합성 사진을 부탁하여 그 사진을 SNS에 올린 것이다. 결국 나체 합성 사진을 제작한 본교의 학생이 함께 적발되어 경찰조사를 받고 처벌을 받았다.

이외에도 디지털 성범죄 유형은 카톡을 통한 성인과의 조건만남, 온라인 그루밍 범죄 등 다양한 형태로 나타나고 있다. 2022년 한국형사법무정책연구원이 여성가족부 의뢰를 받아 분석한 '2022년 기준 아동·청소년 성범죄 판결 분석'에 따르면 3,736명의 피해자 중 16.8%가 성착취물로 인한 피해를 보았다고 한다. 피해자 59.9%는 가해자를 아는 사람이라고 답했고, 그중 33.7%가 '인터넷 채팅 등을 통해 알게 됐다'고 답했다. 스마트폰만 있으면 언제 어디서든 디지털 성범죄가 벌어질 수 있다는 점을 암시한다.

디지털 시대의 학생 문제행동에 대한 대응 방안

온라인 게임중독, 사이버 도박, 사이버 성범죄는 청소년들에게 심각한 영향을 미칠 수 있다. 이를 방지하고 대응하기 위해서는 정부, 학교, 가정이 협력해야한다. 학교에서의 생활지도는 이러한 문제를 예방하고, 학생들이 건강한 디지털환경에서 성장하는 데 중요한 역할을 한다. 지속적인 교육과 상담을 통해 학생들이 스스로 위험을 인식하고 대처할 수 있는 능력을 키우는 것이 중요하다.

온라인게임 중독은 청소년의 정신건강과 학업성취에 부정적인 영향을 미친다. 이를 방지하고 개선하기 위한 대응 방안으로는 게임 이용 시 제한, 의미 있는 대체활동하기, 심리상담 및 치료 받기 등이 있다. 중독은 개인의 힘으로만 해결하기는 힘들기에 가정의 도움과 전문가 상담을 통한 치료적 접근이 필요하다. 학교에서는 교사가 학생들과 정기적인 상담을 통해 게임 습관을 점검하고, 필요한 경우 부모와 협력하여 적절한 조치를 취해야 한다. 게임 외에 운동이나 독서등 다양한 활동을 격려하고, 학생들이 자기주도적으로 시간을 관리할 수 있도록 '생활 균형 교육'을 실시하는 것이 필요하다.

사이버 도박은 청소년들에게 경제적·심리적으로 큰 위험을 초래한다. 이에 예방과 초기 대응이 매우 중요하다. 우선은 정부에서 강력한 법적 규제를 실시해야 한다. 청소년들의 사이버 도박 사이트 접근을 차단하고, 불법도박 행위를 엄격하게 처벌해야 한다. 또한 금융에 대한 올바른 개념과 도박의 위험성에 대해 교육함으로써 청소년들이 도박의 유혹에 빠지지 않도록 도와야 한다. 도박중독도 게임중독과 마찬가지로 전문가 상담과 치료적 접근이 필요하다. 학생의 여러 가지 중독을 전담으로 상담하고 치료하는 센터를 운영하는 것도 좋은 방안이다. 학교에서는 도박의 위험성과 그로 인한 부작용을 정기적으로 교육하여 학생들이 도박의 유혹에 빠지지 않도록 예방해야 한다. 또한 경제적 자립과 계획적인 돈 관리의 중요성을 교육하여 쉽게 도박의 유혹에 빠지지 않도록 해야 한다.

사이버 성범죄는 청소년들에게 심각한 정신적·사회적 피해를 줄 수 있다. 이를 예방하고 대응하기 위해서는 청소년들이 온라인에서 개인정보를 안전하게 관리하고, 낯선 사람과의 대화에 주의를 기울여야 한다. 또한 디지털 성범죄자를 강력하게 처벌하고 피해자가 쉽게 신고할 수 있는 체계를 마련해야 한다. 피해 발생 시 신속하게 대응할 수 있는 학교와 경찰의 공조시스템 역시 필요하다. 학교에서는 '성교육 및 디지털 리터러시 교육 강화'를 해야 한다. 학생들에게 범죄 사례와 위험성, 그리고 이를 예방하기 위한 방법을 정기적으로 교육해야 한다. 또한 사이버 성범죄 피해자가 발생할 경우, 즉각적인 상담과 지원을 제공하여 학생의 트라우마를 최소화하도록 도와야 한다.

아동·청소년이 알아야 할 디지털 성범죄 예방 인진수칙 7가지

1. 나와 타인에 대한 개인정보를 올리거나 전송하지 않기
2. 모르는 사람이 보낸 인터넷 링크나 파일을 클릭하지 않기
3. 타인 동의 없이 사진이나 영상을 찍거나 보내지 않기
4. 타인 사진과 영상에 성적 이미지를 합성하지 않기
5. 타인 사진이나 영상을 퍼뜨리겠다고 위협하지 않기
6. 잘 모르는 사람이 개인정보를 묻거나 만남을 요구하면 어른에게 알리기
7. 촬영, 유포, 협박 등으로 두려움을 느낄 때 전문 기관에 도움 요청하기

여성긴급전화(1366), 청소년상담전화(지역번호+1388)

출처_교육부·여성가족부

● 디지털 시대의 문제행동에 대한 생활지도 노하우

우리가 두려워하는 디지털 시대 문제행동도 유형과 접근 방법에 차이가 있을 뿐, 기본적인 생활지도 방향은 동일하다. 모두가 기피하는 학생생활부장을 12년간 하면서 얻게 된 가장 효과적인 생활지도 방법이 있다. 디지털 시대 학생들의 문제행동을 줄이기 위해 교사는 학생들의 유행과 문화를 이해하려고 노력

해야 한다. 페이스북, 인스타그램, 카카오톡 등으로 소통하고 틱톡, 유튜브 등에서 유행하는 학생들의 문화에 관심을 가질 필요가 있다. 보란 듯이 올려놓는 욕설과 비속어, 패륜적이고 성적인 언행을 오로지 교사만 모른다면 위험할 수 있다. 아이들이 어떤 플랫폼을 이용하는지 알고 있어야 학생들의 문제행동을 발견하고 예방할 수 있다. 아울러 모든 계정을 교사가 점검할 수 없기에 '학생 사이버 폴리스'를 활용하여 학생 신고 지원 체계를 마련해야 한다. 이때 또래를 무서워하는 청소년기의 특성을 고려하여 익명 신고가 가능하게 해야 한다. 디지털 시대여서 캡쳐 및 녹음, 영상촬영 등으로 증거 확보가 더 확실하다는 점이 생활지도 측면에서 더 용이할 수 있다.

학교에서는 인성교육을 더욱 강화해야 한다. 말과 행동을 통해 생각을 정화해야 한다. 인사말을 "사랑합니다. 감사합니다" 등으로 정하고 교육공동체가 일원화된 인성교육을 지속적으로 실천해야 한다. 준법교육도 강화해야 한다. 학교 안팎에서 질서 유지 및 학교 규칙 준수를 강조하는 교육으로, 학생들이 사회의 일원으로서 책임감을 갖고 행동하도록 지도한다. 사이버 상에서도 사이버 범죄행위에 대한 법령과 처벌 사례를 구체적으로 알리고 신고 요령을 지도해야 한다. 학교의 생활지도 시스템도 정비해야 한다.

학기 초에 전교생 오리엔테이션을 진행하여 인성교육과 질서교육, 준법교육과 학교폭력 예방교육 등을 실시하고 디지털 시대의 문제행동에 대한 경각심과 공동체 생활의 기본을 가르친다. 문제행동을 일으켰으나 진심으로 잘못을 인정하고 정직하게 용서를 구하는 학생에게는 징계가 아닌 교육적 회복의 의미로 다시 기회를 주는 삼진아웃제를 실시한다. 또한 사이버상에서의 문제행동을 감시하는 학생 사이버 폴리스와 악성민원에 대응할 수 있는 교육공동체 민원대응팀을 구성하여 운영한다. 교육부 차원에서 실시하는 학교폭력 실태조사 외에 자체적으로 분기마다 '학교생활 설문조사'를 실시하는 것도 좋은 방법이다. 학교생활 설문조사는 학교폭력 신고뿐만 아니라 학교에 건의할 사항, 행복 만족도 등을 함께 조사하여 학교생활을 행복하게 만드는 도구로 활용할 수 있다.

"아이들이 당신 말을 듣지 않는 것을 걱정하지 말고, 그 아이들이 항상 당신을 보고 있음을 걱정하라"라는 말이 있다. 이는 교사로서 행동의 중요성을 강조하고 있다. 그러나 이것이 얼마나 어려운 일인지는 현장에 있어본 자들만이 알수 있다. 하루만 학교 현장에 있어 보면 교사들이 얼마나 대단한 존재인지를 느끼게 될 것이다. 그럼에도 교사를 버티게 하는 유일한 힘은 결국 학생을 사랑하는 마음과 인내다. 우리가 버티는 이유는 교사로서의 사명감이 남아 있기 때문이다. 그렇지 않았다면 뒤돌아보지 않고 떠나지 않았을까.

● 디지털 시대에 생활지도가 나아가야 할 방향

챗GPT가 상용화되고 딥페이크 기술이 날로 발전하고 있는 새로운 디지털 시대, 학생들에 대한 생활지도는 어떤 방향으로 나아가야 하는가?

앞서 이야기한 나체사진 합성 사건에서 딥페이크 기술이 잘못된 것일까? 디지털 기술이 문제가 아니라 그 기술을 어떠한 목적을 가지고 어떻게 사용하는지가 문제다. 따라서 디지털 기술을 발전시키고 그에 적응하고 따라가는 것도 중요하지만, 이러한 디지털 기술과 콘텐츠를 왜 사용하는지 목적의식을 심어주는 것이 선행되어야 한다.

디지털 시대에 학교에서 이루어지는 학생 생활지도의 목적은 교육의 목적과 부합해야 한다. 대한민국 교육기본법 제2조(교육이념)에 "교육은 홍익인간(弘益人間)의 이념 아래 모든 국민으로 하여금 인격을 도야(陶冶)하고 자주적 생활능력과 민주시민으로서의 필요한 자질을 갖추게 함으로써 인간다운 삶을 영위하게 하고 민주국가의 발전과 인류공영(人類共榮)의 이상을 실현하는 데에 이바지하게 함을 목적으로 한다"라고 명시되어 있다. 미래 교육을 이야기하는 디지털 시대에도 학생들을 가르치고 생활지도하는 목적은 모든 사람을 이롭게 하고 행복하게 하는 데 이바지하는 것이다.

『어린 왕자』를 쓴 생텍쥐페리는 "배를 만들기 위해서는 역할을 분담하지 말고 바다에 대한 동경심을 키워라"라고 했다. 디지털 시대를 살아가는 학생들의 생활지도 방향성 또한 디지털 시대에 발생할 수 있는 문제행동에 대한 평가나 도구를 개발하는 데 주안점을 둘 것이 아니라, 디지털 세계를 어떻게 살아가야 하는지 가르쳐야 한다. 나와 내 가족, 그리고 친구와 선생님들, 나아가 인류에 대한 사랑과 감사, 존경과 배려의 마음을 실현하고자 하는 태도를 가르치는 것이 디지털 시대에 우선해야 할 올바른 생활지도와 교육의 방향일 것이다.

변화하는 디지털 시대에는 디지털 기술과 콘텐츠를 긍정적 수단으로 활용하여 자아를 실현하고 공동체의 행복과 인류의 발전에 기여하는 태도를 기르는 것을 교육 목적으로 하고, 학교에서는 '스승 존경, 친구 사랑, 교육 공동체 모두가 행복한 학교 문화'를 만드는 것을 생활지도 목표로 삼아야 한다. 이러한 교육 방향이 우리의 모든 수고와 노력을 긍정 에너지로 바꾸어 행복한 미래를 열어가는 열쇠가 될 것이다.

참고자료 ─────

"'배그' 중독 10대, 총으로 가족 살해… '살아날 줄 알았다'", 〈조선일보〉, 2022.2.1

"청소년 온라인 도박, 몸살 앓는 한국과 NZ의 교육 현장", 〈코리아 리뷰〉, 2024.7.11

"'중학교 때 시작'… 청소년 디지털 성범죄 대책 시급", 〈KBS 뉴스〉, 2024.6.21

"친구 사이인데 어때, 사진 찍어서 보내줘. 미성년자 노리는 온라인 그루밍 범죄", 〈보안뉴스〉, 2024.5.15

"교사는 디지털 시대 아이들을 어떻게 교육해야 하나", 〈K 스피릿〉, 2022.1.19

"'사이버 폭력'의 굴레… 탈출 위해 '예방'과 '지원' 절실", 〈경기신문〉, 2022.12.8

····· 대한민국 미래 교육의 ···········

새로운 대안 ·············>

1   2028 대입, 초중고 학습자는 어떻게 대비할까

2   대입을 위한 생기부 전략

3   대입 논술 부활, 어떻게 준비해야 할까

4   지방소멸, 학령인구 감소를 극복하기 위한
     특별자치도의 역할

5   소통 기반의 교육 정책을 열어가는 함께학교

6   세계의 미래 학교

7   AI 시대, 자연친화적인 맨발놀이 교육이 필요한 이유

8   미래의 교육, 미래의 노조, 디지털 속에 숨은 교육을 찾아서

01

2028 대입, 초중고 학습자는 어떻게 대비할까

박은선
경기도교육청 소속 중등교사, 교육부 교실혁명 선도교사, 『명문대 필독서 365』 외 저자

고교학점제에 따른 2028 대입 제도, 무엇이 바뀌나?

　　교육은 시대의 요구에 따라 변화했다. 우리나라는 2009년 제7차 교육과정 이후 세 차례 교육과정을 개정했다. 현재 2022 개정 교육과정 아래 공교육의 가장 큰 이슈는 '고교학점제'다. 2025학년도에는 고교학점제가 전국의 모든 학교에 전면 도입된다. 고교학점제 취지에 맞춘 교육 및 대학입시 변화는 불가피하다. 고교학점제는 학생이 기초 소양과 기본 학력을 바탕으로 진로·적성에 따라 과목을 선택하는 제도다. 이수 기준에 도달한 과목에 대해 학점을 취득하여 졸업한다. 지금까지는 학생이 수동적으로 주어진 수업을 들어야 했다면, 고교학점제에서는 자신의 진로에 따라 원하는 과목을 선택하여 주도적으로 수업에 참여한다. 출석 일수로 졸업 여부를 결정했던 과거와 달리, 과목마다 충족하는 이수 학점을 취득할 경우 졸업이 가능하다. 성취 등급과 관계없이 이수가 가능했던 이전과 다르게 학생이 목표한 성취 수준에 충분히 도달했다고 판단될 때 이수가 인정된다. 고교학점제는 미래 사회가 요구하는 자기주도적 학습 역량을 기르고 개개인의 역량을 최대한 발휘할 수 있도록 설계한 교육과정이라고 할 수 있다.

　　고등학생들은 고교학점제가 본격화되면 3년간 192학점(2,560시간)을 취득하여 졸업한다. 1학년 때는 공통과목을 수강하고, 2학년 1학기부터 3학년 2학기까지는 일반 선택·진로 선택·융합 선택과목을 수강한다. 학생들의 수요에 맞추어 개별화된 교육을 펼치기 위해 다음 표와 같이 교과 구분 없이 과목 선택권을 대폭 늘렸다. 필요시 타 학교, 지역사회 기관, 온라인에서도 수업을 들을 수 있어 시공간의 제약 없이 개개인에게 의미 있는 학습 경험을 구현하고자 한다.

2022 개정 교육과정 고등학교 보통 교과

※ ■ 2028학년도 대학입시제도 개편에 따른 수능 출제과목
※ ■ 2028학년도 대학입시제도 개편에 따른 상대평가 미기재 과목

교과(군)	공통과목	선택과목		
		일반 선택	진로 선택	융합 선택
국어	공통국어1 공통국어2	화법과 언어, 독서와 작문, 문학	주제 탐구 독서, 문학과 영상, 직무 의사소통	독서 토론과 글쓰기, 매체 의사소통, 언어생활 탐구
수학	공통수학1 공통수학2 기본수학1 기본수학2	대수, 미적분Ⅰ, 확률과 통계	기하, 미적분Ⅱ, 경제 수학, 인공지능 수학, 직무 수학	수학과 문화, 실용 통계, 수학과제 탐구
영어	공통영어1 공통영어2 기본영어1 기본영어2	영어Ⅰ, 영어Ⅱ 영어 독해와 작문	영미 문학 읽기, 영어 발표와 토론, 심화 영어, 심화 영어 독해와 작문, 직무 영어	실생활 영어 회화, 미디어 영어, 세계 문화와 영어
사회 (역사/ 도덕 포함)	한국사1 한국사2 통합사회1 통합사회2	세계시민과 지리, 세계사, 사회와 문화, 현대사회와 윤리	한국지리 탐구, 도시의 미래 탐구, 동아시아 역사 기행, 정치, 법과 사회, 경제, 윤리와 사상, 인문학과 윤리, 국제 관계의 이해	여행지리, 역사로 탐구하는 현대 세계, 사회문제 탐구, 금융과 경제생활, 윤리문제 탐구, 기후변화와 지속가능한 세계
과학	통합과학1 통합과학2 과학탐구실험1 과학탐구실험2	물리학, 화학, 생명과학, 지구과학	역학과 에너지, 전자기와 양자, 물질과 에너지, 화학 반응의 세계, 세포와 물질대사, 생물의 유전, 지구시스템과학, 행성우주과학	과학의 역사와 문화, 기후변화와 환경생태, 융합과학 탐구
체육		체육1, 체육2	운동과 건강, 스포츠 문화*, 스포츠 과학*	스포츠 생활1, 스포츠 생활2
예술		음악, 미술, 연극	음악 연주와 창작, 음악 감상과 비평, 미술 창작, 미술 감상과 비평	음악과 미디어, 미술과 매체
기술·가정 /정보		기술·가정 정보	로봇과 공학세계, 생활과학 탐구 인공지능 기초, 데이터 과학	창의 공학 설계, 지식 재산 일반, 생애 설계와 자립*, 아동발달과 부모 소프트웨어와 생활

교과(군)	공통과목	선택과목		
		일반 선택	진로 선택	융합 선택
제2외국어 /한문		독일어, 프랑스어, 스페인어, 중국어, 일본어, 러시아어, 아랍어, 베트남어	독일어 회화, 프랑스어 회화, 스페인어 회화, 중국어 회화, 일본어 회화, 러시아어 회화, 아랍어 회화, 베트남어 회화, 심화 독일어, 심화 프랑스어, 심화 스페인어, 심화 중국어, 심화 일본어, 심화 러시아어, 심화 아랍어, 심화 베트남어	독일어권 문화, 프랑스어권 문화, 스페인어권 문화, 중국 문화, 일본 문화, 러시아 문화, 아랍 문화, 베트남 문화
		한문	한문 고전 읽기	언어생활과 한자
교양		진로와 직업, 생태와 환경	인간과 철학, 논리와 사고, 인간과 심리, 교육의 이해, 삶과 종교, 보건	인간과 경제활동, 논술

출처_2022 개정 교육과정-고등학교 교육과정

교육부는 고교학점제의 취지에 맞춰 수능 및 내신 평가 방식을 대폭 개선했다. 저출산에 따른 학령인구 문제와 디지털 세대의 변화된 학습 성향에 맞추어 고교학점제가 실시되는 만큼 고심 끝에 2023년 12월 새로운 대학입시 제도를 확정했다. 2028년부터 적용되는 새로운 대입 제도의 큰 틀은 다음과 같다.

첫째, 수능에서 선택과목을 폐지하고 통합형·융합형 수능 과목 체계로 개편한다. 기존에 국어, 수학, 사회·과학탐구, 직업 탐구 영역에 존재했던 선택과목을 폐지한다. 모든 학생이 '통합사회'와 '통합과학'을 응시한다. 즉, 선택 없이 동일한 기준과 내용으로 평가한다. 기존 수능에서 과목 선택에 따라 발생했던 유불리를 해소하고 문·이과의 융합적 학습을 유도하려는 목적이다. 수학의 경우 심화수학(미적분, 기하)을 평가 범위에 넣지 않고 핵심적인 수학 과목만 출제한다. 영어와 한국사, 제2외국어, 한문은 원래대로 절대평가를 유지하고, 나머지 국어, 영어, 수학, 통합사회, 통합과학은 9등급제다.

둘째, 고교 내신을 9등급제에서 5등급제로 개편한다. 모든 과목에서 절대평가(A~E)와 상대평가(1~5등급)를 병기한다. 다만, 융합 선택과목 중 위 표에서 음영 표시된 사회·과학 9개 과목은 상대평가 석차등급을 기재하지 않는다. 체육, 예술, 과학탐구실험, 교양도 석차등급 기재를 금한다. 기존에는 2, 3학년은 거의 절대평가가 이뤄지고 1학년 공통과목만 상대평가였다. 새로운 교육과정에서는 1학년부터 3학년까지 상대평가가 시행되며 내신의 신뢰도가 유지될 것이다. 등급이 완화됨에 따라 학교에서의 성적 부풀리기와 학생들의 경쟁 부담이 줄어들 것이라 기대한다.

셋째, 고교 내신에서 논·서술형 평가를 확대한다. 지식 암기 위주의 평가를 지양하고자 한다. 미래 교육에 발맞춰 사고력, 문제해결력 등을 요구하는 주제 글쓰기, 보고서 평가 등 열린 답이 나올 수 있는 논·서술형 평가를 늘린다. 이로써 역량을 갖춘 학생들의 창의적 사고를 도모하고 미래 사회를 이끌고자 한다. 더불어 교실 수업 혁신 방안으로 디지털 기반 교육을 확대한다. 교육부는 AI를 통한 공공 차원의 대입 정보 제공 및 맞춤형 컨설팅, 디지털 기반 원서 접수 개선, 수능 학습 지원 등 선진화된 미래 교육을 추구한다고 밝혔다.

2028년 새로운 대학입시 제도는 기존의 큰 틀을 벗어나지 않으면서도 공정성을 보완하는 방향으로 개선되었다. 그리고 미래 역량을 키우기 위한 절충점을 찾으려 했다. 수능은 문·이과 구분 없이 모든 학생이 동일한 과목에 응시하며 과목 선택에 따른 불이익이 없어질 전망이다. 한 문제로 1, 2등급이 갈리던 기존 9등급 내신은 5등급으로 바뀌며 학생들의 학업 부담이 감소할 것이다. 일부 과목을 제외하고 1학년부터 3학년까지 대부분 과목에서 절대평가, 상대평가 성적을 기록하여 내신의 내실화를 기대할 수 있다. 암기 위주의 평가에서 벗어나 논·서술형 평가의 확대로 능동적 학습자 위주의 변화를 불러일으킬 것이다.

● 새로운 대입 제도를 위해 초등학생이 준비해야 할 것

2028 대입 제도는 2022 개정 교육과정이 바탕이다. 입시 제도와 교육과정을 잘 살펴 올바른 방향을 설정하고 대비할 수 있다. 새로운 교육과정은 미래 변화에 능동적으로 준비하는 학생의 역량 계발에 중심을 둔다.

가장 큰 변화는 첫째, 기존의 3R(읽기, 쓰기, 셈하기) 교육에서 벗어나 '언어·수리·디지털 소양'으로의 전환이다. 둘째, 학생의 자기주도성, 창의력과 인성을 키워주는 개별 맞춤형 교육 강화로 진로 연계 교육 강화다. 셋째, 학교 현장의 자율적인 지원 및 유연한 교육과정으로 학생의 과목 선택권 확대다. 넷째, 단순 암기 위주에서 벗어나 탐구와 개념 기반의 학습 전환으로 학습과정을 중시하는 평가 개선이다.

초등 시기에 대입은 먼 이야기처럼 들릴 것이다. 하지만 입시는 12년 동안 지어야 할 농사와도 비슷하다. 기본이 튼튼하게 뿌리 내려야 결국 튼실한 열매를 맺을 수 있다. 이제 막 배움을 경험하는 초등학교 교육은 입시에 필요한 문제풀이식 교육을 지양해야 한다.

일상생활과 학습에 필요한 기본 습관 및 기초 능력을 기르고 바른 인성을 함양하는 데 중점을 둔다. 지식 암기보다 '역량'이 핵심이다. 단기간에 습득하는 지식이 아닌 오랜 시간에 걸쳐 자신만의 강점이 될 수 있는 역량의 바탕을 구축한다. 문해력, 문제해결력, 의사소통 능력, 자기주도성 등이 그것이다.

2022 개정 교육과정에서 문해력 교육 강화를 위해 국어 시수가 기존보다 34시간이 늘어 482시간이 되었다. 문해력은 국어와 연관 있지만, 타 교과에 긴밀하게 영향을 주는 학업 역량이다. 학교 수업 외에 독서 활동을 통해 어휘력, 독해력을 길러 궁극적으로 문해력 향상을 꾀한다. 새로운 초등 교육과정에서 정보 교육이 34시간 이상 운영된다는 점도 눈여겨볼 필요가 있다. 디지털 문해력을 길러 급변하는 기술 정보를 두려워하지 않고 능동적으로 활용하는 자세를 갖추도

록 한다. 일상생활이나 학습에서 발견되는 문제를 해결하는 문제해결력의 기초도 길러야 한다. 실패하더라도 문제의 해결 방법을 스스로 찾는 경험은 초등 시기에 꼭 필요하다. 그 과정에서 느끼는 성취감과 회복탄력성은 공부는 물론 인격 성장의 기반이 된다. 또한 민주시민으로서 일상생활의 규칙과 질서를 지키고 협업하며 미래 인재의 자질을 함양해야 한다. 사회 다양성의 확대를 이해하고 사회적 문제를 해결하기 위해 상호존중하는 태도로 협력하는 의식을 갖추어야 할 것이다. 이는 대학에서 바라는 인재상이기도 하다.

초등 시기는 자아의 토대를 만드는 시기다. 자신의 소중함을 인식하고 건강한 생활습관을 기르는 것이 우선되어야 한다. 여러 문화 활동과 자연에서의 경험은 정서에 긍정적인 영향을 미치고 이후 인격 형성에도 도움이 된다. 다양한 경험을 통해 자신이 좋아하는 일과 잘하는 분야를 파악하며 꿈을 키운다면 기나긴 공부 레이스의 원동력이 될 것이다.

◐ 새로운 대입 제도를 위해 중학생이 준비해야 할 것

중학생 시절은 자기 정체성 확립에 중요한 시기다. 초등학교와 고등학교를 잇는 다리이자 신체적·인지적 성장이 요동치는 시점이다. 초등학교 교육을 바탕으로 자신과 자신을 둘러싼 세계에 대해 이해하고 학업에 필요한 역량의 심화가 필요하다.

초등학교와 달리 중학교는 절대평가로 내신 성적 산출이 이루어진다. 중학교 1학년 2학기부터 본격적인 내신 평가가 시행된다. 2022 개정 교육과정에서는 과거 1년 동안 운영하던 자유학년제를 폐지하고 한 학기만 시험 없이 진로를 탐색할 수 있는 자유학기제를 실시한다. 운영 시간도 기존보다 51시간 줄어들어 170시간이다. 학습 능력 저하에 따른 결과이기도 하다.

효과적인 학습을 위해서는 국어, 수학, 영어, 과학 등 주요 과목에서 폭넓은 기초 지식을 바탕으로 정보를 깊이 있게 이해한다. 지적 호기심을 가지고 지식을 탐구하여 여러 분야에 활용할 수 있는 지식정보처리 역량을 키운다. 문제를 합리적으로 해결하기 위해 단편적 지식이 아닌 다양한 영역의 정보를 융합적으로 활용할 수 있는 역량에도 힘을 기울인다.

중학교 내신 성적은 평준화 지역의 일반 인문계 고등학교가 아니라면 특목고, 특성화고 등 고입에서 중요한 평가 자료로 활용된다. 또한 학기마다 보는 수행평가 및 지필고사는 고등학교 내신 준비를 위한 본격적인 연습이라고 할 수 있다. 이 시기에 내신 성적을 객관적으로 인식하고 자신에게 맞는 공부법을 탐색하는 기회로 삼는다. 자기주도 학습 능력을 기르기 위해 스스로 계획을 세우고 학습하는 습관을 들인다.

토의·토론 학습, 프로젝트 학습 등 학생 참여형 수업 확대는 새로운 교육과정에서 추구하는 바이다. 수동적으로 지식을 받아들이기보다 자신의 목소리를 내고 적극적으로 활동하며 자주적인 학습자의 태도를 갖추어야 한다. 지필평가만큼 수행평가의 중요성을 인식하고 발표, 실험, 보고서, 포트폴리오 등 다양한 수행평가에서 자신의 학업 역량을 충분히 발휘하도록 준비한다.

2028 대입 제도의 영향으로 특목고, 자사고의 입시에도 변화가 예상된다. 일반고와 다르게 전문적인 커리큘럼을 제공하고 내신등급이 완화된 만큼 특목고와 자사고의 수요가 늘어날 수 있다. 그렇다고 무턱대고 특목고, 자사고만을 고집할 수는 없다. 자신의 진로와 적성에 맞는 고등학교는 어디인지, 교육과정과 커리큘럼은 어떤지, 다방면으로 검토하여 신중하게 선택해야 한다.

이 시기는 무엇보다 심신의 조화로운 발달로 자아존중감을 기르는 것이 중요하다. 안정적인 자아존중감과 자신감이 있어야 진로를 능동적으로 탐색할 수 있기 때문이다. 진로의 구체화는 고입과 더불어 이후 고등학교에서 어떤 과목을 선택할지에 대한 기준을 세우는 데 큰 영향을 미친다. 다양한 경험과 지식을 토대로 책임감을 가지고 진로를 설정해야 한다. 1학년에서 실시하는 자유학기제, 3학년에 실시하는 진로 연계 교육과정을 십분 활용하여 자신의 진로를 적극적으로 탐색하며 삶의 방향을 계획한다.

● 새로운 대입 제도를 위해 고등학생이 준비해야 할 것

입시는 3학년 2학기에 치르지만, 본격적인 시작은 고등학교 1학년 3월부터이다. 이때부터 3학년까지의 성적이 대입 평가에 반영되므로 고등학교의 전반적인 생활과 학습에 대해 이해하고 입학해야 한다.

2028 대입에 효과적으로 대비하기 위해서는 고교학점제를 통해 자신의 진로에 맞는 과목을 선택하고 심화학습을 해야 한다. 고등학교 1학년은 공통과목을 배우지만, 2학년부터는 과목을 선택해서 듣는다. 과목을 선택하는 시기는 고등학교 1학년 1학기 말쯤이다. 충분히 고민하고 자신에게 필요한 배움이 무엇인지를 찾아야 한다. 자기 진로를 개척한다고 생각하고 자기주도적인 존재로서 과목을 선택한다.

대입을 위해서는 학교 내신과 수능을 준비해야 한다. 목표를 설정하여 수행평가 및 지필평가에 충실히 임하며 내신 관리에 힘쓴다. 시험뿐만 아니라 학교 수업이나 교육활동에서 자신의 관심사와 진로에 맞는 깊이 있는 탐구 활동을 수행한다. 인성적인 부분도 놓칠 수 없다.

대입 수시 제도 중 내신 성적과 학생부를 종합적으로 평가하는 학생부종합전형은 '학업 역량, 진로 역량, 공동체 역량'을 평가 요소로 꼽고 있다. 첫째, 학업 역량은 대학 교육을 충실히 이수하는 데 필요한 수학능력을 말한다. 고교 교육과정에서 이수한 교과의 성취 수준, 학업을 수행하고 학습해나가려는 의지와 노력, 지적 호기심을 바탕으로 사물과 현상을 탐구하며 해결하고자 하는 노력이 그것이다. 둘째, 진로 역량은 자신의 진로와 전공(계열)에 관한 탐색 노력과 준비 정도를 말한다. 전공에 필요한 과목을 선택하고 이수한 정도, 선택과목을 수강하고 취득한 학업성취 수준, 진로 탐색 활동 및 노력 정도를 평가한다. 셋째, 공동체 역량은 공동체의 일원으로서 갖춰야 할 바람직한 사고와 행동이다. 협업과 소통 능력, 나눔과 배려 정신, 성실성과 규칙 준수, 리더십을 들 수 있다. 세 가지 역량을 염두에 두고 우수한 학생부를 준비하기 위해 학교생활에 충실해야 하는 것은 기본이다.

2028 대입 제도로 인해 여러 변화도 예상된다. 미적분과 기하가 수능 과목에 없는 만큼 공통으로 치르는 「확률과 통계」 과목의 중요성이 높아질 것이다. 그러면서 대학은 심화 수학을 수행하며 고도의 수학 자질을 갖춘 학생을 선발하기 위해 수능 위주의 정시 전형에서 교과 정성평가를 추가로 볼 수 있다. 이미 고려대를 비롯해 성균관대, 경희대 등이 정시 전형에 교과 정성평가를 반영하기 때문에 새로운 대입 제도에서 그 수는 늘어날 수 있다. 또한 학생들에게 통합사회와 통합과학의 부담이 커질 수 있다. 이 두 과목을 1학년 공통과목으로 학습하고 3학년 2학기에 수능을 치러야 하므로 지속적인 공부가 필요하다. 2, 3학년 때 선택하여 배우는 진로 선택과목 이외에도 수능을 위해 통합사회와 통합과학 공부를 병행해야 한다는 말이다.

원하는 대학에 입학하기 위해서는 고등학교 3년 동안 꾸준히 준비해야 한다. 대학별 입시 정보를 수집하고, 자신의 위치를 객관적으로 파악하고 목표를 위해 매진해야 한다. 2023년 기준 우리나라 대학 진학률은 68.7%에 다다른다. 70%에 가까운 고등학생이 현실적으로 대입을 준비한다고 볼 수 있다. 대학 입학이 능사는 아닐 것이다. 자신의 삶을 주도적으로 살 수 있는 방안이 대학인지도 진지하게 고민해야 한다. 일의 가치를 이해하고 자기 삶을 성찰하며 미래의 자신을 그리며 현명한 선택을 내려야 한다.

참고자료 ──

2022 개정 교육과정 초·중등학교 교육과정 총론, 교육부

2022 개정 교육과정 초·중등학교 교육과정 초등학교 교육과정, 교육부

2022 개정 교육과정 초·중등학교 교육과정 중학교 교육과정, 교육부

2022 개정 교육과정 초·중등학교 교육과정 고등학교 교육과정, 교육부

2028 대학입시제도 개편 시안 교육부 브리핑, 2023.10.10

2028 대학입시제도 개편 시안 교육부 브리핑, 2023.12.27

「학생부종합전형 공통 평가요소 및 항목 개선 연구」, 경희대·건국대·연세대·중앙대·한국외국어대, 2022

고교학점제 홈페이지 www.hscredit.kr

02

대입을 위한
생기부 전략

배혜림
경상남도교육청 소속 중등교사, 전국교사작가협회 '책쓰샘' 이사, 『생기부 고전 필독서 30』 외 저자

현대 사회에서 교육은 개인의 미래를 결정짓는 중요한 요소로 자리 잡았다. 그중 대입과 학생생활기록부(이하 '생기부')는 학생들의 학업과 진로에 큰 영향을 미치는 핵심 요소다. 고등학교를 졸업하고 꿈과 목표를 실현하기 위해 선택하는 첫 번째 관문이 대입이며, 그 과정에서 학업 성취도와 활동을 종합적으로 평가하는 중요한 자료가 바로 생기부다.

생기부는 대입 수시전형 중 학생부종합전형의 서류 평가 대상이기도 하다. 1차 서류 전형에서 생기부를 근거로 평가하고, 2차에서 면접과 생기부 평가 점수를 합산해 합격자를 결정하는 식이다. 성적뿐 아니라 학생의 다양한 잠재력과 인성을 평가하겠다는 의미다. 생기부의 문장은 모두 평가 대상으로 대학은 학업 역량, 진로 역량, 공동체 역량 등으로 나누어 학생의 종합적인 역량을 평가한다.

● 생기부란 무엇인가

생기부는 학생의 학업성취도, 생활태도, 특기사항 등을 기록한 문서로, 학교생활 및 발달 모습 전반을 종합적으로 평가하는 중요한 자료다. 생기부는 성적뿐만 아니라 다양한 활동과 성취를 기록하여, 학생의 전인적 성장을 돕고 진로탐색이나 취업에도 중요한 역할을 한다.

생기부를 들여다보면 그 학생이 학교생활을 어떻게 했는지 짐작할 수 있다. 생기부에는 활동 사실에 대한 단순한 기록뿐 아니라, 교사가 학생을 직접 관찰하고 평가한 내용을 바탕으로 활동 내용과 성과, 역할 등을 구체적으로 기술해 학생의 역량이 명확히 드러나기 때문이다. 그래서 생기부가 학생의 성장 과정을 종합적으로 평가하는 자료로서 중요한 역할을 할 수 있는 것이다.

생기부는 크게 교과 영역과 비교과 영역으로 분류되는데, 교과 영역은 각 평가에서 받은 원점수, 표준편차, 석차등급, 과목별 세부 능력 및 특기사항 등 교과 성적과 관련된다. 비교과 영역은 교과 성적 외에 학교생활을 어떻게 했는지 알 수 있는 객관적인 근거다. 창의적 체험활동인 자율활동, 동아리활동, 봉사활동, 진로활동, 독서활동, 행동 특성 및 종합 의견 등이다. 한마디로 학생의 교과 성적과 그 외 다양한 학교활동이 생기부에 모두 기록되는 것이다. 생기부는 대입에서 학업 역량, 발전 가능성, 전공 적합성, 사회성·인성, 자기주도 학습 능력, 경험의 다양성 등의 기준으로 평가되므로 이러한 면에 초점을 두고 생기부를 기록하는 것이 좋다.

전형 자료	평가 준거		평가 요소 및 기준
생기부 교과 영역	• 원점수/과목 평균 (표준편차) • 이수/미 이수 • 석차등급 • 성취도(이수자 수)	• 교과목 이수 현황, 단위 수 • 지원 학부(과) 관련 교과 성적 • 과목별 세부 능력 및 특기사항 • 개인별 세부 능력 및 특기사항	• 학업 역량(기초 수학능력) • 발전 가능성(현재 상황이나 수준이 질적으로 향상될 가능성) • 전공 적합성(전공에 대한 적성, 관심, 열정) • 사회성·인성(공감 및 배려의 품성과 공동체 생활에서의 사회성) • 자기주도 학습 능력(동기 및 활동의 주도성과 스스로 알고자 하는 의지) • 경험의 다양성(창의적 체험활동의 다양성과 충실성)
생기부 비교과 영역	• 자율활동 • 동아리활동 • 봉사활동 • 진로활동 • 독서 상황 • 행동 특성 및 종합 의견 등		

출처_ "[생기부 평가 요소] 생기부 영역별 평가 기준 한눈에 보기", 〈에듀진〉, 2022.9.21

● 교과 학습 발달 상황

생기부 교과 학습 발달 상황은 흔히 말하는 내신 성적으로, 학업성취 수준과 노력을 바탕으로 학업 역량, 발전 가능성 등을 확인한다. 학교별 학업성취 수준 등이 차이가 나기 때문에 생기부의 교과 등급만 반영하는 것이 아니라 성취도(이수자 수), 원점수·과목 평균(표준편차) 등을 참고하여 정성적으로 평가한다.

'학생이 무엇을 어느 정도 성취하였는가'를 강조하는 성취평가제는 각 교과목에서 학생들이 학습을 통해 성취해야 할 지식, 기능, 태도의 능력과 특성을 진술하여, 교사가 무엇을 가르치고 평가해야 하는지, 학생이 무엇을 공부하고 성취해야 하는지에 관한 실질적인 지침이 된다. 보통교과는 '성취도(A-B-C-D-E)'와 '석차등급(1~9등급, 2022 교육과정에서는 1~5등급)'으로, 전문교과는 '성취도(A-B-C-D-E)'로 성적을 산출한다.

● 세부능력 및 특기사항

세부능력 및 특기사항(이하 '세특')은 학생의 교과별 학습활동 내용을 판단할 수 있는 부분이다. 학생의 교과별 성취기준에 따른 성취 수준의 특성 및 학습활동 참여도, 자기주도적 학습에 의한 변화와 성장 정도가 나타나 있어 중요하다. 수업 내용, 그 안에서 보인 학생의 노력과 과제 수행 내용 등을 통해 교과 성적 수치만으로는 볼 수 없는 학생의 역량을 드러내기 때문이다. 세특은 교사의 고유 권한으로, 교사가 꾸준히 관찰한 모습을 바탕으로 서술한다. 과목당 500 글자까지 입력이 가능하며, 고등학교의 경우 모든 학생에 대해 세특을 입력한다. 적극적으로 수업에 참여한 학생의 세특 내용이 더욱 풍부할 수밖에 없다. 어떤 활동을 얼마나 많이 했느냐보다 그 활동을 얼마나 깊이 있게 했느냐가 양질의 세특을 만든다.

세특은 모든 교과목의 교사가 기록하는데, 한 학기에 7, 8개의 과목을 수강하기 때문에 3년 동안 50여 명의 교사들이 기록하는 셈이다. 여러 교사들의 다양하고 입체적인 관점으로 누적된 관찰 결과가 세특이라 해도 무방하다.

대회 참여 성적이나 수상 실적, 교외 수상, 모의고사나 전국 연합 학력평가 성적 및 관련 교내 수상 실적, 논문, 도서 출간, 지식재산권, 교내 대회 참여 사실과 성적 및 수상 실적 외에 '학교생활기록부 작성 시 유의 사항'에서 기재를 금지한 사항은 세특에 기록할 수 없으며 학교에서 주관하거나 수업 중의 활동만 기록이 가능하다. 세특은 '과목별 세부 능력 및 특기사항(이하 '과세특')'과 '개인별 세부 능력 및 특기사항(이하 '개세특')'으로 나뉜다. 과세특은 모든 학생을 대상으로 담당교사가 작성하는 것으로 전공 관련 소양과 전공 기초 지식을 판단하는 중요한 근거가 된다. 개세특은 주로 학교에서 실시하는 교육 특색 사업이나 자율교육활동, 온라인 수업에 참여한 학생의 활동을 중심으로 성장 과정을 기록하는데 학업 의지와 역량이 뛰어난 경우 관찰과 상담 등을 바탕으로 담임교사가 작성한다.

● 행동 특성 및 종합 의견

　행동 특성 및 종합 의견(이하 '행발')은 학생의 학습, 행동 및 인성 등 학교생활에 대해 수시로 관찰하여 누가 기록된 행동 특성을 바탕으로 다양한 분야에서의 구체적인 변화와 성장 등을 총체적으로 입력한다. 학년별 성적표에 기재된 성취도와 석차 이외에 수치화할 수 없는 실제 학교생활에 대해 담임교사가 관찰하여 기록하는 영역으로 연간 500글자까지 입력할 수 있다.

　학폭이 발생했을 경우, 「학교폭력예방 및 대책에 관한 법률」 제17조 제1항 제7호에 따른 조치 사항을 조치 결정 일자(교육지원청 내부 결재일)와 함께 결정 즉시 행발에 입력해야 한다. 방과 후 학교활동 내용은 기재할 수 없으며 영재, 발명 교육 실적은 입력할 수 있으나 대입에 반영되지는 않는다. 성실성, 적극성, 학업 역량 등이 드러나는 항목으로 학생에 대한 일종의 교사 추천서 또는 학생 지도 자료가 된다고 볼 수 있다. 주로 학생의 장점, 학업 능력, 학업 태도, 학업 외의 소양이나 인성이 드러나게 기록하되, 발전 가능성이나 과정을 밀도 있게 담는 것이 좋다.

● 창의적 체험활동 상황

　　창의적 체험활동의 영역(자율활동, 동아리활동, 봉사활동, 진로활동)별 활동 내용, 평가 방법 및 기준은 교육과정을 근거로 학교별로 정한다. 자율활동, 동아리활동, 진로활동은 영역별 이수 시간 및 개별적 특성이 드러나는 사항 등을 생기부에 입력하고, 봉사활동은 실적을 입력한다. 학생의 영역별 활동에 대해 교사는 상시 관찰하고 평가한 누가기록을 바탕으로 구체적인 활동 사실과 태도 및 노력, 행동 변화와 성장 등을 특기사항에 기록한다. 그 외에는 기록이 불가하나 정규 교육과정 이수 과정에서 학교 내에서 학생이 자율적으로 주제 선정부터 보고서 작성까지 전 과정을 수행하는 자율탐구활동에 한해 특기사항만을 기재할 수 있다.

창체와 교과 간 연계 활동 예시

연계·통합 영역		활동 내용
자율활동	국어	관련 주제별 독서 후 토론 또는 소감을 발표함
	통합사회	모의 회의, 모의 법정 등으로 바람직한 의사결정과 사회 정의를 이해함
	통합사회	다른 사람을 배려하고 원만한 인간관계를 위한 예절 교육을 실시함
	통합과학	과학 기술의 발전에 따른 사회 변화에 대한 토론 시간을 가짐
동아리활동	음악/미술	현악반, 기타연주반, 사물놀이반 등의 연주활동을 함 회화, 만화, 조소, 서예 등 작품을 전시함
	기술·가정	요리, 인테리어, 디자인 등 가정 관련 실습 중심으로 활동함
	정보	컴퓨터 프로그램을 활용해 일러스트, 애니메이션 등을 제작해 발표함
봉사활동	영어	지역사회 고아원, 양로원, 요양원 등에서 영어회화 수업 도우미 활동을 함
	기술·가정	고령화 사회를 대비한 고령친화 봉사활동을 실시함
	체육	지역사회 체육 행사 자원봉사활동에 참여함
	환경	저탄소 생활습관화를 위한 행동을 실천함

	국어	문학작품에서 보이는 직업, 등장인물의 직업 세계를 간접적으로 체험함
진로활동	수학	다양한 수학자의 삶을 통해 수학과 관련된 직업의 세계를 이해함
	통합사회	경제인 초청 강연을 듣고 사회의 경제 흐름과 전망을 이해함
	통합과학	과학관을 방문해 과학자의 연구 활동을 다양하게 체험함

창체와 창체 간 연계 활동 예시

연계·통합 영역		활동 내용
자율활동	진로활동	학급별로 직업 박람회를 다녀와서 느낀 '미래의 나'에 대한 발표 시간을 가짐
자율활동	봉사활동	현장체험학습(수학여행, 수련 활동, 일일형 체험학습) 중 자연보호활동을 실시함
자율활동	동아리활동	학교 행사에 동아리별로 활동 내용을 발표 또는 전시함
동아리활동	진로활동	동아리별로 관심 있는 분야의 대학, 연구소, 사업체 등을 방문 견학함
동아리활동	봉사활동	동아리별로 다양한 분야의 봉사활동을 계획해 운영함
봉사활동	진로활동	다양한 기관에 일손 돕기 봉사활동을 하며 직업의 세계에 대한 이해를 높임

출처_「2015 개정 교육과정 창의적 체험활동 해설(고등학교)」, 교육부, 2017

자율활동

자율활동은 학교 교육계획에 따르거나 학교장이 승인한 체험활동에 한해서만 특기사항에 입력할 수 있으며 연간 500글자까지 입력할 수 있다. 임원은 자율활동 특기사항에 임원의 종류와 재임 기간을 기록한다. 자율활동은 자치·적응활동과 창의주제활동으로 나눌 수 있다. 자치·적응활동은 공동체 구성원으로서 주체적 역할을 수행하고, 협력적 사고를 통해 공동의 문제를 해결하는 방법을 배우는 활동이다. 기본 생활습관 형성 활동, 협의 활동, 역할 분담 활동, 친목 활동, 상담 활동 등이 여기에 속한다. 창의주제활동은 진로·진학과 관련한 전문 분야의 주제 탐구를 수행하는 활동으로 학교·학년·학급 특색 활동이나 주제 선택 활동이 실시된다. 자율활동은 주로 창의주제활동의 '주제 선택 활동'에서 차이가 난다. 학생의 진로나 진학 방향과 관련 있도록 기록하는 것이 좋다. 생기부에는 평소 학습태도와 생활태도가 총체적으로 기록에 반영된다는 것을 학생들에게 주지시키고 바른 태도로 학교생활을 충실히 하도록 강조한다.

동아리활동

동아리활동은 연간 500글자까지 입력할 수 있다. 연간 1개 이상의 정규 교육과정 내 동아리활동에 참여해야 하며 정규 교육과정 이외의 자율동아리활동에도 참여할 수 있다. 학교 내 동아리는 공통의 관심사에 대해 토론하고 공부하며 전공 적합성을 갖춘 활동으로 대입 준비도 병행할 수 있어 두 마리 토끼를 잡을 수 있다는 장점이 있다.

자율동아리는 학년당 한 개만 입력 가능하고 자율동아리 명을 입력할 때, 필요하다면 동아리 명과 동아리 소개에 대해 공백을 포함해 30글자 이내로 입력이 가능하다. 생기부에 자율동아리활동을 기록할 수 있지만 대입에는 반영되지 않는다. 다만 학교 교육계획을 따르거나 학교장이 승인한 체험활동에 한해 특기사항에 입력할 수 있다.

동아리활동을 통해 책임감과 공동체 의식을 배우고 자기주도적으로 문제를 해결할 수 있다. 또한 여러 동아리활동을 하면 다양한 방면의 지식을 얻을 수도 있고, 다양한 분야로 발전 가능성도 키울 수 있다. 희망 진로와 관련한 동아리활동은 지원하는 학과에 대한 전공 적합성을 증명할 수 있는 수단이 되기도 한다. 따라서 학생들의 관심사를 반영한 동아리를 다양하게 개설해 학생들의 활동을 지원하는 것이 필요하다.

봉사활동

봉사활동은 미래 인재로 성장할 학생들의 배려, 나눔, 공동체 의식 등을 확인하는 수단이다. 봉사활동은 연간 250글자까지 입력 가능하다. 봉사활동을 반드시 진로와 연결할 필요는 없다. 봉사활동은 학교 교육계획에 의해 실시한 봉사활동과 학생 개인이 실시한 봉사활동으로 나눈다. 학생 개인 계획에 의한 봉사활동 실적은 DOVOL, VMS, 1365자원봉사 포털(나눔 포털) 등의 사이트를 활용하며 봉사활동 확인서를 교육 정보 시스템으로 전송한다. 학교에서 담임교사가 이를 승인하면 생기부에 자동으로 기록된다. 개인 봉사활동은 학생 스스로 한 것인지 확인하기 어려워 대입에 반영되지 않으며 학교 교육계획에 의해 교사 지도하에서 하는 봉사 실적만 반영된다. 또한 봉사활동 시간은 1일 8시간 이내로 인정되며 징계 등으로 인한 봉사활동은 인정되지 않는다.

진로활동

진로활동은 진로 희망 분야와 진로 지도와 관련된 상담 및 관찰, 평가 내용을 기록하며, 연간 700글자까지 작성할 수 있다. 학생의 특기와 적성 관심 영역, 진로 계획, 진로 탐색 과정과 전공 역량을 알 수 있어 중요한 전형 자료다.

진로 희망 분야는 대입에 반영되지 않지만 진로 특기사항 기록은 반영된다. 진로 특기사항에는 진로 희망과 관련된 학생의 자질, 수행한 노력과 활동이나 특기, 진로를 돕기 위해 학교와 학생이 수행한 활동과 결과, 학생 및 학부모와 진로 상담을 한 결과, 진로활동과 관련된 학생의 활동 참여도, 의욕, 태도의 변화 등 교사들의 상담 및 관찰 평가 내용 등이 입력된다.

진로 특기사항을 잘 활용하면 진로 방향과 특색을 명확하게 드러낼 수 있다. 그러기 위해서 우선 진로를 분명하게 정하는 것이 좋다. 진로를 정하면 그에 맞춰 학교생활을 어떻게 할 것인지 구체화할 수 있기 때문이다. 학기 초에 상담 등을 통해 진로 희망을 더욱 구체화하여 진로 특기사항을 활용하고, 진로를 정하지 못했다면 적극적으로 진로를 탐색하는 활동을 통해 진로 탐색 과정이 드러나게 해서 학교생활을 계획할 수 있도록 돕는다.

독서활동

독서활동에는 관찰이나 확인이 어려운 독서 성향 등은 기재하지 않고, 읽은 책의 제목과 저자만 기재한다. ISBN에 등재된 도서에 한해 기재가 가능하다. 독서활동 상황은 독서기록장, 독서 포트폴리오, 독서로의 증빙자료를 근거로 입력하며 전체 학년 동안 동일한 책은 중복하여 입력할 수 없다. '과목 또는 영역'에 교과 담당교사가 입력하는 경우 해당 과목명이, 학급 담임교사가 입력하는 경우 '공통'이 입력된다. 교과 담당교사나 학급 담임교사는 독서활동에 특기할 만한 사항이 있는 학생을 대상으로 읽은 책을 '도서명(저자)' 형식으로 입력한다.

단순 독후활동(감상문 작성 등) 외에 도서로 교육활동이 이루어졌다면 도서명을 포함해 그 내용을 다른 영역(교과 세특, 창의적 체험활동 등)에 입력할 수 있다. 이때는 독서를 통한 탐색의 과정이 나타나도록 기록한다. 탐색 과정은 교과 세부 특기사항, 진로활동, 동아리활동, 자율활동 등에 기록할 수 있다. 이렇게 이루어진 독서는 교과 학습으로 충족하지 못한 지적 호기심을 채우고 주도적인 학습 수단이 될 수 있어 학생의 가능성을 짐작하는 지표가 된다. 전공과 관련해 어떤 노력과 관심을 갖고 있는지, 포괄적인 학업 역량 수준이 어느 정도인지 등을 드러낼 수 있기 때문이다. 독서활동 상황은 공통은 연간 500글자까지, 과목별로는 연간 250글자까지 입력 가능하다.

독서 내용을 진로와 교과에 연관 지은 예시

책을 진로활동과 연관 지은 경우 (희망 진로 : 예술학과)

평소 창작활동에 관심이 많고 예술을 즐기는 학생으로, 정지용의 '향수'를 테너 성악가와 대중가요 가수가 이중창으로 부른 노래를 듣고 감동 받아 '향수'의 음악적 특성에 대해 분석함. '향수'는 동일한 후렴구를 사용하여 고향에 대한 애틋한 그리움을 불러일으키고, 시 속의 장면이 머릿속에 그려지는 듯한 감각적 시어를 사용하여 노래로 부르기에 좋다고 설명하며 즉석에서 '향수' 노래를 불러 자신의 설명을 뒷받침함. 이외에도 김광석이 부른 김지하의 '타는 목마름으로', 송창식이 부른 서정주의 '푸르른 날' 등 시가 노래로 불린 다양한 사례를 소개하며 다른 작품을 찾아 감상할 것을 권유함. 지금은 흔하지만 당시로서는 파격적이었을 클래식과 대중가요의 결합을 통해 생각하지 못했던 조합이 의외의 감동을 줄 수 있음을 알고, 쉽지 않겠지만 언젠가 자신도 전공과 관련하여 예상하지 못한 영역과 결합해서 다른 사람들에게 감동을 주고 싶다는 소망을 드러냄. 자신이 좋아하는 음악 분야에서 꾸준히 노력한다면 좋은 결과를 낼 것이라 판단됨.

책을 사회 교과와 연관 지은 경우

'가난한 사랑 노래(신경림)'를 읽고 사회에서 약자들이 소외당하는 여러 사례를 통해 '사회가 왜 약자를 보호해야 하는가'에 대한 논제로 토론함. 인간에게는 행복한 삶을 추구할 권리가 있으나 낙후된 환경에 사는 사회적 약자들은 쾌적하고 인간다운 삶을 살기 어려우므로 질 높은 정주 환경을 위해서 사회가 이들을 위해 여러 노력을 해야 한다는 의견을 드러냄. 또한 사회는 모든 구성원이 동등하게 존중받고 보호받아야 하는 공동체로, 공동체의 수준은 한 사회에서 모든 혜택의 사각지대에 놓인 취약한 사람들을 어떻게 대하느냐에 따라 결정되는 것이라고 주장함. 이에 대해 노인, 장애인, 소수 민족, 저소득층 등 사회적 소수자들이 겪는 불평등을 예로 듦. 이들을 보호하기 위해서 개인적 차원의 의식 전환도 필요하지만, 더 중요한 것은 사회적 소수자를 차별하지 않도록 정책이나 법률을 정비해야 한다고 주장함. 이런 사회적 소수자들을 어떻게 대하느냐 하는 것이 그 사회의 품격을 보여주므로 함께 힘을 합해 품격 있는 사회를 만들자고 주장하여 학급 친구들에게 좋은 반응을 얻음.

출처_『생기부 고전 필독서 30 : 한국문학』, 배혜림

수상 경력

수상 경력은 학년 초 학교 교육계획서에 계획된 교내 대회만 기록이 가능하고 교외 상은 입력하지 않는다. 교내 상 수상 인원은 대회(부문)별 참가인원의 20% 이내가 권장이다. 학년·학급 단위의 단체수상(체육대회 응원상, 환경미화상,

합창대회 등)이나 당선증·임명장·인증서는 입력하지 않는다. 또한 대회라는 용어와 수상 사실은 생기부 어떤 항목에도 입력할 수 없다. 수상 경력을 생기부에 기록하더라도 대입에는 반영되지 않는다.

생기부와 대입 반영 여부

구분		대입	기록 주체
교과활동		• 과목당 500글자 • 방과 후 학교활동(수강) 내용 미기재 • 영재, 발명 교육 실적 대입 미반영	교과 담당교사
행동 특성 및 종합의견		• 연간 500글자	담임교사
비교과 활동	자율활동	• 연간 500글자	담임교사
	동아리활동	• 연간 500글자 • 자율동아리 대입 미반영 • 청소년 단체활동 미기재 • 소논문 기재 금지	동아리 담당교사
	봉사활동	• 특기사항 미기재 • 개인 봉사활동 실적 대입 미반영 단, 학교 교육계획에 따라 교사가 지도한 실적('(학교)'로 등록)은 대입 반영	담임교사
	진로활동	• 연간 700글자 • 진로 희망 분야 대입 미반영	담임교사 진로 담당교사
	독서활동	• 공통 연간 500글자, 과목별 연간 250글자 • 대입 미반영	담임교사 교과 담당교사
	수상 경력	• 학교 교육계획서에 계획된 교내 대회만 기록 가능 • 대입 미반영	담임교사

대입과 생기부

2025학년도 대입전형 시행을 보면 서울을 비롯한 수도권의 주요 대학 정시모집 비율은 35% 이상이며, 수시모집에서 선발하지 못하고 정시로 이월되는 인원을 고려하면 정시전형을 통해 40% 이상의 학생을 선발한다고 볼 수 있다.

정시모집만 집중하기에는 학종의 비율은 무시할 수준이 아니다. 비수도권 대학들은 정시모집 비율보다 수시전형 비율이 압도적으로 높다. 또 서울이나 수도권 대학의 수시모집과 정시모집 비율을 비교해보아도 수시모집 비율은 낮지 않다. 그뿐 아니다. 서울대를 비롯하여 고려대, 연세대 등에서 정시모집에도 생기부를 참고하여 반영하겠다고 발표했다. 이는 학교생활을 성실하게 하는 학생들을 뽑겠다는 대학의 의지가 반영된 것이다. 수능을 준비한다고 하더라도 성실한 생기부가 필수인 이유다. 수시모집에서 학생부종합전형의 비율을 살펴보아도 마찬가지다. 특히 재수생이나 N수생이 강세인 정시모집에서 재학생에게 대입의 문은 좁을 수밖에 없다. 재학생이라면 결코 수시를 놓아서는 안 되는 것이 이런 이유 때문이다. 학생들은 수시의 학생부 전형과 정시의 수능 전형 중 자신에게 적합한 전형이 무엇인지 고민하되 두 전형 모두 꾸준하게 준비해야 한다.

생기부는 학종의 성적표이자 학교생활의 증거다. 교사가 아무리 애를 쓴다 하더라도 학생이 적극적으로 학교생활을 하지 않으면 대신 채워줄 수 없다. 생기부가 풍부해지기를 바란다면 보고서 작성이나 발표처럼 자신의 관심 분야가 드러날 만한 활동에 신경을 써야 한다. 또 교과 시간 외에 진행되는 여러 활동(보고서 작성, 심화 수업, 강연 등)에도 주도적으로 참여해야 한다. 특히 진로와 관련해 풍부한 세특을 만들어야 한다. 학생이 적극적으로 참여하지 않으면 원하는 생기부를 만들 수 없음을 끊임없이 강조해야 한다. 학생들의 적극적인 자세가 생기부 기록의 첫 번째 조건이다.

● 학생의 관심 분야와 융합하고 발전해야

교사는 학생들이 관심 분야를 찾을 수 있게 학생들에게 평소 인터넷 등으로 신문 기사를 읽도록 권유하는 것이 좋다. 최근 새롭게 발전하고 있는 기술들이나 진로와 관련된 현재 상황, 사회 이슈를 쉽게 알 수 있어 독창적인 생기부를 만들 수 있기 때문이다. 그 내용을 수업에 녹여 학생들의 관심을 유도하는 것도 좋은 방법이다.

수행평가를 발표하거나 보고서를 작성할 때, 학생들이 관심 분야와 융합시켜서 발전할 수 있도록 지도하는 것도 좋다. 관심 있는 분야를 주제로 삼으면 그 주제에 대해 아는 것이 많아서 활동하기도 수월하다. 그 분야에 대해 더 잘 알게 되면 다른 활동으로 심화시키기도 쉬워진다. 결과적으로 학생들의 생기부가 풍성해진다.

3학년 때는 많은 학생이 수능을 준비하느라 발표나 보고서 등에 시간 투자를 하기 어렵다. 이때는 1, 2학년 때 했던 활동들과 연결지어 심화시키도록 지도하는 것도 좋다. 학년별 활동에 연계도 되고 깊이 있는 활동을 만들기도 좋기 때문이다. 학교에서 특별 강연이나 작가 초청, 학교 자율교육과정 등 평소에 하기 힘든 활동들을 운영하는 것도 생기부를 풍성하게 만들 수 있다. 어떤 활동이든 학생들이 적극적으로 참여한다면 얻어가는 것이 있을 것이며, 이런 학교활동에 적극적으로 참여하는 학생은 교사의 기억에 오래 남을 수밖에 없다. 학생들에게 학교활동에 긍정적인 태도로 적극적으로 참여하라고 강조하는 것이 이런 이유 때문이다.

생기부는 학생이 고등학교 생활을 어떻게 했는지 드러내고 증명하는 명함이다. 그만큼 진로를 위해 준비해나가는 모습이 고스란히 담겨 있다. 현직 교사로서 대입에서 생기부가 점점 중요해지고 있음을 체감하고 있다. 학생들은 포트폴리오를 만든다고 생각하고 생기부 로드맵을 그리고 그에 따라 학교생활을 충실히 해야 한다. 교사는 그 모습을 꾸준히 관찰하고 기록해야 한다. 이렇게 만들어진 생기부는 학생에게 훌륭한 명함이 되어 대입에서, 사회에서 자신을 드러내는 멋진 도구가 될 것이다.

03

대입 논술 부활,
어떻게 **준비**해야 할까

윤지선
경기도교육청 소속 초등교사, (사)교사크리에이터협회 집필팀장, 전국교사작가협회 '책쓰샘' 대표,
경기도 GT-Creator 스타 교사, 『현직 교사가 알려주는 논술 고전50』 외 저자

● 논술전형 확대, 어디까지 왔나

최근 대학별 논술전형 확대가 뜨거운 감자다. 2000년 후반부터 2010년 중반까지 논술전형은 합격 당락을 결정하는 주요 변수였지만 2018년 국가교육위원회의 논술전형 단계적 폐지 약속으로 역사의 뒤안길로 사라지는 것처럼 보였다. 그러나 최근 교육 정책의 변화와 대학의 필요에 따라 논술전형이 다시 부활하게 되었다. 고려대가 2025학년도부터 논술전형을 통해 344명의 신입생을 모집한다고 발표했다. 2018년 논술전형 폐지 이후 8년 만의 부활이다. 주요 21개 대학 중 논술 실시 대학은 19개 대학이고 선발 인원은 5,470명(21개 대학 선발 인원 중 8.7%) 수준이다. 이제 서울 소재 대학 중 논술전형을 실시하지 않는 대학은 서울대가 유일한 상황이다. 13개 의대도 논술전형을 부활시키겠다고 했으니 소위 학군지 학부모들은 학생부종합전형을 바라보기보다는 수시 논술전형을 준비하는 것이 좀 더 유리할 수 있게 되었다.

대학 입장에서는 논술전형 경쟁률이 높아질수록 대학의 위상이 높아질 것으로 기대하고 있다. 또 인재를 뽑기 위한 문제를 대학 스스로 출제하여 선발할 수 있으니 경쟁력 있는 우수 인재를 선발할 수 있다. 원서 수입으로 재정 수입도 늘어난다. 2025년부터 고교학점제를 통해 2028년 입학을 준비해야 하는 대학은 신입생 다변화에 부담이 클 수밖에 없다. 수시 확대, 수능 폐지 등 여러 대안 중 가장 현실성 있는 것은 전통적인 인재 기용 방식인 서·논술형 전형 도입이라 판단했을 것이다.

그렇다면 백년지대계(百年之大計)라는 교육에서 폐지 발표 후 몇 년 지나지 않아 논술전형을 부활시킨 구체적인 이유는 무엇일까?

첫째, 변화하는 교육 정책에 대응하기 위해서다. 창의적이고 비판적인 사고력을 갖춘 인재 양성이 중요해짐에 따라, 대학들은 논술전형을 통해 종합적 사고 능력을 평가하고자 한다.

둘째, 학생들의 사고력과 논리력을 평가할 필요성이 대두되었기 때문이다. 단순한 지식 암기보다 문제해결 능력과 창의적 사고가 중요하다는 시대적 요구에 부응하기 위해 대학들은 논술전형을 활용하고 있다.

셋째, 입시 경쟁력 강화를 위해서다. 우수한 학생을 선발하기 위해 대학들은 다양한 평가 방법을 모색하고 있는데, 그중 하나로 논술전형을 선택하는 것이다.

그러나 "논술고사는 실제로 무엇을 측정하는가?"라는 주제의 연구에 의하면 논술고사가 학생들의 종합적 사고 능력을 측정하기보다 고전, 철학, 시사 등 교과 외의 지식을 측정한다고 생각한다는 응답이 고등학생 67%, 교사 56%, 대학교수 50%에 달했다. 즉 논술은 대학이 말하는 창의적이고 종합적인 사고력을 갖춘 인재를 위한 시험이 아닌 지적능력 평가라는 입장이다. 첫째, 논술고사 제시문의 난이도가 높은 점, 둘째, 객관적이고 타당한 채점이 어려운 점, 셋째, 논술고사의 제한 시간 문제 등이 그 이유다. 평가의 주관성이 높아 공정성을 확보하기 어렵고, 학생들이 논술 준비를 위해 많은 시간을 투자해야 한다는 점과 논술과 관련한 사교육 시장이 확대된다는 단점도 있다.

논술고사가 학생들의 종합적 사고 능력을 측정하고 있다는 것에 반대한
설문 참가자들이 제시한 논술고사의 실제 측정 대상

	고등학교 학생 (n=251)	고등학교 교사 (n=72)	대학 교수 (n=6)
(1) 수학, 국어, 영어 등 교과 지식	24.3%	25.0%	16.7%
(2) 고전, 철학, 시사 등 교과 외적 지식	66.5%	55.6%	50.0%
(3) 기타	9.2%	19.4%	33.3%

출처_「The Journal of Curriculum and Evaluation」, 이원석(2009)

논술전형 부활에 따른 대학입시의 변화

몇몇 우려에도 불구하고 주요 대학에서 논술전형이 부활한 것은 대학이 원하는 창의융합형 인재를 뽑을 다른 대안이 없기 때문일 것이다. 고교학점제, 수능 개편안 등과 함께 논술전형이 대학 입시의 주요 키워드가 된 것은 틀림없다. 그럼 논술전형의 부활로 우리나라 교육과 대학입시에는 어떤 변화가 있을까?

첫째, 학생들의 종합적인 사고력과 문제해결 능력이 강조될 것이다. 논술전형은 단순한 지식 암기가 아닌 비판적 사고와 논리적 분석력을 요구하기 때문에 교육 현장에서 창의성과 문제해결력 중심의 교육이 강화될 것이다.

둘째, 교육과정의 변화가 예상된다. 논술전형에 대비하기 위해 학교와 학원에서는 논술 교육을 강화할 것이며, 교과 수업과 방과 후 활동에서도 마찬가지다. 교과에서도 논리적 사고력과 창의성을 기를 수 있는 주제와 활동이 더욱 강조될 것으로 보인다.

셋째, 대학입시가 다양화될 것이다. 논술전형 부활은 수능 중심의 획일적인 입시 체계에 변화를 가져올 수 있다. 대학은 학생의 다양한 능력과 잠재력을 평가하기 위해 논술전형 외에도 포트폴리오 평가, 면접 등 다양한 입학 전형을 활용할 것이다. 이를 통해 학생들의 개별적인 특성과 역량이 보다 폭넓게 인정받을 수 있을 것이다.

넷째, 대학 교육의 질적 향상이 기대된다. 논술전형을 통해 선발된 학생들은 대학에서 더 높은 수준의 학업성취를 보일 가능성이 크기 때문에 대학은 대학 교육의 본질적 목표인 비판적 사고력과 창의성 함양에 초점을 맞추어 강의와 실습의 질을 높이는 등 교육의 질적 향상을 위해 노력할 것이다.

결과적으로 대입 논술전형의 부활은 우리나라 교육과 대학입시 체계에 긍정적인 변화를 가져올 것으로 기대된다.

● 논술전형의 다양한 논제 유형들

　본격적인 논술전형 준비를 위해 각 대학별 논술전형 논제 유형을 인문계열과 자연계열로 나누어 살펴보고자 한다.

　인문계열 논술은 출제 유형에 따라 다양한 형태로 나타난다.

　첫째, 수리논술 포함 여부에 따라 논술 유형이 구분될 수 있다. 일부 대학은 수리논술을 포함하여 출제하는 반면 순수한 언어논술만을 요구하는 대학도 있다.

　둘째, 영어 제시문 활용 여부도 논술 유형을 구분하는 기준이 된다. 일부 대학은 국어와 영어로 제시문을 제공하는데, 이는 학생들의 외국어 활용 능력을 평가하는 목적을 가지고 있다.

　셋째, 표나 그래프 등 통계자료를 활용하는 유형이 있다. 이 유형은 학생들의 분석 및 해석 능력을 평가한다.

　이와 같이 다양한 출제 방식이 활용되고 있는 가운데, 다수 대학이 언어논술을 주로 출제하여 학생들의 논리적 사고력, 비판적 분석력, 창의적 문제해결력 등을 종합적으로 평가하고자 한다. 일부 대학은 교과 논술(또는 약술형 논술)을 출제한다. 약술형 논술은 일반논술에 비해 난도가 낮은 편이며 수능 문항과 유사한 주관식 논술 형태로 오답과 정답이 명확히 구분되는 특징이 있다. 종합하면 인문계열 논술은 다양한 출제 유형을 통해 학생들의 종합적인 역량을 평가하고자 하는 노력이 반영되고 있다고 볼 수 있다.

　자연계열 학생들은 수학적 문제해결 능력이 중요하다. 이공계 및 의학 계열 전공에서 복잡한 수식과 계산, 데이터 분석 등이 필수적이므로, 수리논술로 기초 역량을 평가한다. 수리논술은 논리적 사고력과 창의성을 종합적으로 평가할 수 있다. 단순한 계산이 아닌 문제 상황을 분석하고 적절한 수학적 모델을 구축하여 해결책을 도출하는 능력을 측정한다. 연세대는 2025학년도부터 과학논술

[문제 1] 좌표평면에서 오른쪽(x축 양의 방향) 또는 위쪽(y축 양의 방향)으로만 움직이며 x좌표와 y좌표가 모두 음이 아닌 정수로만 이루어진 점에서만 방향 전환을 하는 로봇이 있다. 다음 물음에 답하시오.

[문제 1-1] 로봇이 원점에서 오른쪽으로 출발하여 점 $(21, 21)$까지 움직일 때, 방향 전환을 정확히 5번 거쳐 갈 수 있는 경로의 수를 구하시오. 단, 원점에서는 방향 전환이 일어나지 않는다고 가정한다. **[5점]** (답 : $190^2 = 36100$)

[문제 1-2] 원점을 중심으로 하고 반지름이 58인 원 모양 테두리를 설정하자. 로봇은 원점을 출발하여 테두리에 닿으면 멈춘다. 로봇이 멈출 때까지 움직인 거리의 최댓값을 구하시오. 단, 로봇은 한 점으로 간주한다. **[10점]** (답 : $41 + 3\sqrt{187}$)

2024 연세대학교 수시모집 자연계열 논술시험 문제

문항 1

[문항 1] 제시문 [가]에 나타난 세계 시민주의의 변화를 설명하고, 제시문 [나]의 웅정제의 관점에서 제시문 [가]의 히에로클레스의 주장을 비판하시오. [30점]

문항 1 - 출제 의도

이 문항은 이론적이고 철학적인 진술로 이루어진 제시문의 핵심을 제대로 파악하고, 구체적인 현실에 적절하게 적용하여 비판하는 능력을 평가한다. 정확한 이해력과 문제 해결 능력, 그리고 이를 구체적 사례에 적용하여 분석할 수 있는 논리적 사고를 종합적으로 평가하기 위해 출제하였다.

문항 1 - 출제 근거

가) 교육과정 근거

적용 교육과정	1. 교육부 고시 제2015-74호 [별책5] "국어과 교육과정" 2. 교육부 고시 제2015-74호 [별책7] "사회과 교육과정"

나) 자료 출처

교과서 내						
자료명(도서명)	작성자(저자)	발행처	발행연도	쪽수	관련 자료	재구성 여부
동아시아사	최현삼 외	금성출판사	2022	97	제시문 [나]	○
동아시아사	김태웅 외	미래엔	2022	93	제시문 [나]	○
동아시아사	이병인 외	비상교육	2022	95	제시문 [나]	○
동아시아사	안병우 외	천재교육	2022	97	제시문 [나]	○

교과서 외						
자료명(도서명)	작성자(저자)	발행처	발행연도	쪽수	관련 자료	재구성 여부
EBS 수능특강 독서	EBS	한국교육방송공사	2023	39	제시문 [가]	○
대의각미록	웅정제 지음 이형준, 최동철, 박윤미, 김준현 옮김	도서출판 b	2021	138-139	제시문 [나]	○

2024 이화여자대학교 인문계열 문제와 해설

을 폐지하고 수리논술만으로 논술고사를 시행한다고 밝혔다. 서울여대와 의학계열 중 경희대, 아주대, 연세대(미래)는 과학논술을 시행하기로 했다. 이처럼 자연계열 논술고사에서 수리논술이 대표적인 유형으로 자리 잡은 것은 학생들의 기초 역량 및 문제해결 능력을 종합적으로 평가하기 위해서다.

실제로 어떤 문제가 출제되었을까? 자연계열과 인문계열의 논술 문제에 확연한 차이가 있으나 출제 방향은 교육과정 내용에 근거하여 교과서와 EBS 자료 내에서 출제한 것으로 보인다.

● 논술전형에 효과적인 전략 짜기

논술전형을 효율적으로 준비하기 위해 다음과 같은 전략이 필요하다.

첫째, 교과서에 충실해야 한다. 정답은 교과서에 있다. 역대 논술전형 문제를 살펴보면 교육과정 내에서 출제되었다. 교과서에 제시된 기본 개념과 원리, 역사, 철학 등을 자신만의 언어로 요약 설명하고 논리적으로 문제를 해결하는 연습이 필요하다.

둘째, 논술 고사 문제 유형을 분석해야 한다. 지원 대학의 기출문제를 분석하여 출제 빈도가 높은 주제와 유형을 파악하고 분석한다. 사회적 이슈, 과학적 논제, 문학적 해석 등 다양한 주제와 이에 맞는 논술 형식을 익힌다.

셋째, 논리적인 논술 작성법을 익힌다. 가장 먼저 논제를 분석하여 논술의 방향을 잡는다. 분석한 핵심 내용을 서론, 본론, 결론의 기본 구조에 체계적으로 구조화하고 다양한 자료와 예시를 활용하여 타당한 논거를 제시한다. 이를 위해 평상시 관련 분야의 지식뿐 아니라, 통계자료, 전문가의 견해, 신문 기사 등을 숙지한다. 초등학생 때부터 문학과 비문학 독서를 고르게 하고 어린이 신문을 읽고 논제를 찾는 연습을 한다. 중고등학생이라면 자신이 지원할 영역의 기출문제를 뽑아 글을 써보거나 동아리 등을 조직하여 타인의 논리를 배우는 기회를 갖는다.

넷째, 기출문제와 모의고사를 반복적으로 풀면서 출제 경향과 문제해결 방법을 익힌다. 시간 관리 능력을 기를 수 있다.

다섯째, 작성한 논술에 선생님과 전문가, 친구들의 피드백을 받는다. 그리고 개선점을 찾아 비판적 시각에서 자신의 글을 리라이팅하며 글쓰기 능력을 기른다.

● 논술전형, 어디로 갈 것인가

논술전형은 앞으로 어떤 모습으로 나아갈까?

첫째, 유형이 다양해질 것이다. 자연계열 학생들에게는 수학적 문제해결 능력이 여전히 중요하겠지만 창의성, 비판적 사고, 의사소통 능력 등 종합적인 역량을 평가하는 논술 유형이 늘어날 것이다. 둘째, 실제 전공 및 직무 수행에 필요한 역량을 측정하는 논술 문제가 등장할 것이다. 예를 들어 공학 계열의 경우 실험 설계와 데이터 분석 능력을, 의학 계열의 경우 임상 사례 분석과 윤리적 판단 능력 등을 평가하는 문제가 출제될 수 있다. 셋째, AI기술의 발달에 따라 기존의 주관식 논술에서 벗어나 다양한 유형의 논술 문제가 등장할 수 있다. 예를 들어 주어진 데이터를 분석하고 시각화하여 보고서를 작성하는 문제, 가상 시뮬레이션 환경에서 의사결정을 내리는 문제 등이 포함될 수 있다. 넷째, 채점 방식도 변화할 것으로 예상된다. 기존의 주관적인 채점 방식에서 벗어나 AI기술을 활용한 객관적이고 정밀한 채점 시스템이 도입될 것이다. 이를 통해 그동안 논술전형의 고질적 문제로 지적되었던 채점의 객관성 문제가 해결될 것이라 생각한다.

대학별 논술전형의 부활은 학생들의 사고력과 논리력을 평가하는 중요한 계기가 될 것이다. 논술전형의 재평가와 기대 효과를 바탕으로, 학생, 학부모, 교

사는 논술전형의 중요성을 인식하고 이를 준비해나가야 한다. 앞으로 논술전형
이 더욱 발전하여 우리 교육의 질적 향상에 기여하기를 기대해본다.

04

지방소멸, 학령인구 감소를 극복하기 위한 **특별자치도의 역할**

오준영
전북특별자치도교육청 소속 초등교사, 전북특별자치도 교원단체총연합회 회장

● 특별법과 교육특례

2024년, 대한민국의 네 번째 특별자치시·도로 전북특별자치도가 출범했다. 우리나라에는 2006년 7월 1일 제주특별자치도가 가장 먼저 출범했고, 2012년 7월 1일에는 세종특별자치시가 설치되었다. 이어 2023년 6월 11일 강원특별자치도에 이어 2024년 1월 18일에는 전북특별자치도가 출범했다. 특별자치도는 대한민국 행정구역으로 관련 특별법에 근거하여 보다 높은 수준의 자치권을 보장받는 자치단체다. 따라서 행정과 재정에 대한 중앙정부의 권한을 일부 이양받는다. 더불어 '지역균형발전특별회계'에 별도의 계정이 설치되어 다른 지자체와 경쟁 없이 큰 재정을 추가 확보할 수 있으며, 도지사 직속 감사위원회가 자치감사를 실시하기 때문에 정부부처의 감사를 받지 않는 특혜도 주어진다. 이를 통해 광역단체의 자치 권한을 강화하는 특별자치도는 혜택을 부여받는다.

대한민국은 메가시티 5개와 3개의 특별자치도로 전국 발전을 꾀하고 있다. 수도권, 부울경(부산, 울산, 경남), 대구경북, 광주전남, 충청권이 5개의 메가시티이며 제주, 강원, 전북이 3개 특별자치도다. 다시 말해 메가시티 계획에 포함되지 않는 지역에 자치권을 부여하여 지역 자체적인 개발 추진 권한을 주었다고 볼 수 있다. 최근 수도권 지역에서 개발에 소외를 받고 있는 경기 북부를 분도하여 특별자치도로 구성하자는 의견도 있지만 여기에서는 강원, 전북에 대해 집중적으로 다루도록 하겠다. 지방소멸에 대응하는 강원특별자치도와 전북특별자치도에서의 미래 교육 시스템 구축을 위한 변화와 노력이 매우 중요하기 때문이다.

특별자치도는 특별법을 바탕으로 그 명칭과 지위를 부여받는다. 강원특별자치도 설치 등에 관한 특별법은 강원특별자치도 설치 및 미래산업글로벌도시 조성을 위한 특별법으로 변경되었는데, 84개 조항으로 이루어져 있으며 각 분야의 특례조항이 담겨 있다. 전북 역시 전북특별자치도 설치 등에 관한 특별법이 2024년 1월 18일 시행되었다. 강원과 전북에서는 지금도 다양한 특례조항을 담기 위한 법률 개정이 지속적으로 진행되고 있다. 특히 이 두 지역은 급속한 인구 절벽 현상으로 인한 학령인구 감소의 직격탄을 맞고 있는 곳이기에 지방소멸에 대응하는 교육특례 발굴이 절실한 형편이다.

● 과밀학교와 소규모학교의 현실

저출산, 참으로 큰일이다. 가임여성 1명당 0.8명인 합계출산율은 세계 꼴찌 수준이다. 고령인구가 생산인구를 앞지른다는 보도도 심심치 않다. 하지만 수도 권이나 거점 도시 학교에서는 이를 체감하기 어렵다. 아직도 과밀학급, 교실 부족 으로 신음하는 학교들이 많기 때문이다. 전주 A초등학교는 교실 부족으로 임시 로 개조한 복도형 교실에서 수업받는 학생들의 사진, 모듈러 교실 설치로 운동장 에서 마주 보지 못하고 옆으로 나란히 서 있는 축구 골대 사진 등으로 전국적 유 명세를 타기도 했다.

하지만 시골로 눈을 돌리면 정반대 문제의 심각성이 바로 드러난다. 2023 년 강원특별자치도의 출생 등록 건수는 6,806명이며 전북은 6,692명이다. 전북 보다 적은 출생 건수를 보이는 지역은 제주, 울산, 광주, 세종인 점을 보면 광역자 치단체 중 최저 수준임을 알 수 있다. 2024년 현재 전북 무주군의 경우 10개 초 등학교에 736명의 학생들이 다니고 있다. 가장 큰 학교인 무주중앙초등학교 학 생은 308명이다. 학년 평균 50명꼴이다.

2023년에 태어난 아이들은 대개 2030년에 초등학교에 입학하는데 주민등 록상 출생 등록 현황을 보면 43명이 무주군 초등학교의 입학대상자다. 가장 큰 학교 한 학년 수준에도 미치지 못한다. 무주군 10개 초등학교 중 정상적인 운영 이 되는 학교는 몇이나 될까? 입학생이 0명인 학교는 몇 개일까?

비단 무주군뿐 아니라 강원, 전북의 모든 읍·면 지역은 발등에 불이 떨어진 셈이다. 전북과 강원의 학생 수 50명 이하 소규모학교는 50%에 육박하며, 그 수치는 매년 급격히 높아지고 있다.

나 역시 2023년 읍·면 지역의 전교생 11명인 작은 학교에서 근무했다. 담임을 맡은 4학년 1반 학생은 1명이었다. 10월에 한 명이 전학을 와서 2명이 되었지만, 그 전까지 일대일 수업을 하면서 난감한 일도 많았다. 교과서에는 친구나 짝과 하는 활동이 많이 등장하며 여러 명이 게임을 하기도 하고 두 명이서 말판놀이를 해야 할 때도 있다. 친구의 발표를 듣고 내 생각을 정리하기도 한다. 교사가 친구 역할을 대신해주기는 하지만 한계는 분명하다. 제대로 된 교육을 하며 학생의 사회성을 기르기 위해서는 적정 수의 학생이 필요하다. 이것이 충족되지 못해 정상적인 수업을 이어가지 못하는 학교가 부지기수다.

전북과 강원은 교육특례를 활용한 정상적인 교육활동을 위한 해법을 반드시 찾아야 한다. 학생들의 통학 거리를 충분히 고려한 인근 학교의 통폐합은 물론, 공동교육과정 운영을 통한 무학년제 협력 교수 및 협력 수업, 농어촌 유학 프로그램 등이 해결책으로 제시되고 있다. 지역과 학교, 지자체와 교육당국의 지혜를 모아야 할 때다.

● 시골학교 어디까지 아세요?

내가 근무했던 남원시 면 지역의 B초등학교는 전교생 19명, 한 학년이 3~4명 수준이었다. 작은 학교를 살리기 위한 방침으로 교직원들은 교육기부를 비롯해 많은 노력을 기울였다. 특히 슈퍼스타K 슈퍼위크 진출에 빛나는 모 밴드의 일원이었던 동료교사의 도움으로 학생들의 방과 후 프로그램으로 밴드를 운영할 수 있었다. 학생들이 악기를 배운 지 석 달이 지났을 때 우리 지역에서 '전국 노래자랑'이 열린다는 소식이 전해졌고, 6학년 학생들과 '사제동행'으로 참가하게

선생님 깜짝 공연으로 파티가 열린 졸업식 (유튜브 '오지스쿨TV')

되었다. 운 좋게도 본 방송까지 출연하여 인기상 수상에 이르게 되었다. 방송이 나간 다음 주부터 전국 각지에서 학교로 전화 문의가 오기 시작했다.

"꿈과 끼를 키우는 학교에서 배우고 싶어요" "학생도 선생님도 즐거워 보이는 학교입니다" 하면서 전학, 유학에 대한 문의가 쇄도했다. 나는 그해를 마지막으로 학교를 떠났지만, 전국 단위 유학으로 인해 한때 학생 수가 50명을 넘었다. 학교는 읍·면 단위 학생 수가 급격하게 감소하고 있는 최근 추세에도 아직 35명의 학생을 유지하고 있다. 물론 학년별 밴드부 운영과 연 3~4회 이상의 공연은 계속하고 있다. 이 학교를 떠나며 6학년 학생들에게 특별한 선물을 준 기억도 있다. 졸업식에 깜짝 선물을 주자는 동료교원들의 의기투합으로 축가 공연을 하게 된 것이다. 학생들 몰래 3개월간 피나는 노력으로 연 졸업식 깜짝 공연은 유난히 눈물이 많았던 기억으로 남는다.

이처럼 작은 학교 살리기는 정책뿐 아니라 학교 구성원의 노력이 필요하다. 또 지역과의 협력도 필요하다. 교직원의 의지도 필요하다. 성공한 학교의 선례를 찾아 학교 실정에 맞게 적용할 수 있는 학교의 자율성이 보장되어야 한다. 이러한 의지를 가진 교원들의 정책 제안이 필수적이다. 교육계의 집단지성 발휘로 위기를 극복해야 한다.

● 학급당 학생 수를 감축해야

OECD 국가들의 교사 1인당 학생 수는 평균 초등 14.6명, 중등 13.2명이다. 우리나라는 초등 16.1명, 중등 13.3명이다.(Kedi, 2021) 초등학교의 경우 아직 학생 수를 더 감축해야 한다.

학급당 학생 수가 적절하면 교실복지가 좋아지고, 학생들의 안전을 담보할 수 있다. 교사는 교실에서 아이들을 가르치는 지도자인 동시에 보호자다. 학생 한 명 한 명에게 줄 수 있는 관심이 커지니, 학생들은 교사의 복지혜택을 더 많이 누릴 수 있는 셈이다. 1인당 차지할 수 있는 공간이 넓어져 안전해지며, 교사의 보호를 더욱 잘 받을 수 있어 학교 안전사고 발생률 감소에도 영향을 끼친다. 또 유행성 감염병으로부터 보다 안전해진다. 코로나로 사회적 거리 두기를 하던 시기에 교실은 아비규환이었다. 90제곱미터의 공간에 학생들이 30여 명 빼곡하게 들어앉은 과밀학급에서 방역수칙을 지킨다고 노력하던 교사들의 눈물겨운 사투를 기억한다. 또다시 그 전시 같은 상황을 맞이해서는 안 될 일이다. 학생 수를 감축하면 학교에서 흔히 유행하는 독감, 감기, 눈병 등의 전염병 상황에서 교실 내 대처가 유연할 수 있다.

학생 규모가 적절하면 토론·토의 수업, 예체능 실기수업, 체험형 수업의 질도 높아진다. AI디지털교과서 도입에서도 적정 수준의 기능 케어를 받을 수 있다. 차례가 빨리 돌아오고 기다리는 시간이 적어져 충분한 기회와 활동을 제공받을 수 있다. 또한 교사가 한 아이에게 집중할 수 있는 시간이 확보된다. 학급당 학생 수 감축으로 개별지도, 수준별 지도의 질이 향상되며 기초학력 미달률도 줄일 수 있는 기회가 된다.

한국교육개발원 「교육통계 분석자료집」에 따르면 우리나라 학급당 학생 수는 초등 20.7명, 중등 24.6명, 고등 22.9명이다. 지속적으로 그 수가 낮아지고 있지만 평균값에 속아서는 안 된다. 시골 학교는 1~2명이 수업받는데 도심 학교는 한 학급에 30명이 넘기도 한다. 따라서 평균이 낮아졌다고 교원 임용을 줄일 일이 아니다. 계속해서 학급당 학생 수를 낮춰 평균이 아니라 모든 학급을 20명 이하로 내려야 한다. 그 이후에도 기초학력을 전담할 전문교원, 생활지도를 위한 전담교사, 업무를 전담할 수 있는 행정교사 등을 배치하고, 수업 시수를 줄여 전문성 넘치는 수업을 마련해야 한다. 저경력-고경력 교사의 협력 교수를 통해 교원 전문성 신장과 더불어 학생이 받는 교육의 질을 높여야 할 것이다. 교실이 부족한 도심 지역 학생들을 대상으로 상대적으로 공간이 넉넉한 시골 소규모학교로 유입할 수 있는 대책을 마련해야 한다.

● 교육의 위기를 미래 교육의 기회로

유아교육은 지방소멸 현상과 학령인구 급감에 가장 먼저 직격탄을 맞고 있다. 이미 학생이 없어 휴교에 들어간 유치원들이 많다. 영유아는 초중등학교와는 달리 먼 거리 통학이 어렵기 때문에 통폐합에도 큰 어려움이 있다. 벌써 전국의 40% 가까운 어린이집이 문을 닫고 있는 형편이다.

농촌 지역 작은 학교는 학생이 없어서 문제, 도심 학교는 과밀학급으로 골머리를 앓고 있다. 대학 진학생 수가 줄어 지방대학의 재정난은 날로 심각해져간다. 학령인구 감소를 이유로 정부는 교원 임용을 대폭 줄이고 있다. '고등·평생교육지원 특별회계'를 신설하여 유·초·중등 예산을 매년 3조 4,500억씩 떼어 대학에 넘긴단다. 교육계에 위기도 이런 위기가 없다.

전북, 강원뿐 아니라 전국 곳곳 지방에서 어려움이 예견되어 있다. 하지만 이런 상황은 학급당 학생 수 감축의 절호의 기회가 될 수 있다. 특별자치도와 교육청은 공동의 목표를 설정하여 해당 지역의 교육경쟁력을 높여야 한다. 학교자치의 범위와 교육복지의 폭을 넓혀 학령인구 감소를 극복하고 지방소멸을 막아내는 역할을 해야 한다. 강원과 전북은 지속적인 교육특례 발굴을 통해 이를 극복하고자 노력하고 있다. 이것이 전국적 지역 소멸에 대응하는 귀중한 선례가 되기 때문에라도 더욱 중요하고 신중해야 하는 일이다.

코로나 팬데믹으로 인한 원격수업 실시 과정은 대한민국 교육의 큰 위기였지만, 지금은 어떠한 상황에도 원격수업을 실시할 수 있는 여건과 역량을 갖추게 되었다. 도·농 간의 격차, 임용절벽, 예산삭감 등의 위기도 교육의 질 향상을 위한 기회의 발판으로 삼아 극복할 수 있다.

● 특별자치도의 역할과 기대

지방소멸 가속화를 막아내기 위해서는 학교의 자율성을 높여 학교가 특성을 갖도록 해야 한다. 시골의 작은 학교들도 특화한 교육과정이 있다면 수요를 부를 수 있다. 음악 교육과정 재구성을 통한 악기 연주에 특화한 초등학교, 창체와 교과, 자율시간, 자유학기 등을 적절히 재구성하여 무대공연이나 연극, 연기 등에 특화한 중학교들이 생긴다면 어떨까? 지자체의 예산 및 인력 지원 등을 통해 정주 여건도 충분히 마련해나가면서, 지역적인 특성과 교육주체들의 요구를 반영하여 학교 구성원들의 노력으로 특수성 있는 학교를 만들어간다면, 그 해답을 찾을 수 있을 것이다.

- 지역의 특성과 요구를 정확히 파악하여 교육과정 편성 방향을 학교가 자율적으로 결정할 수 있는 권한 부여
- 전국·세계 학생들을 대상으로 농어촌 및 특성 있는 학교 유학 운영 활성화 지원
- 유보통합과 맞물려 영·유아교육에 넓은 자율성을 바탕으로 유연한 교육과정 운영 근거 마련

- 교권 강화와 학생의 학습권 보장을 아우르는 인권 친화적 학교 문화 조성안 마련
- 교원의 전문성 강화 및 교원 존중 사회 인식 개선을 위한 제도적 장치 마련
- 교원의 행정업무 경감을 통한 학교 교육력 제고 방안 마련

강원특별자치도에서는 발굴된 11개 교육특례가 옥석 가리기에 들어갔다. 강원특별자치도교육청은 당장 입법 가능성이 있는 특례와 중장기 과제로 추진할 특례를 구분하여 추진한다는 방침이다.

△초·중 통합학교 △소규모학교 공동교육과정 △강원형 온·오프라인 교육지원학교 △인건비성 예산총액에 따른 정원 등의 관리 배제 특례 △교육감 교육·학예에 관한 사무의견 제출권 확보 △글로벌교육도시 지정·운영 △교사 정원 증원 △특수분야학과 산학겸임교사 단독수업권 보장 △교육자치조직권 △보통교부금 특례 △소규모학교 급식 운영 특례

전북특별자치도의 경우 1차 개정안에 발의되었던 11개 특례 중에서 강원과 똑같은 분야의 4개 특례만 반영되었다. 2차 교육특례를 통해 교육 문제 해결 및 대한민국 미래 교육을 이끌어갈 선례를 만들기 위해 교육특례 제안 공모를 하고 있다. 특별자치도와 교육청이 긴밀한 협조 관계를 유지하며 교육자치에 대한 이해와 적극적인 지원을 바탕으로 대한민국 미래 교육의 어려움을 해결하고 발돋움하게 되기를 기대한다.

05

소통 기반의 교육 정책을 열어가는 함께학교

권기정
교육부 교육연구관, 함께학교 TF 총괄, 전)서울특별시교육청교육연수원 교육연구관

함께학교란 무엇인가

함께학교는 현장과의 소통을 강조하는 정부 국정기조에 따라 학생과 교원, 그리고 학부모가 상시적으로 소통하고 교육 정책을 논의할 수 있는 온라인 소통 공간으로 2023년 말에 개통하였다. 인터넷이나 모바일에서 '함께학교'로 검색하면 누구나 회원가입 또는 인증 후 자신의 의견을 개진할 수 있다.

2023년 7월, 온 국민이 마음 아파했던 교권 보호 사안 발생 이후 교육부에서는 기존 소통 방식의 한계를 깨닫고, 현장의 목소리를 보다 직접적으로 빠르게 들어야 한다는 필요에 절감하였다. 그래서 소통의 방식을 완전히 바꾸는 것에서부터 출발하여 함께학교가 만들어졌다. 사안이 발생하고 나서야 소통에 나섰으니 만시지탄이라는 비판은 피하기 힘들지만, 힘겹게 탄생하게 된 만큼 플랫폼을 발전시켜야 한다는 의무감 또한 어느 때보다 비장하다.

중앙정부와 현장 간의 소통은 과거에도 현재에도 중요하며, 앞으로도 그럴테지만 소통의 방법은 변화할 필요가 있었다. 교사와의 대화, 학교 방문, 학부모 간담회 등 기존의 면대면 소통 방식에도 분명 장점이 있다. 그러나 대면 소통 특성상 참석 대상이 한정적이어서 전문성이 탁월하거나 저명한 업적이나 성취를 이루신 분 또는 특별한 계기를 가진 분들에게만 기회가 주어지고, 평범한 사람들에게는 그런 기회가 쉽게 찾아오지 않는다. 그렇기에 디지털 대전환이라는 변화에 맞추어 시간과 공간에 구애받지 않고, 평범한 사람이라도 본인이 원하기만 한다면 언제나 자유롭게 소통할 수 있는 디지털 소통 플랫폼을 구축하게 된 것이다.

함께학교는 당시 급박했던 상황을 고려하여 기획과 구축, 고도화 작업을 동시에 진행하는 성장형 플랫폼으로 기획되어 완성도가 떨어지는 단점이 있지만, 비교적 단시간(2개월)에 플랫폼을 선보였다. 완성형이 아니기 때문에 오히려 사용자 경험(UX) 및 요구에 따라 기능이 변모해가는 장점도 있다.

현장의 목소리를 직접적으로 빠르게 청취하는 것은 현장은 물론, 교육부에도 분명 도움이 되었다. 교육부 관계자는 쏟아지는 현안에 정책을 만들고 발표하기에도 벅차다. 백년지대계인 교육 분야임에도 많은 정책이나 사업은 항상 바쁘게 돌아가니 말이다. 대개 그동안은 교육부 정책 담당자가 수일에서 수주, 때로는 몇 달 동안 초과근무를 하면서 관계법령에 저촉되지 않는 범위 내에서, 해외 사례나 선행연구를 분석하고 죽을힘을 다해 정책(안)을 만들어왔다. 현장적합성 검토를 위해 전문가 간담회나 델파이조사, 집단 인터뷰(FGI)도 진행하며 최선을 다해도 정책에 대한 현장의 반응은 안타깝게도 차갑기 일쑤였다. 전문가, 단체나 기관의 대표 등 소수 관계자의 의견을 살피고 수렴하는 데에 그쳤을 뿐, 현장의 광범위한 의견을 청취하고 정책을 다듬기에는 시간적·물리적으로 한계가 있었기 때문이다.

성장형 플랫폼으로서 함께학교는 교육 정책 제안 및 환류 기능 이외에도 정보제공, 상담 등 소통 또한 주요한 기능으로 자리 잡아 확장해가고 있다. 이 자리에서는 소통 기반의 교육 정책을 위한 제안과 환류에 집중해서 살펴보도록 하겠다.

● 함께학교의 성과

국회 국민동의청원이나 국민제안, 청원24 등 온라인 기반 직접참여 시스템이 보편화된 요즘, 교육 분야에서 전 국민의 아이디어를 직접 듣고, 구성원의 동의나 지지가 많은 제안을 교육 정책에 반영하는 함께학교는 비교적 단시간 내에 성과를 내고 있다. 지표나 수치 등으로 확인이 가능한 플랫폼의 양적 성장 측면을 먼저 살펴보면, 회원 수 7만 2,000명에 200만 명이 넘는 누적 방문, 하루 평균 1만 명 방문, 850여 건의 정책 제안, 130여 건의 정책 답변 및 50차례 이상 대면 소통 등으로 교육주체 간 활발한 소통의 매개체로 성장하고 있다. 이러한 지표가 어느 정도 수준인지 가늠이 잘 되지 않을 수 있다. 그렇지만 교육부가 지난 2017년에 운영한 '온교육'[1] 활용 현황을 살펴보면 정책 반영 0건, 설문참여 총 304명, 2020년 전체 게시물이 53건 수준으로 극명히 대조된다. 또한 현 정부 출범에 맞추어 선보인 대국민 온라인 소통창구인 '국민제안'(2022년 6월~)의 지난 2년간 누적 방문자 수는 183만여 명으로 하루 평균 2,200명 수준이다.[2] 보통 전체 회원 수 대비 하루 평균 방문자 비율이 10%만 넘어도 아주 활성화되어 있다고 평가받는다. 그래서 특히 하루 평균 방문자 수를 주목하는데, 통상 1만 명 내외의 사용자가 매일 방문하는 플랫폼은 회원 규모가 최소 수십만에서 수백만에 이르는 거대 커뮤니티에서나 가능한 일이다.

그간 맘카페나 커뮤니티 등을 통해 일부 교사와 학부모 등이 회원으로 함께하기는 하였지만, 공식적으로 교육과 직접 관련된 학생과 교사, 학부모 그리고 일반인까지 모두 함께 모인 커뮤니티[3]는 함께학교가 유일하다. 다양한 생각과 목소리가 오가는 소통의 장으로서 중앙정부와 현장과의 소통, 교육주체 간의 소통 등 소통 양상과 방식이 다양하게 나타날 수 있고 그러한 과정을 통해 교육 정책이 다듬어질 수 있기 때문에 주체 간 활발한 소통은 그만큼 필수적이다.

함께학교의 양적 성장은 대한민국 국정홍보점검회의[4]와 KTV, 대한민국정부 공식 유튜브, EBS 및 각종 언론을 통해 중앙정부에서 현장 소통을 강화한 쌍방향 소통 플랫폼 우수사례로 소개되었으며[5] 전국의 중앙부처, 유관기관, 지방자치단체 등 공공기관을 대상으로 (사)한국공공정책평가협회에서 주관하는 2024년 우수행정 및 정책사례 선발대회에서는 총 96개 응모 기관 중 대상을 수상하기도 하였다.[6]

무엇보다 함께학교의 가장 큰 성과는 정책 환류에 대한 효능감, 즉 플랫폼 이용자의 만족도를 제고했다는 점이다. 교육 정책에 관심 있는 누구나 쉽고 편하게 참여할 수 있도록 편의성을 높였다는 점은 여기에 큰 역할을 했다. 개인으로서 불편과 부당은 권익을 구제하기 위한 기존 창구(국민신문고 등)를 활용하면 되지만, 표현 방식은 다르더라도 본질상 같은 고민과 문제 제기를 전국의 많은 이들이 하고 있다면 이는 제도적으로 보완해나가야 하는 문제가 된다. 이런 문제를 해결해가기 위해 불특정 다수의 생각을 손쉽게 담을 수 있는 일종의 그릇 역할을 함께학교가 해나가고 있는 것이다.

일례로 교사에게도 그 용어조차 쉽지 않은 초·중등교육법 시행령 개정안 입법예고에 대해 기존에는 의견을 개진하는 방법이 매우 어렵고 까다로워[7] 설사 의견을 내고 싶어도 포기하는 경우가 많았다. 하지만 이제는 정해진 틀이나 절차는 상관없이, 함께학교에 접속 후 게시글을 작성하거나 댓글을 달아서 쉽고 편리하게 의견을 개진할 수 있게 되었다. 실제 이런 과정을 거쳐 교육부는 수업공개 법제화 방안을 철회하고, 현장의 자율성을 최대한 존중하고 지원하는 쪽으로 정책 방향을 바꾼 사례도 있다. 함께학교의 많은 이용자가 해당 개정안에 대해 우려를 제기하자 시행령(대통령령) 개정(안) 입법예고까지 마쳤는데도 철회한 것이다. 이는 전례를 찾기 힘들며 소통 기반 교육 정책의 출발이 되었다고 평가할 만하다.

또한 총 850여 건의 정책 제안 중 구성원 다수가 동의한 130여 건의 제안에 대해 교육부장관이나 담당 실·국장 등이 직접 답변함으로써 책임감을 더하고 이후 정책에 반영하는 등 정책 환류로 현장과 적극적인 정책 소통을 이어가고 있다. 앞서 이야기한 수업공개 법제화 중단(2023.11), 학교폭력 사안 조사 업무 '학교폭력 전담조사관' 도입(2023.12), 자율형 수업혁신 지원 방안 마련(2024.3), 학교 행정업무 경감 체제 구축(2024.5) 등 실제 정책화되는 부분도 나오고 있다.

기존 대면 소통의 장점을 최대한 살려, 주요 교육 정책이나 현안, 함께학교에서 다루어지는 주요 이슈 등을 논의하려 교육부장관이 직접 현장의 교사와 학부모, 전문가 들과 매주 만나는 '함께차담회'도 운영하고 있다. 온라인 공간에서 정책 소통의 한계로 지적받아온 정책 숙의의 문제를 직접 만나 심도 있게 논의함으로써 온·오프라인 연계 시너지 효과도 내고 있다.[8] 함께학교 이용자들은 정책 답변, 정책 실현, 함께차담회 메뉴에 댓글이나 추천 등을 통해 만족도를 표시하고 있다.

함께학교의 한계

　함께학교는 플랫폼 이용자 덕분에 양적·질적 성장을 이어왔지만 한계도 분명했다. 첫째는 플랫폼 운영 원칙에 따라 파생되는 불가피한 문제로, 소수의 목소리를 정책화해서 담기가 어렵다는 점이다. 실제 35건의 정책 답변 가운데 1건을 제외한 34건이 교원을 대상으로 하는 답변이었으며, 제안 정책 가운데 초중등교육에 비해 상대적으로 수가 적은 유아나 특수교육 분야 관련 제안은 해당 교원 수에 비례하지 못하고 있다. 어느 정도 양적 성장을 이루고 성장세를 이어가고 있는 만큼 이제는 소수자나 약자의 목소리에도 주의를 기울일 필요가 있다. (물론 소수자가 항상 약자인가 하는 것에는 별도의 논의가 필요하겠지만, 우리는 다수의 논리에 따른 의사결정뿐만 아니라 소수의 의견을 존중하고 보완하는 체제가 더 건강한 사회라는 것을 안다.) 특히 교육주체로서는 교원뿐만 아니라, 학생이나 학부모의 정책 제안을 어떻게 취급할 것인가에 대한 고민이 필요하다.

　둘째, 건설적인 정책 제안을 돕는 토론과 숙의의 장이 아직 제대로 자리 잡지 못했다. 토론과 숙의는 민주사회를 가늠하는 핵심 척도로, 현장의 교사나 당국자, 모두에 도움이 된다. 각자 초기 주장(견해)에 치열한 토론이 더해지면 생각이 보다 정교해지고 현장 적합성에 부합하는 방향으로 정책이 다듬어질 수 있어 큰 의미를 가진다. 그래서 정책토론 메뉴를 마련했는데, 정책 제안 수(850여 건)에 비해 턱없이 낮은 게시글 수(50여 건)는 아쉬울 수밖에 없다. 참여자의 찬반을 알아볼 수 있는 투표(추천이나 비추천 등) 기능이나 댓글에 이미지 삽입 등 기술적 기능 미비로 이용자가 불편함을 느끼는 것도 사실이니만큼 속히 개선되어야 한다. 일정 수준의 공감과 지지가 있는 제안에 대해서는 정책 답변으로 환류되는 정책 제안 메뉴에 비해 토론은 아무리 활발한 논의가 이루어진다고 해도 공염불로 끝난다고 느끼기 때문일 것이다. 정책으로 반영된다는 확신이나 효능감이 없는 구조에서는 참여자의 동기가 떨어질 수밖에 없다.

토론이 의미 있는 논의로 이어지기 위해서는 논제가 분명하고 논의 참고자료가 풍부해야 하는 등 설계가 잘 되어야 하는데, 이런 토론글을 작성하기가 쉬운 일은 아니다. 교육부에서 먼저 주요 정책이나 사업계획 수립 전 현장의 폭넓은 의견 수렴을 위해 정책 토론 기능을 십분 활용하면 좋겠으나, 업무 방식을 바꾸기도 어려운 일이므로 용기 있게 나설 환경을 마련해주는 것이 필요하다.

마지막은 많은 플랫폼에서 겪는 숙명과 같은 문제로 비난, 모욕, 비하, 혐오 등 이용자의 건강하지 못한 표현 문제다. 이는 교육주체 간, 혹은 집단 내에서 다양한 양상으로 나타난다. 가벼운 언쟁부터 교원 집단 내(담임과 비담임, 관리자와 교사 등) 갈등이나 학교구성원 간(교사와 일반직 공무원 및 공무직) 갈등, 교육주체 간(교원과 학부모 등) 갈등이 대표적이다. 함께학교에서도 이런 게시글을 어렵지 않게 찾아볼 수 있는데, 생각의 차이를 인정하지 못하는 자세가 아쉽다.

그러나 회원 규모를 고려할 때 타 플랫폼에 비해 하루 평균 게시글 신고 건수(4.8건)를 보면 사실 건강하게 운영되고 있는 편이다. 항상 긍정적인 게시글과 댓글만 있을 수는 없다. 플랫폼이라는 커뮤니티도 결국 사회의 축소판이기에 사회에 존재하는 문제와 갈등, 폭력적 표현이 투영되는 것은 자연스러운 수순이기는 하다. 다만 언쟁을 넘어 상대(혹은 집단)를 조롱하거나 공격하는 것은 공적인 담화나 건강한 논의와는 거리가 멀다. 기존 거대 상용 플랫폼 등을 참고하여 내부 기준에 따라 게시글을 관리하고 있지만, 운영하는 입장에서는 차단을 희망하는 쪽과 차단을 피하려는 쪽 모두에게서 불평과 비난의 요구를 피하기 어렵다. 선보인 지 얼마 되지 않은 신생 플랫폼으로서 투명함과 민감성, 그리고 책임에 기반한 자율성을 기치로 비교적 빠른 시간 내에 성장했는데, 고민되는 것도 바로 이 지점이다. 건강하고 투명한 소통과 논의를 지원하도록 운영 방안을 수정·보완해야 할 테지만, 표현의 자유와 타인의 권리 존중 사이에서 균형을 찾기가 여간 어려운 일이 아니다.

◑ 소통 기반 정책 추진의 방향과 과제

이전 정부 국민청원의 아이디어를 교육계에 차용하여 설계한 교육부판 국민청원인 함께학교가 소통 기반 교육 정책 추진의 디딤돌이자 광장이 되기 위해서 어떻게 해야 할까. 대궐 밖 문루 위에 억울한 일을 겪은 백성이 북을 울려 억울함을 호소하였다는 신문고. 그 신문고가 디지털 기술을 등에 업고 온라인으로 등장해 큰 반향을 일으켰던 국민청원에 대해 살펴보자.

청원 동의 인원이 2억 명이 넘을 만큼 국민청원에 대한 국민적 관심이 높았던 까닭은 쉽게 참여하고 정치적 효능감을 느낄 수 있었기 때문이다. 현실적 제약으로 대의제를 운영하는 현대 사회에서 온라인 기술을 활용해 직접 참여하는 민주주의를 상당 부분 현실화하였기 때문에, 4년 안팎 주기의 선거철에나 느낄 수 있었던 정치적 효능감을 국민청원 제도를 통해 상시 체험할 수 있었다.

국민청원은 미국 백악관의 시민청원 누리집 '위 더 피플'[9]에서 영감을 얻어 만들었지만, 신속성과 구성 요건에 있어서는 진일보한 것으로 평가받는다. 억울한 사람들의 하소연 창구가 되어주었을 뿐만 아니라, 몇몇 사안은 공론화됐다는 점에서 의미가 작지 않다. 국민의 뜻을 파악하고 빠르게 답변한다는 점에서 높은 효능감과 만족도를 주었으며, 그간 언론이나 국회, 시민단체의 전유물이라고 여겨졌던 공론화 기능까지 갖추어 참여 민주주의의 좋은 사례였다. 그런 국민청원이 겪었던 어려움과 한계는 무엇이었을까.[10]

운영 초기, 국민과 정부의 소통 공간이라는 긍정적 평가는 시간이 갈수록 사회적 갈등이나 정쟁 조장, 세(勢)를 과시하는 창구로 쓰였다는 비판으로 바뀌었다. 청와대에서 전국 만 18세 이상 국민 1,292명을 대상으로 한 국민청원제도 인식조사(신뢰수준 95%, 표집오차 ±2.83%p)에서 국민의 43.7%는 국민청원 게시판이 특정 계층의 입장을 과도하게 표출하고 있다고 평가하였고, 41.4%는 특정 집단과 개인에 대한 공격, 혐오 여론이 무차별적으로 표출된다고 지적하는 등 부정적 여론이 만만치 않았다. 여성징병제나 페미니즘 교육 의무화 청원, 중복청원 및 청원 조작 논란이 있었고, 여당과 제1야당의 정당해산심판 청구 청원이 동시에 진행되는 등 정치극단주의적 성향으로도 격화되었다.[11]

명백한 허위사실이 확산[12]되기도 하였으며, 부적절한 청원(법률 위배, 삼권분립 침해 등)이 난립했다. 국민과의 소통을 주된 목적으로 시작한 국민청원이 결국 극단적인 이념 간 대립을 부추겨 피로감을 높이기도 하였다. 게시판 운영 규정[13]이 있었지만, 중복·비방 등 부적절한 청원 노출을 줄이기 위해 100명 이상 사전동의를 받은 청원만 관리자의 승인을 거친 후에 게재하는 것으로 운영 정책이 중간에 바뀌었다. 피로감을 줄인다는 취지에도 불구, 사전검열을 거친다는 점에서 국민은 투명한 운영에 의구심을 가지게 되었다.[14]

다음은 좀 더 치명적인 부분으로, 실효성 문제였다. 청와대에서는 20만 이상 동의 시 답변을 한다고 했을 뿐, 해당 청원을 반드시 수용하지는 않았다.[15] 헌법과 법률, 그리고 재량 범위를 벗어나는 사안에는 수용 불가로 답했으며, 당시 대통령 비서실장도 어려움을 토로했다.[16] 국민들은 답답함을 호소하는 마음으로 청원했지만, 행정부가 삼권분립을 무시하고 독단적으로 모든 문제를 해결할 수 없는 일이었다. 특히 법률과 관련된 청원에서는 이런 문제가 더욱 두드러져 국민청원의 한계를 고스란히 노출하였다. 상당수 청원에 대한 답변이 '안 된다'로 귀결되었는데, 국민 입장에서는 청원 효능감이 급속히 저하되었고 반면 사회적 갈등은 심화되어, 비판의 목소리가 높아져갔던 것이 사실이다.

● 함께학교가 나아가야 할 방향은

그렇다면 소통 기반 교육 정책 추진을 위해 함께학교가 해야 할 일은 무엇인가. 우선 플랫폼의 안정적 운영을 위해 탄탄한 제도적 근거를 마련할 필요가 있다. 운 좋게도 함께학교에 사람들이 모이고, 사람에 따라 만족도는 다르지만 정책 환류를 통해 정책 효능감을 느끼고, 이용자 대다수가 에티켓을 지킨 덕분에 현재 큰 문제없이 운영되고 있다. 그러나 돌발상황이나 정치논리 등으로 갑작스레 폐쇄나 운영 중단될 가능성이 전연 없는 것은 아니다. 함께학교가 가진 정체성이자 강점은 바로 현장과의 소통인데, 다행히 이는 여야나 이념과 관계없이 공히 강조하고 있는 부분이다.

회원 수도 점차 늘어 10만 명을 넘나드는 커뮤니티로 자리 잡고 있음을 감안하면 비교적 안정적이라고 할 수 있지만, 그래도 법적으로 운영 근거를 탄탄하게 마련해서 나쁠 건 없다. 통상 중앙부처는 직제(대통령령) 및 직제 시행규칙(부령)을 통해 누리집 등을 운영·관리하고 있고 일부 부처[17]는 그 외에도 별도의 행정규칙(훈령, 예규 등)을 통해 관리하고 있으나, 교육부는 현재 별도의 규정이 없다. 그렇기 때문에 함께학교의 회원 수 증가와 콘텐츠의 확대를 고려하여 '(가칭) 플랫폼 관리·운영 규정(훈령)'[18]을 신설해서 플랫폼의 안정적 운영을 도모할 필요가 있다.

다음으로 함께학교만의 적극행정을 통해 이용자의 정책 효능감을 높이는 노력을 지속해야 한다. 앞서 살펴본 국민청원의 한계를 반면교사로 삼는 자세가 필요하다. 소통 창구를 마련했다는 것만으로도 큰 성과임에는 분명하나, 최근 플랫폼 이용자들의 높은 민감도[19]를 감안하면, 답변에서 그치는 것이 아니라 반영까지를 하나의 세트로 보고 후속조치를 게을리해서는 안 된다. 그런 점에서 최근 함께학교에 마련된 정책 실현 메뉴는 반갑다. 정책 제안에서부터 답변, 그리고 실현까지 하나의 완전한 구조로 정책 환류가 이루어지기 때문이다.

제안에 대해 교육부(중앙정부)에서 답변하고, 정책화한다는 것은 결코 쉬운 일이 아니다. 국민청원에서도 그러했듯 법령 개정이 수반된다거나(입법의 영역), 관장 사무가 아니거나(상당 부분 교육자치로 인해 교육감 등으로 사무 이양), 예산이나 조직과 관련되는 사항(타 부처 협의 필요)이 제안의 대부분으로 정책 답변 계획을 밝히는 수준(추상적)인 경우가 많다. 그래도 다행스러운 점은 기존 형식을 탈피해 함께학교만의 정책 답변[20]으로 다가가고 있다는 것이다. 사람들은 잘못한 일이나 상황에 화를 내지만, 잘못에 대한 안이한 대처 방식에 대해 훨씬 더 큰 분노를 느낀다. 그리고 예측 가능한 안내가 있으면 기다림이나 관용의 미덕을 발휘할 가능성이 높아진다. 무조건 부정적인 답변이 아니라 가능한 부분과 불가능한 부분을 잘게 쪼개어 현황과 이행계획을 투명하게 공유하면 플랫폼 이용자들도 수용과 협력이 가능하리라 보았고, 현재까지 그렇게 운영되고 있는 중이다.

또한 많은 구성원이 동의한 숫자에만 기준을 두고 답변 여부를 검토하면 자극적인 이슈나 관심도 높은 제안만 채택될 가능성이 높아지는데 이런 제안이 반드시 타당하다고도 볼 수 없는 만큼 소수 의견에도 각별히 관심을 가지고 귀기울여야 한다. 각별한 관심이라 함은 별도의 조치를 의미하는 것으로 운영 원칙에 반하지 않는다면 적극 수용하여 반영하는 것이 다수에 의한 의사결정을 보완하고 소수 의견을 제안하는 당사자뿐만 아니라 소수의 의견도 존중되기를 기대하는 이용자들에게 큰 효능감과 만족감을 줄 수 있다. 동시에 쟁점이 된 사안에 대해 문제해결이 늦고 방치한다는 느낌이 든다면 효능감이 떨어질 수밖에 없는 만큼 의사결정 시간을 획기적으로 단축한 함께학교에서의 정책 답변 구상 논의 방식[21]을 적극적이고 지속적으로 이어갈 필요가 있다.

마지막으로 투명하고 건강한 토론과 소통을 강화하는 이용자 문화를 함께 만들어가야 한다. 한국행정연구원은 국민청원 관련 연구 보고서를 통해 민주주의에 필수적인 숙의 절차를 방해했다는 분석을 내놓으면서 "대국민 소통 플랫폼으로서의 역할을 지향하고 있음에도 참여자들 간 소통이 제대로 이루어지지 못하는 상황"[22]이라며 "내실 있는 소통은 공론장 내 참여자들이 가진 다양한 견해와 주장에 대한 숙의 과정이 포함되어야 한다"라고 강조한 바 있다. 소통 기반 정책 추진을 위해 시급한 것이 정책 제안임에는 틀림없다. 하지만 그렇다고 해서 정책 토론이나 소통이 필요 없다거나 중요하지 않다는 의미는 아니다. 오히려 제대로 된 숙의나 토론, 세련된 공적 담론 과정을 통해 숙성된 정책이 제안되거나 만들어질 가능성이 높아진다. 이런 점에서 지금의 함께학교가 가지고 있는 장점이 극대화될 수 있다. 정책 제안뿐만 아니라 상담 기능을 지원하고, 교육정보를 서로 공유하는 등 이용자 간 소통이 활발히 이루어지고 있기 때문이다. 사소한 고민에서부터 전문적인 상담까지 소통을 통해 학교생활 관련 고민, 궁금증을 해소함으로써 서로의 입장을 이해하고 더 큰 사회적 갈등으로의 확산을 사전에 예방하며, 커뮤니티 공간에서 관심 분야의 이용자들끼리 자유롭게 소통하고 있다.

학교 현장은 여전히 아프고 엄중한 상황이라는 인식에는 한 치의 이견도 없다. '과연 이게 될까?' 하며 반신반의하는 심정으로 마련해놓은 미담사례 공간에 1,800여 건이 넘는 게시글이 자발적으로 쌓이고 있다. 이런 과정들이 정책을 제안하는 데에 직접적인 도움이 되거나 가시적인 효과를 가져오지 않을지는 몰라도 최소한 무지에 의한 몰이해, 상대 집단에 대한 맹목적 비난이나 공격, 소모적 논쟁 등으로부터 벗어나게 해줄 한 줄기 희망이나 자양분이 되어줄지도 모른다. 양극단으로 나뉘어 서로의 세를 과시하며 여론을 부추기고 논의는 사라져버리는 실수를 다시 반복하지 않을 수 있다.

온라인 토론의 한계는 대면소통으로 자연스럽게 보완이 가능하며, 실제 쟁점 사안(교권 보호, 늘봄학교, 디지털 전환, 정신건강, 통합학생지원, 유보통합 등)에 대해서는 동일 주제로 서너 차례 이상 현장 교원들을 직접 만나 논의하고 있으니, 소통 기반 교육 정책 추진이 전연 불가능한 일이라고만 보이지는 않는다.

소통 기반 교육 정책 추진을 위한 가장 확실하고 분명한 방법은 교육 문제에 관심과 애정을 가진 이용자들이 가능한 한 많이 함께학교와 함께하는 것이다. 교육정보를 주고받고, 새로운 교육정보를 만들어내고 공유하며, 이용자 간 자생적인 소통공간으로 자리매김하기를 기대한다. 그 과정에서 현장 기반, 소통 기반 교육 정책이 다듬어지고 반영되리라 예상한다.

● 함께학교가 성장해야 하는 이유

아이러니하게도 이용자가 많아질수록 서로를 비난하고 공격하는 게시물이 증가하여 사회적 갈등이 커질 수 있다. 제안 난립으로 인해 게시판이 과열되어 공격적이고 혐오적인 글이 늘어나면 이용자의 피로도가 증가하고, 결국 함께학교도 쇠락하는 커뮤니티의 전철을 밟을 수 있다. 플랫폼을 촘촘하게, 그리고 재빠르고 유연하게 운영한다고 해도 결국 플랫폼의 흥망성쇠는 자율과 책임에 기반한 이용자의 성숙한 문화에 영향을 받을 수밖에 없다. 함께학교라는 플랫폼이 쇠락할수록 소통 기반 교육 정책 추진은 요원해질 것이다.

교육주체가 한자리에 모여 진솔한 소통과 교류, 공유를 통해 더 나은 교육환경을 만들어가기 위해 만들어진 함께학교는 완성형 플랫폼이 아니다. 매일 새로운 기능이 추가되고 변화되어 어제, 오늘, 그리고 내일이 다른 생성형 플랫폼이다. 특정 메뉴나 기능에 대해서는 사용자 경험 등을 통해 지속적으로 보완해 반응성을 높일 예정으로 칭찬과 격려도, 발전적 쓴소리도 모두 좋으니 많은 분들이 함께해주시기를 희망한다.

함께학교 기본 계획의 기대효과는 다음과 같다. "학생·교원·학부모의 교육 정책 참여 확대를 통해 현장 적합성 높은 소통 기반 교육 정책을 추진하고 교육 현장의 신뢰를 회복하는 것." 너무 거창해서 아직은 쑥스럽기 그지없다. 하지만 함께학교 이용자 수가 10만, 15만을 넘어 20만 정도가 된다면, 그리고 플랫폼에서 숙고하고 총의가 모인다면, 소통 기반 교육 정책 추진은 일부러 저항하지 않아도 저절로 되지 않겠는가. 그런 날이 오지 않으리란 법도 없다.

1 —— '함께학교'와 유사한 대국민 온라인 소통 누리집.

2 —— "윤석열표 국민제안 방문자 문재인 국민청원의 0.7% 수준", 〈경향신문〉, 2024.6.23
물론 국민제안 개설 2년간 13만 4,000여 건의 제안과 4만 3,000건의 서신이 접수되었고,
94.6%에 대해 답변과 조치가 이루어졌기에 단순 비교는 어렵다.

3 —— 함께학교 회원 수는 학생 6,327명, 교원 32,841명, 학부모 15,772명, 일반 16,271명이다.
(2024.7.25 기준)

4 —— 정책제안·정책홍보가 동시에 이뤄지는 쌍방향 소통 플랫폼으로 '함께학교' 소개(제10회 국
정홍보점검회의, 2024.3.7)

5 —— "교육부, '수업 공개 법제화' 추진 안 한다… '함께학교' 제안 수용", 〈뉴스1〉, 2023.11.30
"교육부에 쏟아진 현장의 소리, 플랫폼 개통 이후 200여 건 제안, 좋은 반응", 〈에듀프레스〉,
2023. 12. 3
"서울교육소통광장"… 부서답변·정책반영 '0'건 시민들 불만, 교육부 적극행정과 비교",
〈뉴스핌〉, 2023.3.12 등 언론보도 55건

6 —— "교육주체 소통 확대한 '함께학교', 우수행정 선정", 〈EBS뉴스〉, 2024.7.12

7 —— 입법예고 기간 중에 반드시 의견을 개진해야 하고, 정해진 양식에 맞추어 작성해서 전자문
서로 제출하거나 우편으로 송부해야 한다.

8 —— 함께차담회는 참석자의 효능감을 향상시킨 것은 물론이고, 논의된 과제의 66%가 정책에
반영되었다.

9 —— 오바마 정권 때인 2011년에 문을 열었으며 이후로 2017년 상반기까지 정상적으로 운영했
지만 트럼프 집권 이후 사실상 개점휴업 상태였고, 바이든 정권이 들어서면서 사이트를 아
예 없애버렸다.

10 —— "[국민청원 5년] ① "억울함 호소하는 창구"… 공론장 역할도", 〈뉴스핌〉, 2022.5.15

11 —— "[국민청원 5년] ② 말도 많고 탈도 많았던 그 게시판, 국민청원 5년", 〈뉴스핌〉, 2022.5.15

12 —— 2018년 말에는 망치로 머리를 맞아 죽은 도살장 개의 영상을 소개하면서 동물보호 청원이
올라왔는데 이 청원글 내용은 태국에서 교통사고로 죽은 개 동영상을 짜깁기해서 만들어
낸 가짜뉴스로 밝혀졌다. 2020년 3월에는 25개월 여아가 초등학교 5학년 학생한테 성폭
행을 당해 처벌을 해달라는 청원이 올라와 53만 명의 동의를 얻었지만 경찰조사 결과 사실
이 아니었고 가해자도 허위로 만들어낸 인물이었다.

13 —— 삭제·숨김 처리될 수 있는 청원: ①동일한 내용으로 중복 게시된 청원 ②욕설 및 비속어를
사용한 청원 ③폭력적, 선정적, 또는 특정 집단에 대한 혐오 표현 등 청소년에게 유해한 내
용을 담은 청원 ④개인정보, 허위사실, 타인의 명예를 훼손하는 내용이 포함된 청원 ⑤선
거기간 중 선거법을 위반하는 내용이 담긴 청원

14 —— 개인은 청원하기 어려워진 반면 조직력 갖춘 집단이 목소리를 내는 것이 유리해졌다.

15 —— 답변이 어려운 청원: ① 재판이 진행 중이거나, 입법부·사법부의 고유 권한과 관련한 내용으로 삼권분립의 정신을 훼손할 소지가 있는 경우 ② 지방자치단체 고유 업무에 해당하는 내용 등 중앙 정부의 역할과 책임 범위를 벗어난 경우 ③ 청원 주요 내용이 허위사실로 밝혀진 경우 ④ 인종, 국적, 종교, 나이, 지역, 장애, 성별 등 특성과 관련 있는 개인, 집단에 대한 차별 및 비하 등 위헌적 요소가 포함된 청원 ⑤ 청와대 및 정부에 대한 민원·제안 및 공익신고·고발 등

16 —— 2018년 2월 21일 국회 운영위에 출석한 임종석 비서실장은 국민청원 제도에 대해 보고하면서 "답변하기 부적절한 청원도 적지 않게 올라온다"라며 고충을 토로했다. 그러면서 "답변하겠다고 약속한 이상 곤란한 질문이라도 원론적 답변이라도 하려고 노력하고 있다"라고 밝혔다.

17 —— 과학기술정보통신부, 국토교통부, 법무부 등

18 —— 「교육부와 그 소속기관의 직제」 개정(안): 제11조3항67호 온라인 및 오프라인 매체를 활용한 교원·학생·학부모 대상 정책소통(신설)
「교육부와 그 소속기관의 직제 시행규칙」 개정(안): 제7조18항9호 함께학교 플랫폼 및 소셜미디어 운영을 통한 대국민 정책소통(신설)

19 —— 소통 자체로 만족하는 것이 아니라 소통을 통한 결과물(정책 반영)까지 강하게 원하고 있으며, 구두선(口頭禪)에 그치거나 추상적인 정책 답변으로 순간을 모면하는 것에 신랄하게 비판하고 끝까지 추적하는 등 날카로운 면모를 보이고 있다.

20 —— 사안에 대한 답변을 위해 1부터 10까지의 선행조건 검토가 필요하다고 가정할 때 한 가지라도 부정적이면 기존 답변에서는 최종적으로 부정적으로 답변을 하는 반면, 함께학교에서는 최종적으로 어렵다 할지라도 '어떤 사항은 가능하고, 어떤 사항은 현시점에서는 불가능하지만, 앞으로는 부분 개선을 위해 노력하겠다'라는 식으로 잘게 쪼개어 답변하는 방식을 택하고 있다.

21 —— 기존 교육부의 의사결정은 선형적 구조(담당자-과장-실국장-장차관)로 이루어진 반면, 함께학교의 정책답변은 라운드테이블(담당자-과장-실국장 및 보좌진이 한 번에 함께 논의) 방식으로 의사결정 시간을 획기적으로 단축하였다.

22 —— 어린이보호구역 내 교통사고 가해자를 가중처벌하는 일명 '민식이법'이 대표적인 예다. 2019년 충남 아산의 한 어린이보호구역에서 교통사고로 사망한 김민식 군(당시 9세) 사고는 운전자 처벌을 강화해야 한다는 국민청원으로 이어졌다. 여론을 반영한 법안은 발의된 지 두 달도 채 안 돼 같은 해 12월 국회를 통과했다. 그러나 얼마 안 돼 운전자 과잉 처벌 논란이 제기됐고, 아이들이 일부러 차도로 뛰어들며 운전자를 놀리는 악용 사례까지 생기면서 민식이법을 개정해달라는 국민청원이 등장했다. 법 개정을 요구하는 청원에는 35만 명 이상 동의가 몰렸다.

06

세계의
미래 학교

박찬영
충청남도교육청 소속 초등교사, 『작은 학교의 힘』 저자, 칼럼니스트

미래 학교는 어떤 학교일까?

미래 학교는 21세기 교육의 변화와 혁신을 반영하는 교육기관을 의미한다. 급변하는 사회와 기술의 발전 속에서 기존의 교육 모델은 학생들이 미래 사회에서 필요로 하는 역량을 충분히 길러주지 못하고 있다는 비판이 제기되고 있다. 이에 따라 미래 학교는 새로운 교육 패러다임을 도입하여 학생들이 창의적 사고, 문제해결 능력, 그리고 협력적 학습을 통해 보다 효과적으로 학습할 수 있도록 설계되고 있다.

미래 학교의 핵심 개념은 학생 중심 교육, 프로젝트 기반 학습, STEAM 교육, 기술 통합 교육 환경, 글로벌 및 협력적 학습 등이다.

학생 중심 교육은 학생들의 개별적 요구와 관심을 반영하는 맞춤형 교육을 말한다. 이는 학생들이 자기주도적으로 학습 목표를 설정하고, 이를 달성하기 위해 다양한 학습 자원을 활용할 수 있도록 돕는 방식을 채택한다. 개인화된 학습 경로를 제공함으로써 학생들은 자신의 학습 속도에 맞춰 진도를 나갈 수 있다.(OECD, 2018)

프로젝트 기반 학습은 미래 학교의 중요한 특징 중 하나로, 학생들이 실제 문제를 해결하는 과정을 통해 학습하도록 돕는다. 학습자가 문제를 정의하고, 해결책을 구상하며, 실험과 피드백 과정을 거쳐 학습하는 방식이다. 이를 통해 학생들은 이론적 지식뿐만 아니라 실질적인 문제해결 능력을 배양할 수 있다.(Larmer & Mergendoller, 2015)

STEAM 교육은 과학, 기술, 공학, 예술, 수학을 융합하여 학생들이 창의적이고 융합적인 사고 능력을 기를 수 있도록 한다. 단순한 지식 전달을 넘어, 학생들이 다양한 분야의 지식을 통합하여 창의적 문제해결 능력을 개발하는 데 중점을 둔다. STEAM 교육은 미래 사회에서 요구되는 다양한 역량을 기르는 데 효과적이다.(Yakman, 2008)

기술 통합 교육 환경은 첨단기술을 교육과정에 통합하여 학생들의 학습 경험을 향상시킨다. 가상현실(VR), 증강현실(AR), AI 등의 기술을 활용하여 학생들은 보다 몰입감 있고 실질적인 학습을 경험할 수 있다. 이러한 기술은 교사들이 학생들의 학습 진도를 실시간으로 모니터링하고, 즉각적인 피드백을 제공하는 데 도움을 준다.(Redecker & Punie, 2017)

글로벌 및 협력적 학습은 학생들이 글로벌 시민으로 성장할 수 있도록 돕는다. 다양한 문화와 언어를 이해하고, 국제적인 문제를 공동으로 해결하는 경험을 제공하는 것을 목표로 한다. 협력적 학습을 통해 학생들은 팀워크와 커뮤니케이션 능력을 기를 수 있는데, 이는 현대 사회에서 중요한 역량으로 자리 잡고 있다.(Zhao, 2010)

미래 학교는 전통적인 교육 방식의 한계를 극복하고, 학생들이 미래 사회에서 성공적으로 살아갈 수 있도록 준비시키는 혁신적인 교육 모델을 제시한다. 새로운 학교를 상상한다는 것은 기존의 교육 문제를 넘어서 교육의 본질을 회복하고, 도달하고자 하는 교육 목적을 분명히 세우는 것이다. 교육 목적은 학교가 담고 싶은 교육철학, 학교 교육에 기대하는 교육적 인간상을 반영하며 학교의 정체성을 튼튼하게 지켜준다. 이 글에서는 미래 학교의 개념을 바탕으로 세계의 다양한 미래 학교 모델을 소개하고자 한다.

● 프로젝트 기반 학습의 선두주자, 고등기술학교

고등기술학교, 즉 HTH(High Tech High)는 2000년에 미국 캘리포니아주 샌디에이고에 설립되었다. HTH는 전통적인 교육 모델에서 벗어나 혁신적인 교육 방법을 채택하여 학생들에게 실제 세계에서 필요한 기술과 지식을 제공하는 것을 목표로 한다. 이 학교는 비영리 기관으로, 초등학교부터 고등학교까지 다양한 연령대의 학생들을 교육하고 있으며 과학, 기술, 공학, 예술, 수학(STEAM) 분야에 중점을 두고 있다. HTH의 설립 배경에는 전통적인 교육 방식으로는 학생들이 창의성과 문제해결 능력을 충분히 발휘하지 못한다는 인식이 있었다.

HTH의 교육 방식은 몇 가지 중요한 특징을 가지고 있다.

첫째, 프로젝트 기반 학습(PBL, Project-Based Learning)이다. 학생들은 실생활의 문제를 해결하는 프로젝트를 통해 학습하며, 창의적 문제해결 능력, 비판적 사고, 협동심을 기른다. 환경보호 프로젝트, 로봇 제작, 지역사회 봉사활동 등 다양한 프로젝트에 직접 참여하는 식이다. 둘째, 학문 간 경계를 허물고 다학문적 접근을 통해 학생들이 복잡한 문제를 다각도로 이해하고 해결할 수 있도록 한다. 예술과 과학, 기술과 인문학 등의 융합교육 과정에서 학생들은 다양한 관점을 배울 수 있다. 셋째, 흥미와 필요에 맞춘 맞춤형 학습을 제공하여 자율성을 높인다. 교사들은 학생 개개인의 학습 스타일과 속도에 맞춰 지도하며, 학생들은 주도적으로 학습 계획을 세우고 실천할 수 있다. 넷째, 이론과 실습을 병행하여 학생들이 직접 경험하고 배우는 기회를 제공한다. 학생들은 실험실, 공작실, 현장학습 등을 통해 실질적인 기술과 지식을 습득한다.

HTH의 커리큘럼은 전통적인 교과목과 프로젝트 기반 과목을 통합하여 운영된다. 주요 과목은 STEAM, 인문학, 사회참여, 자유선택 총 4가지다. STEAM은 과학, 기술, 공학, 예술, 수학을 융합한 교육적 접근으로 HTH의 핵심 교육과정이다. 이들 과목은 실생활과 연계된 프로젝트를 통해 학습된다. 인문학 과목은 학생들의 전인적 성장을 위해 중요하게 다룬다. 문학, 역사, 사회학을 기반으로 학생들의 비판적 사고와 창의적 표현 능력을 키우는 데 중점을 둔다. 사회참여 과목은 학생들이 지역사회와 연계하여 봉사활동, 사회문제 해결 프로젝트 등에 참여하도록 한다. 이를 통해 학생들은 공동체 의식을 기르고, 사회적 책임감을 배울 수 있다. 자유선택 과목은 흥미와 적성에 따라 다양한 선택과목을 수강할 수 있다. 로봇공학, 그래픽 디자인, 환경과학 등을 제공한다.

HTH의 졸업률과 대학 진학률은 지역 내 다른 학교들에 비해 높은 편이다. 졸업률은 2010년 78%였다가 차차 상승하여 2023년에는 92%에 도달했다. 이는 HTH의 프로젝트 기반 교육 방식이 학생들의 학업 성취도를 높이는 데 효과적임을 보여준다. 대학 진학률은 2010년 60%에서 시작, 꾸준히 증가하여 2023년에는 82%에 도달했다.

학생들은 학교의 교육 방식과 환경에 매우 만족하고 있다. 학생 만족도는 2010년 70%를 시작으로 꾸준히 상승하여 2023년에는 92%에 도달했다. 이는 많은 학생들이 프로젝트 기반 학습을 통해 학습의 재미와 의미를 발견하고 있음을 시사한다. HTH의 교사들은 창의적이고 자율적인 교육 환경에서 학생들과 협력하여 의미 있는 학습을 이끌어낼 수 있다는 점에 큰 만족감을 느끼고 있으며, 이러한 성과는 여러 교육기관과 연구소로부터 긍정적인 평가를 받고 있다. 프로젝트 기반 학습의 효과성을 인정받아 많은 학교들이 HTH의 교육 모델을 벤치마킹하고 있다. 우리나라에서는 전인고등학교 등에서 프로젝트 학습 방식을 반영하고, 이를 통해 학생들이 실생활에서의 문제해결 능력을 기를 수 있도록 하고 있다.

● 공간혁신을 통해 미래 학교의 아이콘이 된 미네르바대학

미네르바대학(Minerva University)은 2012년 설립된 혁신적인 고등교육기관이다. 설립자는 벤 넬슨(Ben Nelson)으로, 기존 대학 교육의 한계와 비효율성을 극복하고자 미네르바대학을 설립하였다. 넬슨은 학생들이 실제 세계에서 성공하는 데 필요한 비판적 사고, 창의성, 협력 능력을 키울 수 있는 교육 시스템을 만들고자 했다.

미네르바대학의 교육 철학은 다음과 같은 핵심 요소들로 구성된다. 첫째,

능력 중심 교육(Competency-based Education)으로 학생들이 실질적인 문제해결 능력을 기를 수 있도록 돕는 교육 방식이다. 둘째, 글로벌 교육 경험(Global Education Experience)으로 학생들이 전 세계 여러 도시에서 학습하며 다양한 문화와 환경을 경험하도록 한다. 셋째, 기술 통합 학습(Technology-integrated Learning)으로 온라인 플랫폼을 활용하여 대화형 세미나 형식의 학습을 진행한다. 넷째, 능력 개발(Focused Skill Development)로 학생들이 학문적 지식뿐만 아니라 실질적인 능력을 배양할 수 있도록 교육한다.

미네르바대학은 개인의 성취에 더욱 집중한 독립적인 입학 프로그램을 가지고 있다. 창의력, 수리력, 추론력 등을 평가하는 자체 입학시험과, 지원자가 인생에서 이룬 업적 여섯 개를 평가받는 성취평가 제도가 존재한다. 이외의 다른 표준화 시험 점수나 추천서는 받지 않는다. 인종과 종교 등에 대한 편향이 존재하지 않는 점도 강점이다.

미네르바대학의 커리큘럼은 다음과 같은 특징이 있다. 기초 과정(Foundation Courses)은 모든 학생들이 필수적으로 이수해야 하는 과목들로, 비판적 사고, 문제해결, 창의적 표현, 데이터 분석 등 다양한 능력을 배양한다. 전공 과정(Major Courses)은 학생들이 다양한 전공 분야에서 심화된 학습을 진행하도록 한다. 전공 분야는 자연과학, 사회과학, 인문학, 경영학 등으로 나뉜다. 캡스톤 프로젝트(Capstone Project)는 학업 마지막 단계에서 학생들이 실제 문제를 해결하는 프로젝트다. 이를 통해 학문적 지식과 실무 능력을 통합할 수 있다.

1학년은 샌프란시스코의 기숙사에서 보내고 이후에는 대한민국, 독일, 아르헨티나, 대만, 인도, 일본의 기숙사에 거주하며 공부하게 된다. 일곱 개의 나라 중 다섯 개 혹은 여섯 개의 나라를 여행하며, 각 나라의 기업 및 기관들과 협업하며 프로젝트를 진행하기도 한다. 각 나라가 가진 문제점들을 탐구하고 지역기반형 논문과 연구를 진행한다.

수업은 미네르바의 자체 시스템인 '포럼'을 사용한다. 교수와 쌍방형으로 소통하며, 각 수업은 분 단위로 체계적으로 계획된다. 실시간 온라인 세미나 형태로 진행되기 때문에 세계 어디서나 수업에 참여할 수 있다. 수업당 학생 수는 20명을 넘지 않으며, 교수와 상호작용이 활발하게 이루어진다. 이론보다는 실제 문제해결에 중점을 두어, 학생들이 직접 프로젝트를 수행하고 결과를 도출하도록 한다. 학생들이 수업을 이끌며 참여하고 생각을 공유하는 토론식 수업이 중심을 이룬다. 학생들의 집중력과 장기기억 저장능력을 효율적으로 이끌어내는 형식이기에 참여도가 높다.

시험과 숙제는 없지만 수업 전에 수업 내용을 준비해야 하며 높은 수준의 과제와 논문을 요구받는다. 또한 각국의 여러 기관들과 프로젝트를 진행하며 이에 따른 실무 능력을 키운다. 매 수업 전 교수가 작성한 가이드라인에 따라 논문, 서적, 영상, 기사 등을 통해 자료들을 충분히 이해하고 수업을 준비해야 한다. 수업 자료들을 통해 가설을 세우거나, 코드를 짜거나, 분석하는 등의 과제를 통해서 문제해결 능력과 잠재성을 키워나간다. 2024년 미네르바대학은 학생 약 200명, 교직원 약 150명, 교수 약 100명으로 소수 정예 교육 방식을 채택하고 있으며, 교수와 학생 간의 밀접한 상호작용을 중요시한다.

2014년부터 2023년까지 미네르바대학 학생들의 글로벌 경험 참여도는 2014년 60%에서 꾸준히 증가하여 2023년에는 82%에 도달했다. 미네르바대학의 글로벌 로테이션 프로그램이 학생들에게 긍정적인 영향을 미치고 있음을 보여준다. 학생들의 만족도는 2014년 85%에서 시작하여 2023년에는 94%에 도달했다.

2023년과 2024년, 미네르바대학은 여러 교육기관과 언론 매체로부터 긍정적인 평가를 받았다. 〈뉴욕 타임스〉, 〈포브스〉 등 주요 언론 매체들은 미네르바대학의 혁신적인 교육 모델과 그 성과에 대해 긍정적으로 보도했으며, 2022년 및 2023년에 WURI(세계 혁신 대학 랭킹)에서 1위를 차지했다. 많은 교육전문가들이 미네르바대학의 혁신적인 교육 방식과 글로벌 학습 경험을 높이 평가하고 있고 졸업생들은 다양한 분야에서 성공을 거두며 실제 세계에서 요구되는 능력을 잘 갖춘 인재로 인정받고 있다. 졸업생들은 구글이나 아마존과 같은 대표적인 실리콘밸리의 테크놀로지 기업으로 상당수가 입사했다. 또한 아이비리그를 포함한 각국의 명문 대학교로 진학을 하기도 했다. 졸업생의 10% 이상이 졸업 후 2년 내에 성공적인 펀딩을 받아서 창업을 한 경험이 있고, 큰 규모의 펀딩과 함께 〈포브스〉의 '30 언더 30'에 스타트업 창업자로 선정되기도 했다.

우리나라에서는 한동대학교가 미네르바대학과 협력하여 4개의 교양 교육 과정을 개발하였고, 태사대학교가 미네르바대학의 교육 프로그램을 벤치마킹하여 다양한 글로벌 도시에서의 학습 기회를 제공하고 있다.

● 지속 가능한 미래를 위한 교육, 후사비크학교

후사비크학교(Húsavík School)는 아이슬란드 북부에 위치한 후사비크 지역의 주요 교육기관으로, 지역 학생들에게 양질의 교육을 제공하는 것을 목표로 한다. 이 학교는 유치원부터 중등 교육까지 다양한 학년의 학생들을 교육하고 있으며, 지속 가능한 발전과 환경보호를 중심으로 한 교육 철학을 채택했다. 후사비크학교는 지역사회와 밀접한 연계를 통해 학생들이 실제 문제해결 능력을 기르고, 공동체 의식을 함양할 수 있도록 돕고 있다.

후사비크학교의 교육 철학은 다음과 같은 핵심 원칙에 기반을 두고 있다. 첫째, 지속 가능한 발전이다. 학생들에게 환경보호와 지속 가능한 발전에 대한 교육을 강조하여, 책임감 있는 세계 시민으로 성장하도록 한다. 둘째, 현장 중심 학습이다. 교실에서 배우는 이론과 실제 현장에서의 경험을 결합하여, 학생들이 실질적인 문제해결 능력을 기를 수 있도록 한다. 셋째, 지역사회 연계다. 지역사회와의 협력을 통해 학생들이 다양한 사회활동에 참여하고, 공동체 의식을 키울 수 있도록 한다. 넷째, 개별화된 학습이다. 각 학생의 학습 속도와 스타일에 맞춘 개별화된 학습 계획을 수립하여, 맞춤형 교육을 제공한다.

후사비크학교의 커리큘럼은 전통적인 교과목과 함께 환경교육과 지속 가능한 발전을 중심으로 한 과목들을 포함하고 있으며, 주요 과목들은 기초 학문 교육, 과학과 환경교육, 사회 과목, 예술과 체육, 프로젝트 기반 학습으로 이루어져 있다. 기초 학문 교육은 읽기, 쓰기, 수학 등 기본 학문적 기술을 가르치며, 학생들의 기초학력을 탄탄히 한다. 과학과 환경교육은 생물학, 화학, 물리학 등 과학 과목을 통해 자연 세계에 대한 이해를 높이고, 환경보호와 지속 가능한 발전에 대한 교육을 한다. 사회 과목은 역사, 지리, 사회학 등을 통해 학생들이 사회 구조와 역사를 이해하고, 현재의 사회문제에 대한 비판적 사고를 기르도록 한다. 예술과 체육은 음악, 미술, 연극 등의 예술 과목과 다양한 체육 활동을 통해 학생들의 창의적 표현 능력과 신체적 건강을 증진한다. 프로젝트 기반 학습은 다양한 프로젝트를 통해 학생들이 실제 문제를 해결하고, 협력과 창의성을 발휘할 수 있도록 한다.

2014년부터 2023년까지 후사비크학교 학생들의 환경 의식은 2014년 65%에서 시작하여 2023년에는 80%로 크게 상승했다. 후사비크학교의 지속 가능한 발전 교육이 학생들의 환경 의식을 높이는 데 효과적임을 엿볼 수 있다. 지역사회 참여도는 2014년 60%에서 꾸준히 상승하여 2023년에는 78%에 도달했다. 후사비크학교의 지역사회 연계 프로그램이 학생들의 공동체 의식을 강화하는 데 효과적임을 보여준다.

후사비크학교의 학생들은 높은 학업 성취도를 보이며, 지역 내 다른 학교들에 비해 우수한 성과를 나타내고 있다. 학생들은 환경보호와 지속 가능한 발전에 대한 강한 의식을 갖고 있으며, 학교의 교육 방식과 환경에 매우 만족하고 있다. 많은 학생들이 현장 중심 학습과 프로젝트 기반 학습을 통해 학습의 재미와 의미를 발견하고 있다. 후사비크학교는 지역사회와의 긴밀한 협력을 통해 학생들이 다양한 사회활동에 참여할 수 있도록 지원하고 있다. 우리나라에서는 금산 간디학교에서 학생들이 유기농 농업을 직접 경험하고, 이를 통해 지속 가능한 농업 실천을 배우는 교육과정을 운영하고 있다.

● 가르치지 않고 스스로 배우는 학교, 아고라스쿨

네덜란드의 아고라스쿨(Agora School)은 전 세계 교육 혁신의 대표적인 사례로 손꼽히며, 전통적인 교육 방식을 탈피한 매우 독창적인 학습 모델을 도입한 학교다. 매주 전 세계에서 70여 건이 넘는 방문 신청이 쏟아진다고 한다. 학교에 꼭 필요하다고 생각해왔던 수업도, 학급도, 교사도 없는 이 학교에 왜 전 세계 교육관계자들의 관심이 쏠리는 것일까?

아고라스쿨은 2014년 네덜란드의 작은 도시인 루르몬트에 설립되었다. 이 학교의 설립 배경에는 기존의 경직된 교육 시스템에 대한 반발과 새로운 학습 모델에 대한 요구가 있었다. 창립자들은 전통적인 학급 구조와 정형화된 교과 과정을 폐지하고, 학생들이 스스로 학습 경로를 설계할 수 있는 자율적인 환경을 조성하는 데 중점을 두었다. 아고라스쿨은 첫해에 약 30명의 학생으로 시작했으며, 혁신적인 접근법 덕분에 빠르게 주목을 받았다. 현재는 수백 명의 학생이 다니고 있으며, 네덜란드 내 다른 지역뿐만 아니라 국제적으로도 큰 관심을 끌며 연구 대상이 되고 있다.

아고라스쿨의 교육 철학은 학생 중심의 자율 학습이다. 이 학교는 교과서, 학년 구분, 정해진 교과목 등 전통적인 교육 요소들을 모두 폐기했다. 대신 스스로 학습하고 싶은 주제를 선택하고, 이를 깊이 탐구할 수 있는 자유를 누린다. 아고라스쿨의 철학은 다음과 같은 몇 가지 핵심 원칙에 기초한다. 첫째, 자율성이다. 학생들은 자신이 무엇을 배우고 싶은지, 어떻게 배울 것인지를 스스로 결정한다. 이 과정에서 학습 목표를 설정하고, 이에 맞는 계획을 세워 학습을 진행한다. 교사들은 이 과정을 지도하고 지원하는 역할을 할 뿐이다. 둘째, 호기심 중심 학습이다. 아고라스쿨은 학생들의 자연스러운 호기심을 학습의 동력으로 활용한다. 학생이 특정 주제에 대해 흥미를 느끼면, 그 주제를 깊이 탐구하며 자신만의 학습 여정을 만들어간다. 이로 인해 학습 자체가 학생들에게 즐거운 경험이 되며, 깊이 있는 이해를 가능하게 한다. 셋째, 프로젝트 기반 학습이다. 학생들은 자신이 설정한 목표를 달성하기 위해 다양한 프로젝트를 수행하며, 이 과정에서 학문적 지식뿐만 아니라 실생활에서 필요한 문제해결 능력도 함께 개발한다. 이러한 프로젝트는 학생들이 선택한 주제에 따라 다양하게 구성되며, 학생들이 실제 사회에서 마주할 수 있는 다양한 도전 과제를 해결하는 데 중점을 둔다. 넷째, 교사 역할의 변화다. 아고라스쿨에서 교사는 지식 전달자가 아니라 학습 조력자 역할을 한다. 교사들은 학생이 자신의 학습 목표를 설정하고 이를 이루기 위한 전략을 개발하는 과정을 지원한다. 또한 학습 과정에서 마주하는 어려움을 극복할 수 있도록 돕고, 필요할 때 방향을 제시한다.

아고라스쿨의 교육과정은 전통적인 학교와는 완전히 다르다. 이곳에서는 교과목이 정해져 있지 않은 대신 학생들이 매일 다양한 주제와 활동을 선택하여 학습한다. 이러한 접근법은 학생들에게 학습의 주도권을 부여하고, 학생 중심 교육 경험을 가능하게 한다. 학생들은 자신이 흥미를 느끼는 주제를 선택하고, 이를 탐구하기 위해 다양한 자료를 활용한다. 학습의 속도와 방향은 스스로 결정하며, 교사와의 정기적인 피드백을 통해 학습 과정을 조율해나간다.

아고라스쿨에서는 학문 간 경계가 거의 존재하지 않는다. 학생들이 진행하는 프로젝트는 여러 학문 분야를 통합하여 실제 문제를 해결하는 데 중점을 둔다. 예를 들어 한 학생이 환경 문제에 관심이 있다면, 이 주제를 과학, 사회, 경제 등 다양한 관점에서 탐구할 수 있다. 아고라스쿨의 학습은 실생활과 밀접하게 연계되어 있다. 학생들은 교실 안에서 이론을 배우는 데 그치지 않고, 이를 바탕으로 실제 사회에서 실천할 수 있는 방법을 모색한다. 전통적인 시험이나 성적표도 없다. 대신 학생이 자신의 학습 과정을 스스로 평가하고, 이를 바탕으로 다음 학습 목표를 설정한다. 또한 프로젝트 결과물을 발표하고, 동료 및 교사로부터 피드백을 받는다. 이러한 과정은 학생들이 자기 반성적 사고를 기르고, 지속적인 성장을 추구하도록 장려한다.

아고라스쿨 모델은 다른 국가에서도 도입을 시도하고 있으며, 학생 중심의 자율 학습이 얼마나 효과적인지를 보여주는 대표적인 사례가 되고 있다. 그러나 이 혁신적인 모델에도 도전 과제는 존재한다. 학생들의 자율성을 존중하는 동시에 필요한 경우 적절한 지도를 제공하는 균형이 필요하며, 전통적인 평가 체계와의 조화도 고려해야 한다. 그럼에도 아고라스쿨의 시도는 미래 교육의 방향성을 탐구하는 데 중요한 기여를 하고 있으며, 전통적 교육 방법의 문제점을 해결하고자 하는 세계 교육자들에게 많은 영감을 주고 있다.

참고자료 ———

OECD (2018). The Future of Education and Skills: Education 2030. OECD Publishing

Larmer, J., & Mergendoller, J. R. (2015), Setting the Standard for Project Based Learning

Georgette Yakman (2008), STEAM Education: An Overview of Creating a Model of Integrative Education

Christine Redecker (2017), European Framework for the Digital Competence of Educators: DigCompEdu. Publication Office of the European Union

Yong Zhao (2010), Preparing Globally Competent Teachers: A New Imperative for Teacher Education. Journal of Teacher Education

07

AI 시대, **자연친화적인 맨발놀이 교육이** 필요한 이유

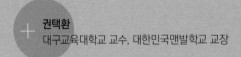

권택환
대구교육대학교 교수, 대한민국맨발학교 교장

오래전 교육부에서 특수교육과장으로 일할 때 장관의 질문을 받은 적이 있다. "저출산으로 학생들 숫자는 줄어드는데 학교 현장에 가면 정서행동장애, 불안장애, 성격조절장애 등을 가진 아이가 점점 늘고 있어요. 원인이 무엇일까요?" 이 질문은 교육자의 한 사람으로서 가슴 아픈 교육 현실을 돌아보게 했다. 그리고 세월이 꽤 많이 흘렀다. 교육 현장에서는 여전히 지치고 나약한 아이들을 쉽게 만난다. 무기력하거나 폭력적인 아이들도 마찬가지다.

왜 정서행동장애, 불안장애, 성격조절장애 등을 가진 아이가 점점 늘어날까? 그 질문에 이제는 답할 수 있다. '자연 속에서 많이 움직이지 못해서.' 이것이 답이라 생각한다. 고민에 대한 답을 움직임과 흙에서 찾은 후 어떻게 접근하면 좋을까 고민했다. 학생들이 건강해지고 인성이 좋아지며 두뇌가 활성화되는 구체적인 방법을 알려주고 싶었다. 그것은 햇빛과 바람과 흙을 만나면서 많이 움직이는 것이다. 땅은 인간을 건강하게 살도록 에너지를 제공하는 거대한 배터리다. 방전된 우리에게 필요한 것은 에너지 충전이다. 빗물 한 방울이 바다에 떨어지는 순간 바닷물이 되듯이 맨발로 땅과 접하면 인간은 지구와 하나가 되고 저절로 자연과 친해지고 마음힘(심력)이 회복된다.

문화인류학적으로도 우리는 걸어야 한다. 움직임은 선택이 아니고 필수다. 우리는 걸어서 살아남았고, 걸을 때 행복한 유전인자를 가지고 태어났다. 그럼에도 교육 현장에서 만난 학생들은 움직임 총량이 절대 부족하다. 획일화된 실내 공간에서 몸을 쓰지 못하고, 바깥에서 이루어지는 체육활동도 충분하지 않은 것이 현실이다. 초등학생들이 가장 좋아하는 교과는 예나 지금이나 변함없이 체육인데, 미세먼지와 폭염으로 실내수업으로 대체하는 경우가 예전보다 많아졌다. 아이들은 본능적으로 움직이고 싶어 한다. 움직임이 부족한 만큼, 인성의 부족함이 자리 잡는다. 요즘 아이들은 주의력 결핍이 아니라 놀이의 결핍이라고 여겨질 때가 많다. 충분히 뛰어놀아야 병치레도 적다. 틈틈이 운동장으로 나가야 한다. 자연보다 좋은 스승은 없다.

한국 특파원으로 일했던 덴마크의 마르쿠스 베른센(Markus Bernsen) 기자는 한국의 낯선 교육문화에 대해 이렇게 말했다. 세 자녀를 기르는 베른센은 아이들에게 장난감을 많이 사주지 않는다고 한다. 장난감 없이 자연 속에서 많이 움직이며 놀게 한다는 거다. 흐린 날에도 추운 날에도 두꺼운 옷을 입혀서 밖으로 내보내 충분히 놀게 한다. 흙도 만지고 낙엽도 만지며 마음껏 놀게 하고 저녁에 일찍 재우는데 한국에서는 이런 모습을 거의 본 적이 없다며 의아해했다. 안타깝지만 지금 우리의 현실이다.

우리는 모두 자연에서 태어난다. 그래서 자연을 멀리하면서 건강하고 행복하게 살기는 어렵다. 특히나 학생들은 흙 놀이를 무척 즐겨한다. 그 놀이를 돌려줘야 한다. 교육 현장에서 자연 친화적인 신체활동은 그 어떤 활동보다 중요하다. 몇 번의 이벤트로 교육적 효과를 기대하기는 어렵다. 학교와 가정에서 자연을 온전히 체험할 수 있는 활동을 꾸준히 할 방법을 찾아주어야 한다.

● 맨발걷기로 자연과 만나는 교육

맨발걷기라는 자연친화적인 교육을 꾸준히 실시한 교육 현장에서 느껴지는 만족도는 생각보다 컸다. 아이들은 쉽게 맨발놀이에 몰입한다. 몰입하면 저절로 주의력 결핍 과잉행동장애가 줄어든다. 영유아기 때는 바깥놀이 활동을 통해서 몰입을 체험해야 한다. 자발적으로 이루어지는 놀이와 체육활동을 통해 습득한 몰입은 생활 전반에 전이를 불러온다. 몰입은 초등학교에 가면 공부로 전이된다. 몸을 움직이지 않는 게임과 도박은 공부 몰입으로 전이가 힘들다. 몰입할 때 뇌 활성화 부위가 다르기 때문이다. 유럽은 자폐아 발생률이 미국보다 낮다. 어렸을 때부터 자연생태적인 교육을 주로 하기 때문이다. 물론 다른 요인들도 있겠지만 친환경 교육 프로그램의 영향을 무시할 수 없다. 핀란드의 유치원은 놀이와 체육활동이 대부분이다. 숲 유치원도 많고, 쉬는 시간마다 의무적으로 운동장에 나가는 유치원도 흔하다. 우리도 유럽처럼 친환경 교육 환경으로 가야 한다.

맨발교육을 실천하는 학교와 학급이 늘어나면서 아이들은 다툼이 줄어들고 집중력이 좋아졌다. 흙 놀이 시간을 많이 가진 학교에서는 아파서 결석하는 학생 수도 줄었다. 코로나 이후 학교폭력 심의 건수는 2020년 8,300건, 2021년에 1만 5,600건, 2022년 2만 건에 육박할 정도로 매년 증가해 학생, 교사, 학부모, 학교, 교육 당국 모두 어려움에 처해 있다. 하지만 교육은 학생들이 평생 쓸 몸과 마음을 온전하게 준비해주어야 한다. 자연친화적인 놀이야말로 창의성을 높이며 모두가 행복할 수 있는 교육 방법이다.

● 부모와 교사가 먼저 젖어드는 자연친화적인 활동

미래 교육에서 꼭 필요한 자연친화적인 교육활동이 하루빨리 현장에 정착되려면 부모와 교사가 먼저 친숙해지고 몸과 마음이 건강해져야 한다. 지난 10년간 맨발걷기를 교육, 사회, 문화 운동으로 펼쳐온 이유다. 최근에는 전국의 지자체를 중심으로 맨발걷기 좋은 곳을 조성하고 함께 걷는 문화가 만들어지고 있어 다행이다. 맨발걷기의 의의에 대해 바르게 이해하면 학교 현장에서 더 쉽게 자연친화적인 놀이교육이 활성화되리라 생각한다.

맨발걷기의 핵심은 뇌감각을 깨우는 것이다. 맨발걷기를 하면 가장 덕을 보는 곳은 '뇌'다. 뇌과학이 발달하면서 발과 뇌는 밀접한 관련이 있음을 알게 되었다. 영유아기에는 손 자극 놀이를 많이 하게 한다. 손바닥 자극을 통해 아이의 감각을 깨우고 인지 발달에 도움을 주기 위함이다. 그래서 손 자극 장난감이나 교구도 많이 나온다. 첫돌이 되기 전 아이들과 잼잼 놀이를 하면서 손을 폈다 오므렸다 하는 연습을 하기도 한다. 손바닥 못지않게 중요한 것이 발바닥이다. 발바닥은 오장육부와 연결되고 뇌 자극과 연결된다. 발 자극은 곧 뇌 자극이다. 양말과 신발을 벗고 맨발로 맨땅을 걸으면 발바닥이 더 자극된다. 발바닥에도 손 못지않게 감각수용체가 발달되어 있음은 널리 알려진 사실이다. 맨발걷기를 처음 경험한 사람들은 제각각 시원하다, 따끔따끔하다 등 다양한 느낌을 말한다. 맨발걷기는 발바닥 감각을 자극하여 뇌감각을 깨우고 뇌기능을 촉진한다. 한 연구에 따르면 발바닥의 감각 정보(지압, 땅의 온도 및 습도)가 뇌로 올라가는 속도는 다른 신체 부위의 감각 정보가 뇌로 올라가는 속도보다 수십 배 더 빠르다고 한다.

발과 뇌는 몸에서 서로 멀리 떨어져 있지만 사실은 가장 가깝게 연결되어 있다. 뇌를 잘 쓰려면 무엇보다 뇌감각을 깨워야 한다. 뇌를 자극하려고 두개골을 열 수는 없다. 맨발로 걸으면 뇌감각이 깨어나고, 특히 발가락 끝에 가해지는 자극은 더 깊은 뇌 자극을 일으킨다. 발바닥 자극으로 기억력과 암기력이 개선되고 치매 예방에도 큰 도움이 된다. 뇌감각뿐 아니라 몸의 균형감각도 좋아진다.

맨발로 걸으면 뇌가 유연해진다. 맨발걷기를 하면 일상에서 잘 쓰지 않던 근육을 쓰면서 뇌에 새로운 회로가 만들어진다. 경험해보지 못한 새로운 자극으로 뇌가 유연해진다. 실제로 맨발걷기를 하다 보면 고정관념에 갇혀 풀리지 않던 문제의 새로운 해결책이 떠오르기도 한다.

맨발로 걷다 보면 뇌가 정화되어 행복감을 느낀다. 에스키모인은 화가 나거나 분노가 일면 무작정 걷는다고 한다. 걷다가 화가 풀리면 그 지점에 막대기를 꽂아두고 돌아온다. 어느 날 또 분노가 일어나면 다시 같은 곳을 걷는다. 만약 예전에 꽂아둔 막대기를 보기 전에 화가 가라앉았다면 자신의 상태가 예전보다 좋아졌다고 생각한다. 실제로 화가 났을 때 무작정 걷다 보면 화도 풀리고 피해의식도 없어진다. 뇌 속에 쌓인 부정적인 정보가 씻겨 나간다. 뇌가 정화되면서 자신을 바라보는 힘이 길러지고 긍정적인 힘이 길러진다. 맨발로 걸으면 혈액의 흐름이 좋아져 뇌에 전달되는 산소량도 증가되어 뇌의 정화가 더 빨리 이루어진다.

척추 안의 척수액 흐름이 활발해져 뇌 속에서 세로토닌이 더 많이 분비된다. 맨발로 걸으면 행복감을 더 느끼는 이유다.

맨발로 걸으면 왼발, 오른발의 균형적인 자극으로 좌, 우뇌가 통합된다. 장갑 끼고 글을 쓰거나 컴퓨터 작업을 하는 사람은 없다. 손은 늘 공기 중에 노출되어 있지만 발은 양말과 신발 속에 꽁꽁 묶여 있다. 신발은 깁스와 같다. 발의 뼈와 관절을 움직이지 못하게 한다. 발바닥에 전해지는 순수한 자극이 뇌로 잘 전달되지 못한다. 맨발로 걷다 보면 왼쪽과 오른쪽 발바닥이 균등하게 자극을 받는다. 뇌로 전달된 좌·우의 자극은 뇌를 조화롭고 균형 있는 상태로 만든다. 좌·우뇌의 균형이 이루어지면 새로운 아이디어와 창의력이 더 샘솟는다. 무한한 잠재력이 깨어난다. 자신감이 생기고 나의 몸과 뇌의 주인이 된다. 맨발걷기를 꾸준히 하면 자신감이 생긴다. 어제 한 사람은 오늘 할 수 있고, 오늘 한 사람은 내일 할 수 있다. 봄에 한 사람은 여름에 할 수 있고, 여름에 한 사람은 겨울에 할 수 있다. 예전에는 더럽고 차갑다고 못 했는데 내가 가지고 있던 틀에서 벗어난 자신을 만날 수 있다. 그러다 어느덧 내가 나의 몸과 뇌의 주인이 되어 있다. 몸과 뇌의 주인이 되면 삶의 목적을 알고 자신의 인생을 디자인하는 힘이 생긴다. 뇌과학이 발달하면서 움직임이 있어야 뇌가 발달한다는 것을 알게 되었다. 가만히 누워 있으면 근육만 줄어드는 줄 알았지만 뇌기능까지 저하된다. 부지런히 걷기를 한 사람은 장기기억을 담당하는 해마의 부피가 상대적으로 덜 줄어들어 기억력이 개선되고 알츠하이머 병에 걸릴 위험이 줄어든다고 알려져 있다. 그냥 걷기만 해도 이러한 효과를 누릴 수 있는데 맨발로 걸으면 어떨까? 맨발로 뒤꿈치를 들고 걷거나 가볍게, 빨리, 천천히, 다양한 방법으로 걷다 보면 다양한 발바닥 자극과 뇌 자극이 추가로 더 이루어진다.

● 자연과 만나며 강해지는 아이들

덴마크 코펜하겐대학병원 연구에 의하면 다양한 세균에 노출된 아이가 오히려 알레르기성 질환에 안전하다고 한다. 몸속의 면역계는 어떤 물질이 싸움의 대상인지 학습할 기회가 필요하다. 그렇지 않으면 위험하지 않은 물질에도 과민 반응을 보여 병을 일으킨다. 자연스럽게 세균과 접촉할 기회를 가져야 한다. 동물농장에서 자란 아이들은 면역력이 길러져 천식의 위험이 훨씬 적다고 한다. 아이들의 흙장난도 마찬가지다. 흙투성이가 되어 즐겁게 노는 아이들은 그 순간 면역력이 길러진다.

맨발걷기를 하면 흙을 만나면서 면역력을 기를 수 있다. 호모 사피엔스는 오랜 세월 흙 위에서 살았고 흙에서 나는 것을 먹으며 살아왔다. 현대 인류는 도시 문명의 발달로 흙과 멀어지면서 면역력과 관련된 여러 가지 질병에 오히려 더 쉽게 노출되어 있다. 흙은 더럽다고 생각하고 몸에 흙이 조금이라도 묻으면 놀라 털어낸다. 하지만 우리는 흙을 통해 다양한 세균과 접한다. 어릴 때부터 흙을 갖고 놀았던 아이가 아토피에 걸리는 경우는 잘 없다. 다양한 세균에 적당히 노출된 사람이 오히려 알레르기성 질환에 더 안전하다. 따라서 흙을 만나는 일은 중요하다. 손으로 만나든 발로 만나든 상관없다. 흙장난을 해도 되고, 마당의 풀을 뽑아도 되고, 꽃과 나무를 심어도 된다. 해변가 모래찜질처럼 온몸으로 만나도 좋다. 등산도 좋다. 등산할 때는 코로 흙을 만난다. 눈에는 안 보이지만 미세한 흙 알갱이가 코로 들어온다. 맨발걷기를 권할 때 자주 듣는 말 중에 하나가 "흙은 더럽지 않나요?"다. 흙은 더럽지도 위험하지도 않다. 흙에 대한 생각을 바꾸어야 한다. 자연 속에서 인간과 흙은 자연스럽게 공존하며 살아왔다. 바람이 불며 공기가 순환하고, 비가 먼지를 씻고, 햇빛이 소독해준다. 볕 좋은 날 말린 뽀송뽀송하고 상쾌한 이불처럼 흙도 그렇게 씻기고 마른다. 다소 오염된 물이라도 강으로 흘러가면서 수초와 햇살과 바람에 정화되는 것처럼 말이다. 오히려 각종 실내 공간의 안전성을 걱정해야 한다. 아이들과 흙에서 충분히 머무르고 함께 노는 시간을 늘려나가자. 바깥 활동을 하고 나서 깨끗이 씻으면 된다.

이렇게 몸에 좋은 맨발걷기니까 오늘부터 열심히 해보겠다며 어금니 깨물고 열심히 하면 안 된다. 그렇게 하면 부담스럽다. 마음이 부담스러우면 몸도 부담스럽다. 운동을 하는 시간, 그 자체가 우선 즐겁고 좋아야 한다. 힘들게 하는 운동은 효과가 있음에도 잃는 것이 있다. 운동하는 시간이 힘들고 싫으면 스트레스가 함께 생긴다. 운동을 하는 시간이 행복해야 행복호르몬이 나온다. 맨발걷기도 마찬가지다. 즐겁게 하려면 먼저 감사한 마음으로 해야 한다. 맨발로 맨땅을 밟더라도 땅만 바라봐서는 안 된다. 맨발로 걷는 동안 숲의 새소리도 듣고 하늘도 자주 바라봐야 한다. 여유 있는 마음이 필요하다. 하늘에 감사하고 우주 만물에 감사하고 내 안의 자연치유력에도 감사해야 한다. 감사함을 담아 맨발로 걸으면서 천천히 숨을 내쉬고 들이쉰다. 그 순간 우리 몸에는 공기만 들어오는 것이 아니다. 폐로 숨을 쉬면 공기를 통해 생기(生氣), 즉 생명의 에너지가 함께 들어온다. 그 생명의 에너지로 우리는 건강을 창조하고 생명을 유지할 수 있다. 그래서 숨을 쉬지 않으면 곧 죽게 된다. 숨은 생명 에너지이기 때문이다. 맨발걷기는 발을 맨땅에 대고 걷는 단순한 행위지만 이를 통해 우리는 지구의 생명력과 소통한다. 단순한 발 자극을 넘어서 우주의 생명 에너지를 받아들이는 소중한 시간이다.

맨발걷기는 좋은 생각을 갖게 하고(智) 좋은 마음을 먹게 하고(德) 좋은 몸을 만들어주는(體) 것이다. 우리가 지향하는 맨발걷기는 좋은 생각으로 우주와 만나고 좋은 마음으로 이웃과 만나고 좋은 몸으로 땅을 만나 맨발로 걷는 것이다. 대한민국 맨발학교에서 정의하는 맨발걷기는 "내가 만나는 모든 자연에 감사하고 내 몸 안의 자연치유력을 믿고 맨발로 맨땅을 걷는 것"이다. 그래서 첫째, 감사함이 있어야 한다. 어떤 땅을 만나도, 어떤 숲을 만나도, 어떤 바다를 만나도 모든 인연에 감사함을 가지는 것이 중요하다. 맨발로 만나는 풀 한 포기, 이슬

한 방울, 달빛과 아침 햇살에게도 감사해야 한다. 둘째, 내 몸 안의 자연치유력을 신뢰해야 한다. 내 몸과 대화하고 칭찬하고, 반응에 귀 기울이며 내 몸의 온도와 통합으로써 내 몸 안에 있는 의사를 깨우는 것이다. 셋째, 맨발로 맨땅을 걸어야 한다. 자연이 준 그대로의 땅을 걷는 것이다. '맨'에는 힘이 있다. '맨'의 사전적 의미는 '다른 것은 섞이지 아니하고 온통'이다. 다른 것은 섞이지 않은 순수의 무엇이 '맨'이다. 내 몸의 순수함인 맨발로, 순수한 땅인 맨땅을 만나는 것이다. 맨땅 맨발걷기는 매일 먹어도 싫증 나지 않는 맨밥처럼 싫증 나지 않는다. 다소 심심한 맛이지만 꼭꼭 씹으면 단맛이 나는 맨밥처럼 쉽고 단순한 맨발걷기지만 걸을수록 마음이 평화로워진다. 내 안의 우주를 만난다. 의관을 잘 갖춘 미륵부처님은 늘 맨발로 서 계시고 우리가 접하는 사진 속의 예수는 늘 맨발이다. 진리는 복잡하지 않다. 인간이 맨발로 땅 위를 걸으며 살아야 하는 것은 단순한 진리다.

최근 맨발걷기가 빠른 속도로 세상에 알려지고 있다. 이는 우리 모두가 가진 홍익의 마음 덕분이다. 좋은 것을 서로 나누려고 하는 마음으로 세상의 좋은 문화를 만들어놓은 것이다. 우리 사회가 변화되려면 제도나 정책만으로는 어려울 때가 있다. 좋은 문화가 확산되어야 한다.

나는 2013년 대한민국 맨발학교를 만들어 친구와 걷고 제자와 걸었다. 내가 온몸으로 느끼고 깨달은 맨발걷기, 세상 모든 사람이 공짜로 건강해질 수 있는 겸손한 맨발걷기를 전하고 싶었다. 진심은 반드시 통한다는 말을 지난 10년 대한민국 맨발학교의 성장을 보면서 누구보다도 절실히 느끼고 있다. 맨발로 맨땅을 걸으면 기적 같은 일이 일어난다. 자연이 준 선물 꾸러미를 한아름 받게 된다.

이러한 맨발걷기가 교육 현장에서 지혜롭게 뿌리내리기를 소망한다.

08

미래의 교육, 미래의 노조,
디지털 속에 **숨은 교육**을 찾아서

윤미숙
\+ 부산시교육청 소속 초등교사,
교사노동조합연맹 제2부위원장 겸 초등교사노동조합 수석부위원장

● 교육계를 스쳐간 스마트 교육

지금의 AI디지털교과서처럼 한때 그린스마트 교실이 화두였던 때가 있었다. '한국판 뉴딜 종합계획'을 통해 디지털·그린 융복합 분야의 추진 과제 중 하나로 제시된 그린스마트스쿨은 친환경·디지털 교육 환경을 조성하고자 태양광·친환경 단열재를 설치(그린)하고 교실에 와이파이와 교육용 태블릿PC를 보급하는 내용을 골자로 한다. 2021년부터 2025년까지 5년간 18조 원을 투입하기로 했던 '그린스마트 미래 학교'(현 그린스마트스쿨) 사업은 첫해를 겨우 넘기고 시도교육청 주도로 바뀌었다. 명칭도 '공간재구조화'로 바뀌며 학교복합시설을 제외한 5개년 사업비는 총 8조 5,301억 원으로 줄어들었다. 교육부는 기존의 학교를 '창의융합적 미래 교육 및 학생 선택 중심 수업이 가능한 유여한 공간을 통해 학습과 삶이 공존하는 학교'로 탈바꿈하겠다고 거창하게 광고했었다. 그래서 지금 학교들이 '그린'하고 '스마트'한 공간으로 바뀌었는가?

당시 교사노조에 접수된 민원 내용 대부분은 공간재구조화를 위한 교실 개선 사업 담당자나 보조자로 지정된 선생님들의 어려움이었다. 교실의 물리적 구조는 학생의 행동에 엄청난 영향을 미친다고 하지만, 이 말이 교사가 교실 공사를 전적으로 맡아야 한다는 뜻은 아닐 것이다. 적게는 수백만 원에서 많게는 수억 원의 사업예산에 부담을 느낀 교사들이 업무를 맡는 것에 난색을 표했음에도 관리자나 교육청은 교사들이 사용할 교실이니 교사들이 사업을 맡아야 한다고 답했다. 본인이 사용한다고 해서 운동선수가 체육관을 짓고, 의사가 병원을 짓지는 않는다. 건물은 건물을 만드는 전문가가 설계부터 공사 전반을 진행하고 교사는 효율적인 학습공간을 만들기 위한 자문 역할을 하는 게 맞다. 그러나 학교에 들어온 거의 모든 사업들이 그렇듯, 울며 겨자 먹기로 사업을 맡게 된 것은 대부분 교사들이었다. 미래 교육 환경 변화에 대응하기 위한 공간재구조화는 이렇듯 물리적 환경 조성에 방점을 찍으며 교실 공사와 전자칠판 교체 사업, 두 가지 큰 행정업무를 교사들에게 남겼다. 스마트 교실을 진짜 스마트하게 사용하기 위한 연수나 수업 개선 연구는 교실 공사와 전자칠판 교체에 따른 행정업무 등으로 인해 뒷전으로 밀려난 채.

다음에 찾아온 정책은 '블렌디드 교육'이었다. 언제 어디서든 학습이 가능하도록 온·오프라인 미래 교육의 디딤돌사업으로 스마트 단말기를 보급하여 미래형 교육체제의 기반을 다지겠다는 것이었다. 코로나로 인해 비대면 수업이 활성화되고, 인공지능이나 가상현실 등의 첨단기술이 발 빠르게 교육 현장에 들어왔다. 학생 개개인에게도 태블릿이나 노트북 등 1인 1스마트 기기가 배부되었다. 여기에도 역시 엄청난 예산이 투입되었다. 스마트 기기 활용이 늘어나는 만큼 활용 콘텐츠나 교사들의 역량도 보완이 필요했다. 하지만 정보교육을 주관해야 하는 담당자들의 주된 업무는 기기 구입, 라벨링, 보관, 관리, 수리 등 하드웨어 관리였다. 소수의 교사들이 여러 날에 걸쳐 수천 개의 스마트 기기를 등록하고 라벨링하느라 진땀을 뺐다. 기기는 스마트하지만 일하는 행태는 결코 스마트하지 않았던 것이다. 콘텐츠를 활용한 수업 연구를 하고 싶지만 당장 기기 배부 및 관리가 급한 일이었다. 심지어 학생들이 파손하거나 분실한 기기나 부품 배상을 교사에게 요구하는 일들도 생겼다. 스마트 기기 배부 계획 단계에서부터 외부 업체나 전문인력에게 초기 세팅이나 라벨링, 파손복구 등을 전담해서 맡겼다면 좋았으리라는 아쉬움이 남는다. 그랬다면 교육청의 목적이 단순히 스마트 기기 배부인지, 스마트 기기를 활용한 미래 인재 교육인지 헷갈리지 않았을 것이다.

● 교사들이 생각하는 디지털 기반 교육은?

2024년 교육계의 이슈는 AI디지털교과서다. 종이책의 종말은 수년 전부터 얘기됐지만 아직까지 종이책은 사라지지 않고 있다. 이제는 서책형(종이) 교과서를 대신할 디지털교과서를 만들고 있는데 과연 서책형 교과서의 운명이 어찌될지는 두고봐야 할 일이다.

우리가 AI디지털교과서에 기대하는 역할은 모든 학생이 자신의 역량과 속도에 맞게 공부할 수 있도록 하는 '맞춤 학습 지원도구'이자 '똑똑한 보조교사'다. 인공지능이 학생의 학습 상황을 분석해서 교사에게 알려주면, 교사는 학생의 특성을 고려하여 맞춤 지도를 할 수 있고, 학생은 자신의 흥미에 맞는 콘텐츠로 학습할 수 있다는 것이다. AI디지털교과서는 교육부가 2025년 도입을 목표로 추진 중인 정책으로, 초등학교 3~4, 중1과 고1 수학, 영어, 정보 과목에 전격 도입될 예정이다. 교원 대상 연수에만 3,800여 억 원이 배정되어 있고, 학교 인프라 개선, 디바이스 보급, 기술검증 등에 필요한 비용까지 고려하면 향후 조 단위 예산이 투입될 것으로 예상되는 대규모 사업이다. 지식 전달, 암기 위주의 교육 방식에서 벗어나 학생들이 스스로 질문하고 탐구하는 수업으로 혁신하기 위해 2024년부터 2026년까지 3년간 수업혁신 의지와 역량을 갖춘 교실혁명 선도교사 3만 4,000명을 양성한다고 한다.

이와 관련하여 2024년 3월, 교사노조에서는 '디지털 기반 교육에 대한 교사 인식 설문조사'(2024.3.18~24, 유·초·중등·특수교육 교원 813명 응답) 결과를 발표했다. '디지털 기반 교육'에 대한 기대와 우려를 묻는 질문에서 교사들은 교육 내용 및 방식의 변화와 혁신(380명, 46.7%), 학생에 대한 객관적 진단 및 피드백 제공(324명, 39.9%), 학생의 학습주도권 및 능동적 학습 역량 성장(250명, 30.8%)에 기여할 것으로 보는 한편, 학생들의 디지털 기기 과몰입 및 과의존 현상 증가(702명, 86.3%), 교육예산 편중으로 인한 공교육의 질 저하(367명, 45.1%), 수집된 디지털 정보(성적, 개인정보 등) 유출 및 관리 문제(256명, 31.5%) 등이 학교 현장에 위험을 초래할 것으로 보았다.

교육부가 2024년 2월 발표한 '디지털 기반 교육 혁신 방안'을 토대로 교육부의 디지털 기반 교육 관련 역할을 묻는 질문에는 전반적으로 부정적인 경향이 일관되게 나타났다. 교육부가 디지털 기반 교육을 확대 도입하겠다고 공언한 데 비해 정책을 실행할 교사들의 공감대 형성 및 안내에는 실패했다고 볼 수 있을 것이다. 현장 교사들은 특히 정책 수립 및 운영에 있어 자신들의 의견 반영이 잘 되지 않고, 사업이 순차적으로 이뤄지고 있지 않다고 인식하고 있었다. 이는 그 동안 교육부와 교육청의 하달식 교육 정책 사업 추진에 대한 불신과 불만이 쌓인 결과가 아닐까.

각 질문에 대한 응답 비율은 다음과 같다.

디지털 기반 교육의 장기적인 로드맵(예산, 정책, 실행방안 등)이 제시되고 있는가

부정 답변   79.9%
및 긍정 답변   4.7%

디지털 기반 교육을 위한 사업이 순차적(계획-개발-안내-적용-확장)으로 이뤄지고 있는가

부정 답변   81%
및 긍정 답변   4.7%

디지털 기반 교육 관련, 특별교부금 예산의 배분은 적절하게 이뤄지고 있는가

부정 답변   75.6%
및 긍정 답변   4.1%

AI교과서 개발업체에 대한 관리·감독 규정(데이터 수집 범위 및 활용 등)은 적절한가

부정 답변   80.3%
및 긍정 답변   2.8%

디지털 기반 교육을 위한 교사 연수가 적절히 제공되고 있는가

부정 답변   69%

및 긍정 답변   11.6%

디지털 기반 교육의 정책 수립 및 운영에 있어서 현장 교사의 의견이 반영되고 있는가

부정 답변   87%

및 긍정 답변   3%

디지털 기반 교육과 정책 운영에 현장 교사의 능력과 경력이 잘 활용되고 있는가

부정 답변   78.5%

및 긍정 답변   4.8%

디지털 기반 교육을 위해 정부가 가장 먼저 해야 할 일을 묻는 질문에 현장 교사들은 디지털 인프라 확충(교실 환경 조성 및 무선망 구축, 425명, 52.3%), 특별 교부금 예산의 배분 및 장기적인 로드맵 제시(360명, 44.3%), 교원의 디지털 역량 강화 지원(353명, 43.4%) 순으로 답했다. AI디지털교과서 도입이라고 응답한 교사는 20명(2.5%)에 그쳤다.

2024년 교육부가 국가시책사업 중 디지털 융합형 인재 양성 기반 마련·지원을 위해 교부한 특별교부금은 1,219억 원에 달한다. 이외에도 디지털 교육 혁신수요에 대한 특별교부금도 별도로 편성되어 있음을 확인할 수 있으나, 지방교육재정알리미에 어떠한 예산 내역도 공지되어 있지 않아 그 규모 및 사용 현황 등을 확인할 방법이 없다는 것도 큰 문제로 지적되고 있다.

학교의 디지털 기반 교육 혁신을 가로막는 가장 큰 장애물을 묻는 질문에

74.3%(604명)의 교사가 디지털 기기의 유지, 보수, 관리의 어려움(관리 인력 부재)을 골랐다. 이는 이전의 스마트 기기 배부에서 이미 겪었던 일이고 아직까지도 가장 개선이 필요한 부분이라고 할 수 있다. 2위는 학교의 디지털 인프라 부족(디지털 기기, 학교 무선망 등, 373명, 45.8%), 3위는 교육부의 정책 추진 방식(358명, 44%)이었다. 분명한 정답과 변별을 요구하는 입시 정책(294명, 36.2%), 교육과정 편성·운영 및 학교 회계의 경직성(199명, 24.5%)을 지적하는 응답도 뒤를 이었다. 결국 디지털 기반 교육 혁신을 이루기 위해 가장 필요한 것은 교사의 본질 업무인 '교육'을 회복하는 일이다. 교사들에게 과도하게 부여되고 있는 업무와 책임을 정상화하는 일이 혁신의 첫걸음이다. 또한 교육부는 하달 방식의 정책 추진 과정을 뒤집어, 교사들과 소통·협력을 통해 정책을 함께 만들고 실현해나가야 할 것이다.

교육부의 디지털 기반 교육 혁신 사업에서 가장 우려되는 점을 묻는 질문에 현장 교사들은 과도한 업무 및 민원 집중 문제(556명, 68.4%)를 1순위로 꼽았고 AI디지털교과서 개발 및 개선 방향을 묻는 질문에는 현장 교원 피드백을 통한 지속적 품질 관리(507명, 62.4%)를 1순위로 꼽았다. 현장 교사들은 디지털 기반 교육의 도입이 오히려 교사들을 교육에 집중할 수 없게 만드는 것은 아닌지 우려하고 있는 것으로 보인다.

주관식 자유 응답 문항에는 '디지털 기반 교육이 정말로 학생들의 학습에 도움이 되는지부터 재고해야 함. 코스웨어, AI 등 이름만 그럴듯한 방법을 무분별하게 제시하고 그것을 현장에서 바로 적용하길 바라는 것은 지나친 욕심이라고 생각함' 등의 제언이 이어졌다. 교사들은 세심하고 장기적인 로드맵 없이 일방적으로 추진된 정책들이 현장에 얼마나 많은 업무와 책임을 부여하고 혼란을 가중시켜왔는지 잘 알고 있다. 지금까지 수많은 교육 정책들이 그래왔듯, '정책'이 우선되느라 '교육'이 뒷전이 되지 않도록 유의해야 할 것이다.

교육데이터 개방, 주도권을 확보하라

　　교육부는 5월 28일 제5차 사회관계장관회의에서 「교육데이터 개방 및 활용 확대 방안」 추진'을 발표했다. 이 방안에 따르면 수능·학업성취도 정보도 3년이 지난 후 기초지방자치단체 단위까지 연구자에게 제공한다. 기존에는 광역자치단체 단위 정보만 표본으로 제공되었다. 수능의 경우 학생 이름만 가릴 뿐 개별 학생의 영역별 표준점수·표준점수 백분위·등급·성별 등이 공개되고, 고교별로 전체 학생 수와 과목별 표준점수 평균, 과목별 등급 비율 등도 제공한다.

　　문제는 데이터 개방의 범위와 관리다. 수능·학업성취도 정보가 학교, 지역 정보 등과 함께 개방될 경우, 지역 쏠림 현상과 사교육을 부추기는 데 활용될 여지가 크다. 민감한 개인정보가 대량으로 유출될 위험도 작지 않다. 지난 5월 교육부 연수에서 1만 명이 넘는 이들의 개인정보가 대량으로 유출되어 큰 내홍을 겪은 바 있다. 중요 정보를 지키려면 행정적 실수를 예방해야 할 뿐 아니라 안정적인 서버 관리까지 소홀함이 없어야겠다.

　　2008년 5월 전국 초중고교의 학력 정보를 각 학교 홈페이지에 공개하는 것을 골자로 하는 '교육관련 기관의 정보공개에 관한 특례법 시행령'이 도입되었다. 이 법률에 의거하여 초중등학교와 고등교육기관, 교육관련기관장은 2008년부터 법이 정한 공시 대상 정보를 매년 1회 이상 공시하게 되었고, 이미 교육부장관과 교육감이 '교육관련기관의 장이 보유·관리하는 정보를 수집하여 연계·가공'할 수 있고 '이를 연구자 등에게 제공'할 수 있다. 교육관련기관 정보공시는 국민의 알권리와 정책 연구 등에 기여하나, 학교 서열화와 경쟁 과열, 개인정보 보호, 공시된 정보의 신뢰성 및 실효성 문제 등이 여전히 존재한다. 또한 필요한 모든 정보를 이해하기 쉬운 형태로 정확하게 제공해야 하는 과제도 남아 있다.

　　그동안 교사노조가 교육부의 AI디지털교과서 정책 추진에 우려를 표해왔던 지점 중 하나는 사기업을 주요 교육사업 주체로 세워온 부분이다. 교육부의 관리계획 부실로 인해 학생들의 데이터가 사교육업체로 흘러가고, 사교육업체는 결국 이익을 위해 사교육을 조장하는 방향으로 이용할 수 있다. AI디지털교과서의 핵심은 지식추적기술이다. AI 기술에서 데이터는 곧 힘이다. 아마존과 알리바바의 빅데이터 주도권 전쟁은 이미 유명하다. AI디지털교과서에 뛰어들고자 하는 기업들은 맞춤형 피드백을 제공하기 위해 막대한 양의 학생 데이터가 필요하다. 이번 데이터 개방으로 사기업이 데이터 확보를 넘어 연계·가공을 통해 주도권을 가져갈 경우, 공교육에서 이를 따라잡기는 어려워질 수밖에 없다. 교육부는 데이터 개방이 공교육 환경에 가져올 부작용에 대한 책임까지 준비하고 있는지 되묻고 싶다.

교육 정책은 국가정책과 매우 긴밀히 연결되며, 교육데이터 개방이 가져올 영향은 매우 지대하다. 손에 잡히는 효과보다 예측하지 못했던 부작용이 발생할 가능성이 더욱 크다. 미래 교육 환경에 지대한 영향을 끼칠 수밖에 없는 중요한 선택의 순간에, 교육부는 교육주체 간 폭넓은 의견 수렴과 정책 검토를 면밀히 거쳐야만 한다. 교육데이터의 완전 개방을 논하기에 앞서, 정부가 데이터 주도권을 확보하고 관리할 능력부터 키우는 게 시급하다.

● 주인공 없는 AI디지털교과서 연수

2022 개정 교육과정에 따라 AI디지털교과서는 현재 개발 중이지만 어떤 형태로 나올지 아직 불분명하다. 이 상황에서 AI디지털교과서 활용법에 대한 연수를 한다는 것은 본말이 전도된 일이다. 일반적으로 교육청이 진행하는 교사 연수는 전년도 7~8월에 계획하고 예산을 수립해서 차년도 학교 일정을 고려하여 체계적으로 이루어진다. 하지만 올해 AI디지털교과서 연수는 같은 해 4월에 공고를 하고 5월에 업체를 선정해서 9월에 사업을 마무리하게 된다. 일선 학교에서도 학

교 운영 계획을 전년도 겨울방학이나 봄방학에 수립하는데 우리나라 교육부에서 850억의 예산을 들인 교사 연수가 번갯불에 콩 구워 먹듯이 진행되고 있는 것이다.

　교육부는 교사와 학교를 대상으로 디지털 교육혁신에 따른 교육과정-수업-평가 전반을 혁신하는 하이터치 하이테크 교육방법 현장 안착을 위한 「교실혁명 선도교사 양성 연수」와 AI디지털교과서 수업 역량을 함양하기 위한 「찾아가는 학교 연수 지원사업」을 각각 공모했다. 「교실혁명 선도교사 양성 연수」는 총 15개 수행기관을 선정하고 수행기관별로 7.4여 억 원을 지원하는데 계획된 예산이 총 100여 억 원이다. 「찾아가는 학교 연수 지원사업」은 기관별 평균 15억의 예산이 지원되고 총 예산은 750억 원이다. 두 사업은 2022 개정 교육과정에서의 학생참여 수업(개별/협력) 설계 및 콘텐츠(문항) 재구성, 수업 설계 자료의 효과성 분석 및 개선점 도출, 성취평가제의 이해 및 디지털·AI 활용, 학생참여 수업(개별/협력)과 평가에 적합한 AI디지털교과서 활용 등의 내용으로 진행되며, 공모 대상은 민간(기업, 단체), 대학, 공공기관이다.

　학교 현장에서는 예산 부족으로 교사 정원을 꾸준히 줄여나가고 있고 기존 사업을 중단하는 등 어려움을 토로하는 상황이라, 터무니없는 계획과 예산으로 진행되고 있는 AI디지털교과서 사업에 우려를 표하지 않을 수 없다. AI디지털교과서를 미래 교육의 교두보로 삼고자 한다면 교육활동 전반에 대한 체계적인 검토와 준비가 필요하며 현장 안착을 위한 교사 연수 및 이를 위한 연수기관 체계 확립이 필수적이다. 이를 위해 교육부는 현장적합성과 교육전문성을 갖춘 연수 프로그램 및 기관을 양성하고 확보해야 할 것이다. 또한 시범 운영해본 뒤 현장과 소통하며 확대해가는 등 현장 교사들이 질적으로 만족할 만한 방안 모색이 필요하다.

● 디지털 기술이 대신할 수 없는 것들

앞에서 이야기했듯 디지털 기술이 나날이 발전해서 챗GPT가 생활기록부도 써주고, 생성형 AI는 주어진 질문에 답을 하거나 수업에 필요한 자료를 찾아주는 것 이상의 역할을 해나갈 것이다. 이때 우리가 놓치면 안 될 가장 중요한 것은 무엇일까? 교사들은 단순한 지식 전달자가 아닌 디지털 기술과 매체들을 활용해서 학생들을 더 깊은 배움으로 이끌어야 할 것이다.

초등 2학년 통합교과 「겨울」에는 겨울눈에 대해 배우는 시간이 있다. 아이들은 평소에 무심코 지나쳤던 나무들의 겨울눈을 보며, 그 속에 담겨 있는 봄꽃을 확인하고 매우 신기해했다. 각종 영상 매체들이 많은 정보를 전달하고, 검색창에 '겨울눈'을 입력하면 다양한 이미지들이 나타나지만, 아이들이 직접 주워온 나뭇가지만큼 소중하지도, 기억에 오래 남지도 않는다. 겨울눈을 갈라보는 아이들의 서툰 가위질을 조심스럽게 도와주는 일이나, 그 속에 들어 있는 작은 봄꽃을 발견하는 순간의 기쁨을 나누는 것은 사람과 사람일 때 더 의미 있다. 그 온기는 디지털 기술이 발전한다 해도 절대 대신할 수 없을 것이다. 챗GPT가 아무리 설명을 잘해도 나열되는 지식을 받아 적고 암기하는 데 그치는 교육은 아이들에게 배움의 기쁨을 주기 어렵기 때문이다.

아이들이 배우는 것에 기쁨을 느끼는 때는 본인이 무엇인가를 깨닫고, 그것을 친구들이나 선생님에게 인정받는 순간이다. 아이들에게는 선생님의 눈빛, 미소, 칭찬 한마디가 유창하게 설명을 잘하는 AI보다 더 필요할 것이다. 디지털 기기들이 늘어나고 다양한 수업 도구들이 생겨났지만, 겉치장이 화려해져도 알맹이는 여전히 같다. 20년 전 첫 발령에서 만난 2학년 아이들도, 2024년의 2학년 아이들도, 서로를 향한 관심과 상호작용을 통해 성장해나간다. 수업 도구 활용에 몰두하며 아이들의 눈빛을 읽지 못하는 것을 더 경계해야 하지 않을까?

배움의 기쁨을 느끼는 수업을 만드는 것은 쉽지 않고, 그걸 해내기 위해서는 교사의 세심한 사전 계획과 준비가 필요하다. 바로 이 지점이 교사에게 노조가 필요한 순간이다. 교육 정책의 하향식(Top-down) 방식을 현장 교사들의 의견을 모아서 상향식(Bottom up)으로 만드는 힘이 노조에게는 있다. 지금까지 교육 정책들은 현장 교사들의 의견보다는 행정전문가들의 손에서 기획되었다. 그래서 중요한 정책일수록 교육 현장의 생생함과 멀어지는 모순이 발생하는 것이다. 그 간극을 줄이기 위한 현장 교사들의 지속적인 의견 수렴과 제안이 노조의 역할이다. 현장에 적용할 실제 디지털교과서 대신 맛보기용 페이지만 있는 AI디지털교과서 연수처럼 많은 디지털 교육에서 정작 중요한 '교육'은 맛보기처럼 존재해왔다. 교사노조는 그러한 디지털 기술들이 '교육'을 통한 '배움'으로 학생들에게 다가갈 교육 현장을 만들기 위해 노력하고 있다.

2학년 아이들이 겨울 시간에 만든 '자신만의 겨울눈' 속에는 사랑이 담겨 있기도 했고, 가족이 담겨 있기도 했고, 맛있는 음식이 담겨 있기도 했다. 각자가 봄에 피우고 싶은 희망을 담은 겨울눈이 꼭 아이들 자신을 닮아 있었다. 그런 아이들의 마음을 읽어주고 진짜 꽃을 피우도록 도와주는 것, 그것이 어떤 AI도 대신하지 못할 진짜 교사의 일이 아닐까 생각한다. 교사들이 진짜 교사의 일을 할 수 있도록 도와주는 것, 그것이 진짜 노조의 일일 것이다.

우리 모두의 2025년을 위해

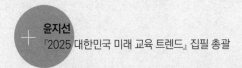

윤지선
『2025 대한민국 미래 교육 트렌드』 집필 총괄

대한민국 교육은 2025년이라는 중요한 전환점을 맞이하게 되었다. AI디지털교과서가 보급될 것이고 우리 아이들은 수학, 영어, 정보 분야에서 이 교과서를 사용하여 공부를 하게 될 것이다. K-스타일의 새로운 교육 혁명이 시작될지는 더 지켜봐야겠지만 우리나라 교육 역사상 가장 큰 전환점 중의 하나가 될 것이라는 점은 자명하다. 이에 우리는 여러 가지 교육 이슈에 대한 희망과 기대, 분석을 담아 『2025 대한민국 미래 교육 트렌드』를 출간하게 되었다.

이 책은 대한민국의 교육자들이 우리 교육의 변화를 위해 치열하게 고민한 결과물이다. 작년에 이어 올해도 귀중한 원고를 읽고 다듬으며 현장에서 학생 교육에 헌신하시는 교사들의 진정성을 다시 한번 엿볼 수 있었다. 그러나 외부에는 우리 교육에 대한 불신이 존재하고 있다는 사실도 깨닫게 되었다. 이유는 교육 시스템의 복잡성과 변화의 필요성, 그에 대한 인식 부족에 기인한다는 생각이 들었다.

이런 인식 격차를 해소하기 위해서 무엇보다 교육 패러다임 변화가 절실하다. 디지털 시대에 걸맞은 교육 방법론과 학생과 교사가 협력하는 교육 환경 조성이 필요하고, 교권이 존중받고 교육의 주체인 학생들이 능동적으로 참여하는 교육이 이루어져야 한다. 앞으로의 교육은 단순한 지식 전달이 아니라, 창의력과 비판적 사고를 키우고 협력과 소통의 중요성을 강조하는 방향으로 나아가야 한다. 변화하는 시대에 우리 교육이 진정으로 혁신하고 발전하기 위해서는 모든 교육 구성원의 협력 또한 필수적이다.

이 시대의 교육자들이 이 책에서 말하는 변화를 통해 우리 아이들은 바르게 성장할 것이고 우리 교육은 또 한 번 진일보하게 될 것임을 확신하며 소중한 책을 펴낸다.

2025 대한민국 미래 교육 트렌드

초판 1쇄 펴냄 2024년 11월 15일
　　3쇄 펴냄 2024년 12월 31일

지은이 미래 교육 집필팀

펴낸이 고영은 박미숙 | 펴낸곳 뜨인돌출판(주)
출판등록 1994.10.11.(제406-251002011000185호)
주소 10881 경기도 파주시 회동길 337-9
홈페이지 www.ddstone.com | 블로그 blog.naver.com/ddstone1994
페이스북 www.facebook.com/ddstone1994 | 인스타그램 @ddstone_books
대표전화 02-337-5252 | 팩스 031-947-5868

ⓒ 2024 미래 교육 집필팀

ISBN 978-89-5807-048-1 03370